동양교육사상

東洋敎育思想

조현규 저

학지사

머리말

이 책은 글쓴이 나름의 분명한 목적의식을 갖고 집필된 것이다.

최근 10여 년간 대학과 대학원에서 교육철학 및 교육사 관련 분야의 강의를 해 오면서 가졌던 가장 큰 문제의식은 우리의 교육이 지나치게 서양 일변도의 교육을 하고 있다는 것이었다. 이에 편승하여 대부분의 교재들은 서양 중심의 내용들로 구성되어 있으며, 동양의 것을 다루는 경우는 그 비중이 미약하기 그지없었다. 글쓴이는 동양교육사상을 전공하였기에 그동안 될 수 있는 대로 동양의 교육사상을 서양의 것과 무게중심을 같게 해 보려 노력해 왔다. 그럼에도 불구하고 한계를 느낄 수밖에 없었던 것은 거기에 합당한 교재나 정리된 자료가 부족했기 때문이었다. 이러한 문제의식에서 출발하여 글쓴이는 동양의 교육사상을 정리하게 되었고, 부족하나마 이 정도로 구색을 갖추어 책으로 엮게 되었다. 그동안 서양 중심의 교육에서 탈피하여 동서양의 중용점(中庸點)을 찾아가는 교육으로의 길에 약간의 도움이 되었으면 하는 심정이다.

그리고 이 책을 집필하는 데는 다음과 같은 몇 가지 주된 관심거리가 바탕이 되었다.

첫째, 서양 문물의 유입과 함께 들여 온 서양교육의 우세 속에서 동양적 전통교육은 그 중요성의 인식에도 불구하고 뒷전으로 밀려나게 되었다. 현재의 우리 교육은 대학교육뿐만 아니라 심지어 초·중등교육에서도 서양의 윤리적 사유체계를 더 비중있게 가르치고 있는 실정이다. 이럴 경우 얼마 가지 않아 겉모습만 동양인이고 속은 서양인으로 변해 갈지 모른다. 결코 동양의 사유체계만이 전부라는 것은 아니다. 우리의 근본과 밑바탕을 잃어버려서는 안 된다는 것이다. 이러한 맥락에서 우리 동양의 가치의식이 강조되는 교육이 선행되어야 한다.

둘째, 우리의 전통교육을 중시하며 교육해야 한다는 당위성에는 누구나 동의하지만, 몇 천 년 전 혹은 몇 백 년 전의 교육적 사유체계를 과연 오늘날의 교육에 접목할 수 있는가 하는 것이 문제다. 이러한 문제 때문에 동양교육은 사실 현대의 서양교육에 뒤지는 형국이 되었다. 그리고 이러한 문제가 해결되지 않는 한 서양의 교육에 뒤처질 수밖에 없다. 이러한 관점에서 글쓴이는 우리의 전통교육을 어떻게 하면 현대교육에 접목할 수 있는가 하는 것에 주된 관심을 갖게 되었다. 따라서 이 책에서는 전통교육의 내용을 바탕으로 그것이 오늘날 현대교육에 던지는 시사점을 찾아 소개하는 데 주안점을 두었다. 그리고 어떻게 하면 제대로 적용할 수 있는가 하는 문제에 초점을 맞추었다. 이러한 점에서 이 책은 일정 부분 그 역할을 할 수 있을 것이라 생각한다.

셋째, 그렇다면 동양의 교육사상을 한 권의 책으로 엮을 때, 과연 그 범주를 어디까지로 해야 하는가? 이 또한 글쓴이의 주된 관심거리였다. 우선 중국의 교육사상과 우리나라의 교육사상으로 양분하여 서술하기로 하였다. 중국편에서는 선진시대의 공자, 맹자, 순자의 교육사상을 살펴보고, 묵자의 교육사상 그리고 노자와 장자의 교육사상을 살펴보았다. 그러고 나서 송대 주자와 명대 왕양명의 교육사상을 살펴보았다. 한국편에서는 우리나라 교육에 큰 획을 그었던 인물들을 중심으로 다루었다. 대표적 유학자였던 이황과 이이 그리고 실학자였던 정약용과 최한기로 이어지는 전통 유가적 교육과 실학적 교육의 큰 틀을 살펴보았다. 사실 동양사상이라 하면 선진시대 법가와 인도에서 중국, 그리고 우리나라로 이어지는 불교사상도 매우 중시되어야 한다. 그렇지만 법가를 교육사상으로 간주하는 데는 다소 무리가 따르며, 불교 역시 짙은 종교적 색채(참선 등)를 담고 있어서 일선 교육에의 적용상에는 다소 무리가 따른다고 판단하여 제외하였다.

좀 더 완성된 연구가 이루어진 후에 책으로 엮여야 옳은 일이겠지만, 내일 일을 모르는 것이 세상사이므로 중간 점검을 한다는 심정으로 서둘러 엮게 되었다. 앞으로 많은 부분을 보완하고 보충해 나갈 것이다. 동학 여러분의 아낌없는 질타와 격려를 기대한다.

2009년 8월
一道書房에서
조 현 규

일러두기

첫째, 내용을 구성하면서 가급적 사상의 시대적 흐름을 감안하였다.

둘째, 동시대일 경우 유가, 묵가, 도가 등 사상적 틀을 그대로 유지하려 했다.

셋째, 우리나라 사상가의 경우 편의상 중국의 사상가 다음에 안배하였다.

넷째, 동양의 응용윤리(환경윤리 및 생명윤리) 교육사상 관련 내용을 첨부하였다. 일정 부분 그 역할을 할 것이라 생각한다.

다섯째, 성리학에서 이기론 부분을 설명하면서 단독 '理' 자를 '리'로 표기하였다.

차 례

Part 1

중국의 교육사상

1 공자의 인격교육사상

공자의 교육적 삶

공자(기원전 551~479)는 훌륭한 인격자로, 흔히 춘추시대의 대사상가, 교육자, 유학의 개조, 심지어 성인(聖人)으로 일컬어진다. 이름은 구(丘)이고, 자(字)는 중니(仲尼)다. 그는 주나라의 작은 제후국인 노나라 창평향 추읍(지금의 산동성 창평현 추현)에서 숙량흘의 아들로 태어났다. 그의 아버지는 추읍의 대부로서 무용(武勇)으로 이름이 높았다.

공자는 귀족 출신이었지만, 그가 태어날 당시 그의 집안은 아주 가난한 상태였다. 더욱이 3세 때 아버지가 세상을 떠났으므로 그 뒤로는 더욱 어렵게 살았다. 그러나 『사기』, 「공자세가」에 "공자는 아이 때 언제나 제기(祭器)를 벌여 놓고 예를 갖추는 소꿉놀이를 하였다."라고 한 것을 보면, 젊은 홀어머니 밑에서 자랐지만 비교적 바르고 엄격한 가정교육을 받은 것으로 보인다.

15세에 그는 이미 학문에 뜻을 두었기 때문에 아랫사람에게까지도 묻기를 주저하지 않았고, 기회가 있을 때마다 주위 사람들에게 예(禮)와 악(樂)을 배웠다. 그의 나이 30대로 접어들면서 학문과 경륜이 원숙해져, 그때부터는 개인 문제나 가정생활의 문제를 벗어나 어지러운 민심을 바로잡고 세상을 구원하는 일로 관심을 옮겨갔다. 이 무렵부터 그의 명성이 커져 문하에 제자들이 모여들기 시작했다. 그는 54세 때에 모든 관직을 버리고, 다음 해부터 자신의 이상을 실현할 나라의 임금을 찾아 십여 년 동안이나 열국을 순회

하며 도덕정치의 실현을 역설하였는데, 그의 정치 이상을 받아들이는 군주는 없었다.

68세 때 노나라로 돌아온 공자는 국노(國老)의 예우를 받으면서 국정의 자문에 응하기도 하였다. 그러나 무엇보다도 그가 힘을 기울인 것은 문헌을 정리하며 제자를 교육하는 것이었다. 당시의 제자들(3,000여 명으로 추정) 중에 염유(苒有) · 자공(子貢) · 자로(子路) · 자유(子遊) · 자하(子遊) · 재여(宰予) 등은 각기 정치에 참여하여 중요한 벼슬에 올랐다. 그러나 공자는 자신의 이상이 실현된다는 것은 요원하다는 판단을 하였고, 그 이상을 후세에 전해 실현하지 않으면 안 된다고 믿었다. 따라서 공자는 먼저 후세에 전할 전적으로 육경(六經)을 편정(編定)하고, 그것을 통하여 자신의 이상을 후세 사람들에게 교육하려 하였다. 그는 평생을 인류의 심성 보존과 하늘의 이치를 민중에게 알리려다 현실과의 괴리로 실의 속에 (73세의 일기로) 세상을 떠났다(그는 자신을 교육적 · 정치적으로 실패자라 여겼다.).

그렇지만 그의 문하생들의 공자에 대한 존경과 찬사는 공자의 인격이 그들에게 얼마나 큰 감동이었는지 짐작하게 한다. 안연은 "선생의 덕은 우러러볼수록 더욱 높고, 뚫을수록 더욱 견고하며, 바라보면 앞에 있는 것 같다가도 어느덧 뒤에 있다. ……비록 좇으려 하여도 좇을 길이 없다."라고 하였고, 자공은 "다른 현자라면 언덕이나 산과 같아서 넘을 수 있겠지만, 공자는 마치 해와 달과 같아서 어떻게 해도 타 넘을 수가 없다."라고 하였다.

그는 저서가 없다. 단지 언행록인 『논어(論語)』만이 제자들에 의해서 편집되어 전해지는데, 『논어』야말로 그의 위대한 교육자의 삶을 대변한다.

공자 인격교육사상의 철학적 기초

인간관

공자 철학의 과제는 '인간이 인간으로서 어떻게 살 것인가?' '어떻게 살아야 인간다운 삶인가?' '가장 인간다운 삶이란 어떤 것인가?'라는 것이었다. 그래서 그는 인간을 인간답게 해 주는 보편적 덕성인 '인(仁)'을 발견하였고, 인의 실현을 통해 스스로 자신의 인격을 완성해 나가는 자율적 인간관을 제시하였다. 사실 공자 이전에도 '인(仁)'이라는 단어는 있었지만, 거기에 심오한 뜻을 부여한 것은 바로 공자였다. 즉, 공자는 종전의 계급에 의한 인간 이해나 천(天) 또는 귀신의 권위에 눌린 타율적 인간 개념을 초월한 자율적 인간 이해를 도모했던 것이다.

따라서 공자는 인간의 인간된 까닭을 인(仁)의 실현에 두었고, 그러기 위해서 그는 인간의 삶 자체에 주된 관심을 가졌다. 제자 자로가 죽음에 대해서 물었을 때, "삶도 모르는데 죽음을 어떻게 알겠는가?"[1]라고 답한 것으로 보아, 그는 신이나 죽음 같은 형이상학적인 것보다는 인간의 현실적 삶의 문제에 더 많은 관심이 있었음을 알 수 있다. 그리고 번시(樊遲)가 '앎'에 대하여 묻자, "백성들을 의롭게 만드는 데 힘쓰고 귀신을 공경하되 멀리하면 앎이라 할 수 있다."[2] 또 "인이란 남을 사랑하는 것이고, 앎은 사람을

1) 未知生 焉知死(『논어』, 「선진」).

2) 務民之義 敬鬼神而遠之 可謂知矣(『논어』, 「옹야」).

아는 것이다."[3]라고 답한 것에서 알 수 있듯이, 그는 귀신의 존재를 부정하지는 않았지만 신보다 인간을 먼저 생각하는 인간 중심의 철학을 말하고 있다.

그리고 그는 본질적으로 인간을 사회적 존재로 파악하였다. 이는 사람됨의 형성이 사회적 과정을 통해서 가능하다는 것을 의미한다. 이를테면, '인(仁)' 자에 이인(二人)이라는 두 사람의 관계가 함축되어 있는 의미로 볼 수 있다. 여기에서 '이인' 이라는 글자의 본의를 고려하여 공자의 인간관을 이해한다면, 인은 바로 사람 사이에서 느끼는 따뜻한 인정으로서 사람과 사람을 연결시켜 주는 사랑의 심리인 것이다. 다시 말해, 공자는 인이란 너와 나의 인간 공존의 관계, 즉 너와 나 사이가 서로 사랑하는 관계(愛人)가 되어야 한다는 사회적 인간철학을 강조하고 있다.

이와 같이 공자는 인간에 대한 깊은 이해와 주체적 각성을 통하여 인간으로서의 생의 존엄성을 천명하고, 인간으로서 행할 바의 도리를 밝히며, 이와 같이 자유롭고 참된 자아가 모여 질서 있고 평화로운 복지사회를 건설함을 목표로 하였다. 이렇듯 공자가 평생을 통하여 몰두한 것은 인격 완성과 평화세계의 건설이었다. 그는 이러한 목표를 달성하기 위하여 원리와 방법을 탐구하여 사람들을 교육하는 일에 자신의 일생을 바쳤다.

3) 仁愛人 知知人(『논어』, 「안연」).

인과 예

인(仁)의 의미

앞서 살펴보았듯이, 공자에게서 근본 문제는 현실적 삶의 인간이었다. 즉, 사람은 너와 나의 관계 속에서 일상생활을 시작하며, 그러한 생활을 통하여 반성하고 성찰하면서 삶의 방법과 질서를 모색하게 된다는 것이다. 공자는 이러한 삶의 원리를 '인'의 덕에서 발견했으며, 그는 일생을 통하여 인에 대해서 역설하였다.

그런데 공자는 인을 말할 때 상대방에 따라서 다르고, 또 언제나 인의 일부분을 말하든지 인을 행하는 방법을 말할지언정 인 전체를 명쾌히 밝힌 적이 없었다. 그래서 공자의 인을 정확히 정의하기란 쉬운 일이 아니다. 그렇지만 우리는 『논어』에 나타난 '인'의 여러 가지 내용적 측면에 따라 각각의 관계를 살펴볼 때, 인을 애인(愛人), 효제(孝悌), 충서(忠恕), 극기복례(克己復禮)로서의 인으로 구분하여 살펴볼 수 있다.

첫째, 공자는 인을 애인(愛人)으로 설명하였다. 번지가 인을 물었을 때, 공자는 "사람을 사랑하는 것(愛人)"[4]이라 하여 인을 다음과 같이 사랑으로 풀이하였고, "오직 인자만이 남을 좋아할 수 있고 남을 미워할 수 있다."[5]라고 하여 자신의 행동에 인이 바탕이 되고 인도(仁道)에서 벗어나지 않는 마음을 가지며 정신적인 위치를 인에 두는 것이 인간의 마음가짐이라고 하였다. 또한 그는 "백성에게 널리 은혜를 베풀어 많은 사람을 구제하는 것"[6]이 인의 극치라

4) 『논어』, 「안연」

5) 唯仁者 能好人 能惡人(『논어』, 「리인」).

6) 如有博施於民而能齊衆 何如 可謂仁乎(『논어』, 「옹야」).

고 하였다. 즉, 나로부터 남에게 미치고 안으로부터 밖으로 미치는 인도주의 정신인 것이다. 공자는 이러한 인도, 즉 애인 정신이야말로 인간애의 발견이며 인의 궁극적 목적임을 강조하였다.

그런데 이러한 공자의 인은 묵가의 겸애(兼愛)와 달리 절대적인 사랑은 아니다. 사람의 자연스러운 친소(親疎) 관계를 전제로 한 차등의 사랑이다. 즉, 시애(施愛)의 과정에 따라 친소, 원근(遠近)에 따라 단계가 있다는 것이다. 가장 가까운 부모에 대한 효도의 마음에서 출발하여 점차 형제애로, 다시 주위 사람에게 확장되고, 종국에는 모든 사람과 만물을 사랑하는 경지로 확대되어 간다는 것이다.

둘째, 공자는 인을 효제(孝悌)로서 설명한다. 인은 사람을 사랑하는 것이기 때문에 인의 실현은 효와 제를 근본으로 삼을 수밖에 없다. 따라서 공자는 "효와 제라는 것은 그 인을 행하는 근본이다."[7] 라고 하였다. 부모에게 효성스럽고 어른께 공손함이 곧 인을 실현하는 방법이 된다는 것이다. 인간은 본래 혼자 살아갈 수 있는 존재가 아니라 사회관계를 맺으며 살아가야 하는 존재다. 그중에서도 가정은 가장 기초가 된다. 가정에서는 가족관계의 도덕의식 속에서, 또 사회에서는 더 많은 일정한 도덕의식 속에서 일정한 관계를 유지하며 살아가게 된다. 따라서 공자는 인을 실현하는 것은 가장 먼저 가정생활에서 부모와 형제를 사랑하는 데서 비롯된다고 하였다. 이러한 관점에서 효제는 인의 근본인 동시에 인을 이루기 위한 바탕으로 삼아야 하는 것이다.

7) 孝悌也者 其爲仁之本與(『논어』, 「학이」).

셋째, 공자는 인을 충서(忠恕)로 설명하고 있다. 증자(曾子)는 공자의 '일이관지(一以貫之)'를 충서로 이해하였다. 여기서 '충'은 중심(中心), 즉 흔들림이 없는 마음을 의미하고, '서'는 여심(如心), 즉 '자기의 마음과 같이'의 의미를 지닌다. 자기의 본성을 지키는 것을 '충'이라고 하고, 자기의 본래 진실한 마음을 미루어 타인의 마음을 헤아려 보는 것이 '서'라 할 수 있다. 왜냐하면 '충'은 자기의 진실을 드러내는 일이며, 자기의 진실을 넓혀야만 남을 동정하는 일이 비로소 가능하므로 '서'에 도달하려면 반드시 충이 따라야 하기 때문이다. 따라서 충과 서는 별개의 것이 아니라 인간의 순수한 본성에 대한 양면의 표현이며, 상호 공감할 수 있는 마음으로서의 충서가 인에 도달하는 최선의 길이 된다. 그러므로 충서의 도는 인도(仁道)라고 할 수 있으며, 충서를 실천한다는 것은 바로 인을 실현하는 것이다.

넷째, 공자는 인을 극기복례(克己復禮)로 해석하고 있다. 극기는 '자기를 극복한다.'라는 뜻으로서, 이는 단순히 자신의 욕망을 억제한다기보다는 '자아를 완성해 간다.'라는 의미가 크다. 그리고 복례란 단지 '예로 돌아간다.'라는 뜻보다 더 넓고 깊은 뜻을 함축한다. 복은 주어진 상황에 수동적으로 반응하기보다는 자신이 예에 합치하도록 참여한다는 적극적 의미가 내포되어 있다. 따라서 극기복례란 '사욕을 극복하고 예로 돌아간다.'라는 뜻으로, 이것이 곧 인이라는 것이다(예에 대해서는 다음에서 좀 더 구체적으로 설명하기로 한다.).

예(禮)의 의미

공자에게서 예는 인의 자연스러운 발로이며 동시에 인을 실현하는 질서다. 다시 말해서 인은 '내면적인 도덕성'이고, 예는 '외면적인 사회규범' 인 것이다. 결국 인은 예를 통하여 겉으로 드러나게 되는데, 그러한 인을 실천하는 데는 예가 꼭 필요하다.

본래 예란 천지질서이며, 인간이 마땅히 실천해야 할 당위의 법칙이다. 따라서 예는 우주의 질서에 뿌리하고 있을 뿐만 아니라 인간이 주체적으로 구현해야 할 행위의 질서에 근거한다. 여기서 전자는 자연의 질서로 이해되며, 후자는 인간의 모든 예절을 포함하는 것으로 이해된다. 따라서 후자의 경우에는 당위의 법칙에 합당해야 하므로 절제라는 덕목이 요구된다. 즉, 극기가 필요한 것이다.

예는 인의 질서이기 때문에 인의 의미인 사랑함에 그 뿌리를 둔다. 예는 인을 떠나서는 형식에 지나지 않게 된다. 그래서 공자는 "사람이 되어서 인하지 못하면 예를 어떻게 하며 사람이 되어서 인하지 못하면 악(樂)을 어떻게 하겠는가?"[8]라고 한 것이다. 즉, 사랑이 없는 예는 빈껍데기와 같은 형식에 지나지 않기 때문이다. 예는 충(忠)과 신(信)이 없으면 역시 허례에 지나지 않는다. 이는 오히려 예의 세계를 혼란시키며 실천의 결과를 기대할 수 없게 된다. 왜냐하면 충(忠)은 바로 자기 성실이요 자신의 몸과 마음을 다하는 진실의 의미를 담고 있기 때문이다. 신(信)은 마치 큰 수레의 양 바퀴를 연결하는 받침대와 같이 두 바퀴를 연결하여 굴러가게 하는 작용을 하는 것과 같다. 충신이 없으면 예는 구현될 수 없고, 그러한 예는 곧 허례에 불과하다.

그러므로 예는 그 바탕이 중요하고 그 바탕이 견실할 때 그 형식

8) 子曰人而不仁 如禮何 人而不仁 如樂何(『논어』, 「팔일」).

이 아름답게 나타난다. 공자는 임방(林放)이 예의 근본을 묻자, "예는 사치하기보다는 차라리 검소한 것이 낫고 상(喪)을 잘 치르기보다는 차라리 슬퍼하는 것이 낫다."[9]라고 하였다. 바탕이 없고 성실이 없는 예는 겉치레에 지나지 않기 때문에 아름다운 바탕이 있은 다음에 문식(文飾)이 필요한 것이다. 그래서 공자는 인간의 마음의 바탕과 자세를 중시하여 "윗자리에 있으면서 너그럽지 않으며 예를 행함에 공경하지 않으며 상(喪)을 당하여 슬퍼하지 않는다면 내 어찌 그것을 보겠는가?"[10]라고 하였다.

공자는 예의 바탕으로 '겸양(謙讓)'을 중시하였다. 그는 "예와 겸양으로 나라를 다스리면 무슨 어려움이 있겠는가? 예와 겸양으로 나라를 다스리지 못하면 예의 제도를 갖춘들 무엇 하겠는가?"[11]라고 하여 예의 내실로서 겸양의 덕목을 매우 중시하였다.

예는 그 형식 또한 중시된다. 공자는 "바탕이 외관을 이기면 촌스럽고, 외관이 바탕을 이기면 호화스럽다. 외관과 바탕이 어울린 후에야 군자이니라."[12]라고 하였다. 그러므로 예는 중용(中庸)의 예 또는 중도(中道)의 예로 표현된다. 뿐만 아니라 예는 곧 중화(中和)의 예이며 중절(中節)의 예다. 그래서 예의 바탕은 중(中)이고 예의 형식은 절도(節度)인 것이다. 공자가 중용의 도덕을 극찬하고 또 중용의 도덕이 실현되지 않음을 크게 탄식한 이유도 바로 여기에 있다.

9) 禮與其奢也 寧儉 喪與其易也 寧戚(『논어』, 「팔일」).

10) 子曰居上不寬 爲禮不敬 臨喪不哀 吾何以觀之哉(『논어』, 「팔일」).

11) 子曰能以禮讓爲國乎 何有 不能以禮讓爲國 如禮何(『논어』, 「리인」).

12) 子曰質勝文則野 文勝質則史 文質彬彬然後君子(『논어』, 「옹야」).

결국 공자는 극기복례를 통해 자신을 절제하고 조절하여 보편타당한 도리로서의 예를 따름으로써 치우침이 없는 중도를 실현해야 함을 말하고 있다. 이는 인격 수양의 극치에 도달한 경지를 말한다.

공자 인격교육사상의 함의

교육의 목적

공자 교육의 목적은 성인군자(聖人君子)와 같은 인격적 인간을 양성하는 데 있다. 다시 말해서 최고의 인격을 완성하는 데 있는 것이다. 여기서 '성인' 이란 천인합일의 경지에 도달한 자로서 지(知)·덕(德)이 높고 사리(事理)에 정통하며 만고에 사표(師表)가 되는 이상적인 완전한 인간상을 의미하고, '군자' 란 학행과 덕행이 높으며 실제적으로 실현 가능한 이상인을 말한다. 즉, 군자란 누구나 노력하여 수양만 잘하면 도달할 수 있는 윤리적(인격적) 인간이다. 결국 성인이나 군자는 모두 인도(仁道)를 추구하는 데서는 마찬가지나, 성인은 도달한 자인 데 비하여 군자는 아직 추구하는 자라는 것이다.

성인은 이미 빼어난 자질과 능력을 타고나야 가능하기 때문에 모든 사람에게 기대할 수는 없다. 성인이란 모든 사물에 통하는 지(知)를 가진 자요, 동시에 모든 행위에 통하는 덕을 가진 자다. 그래서 공자는 "내가 선인(善人)을 만나 볼 수 없다면 항상 됨이 있는

13) 子曰善人 吾不得而見之矣 得見君子者 斯可矣(『논어』, 「술이」).

사람만이라도 만나 볼 수 있다면 좋겠다."[13]라고 하면서 성인은 천성(天生)의 유덕자로서 쉽사리 만나 볼 수 없다고 하였다. 이러한 점에서 볼 때, 성인은 공자의 최고 인격적 인간상이며, 군자는 몹시 애를 쓰고 정성을 들임으로써 학덕을 이룩한 인격자를 말한다. 공자는 『논어』에서 "군자는 세 가지를 두려워하는데, 천명(天命)을 두려워하며 대인(大人)을 두려워하며 성인을 두려워한다."[14]라고 하였다. 여기서 우리는 성인의 수준이 군자보다 높음을 알 수 있다. 이와 같이 성인은 군자보다 높은 수준인 최고 이상 인격인 것이다.

결국 성인은 천인합일의 경지에 이른 자이며, 인격적으로 원만하고 도덕적으로 완비된 자로서 그 최종 목표는 인에 도달하는 것이다. 성인의 사람됨은 개인적 · 사회적으로 널리 은혜를 베풀어서 여러 사람을 구제할 수 있는 자이며, '백세지사(百世之師)'가 될 수 있는 인간상이라 하겠다.

군자 역시 지 · 덕이 겸비된 사람을 말한다. 학문상으로는 사람으로 하여금 마땅히 걸어야 할 길을 찾는 사람이요, 도덕상으로는 원만한 인격을 이룬 사람이요, 사회신분으로 말하면 치자계급에 속하며, 개인적으로는 수기치인의 사람이다(김익수, 1982: 97). 따라서 군자란 사회생활을 하는 데 자기의 입장보다는 남의 입장을 먼저 고려해 주고, 자기의 심성 계발과 인격 도야에 부단히 노력하고, 인덕을 갖추고 도를 품어 행하여 사회에 기여하는 자세를 지닌 자다.

결국 공자 교육의 목적은 성인군자와 같은 인격체를 양성하는

14) 君子有三畏 畏天命 畏大人 畏聖人之言(『논어』, 「계씨」).

데 있었다. 그러나 성인은 좀처럼 만나기 어려운 이상적 인간상이기 때문에 그가 실질적으로 목적한 인간의 모습은 군자적 인간상이었다고 보아야 한다. 이러한 군자야말로 천부적인 덕을 일상생활 속에서 닦아 인을 이룬 인격자로서 곧 '인인(仁人)' 이었다.

인격교육의 내용

공자는 인을 이룬 인격체(군자)를 길러 내기 위해서는 체계적인 교육이 필요함을 강조하였다. 즉, 인의 실현을 위해서는 문(文)·행(行)·충(忠)·신(信), 즉 4교를 고루 배워야 한다고 역설하였는데, 여기서 '문' 이란 넓은 뜻의 학문을 가리키고, '행' 은 실천을, '충' 은 성실을, '신' 은 신의를 뜻한다. 이러한 4교를 두고, 크게 문과 행으로 나누고 충과 신은 행의 부분 덕목으로 보는 입장이 있고, 또 하나는 문은 지식, 행은 행위, 충과 신은 심성의 수양으로 보기도 한다. 전자의 입장에 따라 문교(文教)와 행교(行教)로 나누어 살펴보면 다음과 같다.

문교(文教)

공자는 육경(六經), 즉 시(詩)·서(書)·예(禮)·악(樂)·역(易)·춘추(春秋)를 교과의 중심으로 삼았다. 그중에서도 "공자는 시·서·예·악으로 제자들을 가르쳤다."[15]라고 한 것으로 보아 시·서·예·악이 중심이 되었던 것 같다. 따라서 문교의 중심 내용으로 시교(詩教), 서교(書教), 예교(禮教), 악교(樂教)로 구분하여 살펴

15) 孔子以詩書禮樂教弟子(『사기』, 「공자세가」).

보고자 한다.

첫째, 시교(詩敎)다. 공자는 인간의 타고난 천성을 온화하고 선한 마음을 이끌어 내어 질서 있고 평화로운 세상을 만들려고 하였다. 이를 위한 교육의 시작을 시(詩)에서 출발했는데, 『시경』[16]의 내용을 주로 하였다. 『시경』은 국풍(國風), 아(雅), 송(頌)의 차례로 구성되어 있다. '풍' 이란 풍자의 뜻으로, 주남(周南)을 비롯한 열다섯 나라의 민정을 노래한 것인데 백성을 교화시키는 데 그 의도가 있었다. '아' 는 바르다(正)는 뜻으로, 조정에서 사용하던 정악(正樂)이었다. 이는 군신들 사이의 덕을 두터이 하고 역대의 현명하던 문왕과 무왕의 덕을 높이 찬양하여 사람으로 하여금 덕을 잃지 않도록 서로 경계하여 읊은 노래다. '송' 은 천자가 종묘에서 제사를 지낼 때 쓰인 악가로, 역대 조상의 위대한 업적을 찬미한 노래로 신에게 고하던 것이다.

이와 같은 중국 고대의 시는 다양한 논제로 구성되어 있는데, 첫째는 인간과 인간과의 관계를 바탕으로 한 호소를 그 논제로 하였다. 둘째는 인생의 무상함이나 세정(世情)의 속절없음을 노래하고 있다. 셋째는 자연에 대한 아름다운 노래를 하고 있다. 그래서 시는 귀족의 교양을 위한 필수적 교과로 존중되었고, 교제상의 의사표시 도구로서도 사용되었다.

특히 공자는 『논어』에서 시 공부를 강조하면서, "시는 감흥을 일

16) 『시경』은 『서경』, 『역경』과 함께 삼경(三經)의 하나다. 『시경』은 약 2,500년 전 중국 각 지방에 유행하던 노래의 가사를 모아 놓은 것으로, 중국에서 가장 오래된 시가집이다. 『시경』에는 대략 300여 편의 시가 실려 있기 때문에 시삼백(時三百)이라고 부르기도 한다.

으킬 수 있으며, 살필 수 있으며, 무리를 이룰 수 있으며, 원망할 수 있으며, 가까이는 어버이를 섬길 수 있으며, 멀리는 임금을 섬길 수 있으며, 새와 짐승과 풀과 나무의 이름에 대해서 많이 알 수 있다."[17]라고 하여 특히 시의 효용성에 대하여 강조하였다.

또한 공자는 시를 많이 공부하고 외웠어도 실용을 위해서 공부하지 않으면 아무 소용이 없음을 다음과 같이 말하였다. "시 삼백 수를 암송하면서도 정치를 맡겼을 때 제대로 해내지 못하고, 다른 나라에 사신으로 가서도 잘 대처하지 못하면, 비록 많이 암송한다 한들 무슨 소용이 있겠는가?"[18]

이와 같이 공자는 시를 통하여 인간의 정신 발전과 문화의 부흥을 꾀하고자 하였다. 그리하여 시에서 얻은 풍성한 감흥을 예로써 다듬고 악과 조화를 이루어 완성을 보게 된다고 주장하였다. 따라서 시는 그 정신이 숭고하고 순수하여 군자의 소양 과목으로 절대적인 평가를 받았다.

둘째, 서교(書敎)다. 『서경』[19]은 요 · 순 시대부터 하 · 은을 거쳐 주나라에 이르는 시대의 정치에 관한 사관들의 기록들 중에서 후세에 참고가 될 만한 100편을 뽑아 엮은 책이다. 거기에는 사관이 기록한 각 시대 임금의 훈령이나 치적 및 신하와의 대화 등이 실려

17) 詩可以興 可以觀 可以羣 可以怨 邇之事父 遠之事君 多識於鳥獸草木之名(『논어』, 「양화」).

18) 誦詩三百 授之以政不達 使於四方不能專對 雖多亦奚以爲(『논어』, 「자로」).

19) 『서경』은 유교경전의 하나로서, 선진 때는 단지 『서』라고 칭하다가 한대부터 『상서』라고 하였다. 『시경』과 함께 가장 일찍 경서로 정착된 최고의 산문집이다. 본래는 100편이었으나 진시황의 분서갱유 때 많이 없어지고 지금은 58편만이 전한다.

있다. 공자는 이러한 역사적 기록을 통하여 옛 인왕(仁王)들의 정치와 문화를 제자들이 배우게 하려고 교과서로 삼았다.

특히 『서경』은 고대 중국 제왕의 언행의 기록이므로, 그 내용은 정치적 · 철학적인 것이고, 전체적 사상은 제왕이 덕을 밝히고 백성에 대한 벌을 신중히 해야 한다는 '명덕신벌(明德愼罰)' 이다. '명덕신벌' 은 후세의 제왕이 필히 실천해야 할 규범이 되었고, 군왕의 횡포를 억제하는 역할을 하였다. 공자는 이러한 『서경』의 역사적 기록을 통하여 옛 인왕의 정치와 문화를 제자에게 가르쳤다.

셋째, 예교(禮教)다. 공자는 "예를 배우지 않으면 남 앞에 설 수가 없다." [20]라고 하면서 예를 중요한 교과 내용으로 설정하였다. 본래 '예' 란 제물을 바친다는 제례, 즉 제신의식으로서의 예를 뜻한다. 그러나 공자에 의하여 예는 사람이 마땅히 지켜야 할 규범으로 사회질서의 준칙으로 규정되었다. 예의 개념에는 두 가지 속성이 있는데, '문(文)' 과 '질(質)' 이 그것이다. 문은 예의 외면적인 수식을 뜻하고, 질은 내면적인 본질을 가리킨다. 곧, 문이 물질적인 수식을 말한다면 질은 정신적인 경외가 그 바탕을 이룬다.

공자는 『논어』에서 "바탕이 외관을 이기면 촌스럽고 외관이 바탕을 이기면 호화스럽다. 외관과 바탕이 어울린 후에야 군자이니라." [21]라고 하였다. 즉, 질이 문보다 많으면 촌스럽고, 문이 질보다 많으면 호사스럽다고 하여 문과 질이 혼연일체가 되어 조화를 이루어야 비로소 군자가 된다고 하였다.

여기서 질이 선천적으로 소박하고 꾸밈없는 바탕이라고 한다면

---

20) 不學禮 無以立(『논어』, 「계씨」).

21) 質勝文則野 文勝質則史 文質彬彬 然後君子(『논어』, 「옹야」).

문은 후천적인 문화다. 질과 문은 서로 돕고 일체가 되어 인간의 생활을 성립시키는 기본 요소다. 문과 질이 적절하게 균형 잡힐 때 군자로서의 완성된 인격이 형성되는 것이다. 즉, 문과 질이 잘 어울려야 문과 질의 중도가 이루어진다.

공자는 예를 체득한 사람이었던 것 같다. 『논어』에 보면, "공자께서 대묘(大廟)에 들어가 매사(每事)를 물으니 어떤 사람이 말하였다. 누가 추나라 사람의 아들이 예를 안다고 하였는가? 대묘에 들어가 매사를 묻더라. 공자께서 이 말을 들으시고 말씀하셨다. 이것이 바로 예다."[22]라고 하면서 몸소 행동으로 예를 가르쳤다.

이와 같이 공자는 예를 체득한 자로서 제자에게 예를 가르쳤는데, 예는 인륜의 대절(大節)이며, 내외질서의 법도이며, 인간 대 인간의 약속이다. 그래서 예를 모르면 인간의 도덕적 의식은 불완전하고 견고하지 못하다는 것이다. 또한 예는 실제 행동에 대한 준거로서 남음과 모자람을 방지하고 사회에 유익한 중도의 길로 행동을 이끌어 준다. 그러므로 공자가 그토록 중시하고 찬미하였던 예의 세계는 바로 '중용의 예'다. 여기에 공자 예교의 높은 가치가 있다.

넷째, 악교(樂敎)다. 공자는 예를 알고 시를 사랑하고 악을 즐길 줄 아는 예술가적 인격자였다. 악은 인간교육의 필수 내용이었으며, 중국 고대부터 대부분의 의식에는 음악의 반주가 뒤따랐기 때문에 시 · 악 · 예가 상호 밀접한 관계에 있었다. 공자는 예와 악은 문화의 한 형태이기 전에 인간 심정의 발로이기 때문에 음악의 밑

22) 子入大廟 每事問 或曰孰謂鄹 人之子知禮乎 入大廟 每事問 子聞之 曰是禮也(『논어』, 「팔일」).

바닥에는 인, 즉 인간애가 흐르고 있다고 하였다. 또한 공자는 "풍속을 고쳐 세상을 좋게 하는 데는 풍류보다 좋은 것이 없다."[23]라고 하면서 정치나 사회 교화에까지도 음악의 효용성을 크게 강조하였다.

공자는 악리(樂理)에 정통하여 인간의 심정의 순화와 교화를 위한 주요 내용으로 음악을 가르쳤는데, 『논어』에 "공자께서 순왕의 음악을 평하여 말씀하시길, 미(美)의 극치를 이루었고, 선(善)의 극치를 이루었구나."[24] "노나라 음악사인 지(摯)가 연주한 관저의 곡은 처음 그 음곡이 바다 물결처럼 귀에 가득 차다."[25]라고 한 것으로 보아 악을 교육의 주요 내용으로 삼고 있음을 알 수 있다. 특히 공자는 음악에 대한 관심을 도덕적 인간의 형성에 두었는데, 이는 음악이 갖는 중화의 덕으로 사람의 기질이나 성벽 따위가 스스로 중화되고 인격이 원만하게 도야된다고 믿었기 때문이다.

행교(行敎)

공자의 도는 본래 인이고, 인의 기본 정신은 실천적인 행으로 요약된다. 그러므로 인을 실현함에서 언어만 잘 풀이하고 언사만 잘 암송하여 행의 공부를 소홀히 한다면 인의 참뜻을 알 수 없다. 그래서 그는 『논어』에서 자장의 정치에 대한 질문에 "항상 마음을 국정에 두어서 게을리 함이 없으며 일단 시정을 하면 성실로서 다하라."[26]라고 하여 정치를 함에 충실을 다하라고 가르치고

23) 移風易俗 莫善於樂(『효경』).

24) 子謂韶盡美矣 又盡善也(『논어』, 「팔일」).

25) 師摯之始 關雎之亂 洋洋乎盈耳哉(『논어』, 「태백」).

있다. 이처럼 힘써 행함은 군자가 되기 위한 주요 요소로서, 덕행을 기르기 위한 행교는 군자의 인간상을 결정하는 주요 내용이 된다.

행교에는 인간생활과 관련된 일체의 행실이 포함된다. 본래 유가에서는 인간관계를 중요시하며, 특히 부모와 형제 사이의 관계를 중시한다. 그래서 인을 구현함에서 덕행의 기본 요소인 효제의 실천을 강조하게 된다. 『논어』에 보면, "효제는 바로 어질고 착함의 본바탕이 된다."[27]라고 하여 효제가 바로 인을 실천하는 시발점임을 강조하고 있다.

공자의 행교를 논함에는 그가 강조한 충(忠)과 신(信)을 빼놓을 수 없다. 먼저 공자는 사람을 덕화(德化)하는 데 가장 가까운 길이 진실 한 마음인 성심(誠心)의 충을 가르치는 것이라고 생각했다. 그의 충은 임금에 대한 신하로서의 절대복종만을 의미하는 것은 아니다. 노나라의 정공(定公)이 임금과 신하 간의 관계에 대하여 묻자 공자는 "군왕은 신하를 부리되 예로써 하고, 신하는 임금을 섬기되 충성을 다하라."[28]라고 한 것에서 잘 알 수 있다. 여기서 충이란 효와 병치(倂置)되어 있는데, 가정에서의 효가 국가로 확장될 때 그 효는 충으로 전환된다.

다음은 '신'에 대한 강조다. 본래 인간관계는 믿음을 바탕으로 이루어져야 한다. 사람으로서 믿음이 없으면 인간관계, 즉 올바른 사회는 성립될 수 없다. 인격의 기본인 믿음이 없는 사람이라면 아

26) 居之無倦 行之以忠(『논어』, 「안연」).
27) 孝悌也者 其爲仁之本歟(『논어』, 「학이」).
28) 子曰君事臣以禮 臣事君以忠(『논어』, 「팔일」).

무리 그가 뛰어난 재능이 있다 하더라도 그의 인격은 허울 좋은 치장에 불과하다. 그래서 공자는 『논어』에서 "친구를 사귈 때 말과 행동에 믿음과 의지로서 정직하면 비록 배움이 없다 한들 나는 반드시 그를 학문 있는 사람이라 하겠다."[29]라고 하였다.

'신'은 두 가지 의미를 내포한다. 첫째, 사회적 관계에서의 믿음이다. 공자는 친구를 사귈 때도 신실한 친구를 골라 사귀라고 하였고, 자공이 정사에 대하여 물었을 때는, "백성이 믿지 않으면 나라가 존립할 수 없다."[30]라고 하여 신의와 성실이 국가를 다스리는 정신적 기반이 된다고 하였다. 둘째, 불변의 진리와 관계하여 진리에 대한 확신을 뜻한다. 공자는 "나는 고인의 도를 서술하였을 뿐 창작은 못하였으니 옛것을 그대로 믿고 좋아함은 노팽에게나 비길 수 있다."[31]라고 하였고, "굳게 믿어 배우기를 좋아하며 죽음으로써 도를 높여라."[32]라고 하였다. 이러한 의미의 신은 분명 한 차원 높은 의미임에 틀림없다.

이러한 행교의 내용을 정리해 보면, 가장 기본은 효제의 행동이며, 인간관계 속에서는 충과 신의 성실성이 요청된다는 것이다. 그래서 행교에는 인간 생활의 일체의 활동이 교육 내용이 된다.

29) 與朋友交 言而信 雖曰未學 吾必謂之學矣(『논어』, 「학이」).

30) 民無信 不立(『논어』, 「안연」).

31) 述而不作 信而好古 竊比於我老彭(『논어』, 「술이」).

32) 篤信好學 守死善道(『논어』, 「태백」).

인격교육의 방법

공자는 인간의 특성을 최대한 존중하며, 그의 교육 목적과 교육 내용에 알맞은 교육방법을 택하였다. 공자 인격교육의 방법으로는 다음과 같이 크게 개별적 교육, 계발적 교육, 점진적 교육, 신교적(身敎的) 교육 등의 네 가지로 나뉜다.

개별적 교육방법

공자는 교수하기에 앞서 '학습자의 개성과 자질은 모두 다르다' 는 것을 인식하는 것이 선행되어야 한다고 하였다. 그는 "사람에 따라 가르침을 달리한다(隨人異敎)." 또는 "재질에 따라 가르침을 베푼다(因材施敎)."라고 하여 그 개성과 자질에 알맞은 교육을 실시해야 함을 강조하였다. 이것이 바로 공자의 개별교수법이다.

공자는 "사람의 성품은 서로 비슷하지만 습관은 서로 먼 것이다."[33]라고 하여, 천성은 서로 비슷하나 각각의 환경과 습성에 의하여 선한 사람과 악한 사람, 어진 사람과 어리석은 사람으로 나뉘어 서로의 사이가 멀어진다고 보았다. 이것은 각자의 익힘이 다르기 때문이라고 하였다. 그리하여 개인차에 따른 개별화 교수가 필요한데, 이를 위해서는 학습자의 개성 파악이 우선되어야 한다는 것이다.

공자는 그 자신 학습자의 능력, 성격, 흥취 등을 잘 파악하였다. 『논어』에 보면, "저절로 도리를 아는 사람은 으뜸이요, 배워서 아는 사람은 그다음이다. 힘들여 배우는 사람은 또 그다음이니 애써

33) 性相近也 習相遠也(『논어』, 「양화」).

배우지 않으면 이 사람이야말로 가장 어리석은 사람이다."[34]라고 하여 인간의 능력에는 네 가지의 등급이 있는데, 배우지 않았어도 태어나면서 이치를 아는 사람은 재질이 최상급이고, 배웠기에 알게 되는 사람은 그다음이고, 어려움을 당하여 발분해서 배워 아는 사람은 그다음이고, 마음에 곤란을 느끼면서도 배우지 않는 사람은 가장 어리석은 사람이라 보았다. 이와 같이 그는 학문을 하는 데서 각자의 재능 차이를 인정하고 여러 등급으로 나누어 관찰하여 그에 알맞게 가르쳤던 것이다.

따라서 공자는 제자들이 인(仁), 효(孝), 군자(君子), 정(政) 등에 대하여 물었을 때 제자마다 다르게 답하였고, 심지어 동일인의 같은 질문에 대해서도 그 사람의 학문 정도에 따라서 다르게 답하였다. 이와 같이 공자는 개개 학습자의 개성을 세심히 파악하여 그 정도에 알맞은 내용으로 가르쳤다.

계발적 교육방법

교사의 지도 내용에는 한계가 있을 수밖에 없으므로 학습자 스스로의 깨우침은 매우 중요하다. 이러한 자발성의 원리는 학습자에게 반드시 필요한 학습 태도다. 이와 같은 자발성의 학습 태도를 계발시켜 주는 것이 바로 공자의 계발교수법이다.

공자는 학습자의 의욕을 불러일으켜 학문하는 길을 계발시켜 주어야 한다고 하였다. 그는 누구를 가르친다는 생각에 앞서 인격을 닦고 일깨우고 비평하면서 끊임없는 인간계발에 힘썼다. 많은

34) 生而知之者 上也 學而知之者 次也 困而學之者 又其次也 困而不學民斯爲下矣(『논어』, 「계씨」).

제자들을 찾아 그 하나하나의 인간을 귀중히 여기면서 조언을 통해 스스로의 각성을 촉구하였다. 즉, 인간의 본성을 무한한 계발의 대상으로 생각하여 학습자의 자발적 학습 태도를 강조했던 것이다.

공자는 피교육자의 내면세계의 자발성 없이는 교육 효과를 기대하기 어렵다고 보았다. 그는 교육이 철두철미하게 계발적이어야 하며, 학습자의 자발적인 동기 의식이 앞서야 한다고 하였다. 그는 『논어』에서 "알지 못해 분발하지 않으면 계발해 주지 않고, 표현하지 못해 더듬거리지 않으면 말을 일러 주지 않는다. 한 모퉁이를 가르쳐서 나머지 세 모퉁이를 알 만큼 반응하지 않으면 더는 가르치지 않는다."[35]라고 하여 학습자 스스로 분발할 수 있도록 유도하였다. 따라서 참된 교육은 지식을 주입하는 것이 아니라 자발적인 의욕을 유도하여 학문에의 길을 계발시켜 주어야 한다는 것이다.

이러한 공자의 계발교수법은 『논어』의 내용을 근거로 할 때, 오늘날의 문답법, 비유법 등으로 설명할 수 있다. 공자는 제자가 인(仁), 효(孝), 군자(君子), 도(道), 덕(德), 생사(生死) 등에 대하여 물으면 진지하게 답하였다. 이러한 학습방법은 바로 문답식 방법에 해당한다. 그리고 공자는 "지나가는 자는 흐르는 물과 같구나. 밤낮없이 쉬지 않는구나."[36]라고 하였는데, 여기서 그는 자연을 인생에 비유하여 설명하고 있다. 이러한 비유법은 학습자로 하여금 스스로 사고하도록 하고, 의미의 전달을 명료하게 해 준다. 이와

35) 不憤不啓 不悱不發 擧一隅 不以三隅反 則不復也(『논어』, 「술이」).

36) 逝者如斯夫 不舍晝夜(『논어』, 「자한」).

같이 공자는 인간의 감정을 중시하여 제자들의 개인차를 먼저 파악한 후 그에 알맞은 계발식 교육을 실시하였다.

점진적 교육방법

공자는 학문을 하는 데는 마땅히 순서에 따라 점진적으로 해야 한다고 하였다. 그는 『논어』에서 "배우기만 하고 생각하지 않으면 어둡고, 생각만 하고 배우지를 아니하면 위태롭다."[37]라고 하였다. 이는 사고(思考) 없는 학습은 도리에 어둡고 학습 없는 사고는 위험하다는 뜻으로, 학(學) · 사(思)의 병용을 주장하는 것이다. 여기서 학이란 동서고금의 책을 널리 읽고 사물을 잘 기억함의 뜻으로 광의의 학습을 말하고, 사는 스스로 추리하고 사색함으로써 학습에 의하여 얻어진 것을 재구성하고 경험과 서적이나 스승에게서 얻을 수 없는 것들을 주체적 입장에서 독창적으로 만들어 내는 것이다. 이는 곧 점진적인 노력으로서의 학습 태도를 중시하는 교육방법이다.

공자는 "내가 온종일 먹지 않고 밤새도록 자지도 않고 사색해 보았으나 별것 없었다. 배우는 것만 못하더라."[38]라고 하였다. 사색과 탐구는 학문의 필수조건이지만 밤낮을 가리지 않고 사색만 하여도 무익하므로 배우는 길밖에 없다는 것이다. 다만 배우는 것과 사색하는 것 중 어느 하나도 무시해서는 안 된다. 배우고 생각지 않으면 조리(條理)가 없어서 산만한 지식이 되기 쉽고, 사색만 하고 배우지 않으면 공허한 지식일 뿐이기 때문이다. 이 둘의 관계

37) 學而不思則罔 思而不學則殆(『논어』, 「위정」).

38) 吾嘗終日不食 終夜不寢以思 無益 不如學也(『논어』, 「위령공」).

는 불즉불리(不卽不離)의 관계로서 그 하나가 돋보임으로써 다른 하나를 더욱 빛나게 하는 상관관계를 지니고 있는 것이다. 즉, 학과 사는 병진이 될 때 비로소 서로 간에 빛을 더욱 발할 수 있다는 이론이다. 이러한 학사병진의 교육방법은 유가교육의 중요한 특징이기도 하다.

공자는 "군자는 글을 널리 배워 예로써 제약하면 도에서 어긋나지 않을 것이다."[39]라고 하였는데, 여기서 '글을 널리 배워'는 학이고, '예로써 제약하면'은 사다. 그리고 "옛것을 파악하여 새로운 것을 알면 스승이 될 수 있다."[40]에서 '옛것을 파악하여'는 학이고, '새로운 것을 알면'은 사인 것이다. 이러한 학과 사는 경험과 이성이 협동함으로써 참된 인식이 성립하듯이 학과 사는 협조되어야만 새로운 발전이 가능하다. 이와 같이 공자는 학문을 하는 데는 이미 배운 것을 충분히 익히고 그로부터 미래에 대한 새로운 사고와 삶의 방법을 개척해야 한다고 강조하였다.

신교적 교육방법

신교적 방법이야말로 훌륭한 인격자만이 할 수 있는 것이다. 여기서 '신교(身教)'는 스승이 먼저 모범을 보임으로써 학습자로 하여금 훌륭한 인격을 본받게 하는 교육방법이다. 그것은 인의 특성에서도 연유되는 것인데, 인 그 자체의 직접적인 전달은 불가능하므로 교육자의 솔선수범하는 신교가 언교(言教)보다 더 효율적이기 때문이다. 그래서 교사는 문화를 반영하게 하는 사람이며 동시

39) 君子博學於文 約之以禮 亦可以弗畔矣夫(『논어』, 「옹야」).

40) 溫故而知新 可以爲師矣(『논어』, 「위정」).

에 학생이 닮고자 하는 인격적 대상이므로 반드시 학습자의 사표가 되어야 한다.

공자는 학생을 지도할 때 언제, 어디서나 학생의 인격적 본보기가 되었다. 그는 자기 자신이 행동으로 보임으로써 제자가 마음의 감화를 받아 스스로 깨닫게 하였다. 『논어』에 보면, “덕을 닦지 못하고, 학문도 연마하지 못하며, 의를 듣고도 행하지 못하고, 착하지 아니한 것을 고치지도 못하니 그게 우리의 걱정거리다.”[41] 또 “사사로운 의견이 없었고, 반드시 해야 된다는 것이 없었고, 고집함이 없었고, 내가 아니면 안 된다는 것이 없었다.”[42]라고 하여 그의 도덕적 인품을 학생에게 모범으로 보였던 것이다. 특히 자로는 원래 성격이 사납고 난폭한 사람이었는데, 공자에게 감화를 받아 수제자의 한 사람이 되었다.

공자는 교육자의 평소 생활을 항상 가르치고 있다는 자세로 임하여야 한다고 하였다. 즉, 먹고 마시고 보고 듣고 말하고 행함이 모범적이어야 한다는 것이다. 그래서 그는 “그대들은 나를 숨기는 사람으로 생각하는가? 나는 그대들에게 숨기는 것이 없다. 내가 행하고서 그대들과 함께하지 아니한 것이 없으니 이것이 바로 나의 특징이다.”[43]라고 하여 신교는 평소 생활 가운데 잠재적으로 교육되어야 함을 강조하였다. 이와 같이 공자의 신교는 교육자의 덕행으로 모범을 보여 주는 것이며 덕으로써 순종하게 하여 스스로 감

41) 德之不修 學之不講 聞義不能徙 不善不能改 是吾憂也(『논어』, 「술이」).

42) 毋意 毋必 毋固 毋我(『논어』, 「자한」).

43) 子曰二三者以我爲隱乎 吾無隱乎爾 吾無行而不與二三者是丘也(『논어』, 「술이」).

화되도록 하는 방법이다.

공자 인격교육사상의 현대적 의의

오늘날의 현대사회는 과학 기술의 발달에 의하여 물질적 풍요로움과 생활의 편리함을 가져왔다. 그러나 그러한 풍요로움과 편리함이 그대로 우리의 삶의 질을 향상시키고 모든 사람의 행복을 가져다준 것은 아니었다. 오히려 인간 가치의 상실과 도덕성의 타락에 따른 공허감과 불안을 안겨 주었다. 즉, 전통적 가치관이 무너지고 도덕적 아노미 현상에 빠지게 되었다.

이러한 현상에도 불구하고 오늘날 학교교육은 (교육 본래의 의미를 망각한 채) 더더욱 '경쟁'을 유발하는 교육에 열을 올린다. 이러한 형태의 교육이 가져오는 가장 엄중한 결과는 인간성 상실이며, 이 문제를 해결하는 것이 오늘날 교육의 과제가 되어 버렸다. 이와 같은 문제의식에서 잃어버린 인간성을 회복하는 교육으로 우리의 전통교육을 가르칠 필요가 있다고 생각한다. 그중에서도 공자의 인격교육사상은 상실된 인간성을 회복시켜 줄 수 있는 중요한 가르침이라고 생각한다.

공자는 교육의 목적으로 인의 실현을 통한 군자를 양성하고자 하였다. 그는 애인, 충서, 극기복례를 주장하여 사리사욕에만 눈이 어두운 이기적 인간의 모습에서 탈피할 것을 강조하였다. 이러한 인인(仁人)의 모습이야말로 상실된 인간성을 회복한 사람의 모습이며, 이러한 사람이 인격과 학문을 완성하여 그 덕을 온 세상에 확충시켜 나감으로써 세상의 평화로운 질서를 회복할 수 있게 되는 것이다.

아울러 이러한 공자의 인격교육은 오늘날의 현대교육에 다음과 같은 좀 더 구체적인 시사점을 제공한다.

첫째, 가정교육의 경우를 보자. 가정환경은 개인의 인격 성장에 매우 심대한 영향을 미친다. 그래서 가정교육이 교육 중에서 가장 중요한 것이다. 학교교육 이전에 우량한 도덕 품성의 배양과 숭고한 문화전통의 건립은 가정교육에서 배양되어야 한다. 공자는 특히 부모에 대한 효와 형제에 대한 우애를 강조하였는데, 이는 가정교육의 중요성을 강조한 것이다. 그리고 그는 예를 매우 중시하였다. 이 또한 생활 속에서 준수해야 할 규범으로서 가정의 모든 생활 가운데 적용되는 것이다. 특히 가정교육은 효순(孝順)과 존장(尊長)의 덕을 가르쳐야 하는데 실천 중에 습관이 되도록 해야 한다. 따라서 가정에서의 올바른 인성교육의 일환으로 공자의 가르침은 중요한 교육적 가치를 지닌다.

둘째, 오늘날 학교교육은 대부분 지식 위주의 교육에 치우쳐서 학생의 도덕성을 발달시키는 교육이 경시되고 있다. 그러다 보니 도덕 행위의 실천을 더더욱 기대하기 어렵게 되었다. 이것이 바로 학생의 인간성을 상실시키고 도덕심을 쇠퇴하게 하는 주요 원인이다. 본래 학교교육은 건전한 인격자를 육성하는 것이 그 목적이다. 그래서 지행합일의 교육을 실시하여야 한다. 학교교육은 지식을 습득하는 과정 외에 다양한 과외활동을 통하여 도덕성과 실천능력을 배양할 수 있게 해야 한다. 즉, 음악, 미술, 연극, 무용 등 예술활동을 통하여 인간교육을 시켜야 할 것이다. 여기서 우리는 공자의 '예'와 '악'의 교육적 가치를 높이 평가하지 않을 수 없다. 앞서서 언급하였듯이, 공자는 음악적 수련이야말로 인격 도야에 가장 좋은 방법이라고 하였다. 그리고 학교교육 현장에서 개인차에 따른 교육, 자주성을 존중하는 교육을 실시하여 창의적인 인간을 육성함에 시사하는 바가 크다.

셋째, 사회교육에서도 마찬가지다. 공자는 사회교육 측면에서 특히 예교의 사회교육적 공능을 강조하였다. 오늘날의 사회는 도덕성 상실에 따라 아노미적 상태에 빠져 있다. 이러한 때에 공자의 예는 사회적 혼란을 극복할 수 있는 가장 중요한 교육적 가치를 지닌다. 공자의 예는 공(恭) · 신(愼) · 용(勇) · 직(直) 등의 훌륭한 요소가 있으며, 과불급이 없는 중화로서 극단을 억제하고 조절하는 귀중한 행위의 준칙이기 때문이다.

2 맹자의 도덕교육사상

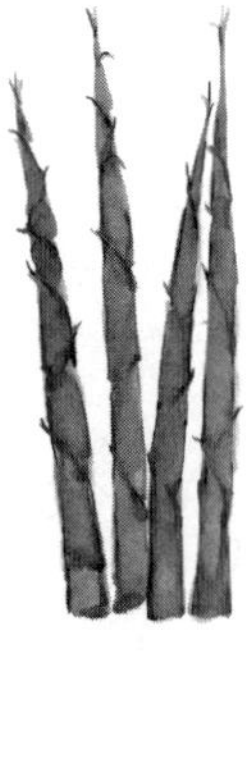

맹자의 교육적 삶

맹자(기원전 372경~289경)는 공자가 죽은 지 100여 년이 지난 전국시대 중기에 추(鄒)나라(지금의 산동성 추현)에서 격(激)의 아들로 태어났다. 이름은 가(軻), 자는 자여(子輿) 또는 자거(子居)다. 어려서 아버지를 여의고 어머니 급(仮)씨의 헌신적인 사랑과 훈도 속에서 성장하였다. 그래서 그의 사상 속에는 그의 어머니의 가르침이 그대로 배어 있다.

유향(劉向)의 『열녀전(烈女傳)』에 맹모삼천(孟母三遷)의 일화가 있다. 즉, 맹자가 어렸을 때 그의 집은 공동묘지 근처에 있었는데, 그가 다른 아이들과 함께 장례식 놀이만 하는 것을 본 어머니는 이곳이 아이를 기를 만한 곳이 못 된다고 판단하여 시장 근처로 이사하였다. 여기서도 장사꾼 흉내만 내는지라 다시 글방 근처로 이사하였다. 여기서는 서생(書生)을 본받아 공부하는 흉내를 냈다고 한다. 그의 어머니는 비로소 마음을 놓고 '이곳이야말로 자식을 기를 만한 곳이로구나.' 하고 정착하였다는 것이다. 이를 '맹모삼천지교(孟母三遷之敎)' 라고 하는데, 청(淸)의 고증학자들에 따르면 사실이 아니라고 한다.

자라서는 자사(子思)의 문인에게서 수학하였고, 공자의 도를 독실하게 믿었다. 그래서 그는 항상 공자를 공경하여 공자와 같은 성인이 되는 것을 목표로 학문에 전념하였다. 학문을 성취한 후에는 고향으로 돌아와 제자를 모아 가르치며 지냈으나, 당시 사회는 혼란하고 그릇된 학설이 유행하여 세상이 어지러워지자, 인의(仁義)로써 세상을 바로잡아 보려고 유세에 나섰다. 추나라, 제나라, 송나라, 설나라, 등나라, 양나라 등을 20여 년간 돌아다니며 자신의 왕도정치 사상을 역설하였지만, 그의 사상을 들어 줄 제후를 만나지 못하였다. 당시 천하통일을 앞둔 격동의 시대에 그의 사상은 비현실적인 이상주의로 비쳤을 뿐이었다.

만년에 다시 고국으로 돌아온 맹자는 제자를 가르치는 일에 몰두하며, 『맹자』 7편을 지어 자신의 사상을 정리하였다. 즉, 인간의 참된 마음과 본성이 어떠하며 또한 그것을 어떻게 회복하고 지킬 것인가? 참된 정치란 무엇이며 또한 어떻게 해야 하는가? 참된 대장부의 삶은 어떠하며 그들의 역할과 책임은 무엇인가? 등의 문제를 진지하게 고민하였다.

그는 공자의 사상을 널리 알리고 더욱 구체적으로 발전시킴으로써 유학의 진흥에 크게 기여하였을 뿐만 아니라, 당시 상당한 세력을 형성하였던 묵가의 학설을 물리치는 데도 크게 공헌하였다. 그 결과 유가는 중국의 정통 철학으로 자리를 잡게 되었다. 유가를 흔히 '공맹 철학' 이라고 하는 것으로 보아 그의 업적을 짐작할 수 있다.

맹자 도덕교육사상의 철학적 기초

천명설(天命說)

맹자의 천명사상은 바로 공자의 천명사상을 계승·발전시킨 것이다. 따라서 맹자의 천명사상을 이해하려면 먼저 공자의 천명사상을 살펴보아야 한다.

공자에게서 천(天)은 크게 '운명적(運命的) 천'과 '주재적(主宰的) 천'으로 나누어 볼 수 있다. 전자는 인간의 의지나 노력으로 어찌할 수 없는 인간의 한계성을 드러내는 것이고, 후자는 종교적 · 초월적 의미를 강하게 지닌 것이다. 여기서 공자의 천사상은 바로 주재자로서의 천사상이 중심이 된다. 즉, 천은 의지의 소유자이므로 천의 의지에 따라서 인간은 마땅히 천명에 따라 살아가는 방법을 모색하고, 그것을 실행하는 것을 자기의 신성한 의무라 생각하며, 천리(天理)에 따라 행동하고 실천하여야 한다는 것이다.

공자는 "천명을 알지 못하면 군자가 될 수 없다." "군자는 세 가지 두려운 것이 있는데, 천명(天命)을 두려워하며 대인(大人)을 두려워하며 성인의 말씀을 두려워한다."라고 하여 천명의 지각을 강조하였다. 그는 이러한 천명의 자각을 통하여 주체적 도덕성을 확립하고자 하였고, 도덕적 인격의 근거로서 주재적이고 인격적인 천을 체득해야 됨을 강조하였다.

이와 같은 공자의 천사상을 계승한 맹자는 「양혜왕장구하」에서 천에 대하여 "하늘의 위엄을 두려워하여 길이 나라를 편안케 한다."[1] "천리에 순응하는 사람은 존속하고 천리를 거역하는 사람은 망한다."[2] "길이 천명을 지키는 것이 스스로 많은 복을 구하는 것이다."[3]라고 하여 주재적 천을 말하고 있다. 즉, 인도(人道)의 근거가 천도에 있음을 강조하는 유가의 전통적 천명사상을 계승하고

---

1) 畏天之威 于時保之(『맹자』, 「양혜왕장구하」).

2) 順天者存 逆天者亡(『맹자』, 「이루장구상」).

3) 永言配言 自求多福(『맹자』, 「공손축장구상」).

있음을 확연히 보여 주고 있다.

또한 맹자는 "천하에 적이 없는 사람은 천명을 받아 다스리는 사람이니 그러고서 왕 노릇하지 못할 이가 없느니라."[4]라고 하였다. 여기서 '천하에 적이 없는 사람'이란 인격적으로 완성된 사람을 뜻하며, 인격적으로 완성된 사람이 왕자로 천명을 받는 것이며, 왕으로서의 기준은 바로 도덕적 완성에 있다고 하였다.

더 나아가 맹자는 "그 마음을 다하는 자는 그 성(性)을 아니, 그 성을 알면 하늘을 알게 된다. 그 마음을 보존하여 그 성을 기르는 것은 하늘을 섬기는 근거가 된다. 요절하는 것과 장수하는 것을 다른 것으로 생각하지 않고 몸을 닦아서 천명을 기다리는 것은 천명을 확립하는 수단이 된다."[5]라고 하여 인간의 모든 행사가 명(命)임을 강조하고 있다. 즉, 인간의 수명도, 자손의 초불초(肖不肖)도 다 천명이라는 것이다. 그러나 맹자는 무조건 천명에 모든 것을 맡겨 둘 것이 아니라 수신(修身)을 통하여 적극적으로 '입명(立命)'에 힘써야 한다고 하였다. 이러한 점에서 맹자는 공자의 지명(知命)을 한층 더 발전시켜 입명을 말하였다.

맹자는 인을 행하는 근거로 진심지성(盡心知性)과 존심양성(存心養性)을 들었다. 그는 진심지성하면 지천(知天)할 수 있다고 하였는데, 그 이유는 사람은 원래 하늘의 소생이고, 인의예지(仁義禮智)의 성이 근거한 심(心)은 하늘이 나에게 부여한 것이기 때문이다. 따라서 사람은 지천하는 데 그칠 것이 아니라 존심양성으로 사천

4) 無敵於天下者 天吏也 然而不王者 未之有也(『맹자』, 「공손축장구상」).

5) 盡其心者 知其性也 知其性則知天矣 存其心 養其性 所以事天也 殀壽不貳 修身以俟之 所以立命也(『맹자』, 「진심장구상」).

(事天)해야 한다는 것이다.

이와 같은 맹자의 천은 존심양성의 수양을 통하여 얻어지는 내재적인 천이라 할 수 있다. 천을 인간의 도덕성의 근거로서 내면화했던 것이다. 즉, 천은 나의 밖에서 나의 행동을 관찰하고 명령하는 외재적인 존재가 아니고, 자아를 의식하여 인성 속에 내재한 도덕률을 통하여 나의 속에서 느껴지고 이해되고 자각된 천이다(이문주, 1991: 36). 다시 말해서 맹자는 인간의 내적인 도덕적 자각을 통하여 종래의 외재적이고 형식적인 천 관념을 인간에 내재화하고 있다.

성선설(性善說)

맹자는 인간의 도덕적 기준을 '인의(仁義)'에 두고, 도덕 성립의 근거로서 성선설을 제창하였다. 그의 성선설은 인간의 존재 가치를 선(善) 지향의 도덕성에 둔 인간관을 바탕으로 인간의 모든 행위가 성선의 실천적 의지로 표현되는 논리다. 이러한 성선의 시각에서 볼 때, 인간은 도의(道義)를 실천하지 않을 수 없게 된다.

맹자는 "지금 사람들이 갑자기 어린아이가 우물에 빠지려고 하는 것을 보게 되면 모두 깜짝 놀라고 측은하게 여기는 마음을 갖는다."[6]라고 하여 다른 사람의 불행을 차마 보지 못하는 인간의 순수한 마음(心)에 대하여 말하고 있다. 이러한 불인지심(不忍之心)을 누구나 생득적으로 구유하기 때문에 인간의 본성은 선하다는 것

6) 今人乍見孺子將入於井 皆有怵惕惻隱之心(『맹자』, 「공손축장구상」).

이다.

사람의 본성이 선하다는 단서는 사단지심(四端之心)을 통하여 알 수 있다. 『맹자』에 보면, "측은한 마음이 없으면 사람이 아니며, 부끄러워하고 미워하는 마음이 없으면 사람이 아니며, 옳고 그름을 가리는 마음이 없으면 사람이 아니다. 맹자는 측은히 여기는 마음은 인(仁)의 시초요, 부끄러워하고 미워하는 마음은 의(義)의 시초요, 사양하는 마음은 예(禮)의 시초요, 옳고 그름을 가리는 마음은 지(智)의 시초다."[7]라고 하여 사람은 누구나 사단을 선천적으로 가지고 태어난다고 하였다. 따라서 만약에 이러한 사단의 마음을 지니고 있지 아니한 사람이 있다면 그를 인간으로 취급하지 않았다.

맹자는 측은(惻隱)·수오(羞惡)·사양(辭讓)·시비(是非)의 사단은 인간 본성의 근본구조인 인(仁)·의(義)·예(禮)·지(智) 사덕이 도덕적 심리작용에 의해 나타난 단서로서, 이는 덕행의 시발점이 된다. 그러므로 사단이 사덕의 인식 근거라 한다면, 사덕은 사단의 존재 근거라 할 수 있다. 인간의 본성에 사덕이 구유함은 사단의 마음을 통하여 알 수 있으므로 사덕의 뿌리에서 자라나는 사단의 싹을 잘 길러서 도덕적 실천으로 표출하여야 한다.

그렇다면 성(性)의 내면적 구조로서 인·의·예·지, 즉 사덕은 구체적으로 어떠한 의미를 지니는가? 또는 서로 어떠한 연관성을 가지고 있는가?

7) 無惻隱之心 非人也 無羞惡之心 非人也 無辭讓之心 非人也 無是非之心 非人也 惻隱之心 仁之端也 羞惡之心 義之端也 辭讓之心 禮之端也 是非之心 智之端也 (『맹자』, 「공손축장구상」).

맹자에 따르면, "인(仁)이란 인(人)을 말하는 것이니 합해서 말하면 도다."[8] 또는 "인은 사람의 마음이다."[9]라고 하여 인이란 사람을 사람 되게 하는 도리임을 강조하고 있다. 즉, 사람은 차마 하지 못하는 것이 있으니, 그 차마 하지 못하는 마음씨가 바로 인이라는 것이다. 또한 맹자는 "의(義)는 사람의 길이다."[10]라고 하여 행함의 표준으로 의를 들고 있으며, "대인이란 말로써 믿음을 기약하지 않고, 행위가 반드시 결실을 맺어야 된다고 기대하지 않고, 오직 의를 살피는 것이다."[11]라고 하여 말과 행동은 결과에 상관하지 않고 현재 의로운지 어떤지를 살펴 의로우면 행하여야 한다고 하였다. 따라서 맹자는 "사는 것도 내가 바라는 것이며 의도 내가 바라는 것이지만, 두 가지를 겸하지 못한다면 삶을 버리고 의를 취할 것이다."[12]라고 하였다.

맹자는 사람이면 누구나 자연스럽게 우러나오는 사양지심과 공경지심이 있다고 하였다. 이러한 사양·공경의 마음은 선천적으로 인성에 내재하기 때문에 이를 예(禮)의 단(端)이라고 하는 것이다. 그래서 맹자는 "어려서 손을 잡고 가는 아이는 그 어버이를 사랑할 줄 모르는 이가 없으며, 그 자라남에 미쳐서는 그 형을 공경할 줄 모르는 이가 없다."[13]라고 하여 어버이를 사랑하고 어른을 공경할 줄 아는 것은 선천적으로 지니고 있는 사람의 양지(良知)·

8) 仁也者 人也 合而言之 道也(『맹자』, 「진심장구하」).
9) 仁 人心也(『맹자』, 「고자장구상」).
10) 夫義 路也(『맹자』, 「만장장구하」).
11) 大人者 言不必信 行不必果 惟義所在(『맹자』, 「이루장구하」).
12) 生 亦我所欲也 義 亦我所欲也 二者 不可得兼 舍生而取義者也(『맹자』, 「고자장구상」).

양능(良能)이라는 것이다.

지(智)의 단(端)인 시비지심은 인간의 내심에 있는 도덕성으로, 이것에 의해 잘잘못을 판별한다. 모든 선악(善惡) · 정사(正邪)의 구별은 시비지성의 지(智)로써 하는 것이다. 즉, 지(智)란 판단 능력이고 인성에 근본을 둔 것이다. 그래서 맹자는 "옳고 그름을 가리는 마음이 곧 지혜로움의 싹이다(是非之心 智也)."라고 했던 것 같다.

한편 맹자는 중선(衆善)의 근본으로서 인(仁)과 중미(衆美)를 회통하는 예(禮)가, 그리고 중사(衆事)를 주관하는 지(智)와 중물(衆物)의 분한(分限)으로서의 의(義)가 직접적으로 서로 연관된다고 하였다. 유교적인 안목에서 볼 때 중선의 바탕인 바, 인은 동시에 중미의 근본이기도 하다. 그러므로 인은 예의 바탕인지라 진정한 예는 인에 근거함으로써만 실천 가능한 것이요, 지(智)는 의(義)의 뿌리인지라 올바른 의(義)로 지(智)에 준거함으로써만 제 구실을 할 수 있게 된다.

맹자 도덕교육사상의 함의

도덕교육의 이념과 목표

일반적으로 유학에서의 교육 이념은 도덕교육을 통한 전인적 인간 양성에 있었다. '유(儒)'는 본래 교(敎) · 학(學) · 행(行), 즉 도

13) 孩提之童 無不知愛其親者 及其長也 無不知敬其兄也(『맹자』, 「진심장구상」).

덕 · 학문 · 실행을 겸비한 학자를 지칭하는 것으로, 유학은 본래 이러한 인간을 육성하는 학문이다. 따라서 유가에서는 인격의 완성에 그 목적을 두었기 때문에 인간이 교육을 통하여 도달할 수 있는 최고의 경지를 성인(聖人)으로 보았다.

일찍이 공자는 성인이 갖추어야 할 주된 덕을 '인(仁)'이라 보고, '인인(仁人)'을 인간의 완성된 경지로 보았다. 즉, '인'은 지고의 추구 목표로서 인의 덕을 이룩하면 성인이 된다는 것이다. 따라서 공자의 교육 이념은 인의 덕을 잘 닦아 성인을 지향하는 데 있었다.

공자의 사상을 계승한 맹자 역시 인을 사단 가운데서도 가장 근원이 되며 사단을 통합하는 덕목으로 보았다. 여기에다 맹자는 공자시대(춘추시대)보다도 사회적 혼란이 더욱 심한 전국시대에 살았기 때문에 인에 의(義)를 더하여 '인의(仁義)'를 주된 덕목으로 강조하였다. 즉, 맹자는 인간 내면의 덕성인 '인'에 사회정의의 관념인 '의'를 추가하여 인의의 덕목으로 세상을 교화하려 하였다.

특히 맹자의 시대에는 만백성이 도탄에 빠져 있었으므로 이를 구제하는 길은 오직 요순시대의 도덕성을 회복하는 길밖에 없었다. 따라서 통치자는 인의를 통한 왕도정치로 돌아가서 먼저 가정윤리를 바로잡고, 나아가 사회질서를 바로 확립해야 한다는 것이다. 맹자는 이와 같은 내면적 도덕성으로서의 '인'과 사회 지향성으로서의 '의'를 도덕교육의 이념으로 삼았다.

맹자는 본래 인의예지 사단을 모두 중시하여 함께 강조하였다. 그럼에도 불구하고 인의(仁義)의 덕목만을 교육의 이념으로 본 까닭은, 인의를 광의로 해석하면 예 · 지뿐만 아니라 모든 덕목을 통섭하는 개념이기 때문이다. 이에 대하여 맹자는 "인의 핵심은 어버이를 섬기는 것이 그것이고, 의(義)의 핵심은 형을 따르는 것이 그것이다. 지(智)의 핵심은 이 두 가지를 알아서 떠나지 않는 것이 그것이고, 예(禮)의 핵심은 이 두 가지를 절도에 맞게 나타내는 것이 그것이다."[14]라고 하여 지(智)의 근본은 사친(事親)과 종형(從兄)의 인의를 알고 벗어나지 않게 하는 것이고, 예의 근본은 사친 · 종형의 인의를 잘 조절하고 꾸미는 것이라고 하였다. 따라서 맹자는 예와 지를 인의의 덕목을 구현하는 방법적 가치로 보았던 것이다.

아울러 맹자는 '인'과 '의'의 개념을 다음과 같이 규정하였다. "인은 사람의 마음이고 의는 사람의 길이다. 그 길을 놓아 두고 말미암지 아니하며, 그 마음을 놓아 버리고 찾을 줄을 모르니 슬프다."[15]라고 하여 인은 인간이 생득적으로 지닌 선성의 바탕이기 때문에 그 마음을 버리지 말고 비록 흐트러지더라도 이를 바로잡아야 하며, 의는 사람이 가야 할 바른 길이기 때문에 그 길을 바로 따라가야 한다는 것이다.

이러한 도덕교육의 이념을 바탕으로 맹자는 좀 더 구체적인 도덕교육의 목표 또한 제시하였는데, 다음과 같은 두 차원에서 살펴볼 수 있다.

첫째, 사단의 확충을 통한 인의예지의 도덕적 인간을 양성하는 것이다. 맹자는 "무릇 나에게 사단이 있는 것을 알아서 그것을 확충하게 되면 마치 불이 타오르고 샘이 솟아오르는 것과 같다. 진실

14) 仁之實 事親是也 義之實 從兄是也 智之實 知斯二者弗去是也 禮之實 節文斯二者是也(『맹자』, 「이루장구상」).

15) 仁人心也 義人路也 舍其路而弗由 放其心而不知求哀哉(『맹자』, 「고자장구상」).

로 이것을 확충할 수 있다면 사해를 보호할 수 있을 것이요, 그것을 확충하지 못하면 부모조차 섬기지 못할 것이다."[16]라고 하였다. 이는 사단은 인간이면 누구나 가지고 있는 것인데, 이를 확충하면 사해를 다스리는 치인이 되는 것이고, 그것을 행하지 않을 경우에는 자기는 물론 부모조차 섬길 수 없음을 강조한 것이다. 결국 맹자는 이러한 사단의 확충을 통한 인의예지의 도덕성을 실현하는 것을 교육의 목표로 삼았고, 그러한 자를 일컬어 성인(聖人), 군자(君子), 대인(大人), 대장부(大丈夫) 등의 말로 표현하였다.

둘째, 인륜(人倫)의 실현에 두었다. 맹자는 "인간에게는 도리가 있는데, 배불리 먹고 따뜻이 옷을 입어서 편안히 거처하기만 하고 가르침이 없으면 금수와 가까워진다."[17]라고 하여, 인간에게는 자연적 심성이라는 것이 있는데, 그것을 그대로 두면 금수와 다름이 없다고 보았다. 이들을 일러 그는 소인(小人)이라 하였으며, 이들에게 인륜을 가르치고 실현하게 하는 것이 맹자 도덕교육의 구체적인 목표였다.

이와 같이 맹자는 인의(人義)의 덕목으로 자기반성을 통한 수양을 통하여 군자의 길을 강조하였다. 그가 말하는 군자는 도덕적 품성을 갖춘 인간으로서 유가의 이상적인 인간상이다. 인물 면에서 보면 학덕을 고루 갖춘 인격자이며, 능력 면에서 보면 편협함과 편향됨이 없이 조화된 전인이다. 따라서 이를 교육적 관점에서 보면 이상적인 교육적 인간상인 것이다.

16) 凡有四端於我者 知皆擴而充之矣 若火之始然 泉之始達 苟能充之 足以保四海 苟不充之 不足以事父母(『맹자』, 「공손축장구상」).

17) 人之有道也 飽食煖衣 逸居而無教則近於禽獸(『맹자』, 「등문공장구상」).

도덕교육의 내용

맹자는 교육의 내용이나 교재에 대해서는 명확히 제시하고 있지 않다. 『맹자』 전편을 살펴보아도 분명한 언급은 없다. 이에 비하여 공자는 교육 내용을 분명히 밝혔다. 즉, 『사기』「공자세가」에 보면, "공자는 시 · 서 · 예 · 악으로 제자를 가르쳤는데, 그 수가 삼천 명이나 되고 육예에 통한 자가 일흔두 명이나 되었다."[18]라고 한 데서 잘 알 수 있다. 공자의 주된 교육 내용은 육예였던 것이다. 공자는 이러한 육예를 통하여 올바른 품성을 갖춘 군자를 양성하고자 하였다.

그런데 맹자는 공자사상을 정통으로 계승하면서도 교육 내용 면에서는 뚜렷한 언급이 없다. 따라서 『맹자』에 기록된 몇 가지 구절을 통하여 추론해 볼 수밖에 없다.

먼저 「진심장구하」에 보면, "정(鄭)나라의 음악을 미워하는 것은 정악(正樂)을 어지럽힐까 두려워함이다."[19]라고 하고 있다. 여기서 맹자가 음악의 중요성을 간접적으로나마 강조하고 있음을 알 수 있다. 또한 「양혜왕장구하」에서는 "혼자서 음악을 즐기는 것보다 사람들과 함께 즐기는 것이 좋고, 소수보다는 많은 사람과 함께 즐기는 것이 더욱 좋다."[20]라고 한 것으로 보아, 맹자 역시 공자와 같이 악(樂)을 중시하였음을 알 수 있다.

---

18) 孔子以詩書禮樂數弟子 蓋三千焉 身通六禮七十二人(『사기』, 「공자세가」).

19) 惡鄭聲 恐其亂樂也(『맹자』, 「진심장구하」).

20) 獨樂樂 與人樂樂 執樂 日不若與人 日與少樂樂 與衆樂樂 執樂? 日不若與衆(『맹자』, 「양혜왕장구하」).

그리고 맹자는 「이루장구상」에서 "인(仁)의 핵심은 어버이를 잘 섬기는 것이고, 의(義)의 핵심은 형을 잘 따르는 것이다. 지(智)의 핵심은 이 두 가지를 알아서 떠나지 않는 것이고, 예(禮)의 핵심은 이 두 가지를 절도에 맞게 나타내는 것이며, 악(樂)의 핵심은 이 두 가지를 즐거워하는 것이니, 즐거워하면 이 두 가지의 마음이 생겨난다. 이 두 가지의 마음이 생겨나면 어떻게 그만둘 수 있겠는가? 알지 못하는 사이에 발은 장단을 맞추고 손은 춤을 추게 된다."[21] 라고 하였다. 여기서 맹자는 사친(事親)과 경장(敬長)의 인의(人義)를 예악(禮樂)에 결부시켜 그 실현을 강조하고 있다. 이것을 보면, 맹자가 예악을 그 방법으로 하여 인의를 구현하고자 하였음을 알 수 있다.

또한 맹자는 「고자장구상」에서 "예가 남에게 활쏘기를 가르칠 적에 반드시 활시위를 당기는 기준에 뜻을 두었다. 큰 목수가 남에게 가르칠 적에 반드시 규구(規矩)를 가지고 가르쳤으며, 배우는 자 또한 반드시 규구를 가지고 배웠다."[22]라고 하여 맹자 역시 사(射)를 가르쳤음을 말해 주고 있다.

이러한 『맹자』의 내용들을 근거로 할 때, 맹자는 공자의 교육 내용을 이어받아 육예를 가르쳤음을 충분히 짐작할 수 있다.

그리고 맹자는 도덕교육의 내용으로 오륜(五倫)을 강조하였다. 오륜은 육예 중에서는 예에 속한다고 볼 수 있는데, 맹자는 상서학

21) 仁之實 事親是也 義之實 從兄是也 智之實 知斯二者弗去是也 禮之實 節文斯二者是也 樂之實 樂斯二者 樂則生矣 生則惡可已也 樂可已 則不知足之蹈之手之舞之(『맹자』, 「이루장구상」).

22) 羿之教人射 必志於 彀學者亦必志於彀(『맹자』, 「고자장구상」).

교(庠序學校)의 교육으로 '명인륜(明人倫)'을 강조하였다. 명인륜이야말로 곧 오륜교육의 목적이었으며, 맹자 도덕교육의 주된 내용이었다.

오륜교육에 대해서는 다음의 인용문에서 더욱더 분명해진다. "계(契)로 하여금 사도로 삼아 인륜으로서 가르쳤으니 부자 간에는 친함이 있으며, 군신 간에는 의로움이 있으며, 부부 간에는 구별함이 있으며, 장유 간에는 차례가 있으며, 붕우 간에는 믿음이 있는 것이다."[23] "학은 곧 삼대가 같이 썼으니 다 인륜을 밝히는 것이다."[24] 즉, 오륜의 구체적인 덕목들을 언급하면서 그 중요성을 강조하고 있다.

여기서 우리는 맹자가 도덕교육의 내용으로 인륜 또한 매우 강조하고 있음을 알 수 있다. 즉, 가정의 종족질서를 확립하고 이를 확대하여 사회질서를 재건하고자 했던 것이다. 종합하여 보면, 육예·오륜 등이 바로 맹자 도덕교육의 주된 내용이며, 이는 곧 공자의 교육 내용을 계승한 것이라 할 수 있다.

도덕교육의 방법

교육이란 사생(師生) 간에 주위의 환경에 따라서 다양한 교육 내용을 가르치는 것이다. 그 교육 내용을 어떠한 방법으로 가르치는가 하는 문제는 매우 중요하다. 본래 유가에서는 어떠한 객관적인

23) 使契爲司徒 教以人倫 父子有親 君臣有義 夫婦有別 長幼有序 朋友有信(『맹자』, 「등문공장구상」).

24) 學則三代共之 皆所以明人倫也(『맹자』, 「등문공장구상」).

진리를 오늘날과 같이 획일적으로 강설하거나 교수하여 단순히 지식을 전달한 것이 아니라, 개인차를 고려하여 자발적 교육을 시킴으로써 최대한의 교육 효과를 가져오게 하였다. 맹자 역시 전통 유가의 교육방법을 그대로 계승하고 있다.

맹자는 남을 가르치는 교육방법으로 여러 가지가 있다고 하였다. 그는 「진심장구상」에서 "단비가 내려 일시에 만물을 소생시키듯이 하는 것이 있으며, 덕을 이루게 하는 것이 있으며, 재질을 통달하게 하는 것이 있으며, 물음에 답하는 것이 있으며, 직접 가르치지 않고 사적으로 잘 도야하게 하는 것이 있다."[25]라고 하여 군자가 사람을 교육시키는 방법에 다섯 가지 양상이 있다고 하였다.

이와 같이 맹자는 최고의 가르침으로, 단비가 내려 일시에 만물이 소생하듯이, 가만히 있기만 해도 주위의 사람이 감화를 받아 착하게 되는 것이라고 하였다. 그리고 '덕을 이루게 하는 것' 이란 전 분야를 골고루 가르쳐 인격을 향상시키는 것을 말하며, '재질을 통달하게 하는 것' 이란 특정한 재질을 개발시켜 그 분야의 차원을 높인 다음에 전체의 인격을 고루 갖추게 하는 것을 말한다. '물음에 답하는 것' 이란 주입식 교육이 아니라 배우는 자로 하여금 스스로 깨우쳐 가도록 하는 자발적 교육방법을 말하며, '사적으로 잘 도야하게 하는 것' 은 직접 가르치지 않더라도 책을 통하여 가르치거나 제자를 통하여 가르치는 등의 간접적인 교육방법을 말한다.

또한 맹자는 모든 인간은 선한 본성을 가졌다고 보았으며, 그 선

25) 有如時雨化之者 有成德者 有達財者 有答問者 有私淑艾者 此五者 君子之所以教也(『맹자』, 「진심장구상」).

한 본성 위에 호연지기의 도덕적 기개를 갖춘 사람을 교육적 이상인으로 간주하였기 때문에, 이러한 인간상에 도달하는 방법으로 그는 다음과 같은 수양의 원칙과 방법을 제시하였다.

존심양성(存心養性)

맹자 교육의 이념은 하늘로부터 부여받은 선성을 잃지 않고 잘 보존하고 확충해 나가는 것이다. 그는 사람이 비록 '사단'과 '양지' '양능' 등의 선성을 타고났다 하더라도 이를 잘 보존하지 않으면 그 선성을 계속 유지하기란 매우 어렵다고 보았다.

맹자는 「이루장구하」에서 "사람이 금수와 다른 것이 아주 적은데, 서민(庶民)은 그것을 버리고 군자는 그것을 보존한다."[26]라고 하여 인간과 금수의 차이나 군자와 서민의 구별은 선성의 보존 여부로 말미암는다고 하였다. 즉, 군자는 그 선성을 능히 보존할 수 있는 자요, 서민은 이를 상실한 자에 불과하다는 것이다. 또한 그는 "군자가 다른 사람과 다른 까닭은 그 마음을 보존하는 것 때문이다. 군자는 인으로써 마음을 보존하며, 예로써 마음을 보존한다."[27]라고 하여 군자가 범인과 다른 점은 바로 인간 본유의 순선한 마음을 보존하는 것이라고 하였다. 즉, '존심'하는 데 있다는 것이다. 존심의 구체적 방법으로 그는 구방심(求放心)과 과욕(寡慾)을 들었다.

'양성'이란 욕심과 두려움에 의하여 가리기 쉬운 선한 본성인 선성의 실현을 촉진하는 부단한 노력을 말한다. 즉, 선한 본성을 잘 길러서 그 선성이 잘 나타날 수 있도록 하는 교육적 노력이 양

26) 人之所以異於禽獸者幾希 庶民去之 君子存之(『맹자』, 「이루장구하」).
27) 君子所以異於人者 以其存心也 君子以仁存心 以禮存心(『맹자』, 「이루장구하」).

성인 것이다. 이러한 입장에서 맹자는 "자기의 마음을 다하는 자는 자기의 성을 알게 되니, 자기의 성을 알면 천을 알게 된다. 자기의 마음을 보존하여 자기의 성을 기르는 것은 천을 섬기는 방법이다."[28]라고 하여 선한 본심을 완전히 다할 수 있을 때 그 본성인 선성을 자각할 수 있고, 그 선성을 자각하게 되면 그 선성을 부여해 준 천의(天意)도 알 수 있게 되니, 자기의 본성을 잘 보존하고 배양하면 바로 천을 섬기는 것이 된다고 하였다.

전심치지(專心致知)

맹자는 도덕교육의 또 다른 방법과 원리로서 '전심치지'를 들고 있다. 여기서 전심치지란 주의를 집중하여 학업에 열중함을 말한다. 그는 학업을 성취하는 데는 끈기 있는 정진보다 더 좋은 방법은 없다고 하였다. 총명한 재주꾼도 우직하게 노력하는 사람을 당할 수 없는 이유가 바로 여기에 있는 것이다.

맹자는 「고자장구상」에서 "혁추라는 사람은 전국을 통하여 바둑을 잘 두는 사람이라 그를 시켜 사람에게 바둑을 가르치는데, 한 사람은 전심치지하여 혁추의 말만 듣고, 다른 한 사람은 고니가 오면 쏘려고 활 메우는 생각을 한다면, 비록 함께 배운다고 해도 그 결과는 다를 것이다. 이는 지혜가 같지 않기 때문일까? 그러한 것은 아닐 것이다."[29]라고 하여 전심의 태도가 얼마나 중요한 것인

28) 盡其心者 知其性也 知其性則知天矣 存其心 養其性 所以事天也(『맹자』, 「진심장구상」).

29) 奕秋 通國之善奕者也 使奕秋誨二人奕 其一人專心致知 惟奕秋之爲聽 一人雖聽之 一心以爲有鴻鵠將至 思援弓繳而射之 雖與之俱學 弗若之矣 爲是其智弗若與 曰非然也(『맹자』, 「고자장구상」).

가를 강조하고 있다.

또한 맹자는 「고자장구상」에서 "비록 천하에 생하기 쉬운 물건이 있다 하여도 하루는 볕을 쪼이고 열흘을 차게 하면 살 수 없을 것이다."[30]라고 하여 이 세상에 아무리 잘 자라는 식물이라도 하루는 햇볕을 쬐어 따뜻하게 해 주고 열흘을 춥게 해 준다면 자라날 식물이 없다고 하였다. 이러한 식물뿐만 아니라 인간의 선성을 기르는 것과 학문을 하는 것도 같은 이치라는 것이다. 여기서 맹자는 일시적인 정진만으로는 그 목적을 달성할 수 없다고 보고 부단한 정진을 요구하고 있다. 즉, 꾸준한 정진만이 본래의 교육 목적에 도달할 수 있는 첩경이라는 것이다. 이와 같이 맹자는 덕육의 한 방법으로 '전심치지'를 강조하였다.

양호연지기(養浩然之氣)

맹자는 부동심(不動心)하는 마음으로 호연지기를 길러야 한다고 하였다. 인간의 마음을 보존하고 수양한다는 것은 개인의 내면적 자질과 의지를 굳게 세워 유혹에 이끌리지 않는 부동심의 마음 자세를 확립하는 자세가 매우 필요하다. 그래서 그는 "나는 나이 사십이 되어야 마음이 동요하지 않는다."[31]라고 하여 부동심을 기르는 방법으로 양호연지기를 제창하였다. 그는 부동의 마음을 간직하게 된 내용을 '지언(知言)'과 '호연지기'를 선양함에 있다고 말하였다. 여기서 '지언'이란 부동의 마음을 리(理)로써 표현한 것이고, '호연지기'는 몸속에 충만 된 기(氣)를 훼손됨이 없이 잘 기르는 것이니,

30) 雖有天下易生之物也 一日暴之 十日寒之 未有能生者也(『맹자』,「고자장구상」).
31) 我四十而不動心(『맹자』,「공손축장구상」).

두 가지 모두 인간 본연의 모습을 회복하여 우주에 귀일하는 방법인 것이다. 특히 호연지기는 부동심의 한 방법으로서 혈기(血氣)나 객기(客氣)와 같은 일시적인 것이 아니라 도덕화된 기력(氣力)이니, 이는 정의(正義)와 당위성에서 생기는 신념의 기백이다.

이와 같이 길러진 호연지기는 인의가 함께하는 도덕적 당위성을 배경으로 한 큰 용기이기 때문에 호연지기를 기르는 것이 '양기(養氣)' 이고, 그 기가 없어지지 않도록 지키는 것이 '수기(守氣)' 이며, 호연지기를 통하여 용기를 기르는 것이 '양용(養勇)' 이다.

자기반성(自己反省)

'反求諸己(반구제기)' 라는 말은 모든 허물의 근원을 자신 속에서 찾는다는 뜻이다. 즉, 자기반성적 태도를 가리킨다. 맹자는 이에 대해, "군자가 보통 사람과 다른 까닭은 그가 본심을 지니고 있기 때문이다. 군자는 인을 본심에 지니고 예를 본심에 지닌다. 인자는 남을 사랑하고 예자는 남을 공경한다. 남을 사랑하는 사람에게는 남도 항상 그를 사랑해 주고, 남을 공경하는 사람에게는 남도 항상 그를 공경한다. 여기에 한 사람이 있다고 하자. 그가 자기에게 무례하게 대하면 이때에 군자인 사람은 반드시 스스로 반성해 '내가 틀림없이 인자하지 못하고 무례하였구나! 그렇지 않고서 왜 이러한 일에 이르렀는가?' 하고 말한다."[32] 이와 같이 맹자는 대인관계에서의 부조화를 자기 탓, 내 탓으로 돌리면서 자기반성을

32) 孟子曰君子所以異於人者 以其存心也 君子以仁存心 以禮存心 仁者愛人 有禮者敬人 愛人者人恒愛之 敬人者人恒敬之 有人於此 其待我以橫逆 則君子必自反也 我必不仁也 必無禮 此妄宜至哉(『맹자』, 「이루장구상」).

촉구하였다.

여기서 맹자는 수양인에게서 평생 가져야 할 '종신지우(終身之憂)'를 말하고 있다. 즉, 미완의 인간으로서 자기반성으로 끊임없이 갈고 닦아서 인의(仁義)의 실현을 추구한 사람에게는 일시적인 근심 걱정거리가 안전에 없다. 오직 완성을 위한 부단한 인간 의지의 발양이 있을 따름이다.

이어서 맹자는 "만물의 이치는 다 나에게 갖추어져 있다. 자신을 반성하여 성실히 해 나가면 즐거움이 이보다 더 클 수가 없고, 자신의 마음을 미루어 보고 남을 헤아려 나가면 인을 구하는 것이 이보다 더 가까운 길이 없다."[33]라고 하여 자신의 반성을 통한 즐거움과 인의 구체성을 말하고 있다. 이는 곧 자기반성을 통한 품성의 양성을 강조한 것이다.

호선적(好善的) 태도

맹자의 또 하나의 수양방법은 '호선'이라 하였다. 그는 「공손축장구상」에서 다음과 같이 말하고 있다. "자로는 남이 그에게 허물이 있다고 말해 주면 기뻐하였고, 우(禹)는 선한 말을 들으면 절을 하였다. 그런데 위대한 순(舜)은 이보다 더 대단함이 있었으니, 그는 선한 것은 남과 더불어 같이 하였다. 그래서 자기의 잘못을 버리고 남을 따랐으며, 남에게 취해서 선을 행하기를 즐거워하였다."[34]

---

33) 萬物皆備於我矣 反身而誠 樂莫大焉 强恕而行 求仁莫近焉(『맹자』, 「진심장구상」).

34) 孟子曰子路 人告之以有過則喜 禹聞善言則拜 大舜有大焉 善與人同 舍己從人 樂取於人以爲善(『맹자』, 「공손축장구상」).

또한 당 태종은 매일 잘못한 점을 지적받아야만 좋아하고 칭찬하는 신하를 멀리했다 하니 자로의 호선하는 태도가 아닌가 한다. 고대 우임금은 착한 말을 들으면 절을 했다 하여 '우배창언(禹拜昌言)' 이라는 말이 생겨나기도 했다. 맹자는 일층 위대한 호선의 태도를 '여인동선(與人同善)' 에 두고 있다. 자기 자신을 위하는 호선보다는 남과 더불어 함께할 수 있는 공동체의 생활 속에서의 호선을 중시한 것이다. 즉, 수기적 호선에서 치인의 교화로 발전하는 '선여인동(善與人同)' 인 것이다.

중용지행(中庸之行)

마지막으로 맹자가 제창한 수양방법은 시중(時中)의 중용지행이다. 이는 과불급이 없는 시중의 도를 강조한 것이다. 즉, 행위의 때를 가려 하라는 뜻이다.

중용에서의 '중(中)'은 '편벽되거나 치우치지 않고 지나치거나 부족함이 없음(不偏不倚 無過不及)' 을 뜻하고, '용(庸)' 은 평상(平常)을 지칭하는 말이다. 이에 주자(朱子)는 '중' 이라는 것은 천하의 정도(正道)요, 용이라는 것은 천하의 정리(正理)라고 정의하였다. 그리고 맹자는 "공자는 지나친 행동을 하지 않은 사람이었다."[35]라고 하여 공자는 과불급이 없는 시중의 도를 다한 사람이라고 평하면서, 환경에 최선의 태도로 대처해야 함을 말하였다.

35) 仲尼不爲已甚者(『맹자』, 「이루장구상」).

맹자 도덕교육사상의 현대적 의의

앞에서 맹자 도덕교육의 내용 및 방법을 살펴보았다. 그렇지만 맹자의 도덕교육사상을 제대로 조명하기란 그리 쉬운 일이 아니다. 왜냐하면 『맹자』 전편이 바로 도덕교육의 내용이며 방법이기 때문이다.

앞서 살펴보았듯이, 맹자는 도덕성의 근원을 개인의 내부에 둠으로써 피교육자의 주체성과 자발성을 최대로 인정한 이상적인 도덕교육의 토대를 마련하였다. 이것은 오늘날 현대교육에서 논의되는 교육적 가치의 근원과 이에 따른 교육사상의 다양한 논의 및 문제점들을 보여 줄 뿐만 아니라, 우리의 교육 현장에서 반성적으로 수용해야 할 점이 많음을 알게 하는 대목이다. 맹자의 도덕교육사상이 오늘날 교육 현상에 제시하는 구체적인 시사점은 다음과 같다.

첫째, 맹자의 도덕교육사상은 과학 기술의 발달과 산업화의 추구가 몰고 온 '인간소외 현상' 과 입시 위주 교육에 따른 '전인교육의 상실 현상' 을 극복하고, 인간의 존엄성과 도덕성이 최고의 가치로 여겨지는 교육관이 절대적으로 요구된다는 사실을 깨닫게 해 준다. 따라서 현행 교육과정에서 다루어지는 철학 및 도덕교육에서 육예, 오륜, 사단을 바탕으로 하는 맹자적 사유체계를 교육과정에 확대 편성하여 인성교육의 바른 기풍을 세워야 할 것이다. 특히 오륜교육은 가정교육에서뿐만 아니라 사회교육에 이르기까지 충분히 적용 가능한 것이라고 생각한다.

둘째, 그의 도덕교육사상은 전통에 뿌리를 둔 도덕교육을 한갓 봉건시대의 유산으로만 생각하며 지나치게 서구사상에 익숙한 현대인들에게 전통적 도덕교육의 중요성을 각성시켜 지 · 덕 · 체가 잘 조화된 건전한 인격이 무엇인지를 말해 주고 있다. 뿐만 아니라 학생 개개인의 개성 신장과 자율성, 창의성을 최대한 발휘하게 하며 끊임없는 자기반성을 통하여 도덕성을 배양하게 하는 것은 교육 현장에서 반드시 수용해야 할 교육적 방법론임에 틀림없다. 이러한 점에서 맹자의 도덕교육사상은 오늘날의 교육에 시사하는 바가 크다 하겠다.

3 순자의 도덕교육사상

순자의 교육적 삶

순자가 언제 태어나서 사망했는지에 대해서는 역사 기록에 정확히 전해지지 않는다. 단지 여러 가지 기록들을 참고하여 추정할 뿐인데, 대략 기원전 313년경에 조(趙)나라 순(郇)에서 태어나 기원전 238년경에 세상을 떠난 것으로 보인다. 이름은 황(況)이고, 자는 경(卿)이다. 후대의 문헌(사마천의 『사기열전』 등)에는 순경(荀卿)이나 손경(孫卿)으로 쓰인 것도 있다. 이는 순과 손, 황과 경이 음이 통하기 때문이라고 보인다. 또한 순자의 생존시대는 맹자의 만년 혹은 죽은 직후에 시작하고, 진나라 시황제의 즉위 직전에까지 걸친다고 추정된다.

특히 순자의 젊은 시절에 관한 일은 알 수가 없다. 어려서는 향리의 글방에서 배웠을 것으로 추측되며, 15세쯤에는 그의 재능이 인정되었던 것 같다. 그 후 제(齊)나라의 직하(稷下)에 유학한 것으로 보인다. 당시의 직하는 학문의 중심지였으며, 모든 학파가 각각의 이론을 정립하여 집필에 열심이었기 때문에 순자는 자연스럽게 다른 학파의 영향을 받았을 것이다. 그런데 순자는 유가의 입장에서 여러 제자백가들을 비판하며 자신의 사상체계를 완성하였다. 그런데 그가 누구에게서 글을 배웠는지 그 학문적 계통은 분명치 않다. 단지 『순자』에 중니(仲尼), 자유(子遊), 자궁(子弓)을 존중하였다고 적혀 있고, 평소에 자사(子思)와 맹자를 심하게 비판한 것으로 보아, 자사나 맹자와는 다른 유파인 자하(子夏)의 계통으로 짐작할 수 있다.

순자는 제나라에 10여 년을 머물었는데, 기원전 256년 무렵 누군가의 모함으로 제나라를 떠나 초나라로 건너가서 노사(老師)로서 높은 대우를 받았으며 제주(祭酒)라는 벼슬을 지냈다. 그러나 초나라에서도 모함하는 자들이 있어 진나라로 갔고, 또다시 조나라를 거쳐, 만년에 다시 초나라에 돌아와 춘신군(春申君)에 의해 난릉(蘭陵) 땅의 현령이 되었다. 그 후 춘신군의 죽음과 함께 그도 사직하고 제자 양성과 저술활동을 하다가 그곳에서 죽은 것으로 보인다.

한 가지 분명한 것은, 순자는 맹자보다 약 50년 후에 활동하였기 때문에 그가 처했던 시대적 상황은 맹자의 시대보다 더 혼란스러웠다는 사실이다. 권모와 술수가 횡행하고 군웅들이 각축을 벌이는 상황에서 사람의 자발적인 도덕심에 호소하는 정치와 교육이란 성공하기 어려웠을 것이다. 따라서 순자는 어떻게 해서라도 강제력을 가진 교육의 원리가 필요했던 것이다. 여기서 순자의 현실적 경험에 입각한 성악설(性惡說)과 예론(禮論)이 등장하였고, 이에 근거한 도덕교육사상이 도출되었다고 보아야 한다.

그의 저술로는 『순자』 20권이 있다. 대화록인 『논어』, 언행록인 『맹자』와는 달리, 『순자』는 아주 체계적이고 논리적이다. 이는 그의 합리적이고 객관적인 학문 자세와 무관하지 않으며, 이러한 치밀성은 유가의 경전을 전승하는 데 크게 기여하였다. 따라서 순자를 두고 제자백가를 집대성했다고 하며, 제자백가 중 최후의 스승으로 칭송한다. 그의 제자 가운데는 법가사상을 집대성한 한비자(韓非子)가 있고 진시황의 재상이었던 이사(李斯)가 특히 유명하다.

순자 도덕교육사상의 철학적 기초

천인관(天人觀)

천(天)에 대한 유가 전통적 사고는 천(天)과 인(人)의 일치다. 그러나 순자는 '천인지분(天人之分)'을 강조하여 천에 대한 그의 독창성을 엿볼 수 있게 한다.

순자는 "천지는 생명의 기원이고 예의는 다스림의 시작이다. …… 때문에 천지는 군자를 낳고 군자는 천지를 다스린다."[1]라고 하였는데, 우선 '천이 만물을 낳는다.'라는 전통적인 유가의 천의 견해에 동의한다. 그러나 그는 천이 만물을 생성하였으며, 인간 또한 천으로부터 생명을 획득하였지만, 천의 작용은 그때까지뿐이라 하였다. 태어난 것에 질서를 부여한 것은 인간의 작용이자 예(禮)라는 인위라는 것이다. 그래서 그는 천은 자연으로, 인위를 본질로 하는 인간과는 명확히 구분되어야 한다고 하였다.

따라서 순자는 천과 인의 역할을 구분하여 다음과 같이 말하였다. "일부러 하지 않아도 그렇게 되고 일부러 애쓰지 않아도 얻어지는 것, 이것을 천직(天職)이라 한다."[2]라고 하여 천직이란 인위적 노력으로 얻어지는 것이 아니라, 자연 그대로 주어진 것을 운행하는 것이라고 보았다. 즉, 천은 자연현상으로서의 일정한 법칙, 즉 주야나 사계절의 교차로 끊임없이 움직이고 금수(禽獸)와 초목

1) 天地者 生之始也 禮義者 治之始也 …… 故天地生君子 君子理天地(『순자』, 「왕제」).

2) 不爲而成 不求而得 夫是之謂天職(『순자』, 「천론」).

(草木) 같은 만물을 생성하고 인간의 생명을 낳는다는 것이다. 이러한 자연현상으로서의 천은 의식을 가지고 행동하는 인간과는 완전히 다른 것이다. 따라서 순자의 천은 객관적이고 물리적인 자연이라 할 수 있다.

이와는 달리 순자는 인간의 직분은 천과 같이 애쓰지 않아도 저절로 얻어지는 것이 아니라 후천적인 노력으로 자연물을 기르고 변화시켜야 한다고 하였다. 그는 "본업인 농사에 힘쓰면서 비용을 절약하면 하늘도 가난하게 할 수 없듯이 인도(人道)를 잘 닦아 어긋나지 않으면 하늘도 재앙을 내릴 수 없다."라고 하였다. 천지가 합쳐져서 만물이 생기고 성(性)과 위(僞)가 합쳐져서 천하가 다스려지므로 천을 통해 생명을 부여받은 인간이 만물에 질서를 부여하고 다스려야 한다는 것이다. 인간의 다스림은 주체적인 노력과 악한 본성을 변화시키는 인위, 즉 예로써 행해진다. 이러한 것은 결코 천의 영역이 아니라 인간의 직분이다.

따라서 순자의 천에 대한 인식은 존중도 경외도 아닌 인간과 동등한 위치로 간주된다. 그러나 순자는 자연보다 오히려 인위를 훨씬 더 존중한 듯하다. 그래서 천보다도 인(人)이 더 높은 위치를 점하는 것이다. 즉, 하늘이 가치의 근원이 아니라 인간이 가치의 주재자임을 명확히 하는 것이다. 천에 대한 순자의 이러한 관점은 전통 유가의 천관을 뒤엎는 것임에 틀림없다.

이러한 순자의 인도(人道) 우위사상은 자연스럽게 하늘을 제어하고 이용하자는 '제천용천(制天用天)'의 주장으로 이어진다. 그는 "하늘을 위대한 것으로 여겨 사모하는 것과 만물을 길러 주고 다스리는 것 중 어느 쪽이 더 나은가? 하늘을 따르고 찬양하는 것과 하늘이 명한 것을 다스려 사용하는 것 중 어느 쪽이 더 나은가?"[3]라고 하였다.

순자의 이러한 자연관은 근대 자연과학의 기본 방향과 일치하는 것으로써 중국사상으로서는 극히 이질적인 것이다. 천보다 인간이 더 주체적이고 적극적인 위치에 올려져 인간이 자연을 극복하거나 정복할 수 있다는 관념을 함축하고 있다. 천과 인을 분리하여 천을 하나의 자연물로써 인간의 의지에 따라 이용하고 제어하자는 순자의 학설은 근본적으로 인간을 존중하는 사고가 짙게 깔려 있고, 이러한 인위의 우월성은 악한 본성을 극복하는 선(善)의 가능성을 제시하는 것이다.

성악설(性惡說)

순자가 선악(善惡)을 나누는 것은 맹자와 크게 다르다. 맹자는 인간과 동물을 구별 짓는 특성을 본성으로 간주하였다. 그리하여 인의예지(仁義禮智)의 도덕성을 인간 고유의 본성으로 보아 인간이 도덕적 존재임을 천명하였다. 이에 비하여 순자는 인간의 본성을 동물의 본능과 확연히 구별하지 않았다. 이로써 순자는 성악설을 주장하였는데, 순자가 왜 성(性)을 악하다고 하였는가? 이에 대하여 순자는 다음과 같이 말하였다.

> 사람의 본성은 악한 것이니, 그것이 선하다는 것은 인위적 노력에 의한 것이다. 이제 인간의 본성은 나면서부터 이익을 좋아하는데, 그것을 따르기 때문에 싸움이 생기고 사양함이 없어졌다. 사람은 나면서부터 남을 질투하고 미워함이 있어, 그 본성을 따르는 까닭에 남을 해치는

3) 大天而思之 孰與物畜而制之 徒天而頌之 孰與制天命而用之(『순자』, 「천론」).

일이 생기고 충성과 신의(信義)가 없어지는 것이다. 나면서부터 아름다운 소리와 색을 좋아하는 이목(耳目)의 욕망이 있어, 그 본성을 따름으로 무절제함이 생기고 예의(禮義)와 문리(文理)가 없게 된다. ……이렇게 보아 인간의 본성은 악함이 분명하다. 그 선은 위(僞)의 결과다.[4)]

여기서 제시한 글은 순자 인성론의 주요 관점으로서 자연성으로부터 성악이 일어나는 주요 과정을 말한 것이다. 순자는 이것을 '순시(順是)'라는 말로 표현하고 있는데, 순시는 사람의 성(性)과 사람의 정(情)을 따르는 것이다. 즉, 사람의 성선은 배가 고프면 먹고자 하고 추우면 따뜻하고자 하고 피곤하면 쉬고자 하고 이익을 좋아하여 얻고자 하는 것이다. 그래서 순자는 인간의 성을 '생지소이연자위지성(生之所以然者謂之性)'이라고 하여 성은 자연히 생긴 것으로서 배운 것도 아니고 인위적인 것도 아닌 천부적인 것이라 하였다.

순자는 사람은 태어나면서부터 일신(一身)을 존속시키려는 욕구를 본능적으로 가지고 있는데, 이 본능을 좇아 욕구를 충족시키려 하면 자연히 서로 다투게 되고 어지럽고 포악한 상태로 간다고 하였다. 즉, 순자가 말하는 성악은 행위 결과의 선악이다. 이러한 성악의 진실된 뜻은 성정(性情)을 따라서 발생하는 행위를 말한다. 따라서 그 결과가 조성하는 사실이 악한 것이다. 이러한 결과로 일어나는 편벽되어 험악하고 도리에 맞지 않는 난폭한 것에 의거하여 나오는 것을 헤아려 보면 결국 성은 악한 것이다.

4) 人之性惡 其善者僞也 今人之性 生而有好利焉 順是 故爭奪生 而辭讓亡焉 生而有疾惡焉 順是故殘賊生 而忠信亡焉 生而有耳目之欲 有好聲色焉 順是 故淫亂生 而禮義文理亡焉……然則 人之性惡明矣 其善者僞也(『순자』, 「성악」).

이로써 순자는 성악설을 주장하였는데, 그의 성악의 논리는 서양의 토머스 홉스(Thomas Hobbes)와 같이 '만인의 만인에 대한 투쟁 상태', 즉 '자연 상태'를 뜻한다. 그래서 순자는 맹자가 주장하는 성선설로는 평화로운 사회질서를 만들어 갈 수 없다고 보았다. 따라서 개인이나 집단들이 자신들의 욕구를 충족시키도록 하는 사회적 합의 장치를 '예(禮)'라고 하는 객관적 가치에 누구도 예외 없이 복종할 수 있도록 근본적으로 인간의 본성을 성악설로 규정한 듯하다. 이러한 입장에서 보면, 순자의 성악설은 '예'의 권위를 부여하는 역할에서 그 참뜻을 찾을 수 있게 된다.

예론(禮論)

순자는 성악설을 바탕으로 하여 예(禮)사상을 강조하고 있는데, 그의 예 개념은 바로 순자의 사상을 종합하는 것이다.

일반적으로 순자의 사상을 현실성이 강한 철학으로 평가하여 맹자의 도덕철학과 구분하기도 하고, 종합적 성격의 철학으로 평가하기도 한다. 이러한 종합적 성격을 가장 분명하게 나타내는 것은 '예의(禮義)의 통(統)', 즉 그의 예사상이다. 그의 예사상에는 유가뿐만 아니라 법가, 묵가, 도가의 사상 등이 섞여 있기 때문이다. 이 때문에 순학(荀學)을 잡가로 분류하여 비하하기도 하지만 순자의 사상은 여러 학파들이 비판적으로 종합되어 있다고 보는 것이 좋을 듯하다.

그런데 순자의 예사상은 그의 성악설을 바탕으로 하여 존재하는 것이지만, 순자가 특히 예를 중시한 것은 공자가 주(周)나라의 예를 계승하고자 한 것과 같은 전통에 서고자 한 것이다. 그리고 순자는 공자와 마찬가지로 '예를 어떻게 실현할 수 있는가'라는 최종 목표를 위하여 단지 실천적으로만이 아니라 논리적인 체계를 갖추어 철학적으로 논증하고자 하였다. 이러한 점에서 그는 맹자와는 또 다른 측면에서 공자사상을 계승하고 있음을 알 수 있다.

결국 순자는 공자의 사상을 계승하여 예를 사회생활을 하는 데서의 표준으로 삼고자 하였다. 따라서 그는 『순자』 전편을 통해서 예를 다루고 있는데, 특히 "인간은 예가 없으면 살아갈 수 없고, 일에 예가 없으면 이루어짐이 없고, 국가도 예가 없으면 평안이 없다."[5)]라고 하여 예를 개인의 생존원리를 넘어 국가를 다스리는 근본으로까지 확대하였다.

이와 같이 순자는, 공자가 인(仁)을 모든 도덕의 근본으로 삼았듯이, 예(禮)에 모든 도덕을 포괄하였던 것이다. 그래서 맹자가 '인(仁)에 머무르되 의(義)에 기초해야 한다.' 라는 입장을 새롭게 재해석하여 인과 의 두 가지 덕목의 실천은 반드시 예에 의거해야만 한다고 하였던 것이다.

좀 더 간단히 말하면, 맹자는 도덕의식을 강조하였고 순자는 도덕규범을 강조한 것이 된다. 도덕의식과 도덕규범은 분명 구분되는 것으로, 공자의 인(仁)은 이 두 측면을 다 포함하는 개념이었으나 맹자와 순자에 와서 서로 분리되게 되었다. 맹자의 도덕의식은 내재적이고 자유의지적인 것인 데 비해, 순자의 도덕규범은 외재적이라서 개인의 기호에 따라 달라질 수 있는 성질의 것이 아니다. 순자는 도덕의식이 사회규범이나 인간과 인간 사이의 관계인 사회관계를 벗어날 수 없다고 인식하였다. 즉, 순자 또한 도덕론자임

5) 故人無禮則不生 事無禮則不成 國家無禮則不寧(『순자』, 「수신」).

에는 틀림없으나 도덕을 개인의 의식에 국한시키지 않고 사회관계 문제로 확대시키고 있는 것이다. 이러한 논지가 바로 그의 예(禮) 관념이며, 순자는 이러한 예를 도덕 행위의 최고 표준으로 삼았던 것이다.

순자 도덕교육사상의 함의

도덕교육의 필요성과 가능성

순자의 도덕교육사상은 그의 인성론에서 시작한다. 즉, 인간은 나면서부터 이익을 좋아하고 본능적 욕구에 따라 분쟁이 야기되고 도덕적 무질서 상태가 초래된다는 것이다. 그래서 그는 이와 같은 본성을 그대로 방치함에 따라 악하려고 하는 경향을 변화시켜 성인(聖人)으로 만드는 것을 교육의 과제로 삼았다.

고자(告子)는 "인성은 본래 선할 수도 없고 악할 수도 없다."[6]라고 하여 군자와 소인을 동일 개념으로 보았는데, 이는 후천적 작위를 통해 인의예지가 형성되어 군자도 되고 그렇지 못하면 소인이 된다는 것이다. 이와 같은 고자의 견해가 순자에게서는 성악설로 나타났으며, 이는 곧 예를 바탕으로 하는 도덕교육의 필요성의 소이(所以)가 되는 것이다.

그렇다면 악한 인성을 어떻게 선하게 개조할 것인가? 이러한 문제가 곧 '교육 가능성'의 문제가 된다. 이에 대해 순자는 다음과

6) 性無善 無不善也(『고자』 상).

같은 두 가지 관점에서 그 답을 찾고자 하였다.

첫째, 인간은 심리적으로 자기에게 부족한 것을 원하는 경향이 있다는 데서 그 답을 찾는다. 그는 "무릇 사람이 착한 일을 하고자 하는 것은 그 본성이 악하기 때문이다. 처음부터 덕이 부족한 사람은 두터워지고 싶어 하고, 외모가 부족한 사람은 아름다워지고 싶어하고, 신분이 비천한 자는 고귀해지고 싶어하는 것처럼, 자기가 갖고 있지 않은 것이 있으면 반드시 그것을 밖으로부터 구하려 하는 법이다."[7]라고 하여 인간이 선을 원하는 것은 인간에게 선이 없기 때문이며, 부족한 것을 채우고자 하는 것은 인간의 자연스러운 욕구라고 하였다. 즉, 인간에게 이러한 욕구가 있는 한 교육을 통한 개조는 가능하다는 것이다.

둘째, 예의(禮義)란 성인이 만든 것이라고 하는 예의의 사회 기원에서 찾았다. 그는 "성인은 사려를 쌓고 인위적인 노력을 거듭 되풀이하여 예의와 법도를 만들어 낸다. 그러므로 예의와 법도는 성인의 인위에서 나온 것이지 인간의 본성에서 나온 것이 아니다."라고 하여 사려의 작용으로 선을 이룰 수 있다는 가능성을 설명하고 있다. 이러한 견해는 첫 번째 견해보다 좀 더 합리적일 수 있다. 교육은 본래 일종의 인위적인 사회 실천활동이고 인류가 이룬 발전과정이기에, 교육의 가능성은 인류의 의식 있는 사회활동 중에 존재한다는 것이다.

---

7) 凡人之欲爲善者 爲性惡也 夫薄願厚 惡願美 狹願廣 貧願富 賤願貴 苟無之中者 必求於外(『순자』, 「성악」).

도덕교육의 목적

순자에게서 도덕교육의 과제는 본능적인 욕망에 따라 살아가는 인간을 어떻게 교화할 것인가 하는 문제였다. 순자는 이를 위한 가장 효과적인 방법은 선왕(先王)이 만들어 놓은 예(禮)를 배워 그 예를 따르는 것이라고 하였다. 즉, '예의 실현' 을 통하여 성인의 경지에 도달하게 만드는 것이 곧 그의 도덕교육의 목표였다.

순자는 다음과 같이 말하였다. "작금 사법(師法)에 의하여 교화되고 학문을 쌓아 예의를 지켜 나가는 사람은 군자로 간주되고, 성정이 가는 데로 맡겨 마음 내키는 대로 행동하여 예의에 어긋난 사람은 소인으로 간주된다."[8]라고 하여 악한 본성에 따르면 소인이 되고, 반대로 범인도 사법(師法)이나 학문과 같은 인위적 노력을 계속하면 성인의 경지에 이를 수 있다고 보았다. 즉, 순자가 말하는 성인은 개인 밖에서 사법이나 학문을 통하여 개인의 완성을 도모하는 것이었다.

그리하여 순자는 성인의 인위적인 노력의 산물을 예의라고 하면서 성인의 경지는 바로 '예(禮)에 이른 상태' 라고 하였다. 따라서 그는 학습자는 교육을 통하여 예를 습득해야 한다고 강조하였다. 이와 같이 순자는 '적선(積善)을 통한 예의 실현' 을 그의 도덕교육의 목적으로 삼았다.

순자는 악한 본성을 인정하고 있으므로 그가 말하는 선(善)이란 악한 본성, 즉 기질의 성을 변화시킨 상태를 말한다. 이러한 적선

8) 今之人 化師法 積文學 道禮義者 爲君子 縱性情 安恣睢 而違禮義者 爲小人(『순자』, 「성악」).

의 교육은 기질지성의 변화를 유도하는 '화성교육(化性敎育)' 이라 할 수 있다. 따라서 그는 "성이라는 것은 내가 만들 수 있는 것이 아니다. 그러나 후천적인 교화는 가능한 것이다. …… 풍속과 습관이란 사람의 마음을 바꾸어 놓기도 하고, 그 속에 오래 젖어 있으면 사람의 본질까지도 바꿀 수 있다."[9]라고 하여 좋아하고 싫어하는 인간의 본성은 선천적이므로 그 자체를 소멸시킬 수는 없지만 후천적인 교화는 가능하다고 보았다. 이러한 맥락에서 순자의 도덕교육의 목적을 좀 더 구체적으로 이야기하자면 '기질의 본성을 변화시키는 것' 이라 할 수 있다.

이러한 본성의 변화는 반드시 마음의 변화에서 일어난다. 순자는 이러한 본성을 바꾸기 위하여 인간의 행동과 습관, 풍습 등을 들고 있는데, 여기서 순자의 실천주의자로서의 면모와 외적인 환경이 끼치는 영향의 중요성을 엿볼 수 있다.

또한 순자는 시비선악을 분별하는 기능은 본성에 있는 것이 아니고 '지(智)' 에 있으며, 옳고 선하다고 판단하는 바를 행하는 능력 또한 본성에 있지 않고 '능(能)' 에 있는 것으로 보았다. 즉, 선의 근원은 성에 있지 않고 인위적인 지와 능에 있다는 것이다. 그러므로 선을 쌓는 교육의 목적은 본성을 계발하는 데 있지 않고, 바로 객관적 대상과 접촉하여 인위적인 지와 능을 학습하는 것이다.

이와 같은 관점에서 순자는 모든 사람은 '알 수 있는 바탕' 과 '할 수 있는 소질' 을 갖추고 있다고 하였다. 그러나 이러한 본성은 반드시 후천적인 노력이나 학습을 통하여 실현될 때 그 가치가 있

9) 性也者 吾所不能爲也 然而可化也……習俗移志 安久移質(『순자』, 「유효」).

다고 보았다. 이러한 순자의 견해는 본성의 계발보다는 교육의 적극적인 역할을 통해 지와 능을 습득할 것을 제시하는 것이다. 즉, 적선의 교육을 통하여 학문이 완성되고 도덕교육이 이루어진다는 것이다.

순자는 이러한 교육을 통하여 형성되는 이상적 인간상을 성인(聖人), 군자(君子), 사(士) 등으로 표현하였다. 그런데 순자는 맹자의 '법선왕설(法先王說)'과는 다른 '법후왕설(法後王說)'을 교육적 인간상으로 제시하면서, "옛 성왕의 자취를 찾아보고 싶거든 현대의 찬란한 후왕을 따르라."[10]라고 하였다. 이는 후왕이 선왕보다 더 훌륭하기 때문이 아니라 현대의 왕을 통해서 고대 성왕(聖王)의 본질을 파악하고자 한 것이었다. 여기서 그는 후왕의 찬란한 문화는 하루아침에 이루어진 것이 아니라 선왕에서부터 누적된 문화의 총체이므로 선왕 때의 것보다는 후왕 때의 것이 질적으로 더 우수하다고 보았다.

이러한 순자의 법후왕사상을 현대교육의 관점에서 보면 많은 시사점을 발견할 수 있다. 즉, 교육의 현실성과 효율성을 들 수 있는데, 선왕보다 시간적·공간적으로 더 가까운 후왕의 것이 학생이 접근하기가 쉽다는 것이다. 또한 교육방법적인 면에서도 쉬운 것에서 출발하여 점차 어려운 것으로 접근하면 좀 더 구체적이고 현상적 접근이 가능할 것이기 때문이다.

---

10) 欲觀聖王之跡 則於其粲者矣 後王是也(『순자』, 「비상」).

도덕교육의 내용

본래 유가에서는 경전을 중심으로 덕행과 실천을 강조하는데, 이러한 경전은 교육이라는 하나의 관점에서 사유하거나 저술되었다기보다는 철학, 종교, 예술, 역사, 정치 등 다양한 영역을 포괄하여 인간활동에 의미를 부여하는 것이었다. 그러므로 인격 완성을 추구하는 이들의 필독서가 되었으며, 순자 역시 그의 도덕교육의 내용으로 유가 경전을 주로 하였다.

맹자는 사실 공자의 사상을 계승하고는 있지만 교육 내용에서는 명확한 언급을 하지 않았다. 그러나 순자는 아주 적극적으로 공자의 육경(六經)을 계승 · 발전시켜 경전을 전하는 데 크게 공헌하였다. 그는 경전에 대한 깊은 안목을 가지고 있었으며, 특히 예(禮), 악(樂), 시(詩), 춘추(春秋)를 후대에 전하였는데, 공자의 육경 중 『서경』을 제외하고 모든 경전이 순자에 의하여 후대에 전해진 것은 큰 업적이 아닐 수 없다. 더욱이 『춘추』가 경으로 인정된 것은 『순자』에서 시(詩) · 서(書) · 예(禮) · 악(樂)과 나란히 오경의 하나로 간주되면서부터다. 그리고 육경 중 『역경』이 빠진 이유는 주역은 원래 점을 치는 책으로서 자연과 사물에 대한 인식이 비교적 정확하지 못하였기 때문이다. 따라서 이는 당시 순자의 시대정신과 불일치했기 때문인 듯하다.

그렇다면 순자에 있어 도덕교육의 내용은 역(易)이 빠진 오경의 내용이 중심이 되었음을 알 수 있다. 이에 대하여 순자는 「권학」에서 "예기에는 예와 지식에 따른 격식의 차이가 적혀 있고, 악경에는 중화의 가락이, 시경과 서경에는 광범위한 지식이 담겨 있으며, 춘추에는 사실의 정확성이 있다."[11]라고 하여 이를 뒷받침하였다.

오경을 중심으로 순자의 도덕교육의 내용을 살펴보면 다음과 같다.

첫째, 시(詩)다. 시는 본래 각 지방에 유행하던 노래의 가사로, 무엇보다도 민심을 솔직히 반영하여 가장 올바로 정치의 득실을 알 수 있게 하고 사람뿐만 아니라 천지(天地)와 귀신까지도 감동시킬 수 있어 효용 가치가 매우 크다. 따라서 순자는 순수한 여러 가지 생활감정을 노래한 시들을 사람에게 읽힘으로써 참된 교육의 효과를 꾀하고자 하였다. 예를 들면, "예의도 바르게 찾아온 님 천자께서 복된 선물 내리시네."라고 하여 항상 예로써 사람을 대하고 인격을 닦는 사람에게 복을 내린다는 것을 시적 정서로 표현하고 있다. 이러한 시는 치우침이 없는 바른 성정을 표현하고 중화의 가락이 넘쳐흐르므로 인간의 도덕적 의지를 촉발하고 감화시키게 된다.

둘째, 서(書)다. 서는 고대 중국 제왕의 언행의 기록이므로 그 내용은 다분히 정치철학적이다. 순자의 정사(政事)에 대한 안목은 바로 『서경』의 관점을 이어받은 것이며, 자연스럽게 덕치를 강조하게 되었다. 따라서 순자는 교육 내용이자 교과서인 『서경』을 통해서 학생으로 하여금 정사를 바로 바라보는 안목을 형성하도록 하고 내면화시키고자 하였다.

셋째, 악(樂)이다. 순자는 「악론」에서, "자발적으로 발로되는 성정을 적절히 조절하지 못하면 사회적 혼란이 야기된다. 그래서 선왕은 아(雅)와 송(頌)의 음악을 제정하여 이 혼란을 바르게 인도하였다."[12]라고 하여 음악에는 중화의 가락이 담겨 있어 사람의 감

11) 禮之敬文也 樂之中和也 詩書之博也 春秋之微也(『순자』, 「권학」).

12) 形而不爲道 則不能無亂 先王惡其亂也 故制雅頌之聲以道之(『순자』, 「악론」).

정을 알맞게 조절할 수 있음을 강조하고 있다. 즉, 바른 음악이 사람의 마음을 감동시키며 바른 기운을 일깨워 바른 노래와 춤으로 나타난다는 것이다. 따라서 음악의 교육적 효과는 호락(好樂)의 감정과 희비(喜悲)의 표현을 알맞게 이끌어 원만한 인격 완성을 이루게 한다는 데 있다.

또한 순자는 음악은 임금과 신하, 지배자와 백성, 백성과 백성 간의 화합을 도모하기도 한다고 하였다. 즉, "음악이란 종묘에서는 군신, 상하가 함께 이 소리를 듣고서 화합하고 공경하는 마음을 일으키고, 가정에서는 아버지와 아들, 형제와 아우가 이 소리를 듣고서 화합하고 친애하는 마음을 일으키며, 시골 마을에서는 어른과 아이들이 이 소리를 듣고서 화합하고 순종하는 정신을 갖지 않은 사람이 없게 된다."[13]라는 것이다. 여기서 순자는 인간에게 미치는 음악의 영향은 백성의 풍속마저 변화시켜 선한 마음과 화합하는 분위기를 창출한다고 하였다. 그리고 음악에서의 중화의 정신은 개인적으로는 감정의 중화로 나타나고 국가적 차원으로는 백성 간의 화합으로 나타난다고 하였다.

넷째, 예(禮)다. 순자는 "예는 법의 근본인 동시에 사람으로서 지켜야 할 관습의 근본이다. 그러므로 학문은 예를 몸소 실천하는 데서 그친다. 이것이야말로 도덕의 극치다."[14]라고 하여 예의 교육적 중요성을 거론하면서 예야말로 인생의 대도(大道)임을 강조하

13) 故樂在宗廟之中 君臣上下同聽之 則莫不和敬 閨門之內 父子兄弟同聽之 則莫不和親 鄉里族長之中 長少同聽之 則莫不和順(『순자』, 「악론」).

14) 禮者 法之大分 類之綱紀也 故學至乎禮而止矣 夫是之謂道德之極(『순자』, 「권학」).

였다. 따라서 순자는 예를 가장 중요한 교육 내용으로 삼았고, 예를 지키지 않으면 경전에서 얻은 지식과 말재주가 뛰어나다 해도 결국 고루한 학자요, 쓸모없는 교육이라고 하였다.

다섯째, 춘추(春秋)다. 『춘추』는 노나라의 역사를 기록한 것으로, 어지럽고 혼란스러운 시대의 대의명분을 바로잡으려는 뜻에서 저작된 것이다. 따라서 순자는 이러한 『춘추』의 내용을 제자에게 가르침으로써 당시 정치적 혼란상을 바로 알게 하였고 사회의 무질서를 바로잡고자 하였다.

순자는 이러한 시 · 서 · 예 · 악 · 춘추 등의 경전이야말로 도덕교육의 내용으로서 크나큰 가치가 있다고 보고, 이를 잘 숙달하도록 자독해서 일상생활에 실행함으로써 도덕교육의 올바른 효과를 볼 수 있다고 생각하였다. 또한 여기서 주목할 것은 오경 모두 순자 도덕교육의 내용이지만 이들 중 예와 악을 더욱 중시하였고, 그 중에서도 예를 가장 중시하여 마지막 단계에서 배워야 하는 것으로 생각하였다.

그런데 순자는 고전교육의 단점에 대해서도 지적하였다. 즉, "예와 악은 준칙의 대강을 가리키지만 상세한 설명이 없어 알기가 어렵고, 시와 서는 고대의 사실을 있는 그대로 기록하였지만 현실에 아주 적합한 것은 못 되며, 춘추는 내용이 간결하고도 정확성이 있지만 쉽게 이해되는 것이 아니다."[15]라고 하였다. 사실 고전은 고대의 기록이므로 현재의 학생 입장에서는 이해하기가 쉽지 않다는 것이다. 이는 곧 순자의 경험적 현실인식이 교육 내용에도 그

15) 禮樂法而不說 詩書故而不切 春秋約而不速(『순자』, 「권학」).

대로 적용되고 있음을 알 수 있다.

따라서 순자는 개인의 입장에서 끊임없이 배우고 익히는 노력의 필요성을 강조하였고, 고전의 내용을 공부하는 데는 훌륭한 스승이 필요하다고 하였다. 스승은 고전의 원의를 파악하도록 이끌어 주고 고전이 현실과 부합되도록 가르쳐야 하는 것이다. 특히 시 · 서 · 악 · 춘추는 예라는 도덕적 표준에 의거하여 학습할 때 가치가 있다고 보았고, 예 또한 훌륭한 스승과 짝을 이룰 때 교육적 실효를 거둘 수 있다고 보았다.

도덕교육의 방법

순자는 인간의 본성은 욕망으로 가득 차 있으므로 인간의 도덕성의 근거를 외부에서 구했으며, 적선을 통한 예의 실현을 도덕교육의 목적으로 삼았다. 이러한 교육 목적에 도달하기 위해서 순자는 환경과 습관의 중요성을 강조하여 외부로부터 내부로 받아들이는 방법을 중시하였으며 학습자의 주관적인 노력을 강조하였다. 그의 학습 태도를 간단히 설명하면 다음과 같다.

초지일관적 태도

순자는 학문을 하는 데는 우선 초지일관적 태도가 필요하다고 하였다. 이는 순자가 객관적 세계의 지식은 무한한 것이며 변화무쌍한 것이어서 유한한 인간이 만물의 이치를 추구하고 깨닫는 것은 불가능하다고 생각했기 때문이다. 그러므로 지식을 구할 때는 반드시 분명한 목적의식을 가져야 한다는 것이다. 그는 학습의 방향이 없이 시시때때로 변하는 학습자의 학습 태도를 부정하였다. 따라서 순자는 "두 길을 동시에 걸어가려는 사람은 결국 어느 한

길도 가지 못하고, 두 임금을 섬기려는 사람은 어느 임금에게도 용납되지 않는다."[16]라고 하여 학습하는 태도는 오직 한 가지로 통일되어야 함을 강조하고 있다. 이리저리 바꾸는 학문적 태도는 학자의 자세가 아니며 이러한 태도는 진정한 학문을 이룰 수 없음을 말하고 있다.

적학(積學)의 태도

순자가 말하는 적학의 태도는 학문을 축적해 가는 노력의 과정을 중시한 것으로서 평생 학문과 도덕적 수양을 중단 없이 계속해야 함을 말한다. 이를 바꾸어 말하면, 교육이란 점차적으로 쌓아가고 인도하며 감화하도록 가르쳐야지 결코 짧은 시간에 이루어지는 훈련과 같은 방법을 사용하면 안 된다는 것이다. 따라서 순자는 "티끌이 모여 태산이 되면 산은 비바람을 불러일으키며, 물이 괴어 못을 이루면 용이 살 듯, 착한 행실이 쌓여 덕을 쌓으면 스스로 마음의 예지를 얻고 성인의 마음을 갖추게 된다."[17]라고 하였다. 이는 곧 인위적인 노력, 즉 선덕(善德)의 가치를 추구하는 교육적 작용에 의해서 학문과 인격의 완성을 이룰 수 있다고 강조한 것이다.

토론식 학습 태도

순자는 학문을 할 때 토론식 방법을 강조하였다. 즉, 자기의 의

16) 行衢道者 不至 事兩君者(『순자』, 「권학」).

17) 積土成山 風雨興焉 積水成淵 蛟龍生焉 積善成德 而神明自得 聖心備焉(『순자』, 「권학」).

견을 발표하고 토의 변론하는 것을 중요한 과정으로 생각하였다. 만약 아무리 많은 것을 알고 있다 하더라도 입을 다물고 있으면 훌륭한 학자의 자세가 아니고 기꺼이 자기의 아는 바를 발표하고 토의하기를 즐겨야 훌륭한 학자라 할 수 있다는 것이다.

그러나 학자가 자기 의견을 말할 때는 우선 스스로 인격적 수양이 선행하여야 하며, 상대를 이해시킬 때는 다양한 방법 및 지혜가 필요하고, 반드시 넓은 포용력이 있어야 한다고 하면서 다음과 같이 말하였다.

> 사양의 절도가 있어야 하고, 장유의 도리를 지키며, 기휘하는 말을 삼가고, 요괴한 말을 입 밖에 내지 않으며, 항상 어진 마음으로 남에게 말하고, 배운다는 자세로 남의 말을 들으며, 공평한 마음으로 변론하고, 여러 사람의 칭찬이나 비방에 동요하지 않으며, 타인의 이목을 현혹하려 하지 않고, 귀한 사람의 권세에 아첨하지 않으며, 군주의 측근자 말에 영합하지 않고, 그리하여 능히 도를 지켜서 떠나지 않고, 곤궁해도 마음을 굽히지 않고, 순조로워도 환경에 흐르지 않고, 공정한 것을 높이고 비열하게 다투는 것을 천하게 여기는 것이 군자의 변설이다.[18)]

이와 같은 순자의 토론식 학습법은 자기가 생각하는 진리를 남에게 전하고 가르칠 의무가 있다는 생각까지를 포함하는 것으로

18) 辭讓之節得矣 長少之理順矣 忌諱不稱 祆辭不出 以仁心說 以學心聽 以公心辯 不動乎衆人之非譽 不治觀者之耳目 不賂貴者之權勢 不利傳辟者之辭 故能處道而不貳 吐而不奪 利而不流 貴公正而賤鄙爭 是士君子之辯說也(『순자』, 「정명」).

서, 현대교육에서 민주적인 자질과 합리적인 문제 해결을 위해 중요한 학습방법의 하나임에 틀림없다.

객관적 태도

순자는 객관적인 태도에 입각하여 한쪽에 치우침이 없는 학문적 자세를 강조하였다. 학문의 편중성은 다른 한편을 소홀히 하여 문제의 본질을 외면하게 하고, 그 결과 판단 착오를 범하게 된다는 것이다. 따라서 그는 여러 학자들의 객관적이지 못한 학설들을 들어 편중성을 지적하였다. 즉, 묵자는 실용에 가려서 문(文)을 모르고, 한비자는 법에 가려서 정(情)을 몰랐으며, 혜자는 언사에 가려서 실체를 알지 못하였고, 장자는 자연에 가려서 인간의 주체성을 인식하지 못하였다는 것이다. 이처럼 전체를 알지 못하고 한쪽만을 보며 도를 이야기하면 학문이 어지럽게 되고 질서가 무너지는 과오를 범하게 된다는 것이다.

실천적 태도

교육의 방법으로써 특히 강조되어야 하는 것으로 실천적 자세를 들 수 있다. 학습이란 행동의 변화를 전제로 이루어지는 것이다. 또한 바람직한 행동의 변화가 없는 교육은 진정한 교육적 의의를 지닐 수 없다. 그러므로 알고 있는 것을 행동으로 나타내 보이는 것은 아는 것보다 더 중요한 것임에 틀림없다.

실천적 교육자였던 순자는 교육방법으로써 특히 지행합일적 자세를 강조하였다. 그래서 그는 "듣지 않는 것은 듣는 것만 못하고, 듣는 것은 보는 것만 못하며, 보는 것은 아는 것만 못하고, 아는 것은 행하는 것만 못하니, 학문이란 실천하는 것이 최종 목표다. 실천함으로써 만사가 사리에 밝아지고, 사리에 통달하면 성인이 된다."[19]라고 하였다.

순자는 이러한 지행병진의 원리를 학습과정에서도 매우 강조하였다. 즉, 학생이 지식을 추구할 때 마음속에서 지식의 깨달음을 기억하는 것도 중요하지만, 그것보다 더욱 중요한 것은 지식이 행동으로 표현될 때다. 이러한 순자의 지행관은 유물주의적인 요소를 다분히 가지고 있으며, 학이치용 정신으로 발전될 수 있다. 즉, 알기 위한 지식, 교육을 위한 교육에서 그치지 않고 학이치용, 언행일치로서 배운 것을 실제 생활 속에서 충분히 응용되어야 한다는 것이다. 이러한 순자의 지행합일 정신은 오늘날 도덕교육을 실시하는 데 큰 시사점을 제공하고 있다 하겠다.

순자 도덕교육사상의 현대적 의의

앞서 살펴보았듯이, 순자는 도덕교육의 목적으로 본성의 방치에 따라 악하려고 하는 경향을 실천궁행의 도덕철학인 예(禮)를 통한 성인의 양성에 두었다. 이는 곧 인위적인 노력과 후천적인 수양을 통하여 예의를 적습해 가는 것을 말한다. 이러한 순자의 교육적 사유체계는 오늘날 현대교육에 많은 시사점을 제공한다. 그 내용들을 정리해 보면 다음과 같다.

첫째, 인간에게 도덕교육이 얼마나 중요한지를 일깨워 준다. 순자는 인간을 성악의 관점에서 보았기 때문에 도덕교육을 통해 그

19) 不聞不若聞之 聞之不若見之 見之不若知之 知之不若行之 學至於行之而止矣 行之明也 明之爲聖人(『순자』, 「유효」).

악한 인간을 선한 인간으로 변화시켜야 된다고 하였다. 그리고 그것은 얼마든지 가능한 일이라 생각하였다. 따라서 순자는 "길거리의 사람도 우임금 같은 성인이 될 수 있다."[20]라고 하였다. 본래 사람은 선천적으로 개인차가 존재하는 것이 아니라 후천적인 노력에 의해서 사람의 됨됨이와 능력에 차이가 생긴다고 보았다. 즉, 성인과 군자 역시 선천적으로 갖추어진 것이 아니라 후천적인 노력의 결과라는 것이다. 즉, 도덕교육의 정도에 따라 인간은 얼마든지 그 인격의 정도가 달라진다는 것이다. 이러한 맥락에서 보면, 순자의 도덕교육적 관점은 분명 오늘의 도덕교육 현실에 큰 메시지를 던져 주고 있다.

둘째, 교육에서 교사의 중요성을 일깨워 준다. 올바른 학문을 습득하기 위해서는 혼자서 부단히 노력하는 방법도 있지만, 순자는 훌륭한 교사 밑에서 수학하는 것이 보다 효과적이라 생각하였다. 즉, 혼자서의 단순한 양적인 지식만을 쌓을 수 있는 오류를 훌륭한 스승과 함께하면 극복할 수 있다는 것이다. 그러면서 순자는 훌륭한 스승이 갖추어야 할 이상적 자세를 다음과 같이 말하고 있다.

> 몸가짐이 존엄하여 남들이 경외한다면 남의 스승이 될 수 있고, 나이가 많고 신의가 있으면 남의 스승이 될 수 있다. 경전을 외고 해설하되 스승의 이론을 무시하지 않으면 남의 스승이 될 수 있으며, 정미한 것들을 알고 이론이 체계적이면 남의 스승이 될 수 있다. 이와 같이 스승의 술법에는 네 가지가 있으나, 널리 많은 것을 익히는 것은 포함되지 않는다[21](『순자』, 「치사」).

20) 塗之人 可以爲禹(『순자』, 「성악」).

이는 교사의 지위가 점점 떨어져 교육 자체의 위상이 흔들리고 있는 오늘의 현실을 감안할 때, 교사가 갖추어야 할 기본적인 자세에 준거와 지침을 제공해 줄 것이다. 즉, 교사는 무엇보다도 먼저 훌륭한 인격자가 되어야 한다는 것이다. 이러한 훌륭한 인격적 모습을 보면서 우리의 학생이 훌륭한 인격자로 성장해 가기 때문이다. 그런데 우리의 실상은 어떠한가? 교사를 시험에 의해서 선발하다 보니, 인격자를 선발하는 것이 아니라 지식의 양으로 선발하는 꼴이 되고 말았다. 실로 순자의 이상적 교사상을 되새겨 보아야 할 때다.

21) 尊嚴而憚 可以爲師 耆艾而信 可以爲師 誦說而不陵不犯 可以爲師 知微而論 可以爲師 故師術有四 而博習不與焉(『순자』, 「치사」).

4 묵자의 겸애적 교육사상

묵자의 교육적 삶

춘추전국시대 사상가로서 공자에 버금가는 활동을 했으면서도 생존연대는 물론 업적이 제대로 평가되지 않고 불분명한 이설(異說) 속에 묻혀 버린 사상가는 아마 묵자(墨子)뿐일 것이다. 그는 민중에게는 절대적 환영을 받은 반면, 지배층에게는 평가 절하되었다. 이는 아마도 그의 예리한 통찰력이 지배층에게는 부담이었고, 그가 제시한 대안이 민중적이었기 때문일 것이다.

사실 춘추전국시대를 거쳐 진나라 초기까지만 해도 유(儒)·묵(墨)이 쌍벽을 이루며 천하에 가득했으며 천하의 인심이 묵자에게 쏠렸다. 그러나 그렇게 번성했던 묵자는 사마천이 『사기』를 쓰던 기원전 1세기경에는 자취를 감추었고, 역사가인 사마천조차도 묵자의 행적을 알 수 없을 정도가 되었다. 따라서 그의 생애에 대해서는 믿을 만한 역사적 기록이 거의 없다. 다만 『사기』, 「맹자순경열전」을 보면, "묵자는 송나라 대부로서 방전(防戰)과 수성(守城)의 기술이 뛰어났고 절용(節用)을 주장하였다. 혹은 공자와 동시대인이라고도 하고 공자보다 후대인이라고도 한다."라는 기록이 있다. 이것으로 보아 그의 생존연대를 정확히 기술할 수는 없으나 대체로 기원전 479~381년의 전국시대 초기의 사상가로 간주된다. 그의 출신 또한 송나라, 초나라, 제나라, 노나라 등의 설이 있으나 「공수」 편에 따라 노나라 사람으로 보는 것이 지배적이다.

묵자는 『회남자』에 '묵자학유자지업(墨子學儒者之業)' 이라고 한 것으로 보아 일찍이 유학교육을 받은 것으로 보인다. 또한 『묵자』에 『시경』과 『서경』에서 인용한 글이 적지 않은 것으로 보아 고전에도 상당한 식견이 있었음을 짐작할 수 있다. 그러나 그가 배운 유가사상은 어지러운 세상을 바로잡을 수 있는 학문이 되지 못한다고 생각하여, 천자(天子)로부터 민중에 이르기까지 실제적 유익을 위한 그의 철학을 독자적으로 정립하였다.

묵자는 사회의 하층 계급인 노동자 출신이었다. 그는 특히 목공에 탁월한 기술이 있었다고 하는데, 실제 자신의 사상을 정립할 때 목수의 도구와 원리를 이용하였고, 당시 명장이었던 공수반(公輸般)과 대립하여서 승리한 대목과 친히 3년 걸려 목연(木鳶)을 만든 것이 이를 확인시켜 주고 있다. 또한 주공에 버금가는 학문에 대한 열정과 사물에 대한 통찰력, 그리고 민중에 대한 뜨거운 실천적 사랑은 묵자가 단순한 목공이 아니었음을 보여 주고 있다. 이러한 민중에 대한 사랑 그리고 개혁의식은 결국 그의 사상 홍기와 깊은 관련을 가졌다고 볼 수 있다. 여기에 주나라 봉건제도의 복고를 주장한 공자에 반대하면서 우왕의 공동체 사회의 복귀를 펼친 그의 가르침은 민중과 의식 있는 사상가들에게 많은 주목을 받았다.

이러한 의미에서 묵자는 이론을 실제로 확증시켜 간 실천적 철학자이며, 혼란한 정국의 원인을 바로 지적하여 그 대안을 제시한 합리적인 사상가였으며, 민중을 제 몸처럼 사랑한 종교가로서 대로를 걸어왔던 큰 스승이었다.

묵자 교육사상의 철학적 기초

묵자 철학의 전통은 그의 종교관인 '천(天)' 사상부터 공생공영의 인류관인 '겸애(兼愛)' 사상으로 이어지는 일련의 사유 형태를 말한다. 먼저 묵자의 천사상은 중국 고대의 원시신앙에서 유래하였다. 천에 대한 기원은 확실하지 않지만 은대로부터 시작하였다고 볼 수 있으며, 주대에 와서 천을 숭배하는 신앙으로 확대되었다. 그러나 주나라 종법제도의 붕괴와 함께 천(天)도 불신의 대상이 되기 시작하였으며, 춘추 말엽에 와서 천의 권위는 거의 하락하였고, 천도(天道)나 천리(天理)라는 로고스적인 존재로 남게 되었다. 묵자는 이러한 천에 대하여 인격성뿐만 아니라 절대성과 완전성을 부여하여 종교적인 신으로서 새롭게 해석하였다. 즉, 그는 그의 중심 사상인 천지(天志) 및 겸애의 개념을 통해서 그의 천사상을 전개하였던 것이다. 여기서의 천은 상제(上帝)이며, 최고신으로서의 인격적인 측면이 강하게 나타난다.

> 또 나는 하늘이 백성을 두터이 사랑하고 있다는 것을 알고 있다. 말하기를 "해와 달과 별을 만들어 밝게 비춰 주어 네 계절인 봄, 여름, 가을, 겨울을 만들어 기강으로 삼고, 눈과 서리와 비와 이슬을 내려 오곡과 마사를 자라게 하고, 백성들에게 얻어 이롭게 하며, 산과 시내와 계곡을 열거하여 모든 일을 진행하게 하고, 백성의 착하고 착하지 아니한 것을 사찰하고, 왕과 공과 후작과 백작을 만들어 어진 이를 포상하고, 포악한 자를 벌주고, 금과 나무와 새와 짐승을 부여하여 오곡과 마사에 종사하게 하여, 백성의 의식의 재물로 삼게 하였으니, 예로부터 지금까지 일찍이 이것이 있지 않은 적이 없다."라고 하였다.[1]

1) 且吾所以知天之愛民之厚者有矣……(『묵자』, 「천지중」).

이와 같이 천은 세상을 창조하고 그 질서 유지를 위해 자신의 대리자를 설정하여 다스릴 뿐 아니라 생계를 위한 배려도 아끼지 않았다. 그래서 묵자는 천은 진실로 모든 것을 보전하여 주고 먹여 준다고 믿었던 것이다. 또한 천은 서로 사랑하고 돕는 평화로운 세상을 만들기 위해 인간을 감찰하는 존재다. 아무도 없는 곳에서 저지르는 죄도 반드시 밝게 아는 존재인 것이다. 따라서 묵자는 다음과 같이 말하였다.

> 경계하고 근신하라. 반드시 하늘이 바라는 것을 행하고, 하늘이 싫어하는 것을 버려라. 그러면 하늘이 바라는 것은 무엇이고 싫어하는 것은 무엇인가? 하늘은 의를 바라고 불의를 싫어한다.[2)]

이처럼 세상은 하늘의 뜻에 따라 다스려지며, 이 세상의 모든 백성은 곧 하늘의 백성이므로 하늘의 뜻에 따라 살아야 한다는 것이다. 그렇다면 하늘의 뜻이란 어떤 것인가? 묵자가 말하고자 하는 하늘의 뜻은 장인(匠人)의 도구와 같은 표준이었다. 결국 천지는 인간의 모든 행위의 가치 기준이며 법이고, 이 법에 따라 행동할 때 세상은 의롭게 되고 각자의 행복은 실현될 수 있다는 것이다. 그렇다면 천지의 내용은 또한 어떤 것인가? 그것은 바로 의(義)다. 묵자는 천지에 의한 의(義)의 유무에 따라 생사 · 빈부가 결정되며, 이것은 바로 하늘이 의를 바라고 불의를 싫어함을 알 수 있는 근거가 된다. 그러므로 하늘은 자신의 뜻을 따르는 의로

2) 墨子日 戒之愼之 必爲天之所欲 而去天之所惡 日天之所欲者何也 所惡者何也 天欲義而惡其不義者也(『묵자』, 「천지하」).

운 사람에게는 그들이 바라는 복을 주고 의롭지 못한 사람에게는 불행과 재난이라는 벌을 내린다는 것이다. 따라서 인간은 의를 꼭 행해야 하는데, 의를 행하기 위해서는 의(義)의 근본인 하늘의 뜻을 따라야 하며, 하늘의 뜻이 곧 '겸상애(兼相愛)' 라고 보아 궁극적으로는 천지가 바로 '겸상애 교상리(兼相愛 交相利)' 의 실천임을 알 수 있다.

이와 같은 실천윤리적 의미를 지닌 겸애사상은 묵자 철학의 핵심이라 할 수 있다. 타인을 공동체의 한 성원으로 아울러 사랑하는 겸애는 구체적으로 어떻게 사랑하는 모습을 가리키는 것인가? 그는 겸(兼)의 반대 개념인 별(別)과의 구별을 통해서 이를 증명하고자 하였다. 별은 이해가 상충하는 사회관계 속에서 자신과 타인을 차별하는 태도다. 즉, 별은 남을 미워하고 해침으로써 나를 위하고 이롭게 하려는 의도에서 분별과 차별을 취한다. 차별을 부정하는 겸(兼)은 인간관계의 상호성을 인식하고 타인을 인정하면서 함께 이(利)를 도모하고자 하는 공동체 의식이다. 따라서 분별과 차별을 용인하지 않는다. 이처럼 묵자는 천하 사람이 서로 겸애하면 자신을 사랑하듯 남도 사랑하게 된다는 구체적 내용을 설명하였던 것이다.

그렇다면 겸애의 가장 본질적인 실천 방법은 어떤 것인가? 그것은 바로 남의 몸을 자기 몸과 같이 생각하고 바라보는 시인여기(視人如己)의 태도다. 여기서 남을 나처럼 생각하고 바라본다는 것은 남과 남의 집을 해치지 않고 어지럽히지 않으며 공격하지 않는다는 구체적인 행위로 드러난다. 그런데 이 행위는 타인을 한 사회의 공동 성원으로 인정하려는 공동체 의식에서 비롯된 것이다. 또한 타인을 공동체의 한 성원으로 생각하고 바라보는 것은 나와 동등한 견지에서 타인을 대한다는 의미이기도 하다.

『묵자』에서 그는 인간에게 차별 없는 사랑을 보여 주는 규범적인 전형은 무한한 인자(仁者)인 '천' 뿐임을 다음과 같이 말하였다.

무엇으로써 하늘이 천하의 백성을 사랑한다는 것을 아는가? 그것은 하늘이 두루 밝혀 주기 때문이다. 무엇으로써 하늘이 두루 밝혀 주는 것을 아는가? 하늘이 두루 가지고 있기 때문이다. 무엇으로써 하늘이 두루 가지고 있는 것을 아는가? 하늘이 두루 백성을 먹여 주기 때문이다. 무엇으로써 하늘이 두루 먹여 주는 것을 아는가? 세상 안의 곡식을 먹는 백성은 소나 양을 치고 개와 돼지를 기르고 깨끗이 제삿밥과 술과 단술을 담아서 하늘과 귀신에게 제사 지내지 않는 사람이 없다. 하늘이 모든 백성을 포용하는데 어찌 사랑하지 않겠는가.[3)]

천이 인간을 사랑하는 모습은 편벽됨이 없이 모두에게 두루 밝혀 주고 두루 베풀어 준다. 묵자는 이러한 천의 무한하고 공평한 사랑의 표현에서 "천하의 모든 나라는 천의 고을이고 천하의 모든 사람은 천의 신하다."[4)]라는 결론에 이르렀다.

결국 묵자는 당시 계급의 차이가 엄격했던 사회체제 속에서 감히 지배층과 피지배층, 곧 만민이 천 앞에서 인격적으로 평등하고 모두가 천의 신민(臣民)이라고 선언한 것이다. 이러한 생각에서 묵자는 천이 인간에게 차별 없는 사랑을 베풀어 주듯이 인간 역시 서로 타인에게 차별 없는 사랑을 베풀어야 할 것이라고 가르쳤다.

3) 然則何以知天之愛天下之百姓 以其兼而明之(『묵자』, 「천지상」).

4) 天下無大小國 皆天之邑也 人無長幼貴賤 皆天之臣也(『묵자』, 「법의」).

이와 같이 묵자가 천하지인(天下之人)이 취해야 할 바람직한 자세를 겸애로 규정한 까닭은 그것이 다른 사람의 이(利), 궁극적으로는 사회전체의 이(利)를 가져오게 한다는 믿음 때문이었다. 즉, 자애(自愛)의 심리에서 출발하여 타인을 위하는 겸애의 자세는 서로 간에 이(利)를 이룰 수 있게 한다고 여겼기 때문이다. 그래서 그는 겸애를 도덕 원칙의 핵심으로 삼았던 것이다.

묵자 교육사상의 함의

교육의 목적

묵자는 그가 꿈꾸었던 이상세계인 '대동사회'의 실현을 위한 '현사(賢士)의 양성'에 교육의 목적을 두었다. 그러면 묵자가 생각한 '현사'란 어떤 사람이며, 그가 꿈꾸었던 '대동사회'란 과연 어떤 사회인가?

묵자가 말하는 현사는 '현량지사(賢良之士)'로서 현명하고 훌륭한 선비를 말하는데, 천하의 이익을 도모하고 해(害)를 제거할 줄 아는 사람을 뜻한다. 「상현상」 편에 보면, "덕행에 충실하고 변론에 뛰어나며 학예에 능통하고 자신을 희생하여 남을 위할 줄 아는 사람"[5]으로 표현되어 있는데, 현사는 바로 이러한 덕망과 재능을 가지고 천하인(天下人)을 교화하고 그들의 의식을 개혁하고자 하였던 것이다. 묵자는 이러한 현사는 반드시 겸애의 품덕을 갖추어

5) 厚乎德行 辯乎言談 博乎道術(『묵자』, 「상현상」).

야 한다고 하였다. 그러므로 묵자가 말하는 현사는 곧 '겸사(兼士)' 라고 하여도 무방할 것이다.

그러면 묵자는 왜 겸애하는 사람, 즉 현량지사(賢良之士; 兼愛之士)를 배양하려 하였을까? 묵자가 활동하던 전국시대는 사회가 지극히 혼란하였다. 그 혼란의 원인을 그는 '불상애(不相愛)' 로 진단하고 '겸상애(兼相愛)' 할 것을 강조하였다. 그 당시 사회의 혼란을 다스리고자 하는 마음은 묵자뿐만 아니라 모든 학파들이 바라던 것이었다. 유가는 예와 덕으로써 다스리고자 하였고, 도가는 무위로써, 법가는 법과 술(術)로써 다스리고자 하였는데, 묵자는 겸애라는 독창적인 통치원리와 치료방법을 내놓은 것이다. 즉, 겸애를 통해 윤리적으로 군신과 부자와 형제간의 갈등을 해소하며, 사회적으로는 도둑과 쟁탈과 공벌을 없게 함으로써 국가의 안정을 이룩하고 나아가서는 사회의 행복을 증진시키고자 하였던 것이다. 이것이 바로 그가 꿈꾸었던 대동사회 건설이다.

본래 이 '대동' 이라는 말은 『예기』, 「예운」 편에 나오는데, 공자가 그리는 이상세계로 나타나 있다.

> 큰 도가 행해지면 천하를 공으로 하여 어진 자를 뽑고, 능한 자를 골라서 신의를 강구하고, 화목함을 닦았다. 그러한 고로 사람들은 유독 그 부모만을 부모로 여기지 않고, 유독 그 아들만을 아들로 여기지 않았다. 늙은이로 하여금 그 생을 마칠 곳이 있게 하며, 어린이로 하여금 의지하여 성장할 곳이 있게 하고, 늙고 아내가 없는 사람과 늙어서 남편이 없는 사람, 그리고 어리며 부모가 없는 사람 및 늙고 자식이 없는 사람과 폐질에 걸린 자로 하여금 다 부양을 받을 수 있게 하며, 남자는 직분이 있고 여자는 돌아갈 곳이 있었다. 재물은 헛되게 땅에 버려지는 것을 싫어하지만 반드시 자기에게만 사사롭게 감추어 두지 않았으며,

힘이란 것은 자기의 몸에서 나오지 않은 것이 아니지만 그 노력을 반드시 자기 자신의 사리를 위해서 쓰지는 않는다.[6)]

오랫동안 많은 학자들은 「예운」 편의 대동사상이 공자에게서 나온 것으로 믿었다.[7)] 그러나 송(宋)의 여동래(呂東萊) 이래 다른 사상의 유입으로 보는 견해가 많다. 예를 들면, 유가의 인(仁)은 방법적인 면에서는 차별적인 사랑의 의미를 지니고 있는데, 자기의 어버이만을 어버이로 여기지 않는 무차별 평등을 주장한 대동의 이상과 합치될 수 있느냐는 것이다. 진계천(陳啓天)은 대동사상은 묵자의 겸애사상에서 나온 것이라고 하였고, 장음린(張蔭麟)은 대동의 사상은 비록 「예운」 편에 보이지만, 사실은 묵자를 본받은 것(王冬珍, 1981: 143)이라고 하였다. 심지어 손광덕(孫廣德)은 묵자의 사상에서 보이는 대동세계의 이상이 「예운」 편에서 나온 것(孫廣德, 1963: 80)으로 보았다.

특히 대동사상이 묵자에게서 나왔다고 보는 방원초(方援楚)는 「예운」 편의 대동사상과 묵자의 사상을 대비시켜 다음과 같이 설명하고 있다. 즉, '천하를 천하인이 공유하여 현명하고 유능한 이를 선발한다.' 라는 것은 '상현(尙賢)' 의 뜻이며, '신의를 지키고 화목하게 지내는 것' 과 '자기의 어버이만을 친애하지 않으며 자기

6) 大道之行也 天下爲公 選賢與能 講信修睦 故人不獨親其親 不獨子其子 使老有所終 壯有所用 幼有所長 矜寡孤獨廢疾者 皆有所養 男有分 女有歸 貨惡棄於地也 不必藏於己 力惡其不出於身也 不必爲己(『예기』, 「예운」).

7) 이러한 견해의 대표적인 학자로는 강유위(康有爲), 양계초(梁啓超) 등을 들 수 있다.

의 자식만을 사랑하지 않는 것' 은 '겸애' 를 말하는 것이라 하였다. 또 '늙은이로 하여금 그 생을 편안히 마칠 수 있게 하는 것부터 고독한 폐질자에 이르기까지 모두 부양받을 수 있게 하고, 남자는 자기가 해야 할 직분이 있고 여자는 각각 자기의 가정이 있게 되는 것' 은 묵자의 '절용(節用)' 과 '절장(節葬)' 의 효과와 같다. 묵자가 생산을 중시하는 것과 '재화가 헛되게 땅에 버려지는 것을 싫어하는' 대동의 사상은 비슷하며, '자기 자신의 사리(私利)를 위해서만 힘을 쓰지 않는 것' 과 '힘이 있는 사람은 힘써 다른 사람을 돕고 재부(財富)가 있는 사람은 힘써 다른 사람과 나누며 도를 지닌 사람은 부지런히 그것을 남에게 가르치는' 묵자의 사상과 같다(方援楚, 1978: 102)는 것이다. 이러한 주장은 실제 『묵자』 전편에 흐르는 이상과 그 실현 재료와 부합되는 것이다.

묵자는 이러한 이상사회가 한 국가에서만 이루어지기를 바라는 것이 아니라 온 천하가 모두 이렇게 되기를 바랐다. 온 천하가 이러한 상태에 이르게 되면 곧 대동세계의 시대가 열리게 된다는 것이다. 이와 같은 대동세계의 실현이 곧 그가 꿈꾸었던 이상세계였다.

교육의 내용

『묵자』는 묵자의 사상이 고스란히 담겨 있는 책이다. 따라서 그의 교육 내용은 바로 『묵자』 서(書)의 내용이라 해도 무방할 것이다. 「경주」 편의 설명[8]을 빌리면, 묵자의 교육 내용은 크게 담변

8) 爲義猶是也 能談辯者談辯 能說書者說書 能從事者從事 然後義事成也(『묵자』, 「경주」).

(談辯), 설서(說書), 종사(從事)의 세 부분으로 나눌 수 있는데, 『묵자』의 분류 중에서 세 번째의 묵변(墨辯)이 바로 담변의 교재에 해당하고, 두 번째의 「상현」에서 「비유」에 이르는 24편은 설서의 교재에 해당한다. 그리고 다섯 번째의 「비성문」 이하 11편은 종사의 교재로 볼 수 있다. 그런데 묵자 교육의 내용에 대해서는 이러한 상투적인 분석보다는 좀 더 현대교육의 관점에서 정치교육, 경제교육, 윤리교육, 과학교육, 근로교육 등으로 구분하여 살펴보는 것이 바람직한 듯하다.

정치교육

묵자는 그가 꿈꾸었던 이상세계인 대동사회의 실현을 위한 가장 확실한 수단은 정치라고 생각하였다. 그래서 그의 정치는 현능자(賢能者)에 의한 평등한 사회의 실현이 그 목적이었는데, 이러한 그의 정치관은 단편적이기는 하지만 주권재민(主權在民), 민약론(民約論), 민선론(民選論) 등의 의미를 담고 있다.

그러한 의미에서 그의 정치이상은 바로 그의 교육 목적과 같았으며, 다른 교과보다도 훨씬 실재적이고 확고한 신념으로 편찬된 것이었다. 그 내용은 현량지사의 숭상(尙賢篇)을 기초로 한 천지(天志)에 따른 국론 통일(尙同篇)이었으며, 결국은 천하무인(天下無人)의 화동일치(和同一致)의 세계를 이루는 것이었다. 이를 좀 더 구체적으로 살펴보자.

먼저 묵자는 권력 세습과 재산 상속이 배제된 현능자에 의한 통치를 구현하는 구체적인 방법을 제시하였는데, 그것이 바로 '상현론(尙賢論)' 이다. 그는 당시 정국 혼란의 원인이 무능자(無能者)의 세습적 통치와 무공자(無功者)의 재산 상속에 있다고 진단하고, 자질 있는 현능자를 존중하는 것이 정치의 근본이 되어야 한다고 주장하였다. 이에 대하여 그는 다음과 같이 말하였다.

> 지금의 왕공대인들은 하나의 의복을 짓는 데 만들 수가 없으면 반드시 훌륭한 재단사의 힘을 빌리고, 한 마리의 소나 양을 잡을 수가 없으면 반드시 훌륭한 도살 전문가의 손을 빌려야 한다. 마땅히 이와 같은 두 가지 일에서는 왕공대인들도 현명한 사람을 숭상하고 능력 있는 사람을 부려 다스릴 줄을 알고 있다. 그러나 국가의 혼란이나 사직의 위태로움에 이르러서는 현명한 사람을 숭상하고 능력 있는 사람을 부려 그것을 다스릴 줄을 알지 못한다. 그들은 친척들을 부리고 공 없이 부귀해지고 아첨하는 얼굴을 가진 사람이나 부려 쓴다.[9)]

이는 의복을 만들 때 유능한 재단사의 손을 빌리며, 가축을 잡을 때 숙련된 도살자의 손을 빌리듯이 정치도 전문가, 즉 현능자를 선택하여 그 격에 맞는 정치를 해야 함을 강조한 대목이다. 그래야만 나라가 바로 다스려지고 백성이 부유해지며 의로워지고 신하가 직무에 충실하여 대동세계의 실현으로 나아가게 된다는 것이다.

다음은 '상동론(尙同論)'인데, 묵자는 겸상애가 세상을 구하는 유일한 방법이라고 생각하였으나 모든 인간이 상애(相愛)의 본능을 가지고 있다고는 생각하지 않았다. 그래서 실을 물들이는 경우처럼 학문하는 선비도 물들이는 방법에 따라 착한 사람이 되기도 하고 악한 사람이 되기도 한다고 보았다. 그러므로 인간을 겸애의

---

9) 今王公大人 有一衣裳不能制也 必籍良工 有一牛羊不能殺也 必籍良宰 故當若之二物者 王公大人未知以尙賢使能爲政也 逮至其國家之亂 社稷之危 則不知使能以治之 親戚則使之 無故富貴面目佼好則使之(『묵자』, 「상현중」).

도로 염색하여 서로 상(傷)하지 않게 해야 한다는 것이다. 그러나 일반 민중은 식견이 부족하여 겸애지리(兼愛之利)와 별애지해(別愛之害)를 잘 헤아리지 못하므로 여러 가지 제재가 필요하다고 보았다. 천지(天志)가 종교적 제재라면 상동은 바로 정치적 제재에 해당되는데, 이는 곧 정치의 근본이 될 뿐만 아니라 가장 이상적인 정치조직[10]이었다. 이를 통하여 묵자는 국론을 통일하고 화동일치의 대동세계를 만들고자 하였다.

또한 묵자는 언로의 확충을 주장하였다. 이 언로는 하의상달(下意上達)이었고, 이 언로를 통해 통치자와 백성이 서로의 시렁(實情)과 정사(政事)를 정확히 알게 되고 백성의 뜻에 따른 정사를 시행할 수 있었다. 그렇게 하여 당시에 만연하던 친인척의 비리와 왜곡된 통치에서 비롯된 억울한 불평등의 요소들이 제거될 수 있었다. 결국 이러한 언로의 확충은 민중 주권하의 평등 공동체인 대동사회를 실현하는 데서 가장 적절한 장치였던 것이다.

결국 묵자가 정치를 통해서 이루고자 하였던 학습 목표는 통치자와 백성을 적극적이고 당당한 정치 참여자로 만들어 화동일치 세계의 구성원으로 나서게 하기 위함이었고, 이는 결국 자신이 소망한 이상사회의 실현을 위함이었다.

10) 「상동중」에는 정치조직에 대한 상세한 설명이 되어 있다. 즉, 조직 층급으로서 천하(天下)－나라(國)－고을(鄕家)－동네(里) 등으로 계층 구분을 하고 있고, 각급 우두머리(政長)에는 천자(天子)－임금(國君)·제후(諸侯)－고을의 장(鄕家長君)－이장(里長) 등으로 구분하였다.

경제교육

묵자는 인간관계가 서로 평등한 관계와 아우르는 사랑(兼愛)의 관계, 즉 서로에게 이익 되는 관계(交利)가 되기를 바랐다. 이것이 그가 알아낸 천(天)의 뜻이었다. 그래서 그는 정치, 문화, 도덕 등 상부구조를 경제적 토대에서 파악하여 경험되는 현실세계로 끌어내렸던 것이다. 즉, "인(仁)은 민중을 사랑하는 것이며, 의(義)는 민중에게 이로움을 주는 것이어야 한다."[11]라고 하여 도덕론조차도 관념으로 파악하지 않고 경제로 파악하고 있음을 알 수 있다. 또한 그는 전쟁과 음악도 경제적인 면에서 관찰하여 전쟁은 칼과 창 등의 소비 행위로, 음악은 악기의 소비 행위로 파악하였다. 따라서 이러한 재화의 소비제도, 즉 문화가 반민중 · 반노동적이면 바른 소비가 아니고 재화의 본래 목적을 초과한 과시 소비이므로 버려야 한다는 것이다.

묵자 당시의 상황을 보면 주(周) 왕권이 무너지고 봉건귀족이 토지와 농노를 확보하기 위해 저마다 토지를 약탈하여 세습 · 상속함으로써 사적 소유권이 인정되어 갔다. 묵자는 바로 이러한 불평등 사회의 문제점을 직시하여, 천하의 공유 안에서만 겸애의 대도가 행해질 수 있음을 강조하였고, 그 결과 공동체 사회인 대동사회가 도래할 수 있다고 보았다.

여기에 묵자는 경제적 평등을 달성하기 위한 수단으로 '세습과 상속'을 막아야 함을 강조하였다. 그에게서 국가의 의무는 민중을 이롭게 한 공적이 없는 자가 상속에 따라 부유하게 되는 것을 막는

11) 仁體愛也 義利也(『묵자』, 「경설상」).

것이었다. 또한 그는 경제적 평등을 위해서 빈부귀천의 신분 이동이 그 자신의 행동 결과에 따라 언제나 가능하도록 제도를 개선해야 한다고 주장하였다. 이는 자기 노력 없이 부유한 자가 없게 해야 한다는 것이다.

묵자는 재화의 소비에도 주목하였다. 소비의 형태가 바로 문화 제도 등 상부구조의 토대가 되고, 재화가 낭비되면 더 많은 노동이 요구되며, 그 결과 민중은 더욱 고달프며 헐벗을 것이기 때문이다. 그는 이러한 문제점을 해결하기 위한 방책으로 사과(辭過), 즉 지배층의 과한 소비를 사양하게 하는 '절용(節用)' 을 제시하였다. 여기서 절용이란 바로 '절도에 맞는 소비' 를 뜻한다. 그에게는 이러한 절용만이 하늘의 뜻과 민중의 뜻에 맞는 경제생활이었던 것이다. 다시 말해서 지배층의 절용은 바로 민중의 노동을 착취당하지 않게 할 뿐 아니라, 민중에게 소용없는 것을 생산하지 않으므로 국가에 이로운 것을 더 많이 생산하여 재화를 풍족하게 소비할 수 있기 때문이다.

지금까지의 논의를 통하여 볼 때, 묵자가 경제교육의 관점에서 주목하였던 것은 바로 '평등한 경제활동' 과 '절용' 을 통한 민중에 대한 배려였음을 알 수 있다.

윤리교육

묵자는 패역부도(悖逆不道)하던 당시 사회의 혼란함을 직시하여 무엇보다도 윤리의식을 강조하였는데, 그의 윤리의식은 종교적 개념에서의 수직구조와 대인관계에서의 수평구조의 두 축이 교차되는 부분에서 출발하고 있다고 볼 수 있다. 즉, 하늘(神) 의지를 인정하면서도 천명론을 강하게 부정하는 부분이 그 독특성과 현실성을 보여 주고 있다. 그는 자신의 윤리 기준 또한 천지(天志)에서 찾았으며, 그 기준은 집안이나 집 밖에서도 차별이 없는 구조와 행위로 이어져야 한다고 강조하였다. 물론 여기서의 천지는 의로운 것이며, 그 의는 만인의 가치 기준이고 공리적이며 최고의 선으로 파악된다(윤철희, 1999: 65).

그의 윤리는 천지라는 절대적 가치 기준에 합일함을 그 출발점이자 목적으로 삼고 있다. 그러므로 누구나 천지를 실천해야 하는데, 그러한 자는 모든 일에서 자신감을 가질 수 있다[12]는 것이다. 이러한 행위의 자신감은 천지를 믿고 실행한 결과로 나타나며, 남을 자신처럼 사랑하고 타인에게 유익한 존재가 되고자 노력하는 겸애지리(兼愛之利)의 실행자 모습에서 찾을 수 있다. 천지를 실현함에 완성된 묵자의 윤리는 자아의 완성 또한 타인을 이롭게 함으로써 이루어진다. 그래서 항상 타인이 전제되고 그것이 자신의 주체의식에 직접 작용된다는 것이 묵자가 말한 개인의 윤리이며, 도덕 각성 교육이었다.

묵자의 시대에는 가정을 중심으로 하는 '주예(周禮)' 는 이미 무너지고 적자(適子)와 연장자에게 권력이 편중되어 쟁탈이 벌어지고 있는 상황이었기 때문에 묵자는 겸애의 윤리를 제시할 수밖에 없었다. 이는 가정을 중심으로 하는 기존의 질서 체제가 약자의 책무만을 요구한다고 판단하여 이제는 서로 사랑하되, 강자에 대한 윤리의식이 가정에서부터 더욱 제대로 교육되어야 한다는 판단에 서였을 것이다. 그리고 당시에는 가족 절대주의라는 극단적 이기주의가 팽배하였다. 이처럼 자기 가족에 대한 지나친 애착이 다른 가족에 대한 배척 현상을 유발하게 되었을 뿐만 아니라, 이러한 차

12) 彼有自信也(『묵자』, 「친사」).

별적 애정은 자가(自家)와 타가(他家)뿐 아니라 가족 구성원 간에도 심각한 문제가 되었다. 그래서 그는 구성원 서로에 대한 사랑을 주장하였다. 부자(父子)나 형제가 자신만을 사랑하는 것을 경계하여 서로가 사랑하는 겸애의 가족애를 강조하고 어느 일방의 복종이 아니라 쌍방의 책무를 중요시하였다. 다시 말해서 가족 간의 조화로운 삶 속에서 인간다움을 찾고 거기서 얻어지는 의욕을 통해 사회를 변화시켜 가야 한다는 것이다.

묵자의 사회윤리적 측면을 보면, 그는 군신(君臣) 간의 윤리와 군민(君民) 간의 윤리를 강조하였다. 먼저 그는 군신 간에도 겸애지리(兼愛之利)의 논리가 적용된다고 하였는데, 임금에 대한 충성의 개념은 바로 '임금을 이롭게 하면서 강하게 하는 것'이다. 따라서 신하란 임금에게 잘못이 보이면 간하여 선을 기르게 하고 사악함을 대신 막아 주는 것을 그 책무로 여겨야 현명한 신하이며 충신이라는 것이다. 그리하여 묵자는 정책에서 발전적 논쟁의 필요성을 역설하였고, 임금에게 무조건적 복종의 태도가 아닌 능동적이고 희생적이며 적극적인 신하의 도를 요구하였다. 이는 곧 올바른 신하상을 정립한 것이기도 하다.

사회 전반의 이익을 중시했던 묵자는 난세를 극복하기 위해서 임금은 물론 백성도 바르고 통일된 의식체계를 가져야 한다고 보았다. 즉, 군민 간의 윤리 또한 강조하였다. 그러기 위해서는 성군(聖君)을 골라 삼아야 하는데, 그 방법론이 '상동'이다. 여기서 상동이란 '윗사람들과 화동한다.' 라는 뜻으로 정치 · 사회 질서를 진리로 이끌고 유지하는 윗사람을 따르고, 허물이 있으면 바르게 간하고 선한 자가 있으면 찾아 추천하는 행동윤리를 포함하고 있다. 이러한 상동에는 사심이 없어야 하고 사랑과 올바른 형벌, 덕과 법의 조화가 바탕이 되어야 한다. 이러한 바탕 위에서 가부(家

父)가 가정을 책임지며 동고동락하는 것처럼, 임금도 국부로서 애민(愛民)과 보민(保民)의 당위성을 가져야 한다는 것이 바로 묵자의 사회윤리의식이었다.

결국 묵자의 윤리는 공리주의적 의식 위에서 성립되고 유지될 수 있었다. 그만큼 묵자는 현실적인 사상가였으며, 다양한 상황에 통찰력을 가진 교육자였던 것이다. 그의 윤리의식과 그에 따른 교육 내용이 오늘 현실에도 가치를 지닐 수 있는 것은, 평등과 평화의식에서 발로된 공동체 구성원의 진정한 윤리를 가정과 사회로 바로 놓았기 때문이다.

과학교육

중국에서는 춘추시대 이후 과학 기술이 상당히 발달하였는데, 그 결과 농기구를 비롯한 각종 공구와 생활의 이기(利器), 그리고 수공업 제품도 대량으로 생산되고 있었다. 그러나 이러한 과학 기술의 발달이 반드시 민중의 이익과 결부되는 것은 아니었다. 그것이 오히려 특정한 개인의 기호 충족이나 통치 권력의 강화를 위한 제천의식과 공성(攻城) 무기를 생산하는 일 등에 동원되는 예가 더 많아 백성의 생활 기반은 파탄되고 소외당하게 되었다. 이러한 문제의식에서 묵자는 과학 기술의 비군사화와 함께 백성의 실제 생활에 필요한 기술의 개발을 주장하였다. 이와 같은 그의 과학적 사유는 분명 교육 내용의 한 가지 범주임에 틀림없다.

묵자가 추구하고 가르치고자 했던 가장 중요한 과학교육의 내용은 '과학적 합리성' 이었다. 왜냐하면 그가 현실에서 느낀 가장 큰 문제가 전쟁보다도 백성의 가슴에 오랫동안 젖어 왔고 길들여진 숙명론적 비과학적 사고였기 때문이다. 그래서 그는 백성 스스로 묶여 있는 천명론의 사슬을 끊고 과학적 합리성에 의한 주체를 확럽하게 하는 데 과학교육의 기본적 의의를 두었던 것이다.

이러한 과학적 합리성을 가르침에 있어서 교과서적 역할을 하는 것은 바로 묵변의 내용들이다. 묵변의 구성은 「경」 상 · 하, 「경설」 상 · 하, 「대취」, 「소취」 등 총 6편으로 되어 있는데, 논리학, 기하학, 광학, 물리학, 수학 등 주로 자연과학에 해당하는 가르침으로 구성되어 있다. 이 장의 전개상 이들의 내용을 모두 언급할 수는 없으나, 당시 묵가 학파의 과학과 기술의 역량이 상당한 수준에 있었음을 짐작할 수 있다. 따라서 방어 무기의 개발과 제조에 헌신하였고, 그 결과 과학 기술의 발전에 더욱 공헌하였던 것이다. 이러한 맥락에서 볼 때, 묵변의 과학교육적 가치는 매우 크다 하겠다.

근로교육

묵자 교육의 내용으로 근로교육을 한 범주로 삼는 데는 분명한 이유가 있다. 이는 유가 및 다른 사상가들의 행함 없는 관념적 철학에 대한 염증도 있지만, 묵자에게서만 느낄 수 있는 근면한 노동정신 때문이다. 그는 말이 앞선 관념 철학자의 유약한 모습이 아니라 실천 철학자로서의 강건함을 가졌던 것이다. 이를 이해하기 위해서는 당시 제 학파의 묵가에 대한 비판을 살펴보면 더욱 명확해진다.

> 그들은 남을 위해 제 몸이 초췌해도 돌보지 않고 허름한 옷을 입고 일만 한다. 종아리와 장딴지에 털이 난 자(노동자가 아닌 자)는 묵도가 아니라고 하였다. 그러한 자들은 우임금의 도를 따르지 않는 자들이기 때문이다. 그러나 그들은 천하에 둘도 없이 남을 사랑한 사람으로서 자기 몸이 마른 고목이 되도록 그만두지 않는 질박하고 부지런한 사람이다.[13]

그들은 몸이 야위어 죽도록 일만 한다. 그러면서도 노예 같은 노동을 천자의 지위와도 바꾸려 하지 않는다. 그들은 천하를 온통 바다같이 평등하게 하려 한다. 그러나 그것은 노동자의 도일 뿐이다.[14]

묵자의 가장 바람직한 인간의 모습은 '노동하는 인간'이다. 묵자는 인간의 생존과 인간 됨의 실현 조건을 노동으로 보아 금수(禽獸)와의 구별되는 기준을 생산 노동(력)에 두고 있었다. 물론 그가 말한 노동력이 생산 노동만을 의미하는 것은 아니다. 경우에 따라서는 왕공대인(王公大人), 즉 관리의 능력 등도 노동의 범주에 포함시켰다. 재판이나 관청의 일까지도 노동으로 보는 것은 능력에 따른 그들 집단의 중간 관리자나 지도자가 될 수 있었던 묵자의 공동체 의식의 확대로 볼 수 있다. 다만 그들이 구상하는 사회는 공동의 이익으로 백성의 삶에 도움을 주는 경우에만 노동의 참 의미로 보았던 것이다. 묵자의 이러한 사고는 그들 집단의 분업정신의 확대로 보아진다.

이러한 묵자의 노동의식과 실천적 가르침은 지배층에게는 질투와 심적인 부담을 주었고, 민중에게는 신선한 의욕과 큰 깨달음을 줄 수 있었다. 그리고 그는 봉건사회에 살았으면서도 오늘의 관점에서 보아도 손색없는 바람직한 노동자의 모델을 제시하였고, 선견자적 통찰력을 가지고 교육이라는 도구로 참된 노동자를 만들어 갔던 것이다.

이러한 맥락에서 보면, 묵자는 바로 실용주의자였으며, 문화의

13) 使後世之墨子 多以裘褐爲衣(『장자』,「천하」).

14) 則勞苦糢頳莫甚焉(『순자』,「왕패」).

실용주의를 주창한 최초의 실학자였던 것 같다. 그러나 무엇보다도 그는 노동의 진실성과 존엄성을 깨닫고 몸소 행하며 가르친 최초의 교육 실천가였다. 그러한 의미에서 묵자의 도는 진정한 '노동자의 도' 였던 것이다.

지금까지 살펴보았듯이, 묵자의 교육 내용은 그의 교육 목적을 충분히 반영한 것이라 볼 수 있다. 즉, 그의 이상적인 인간상인 현사를 배양하기 위하여 정치, 경제, 윤리, 과학, 근로 등의 내용을 중심으로 가르쳤던 것이다. 따라서 교육 내용이 다기적(多岐的)일 뿐만 아니라, 매우 전문적이었음을 알 수 있다. 다시 말해서, 묵자는 실제적 평민의 생활을 중심으로 한 전인적이며 실천 철학적인 교육 내용을 다양하게 설정하였다.

교육방법의 원리

경험론적 인식의 원리

묵자의 시대에는 관념론적 사상이 주류를 이루었다. 그러한 때에 그는 특유의 경험론적인 인식의 원리를 제시하였다. 이는 실로 괄목할 만한 논리적 전개일 뿐 아니라 위대한 교육적 방법론의 제시였던 것이다. 이러한 그의 경험론적 인식의 원리를 이해하려면 우선 그의 지식론적 입장을 살펴볼 필요가 있다.

먼저 『묵자』에 나타나는 지식의 기원을 살펴보면, 지식을 얻는 방법에 따라 세 가지로 나누고 있다. 즉, 친지(親知), 문지(聞知), 설지(說知)가 그것이다. 여기서 친지는 자기 자신이 직접 관찰하고 경험하여 얻은 지식을 뜻하며, 문지는 전수에 의하여 전달된 지식을 뜻하고, 설지는 추리에 의한 지식을 말한다(정인재 역, 1977: 168-169). 여기서 양계초는 진(秦) · 한(漢) 이후의 유가 교육은 대체로 '문지' 와 '설지' 두 방면에 치우쳐 있었다고 볼 수 있다. 그런데 '문지' 에 치우치면 맹목적인 학문이 되어 창조력이 둔화된다고 하였고, '설지' 에 치우치면 생각은 하되 배우지 아니함으로 위태롭게 되는 폐단에 빠져 가치 없는 공상이 되고 만다는 것이다(梁啓超, 1975: 87). 실제로 중국 사상계의 병폐는 바로 여기에 있었다.

따라서 그는 '삼표법(三表法)' 이라는 특유의 시비와 진위를 판단하는 기준을 제시하였다. 여기서 삼표, 즉 '세 가지 기준' 이란 근본(本), 근거(原), 실용(用)을 뜻한다. 이 말은 위로는 옛 성왕의 사적에 근본을 두고, 아래로는 서민이 보고 들은 바에 근거를 구하며, 그것으로써 나라와 백성의 이익에 합치되는가를 살펴야 한다는 것이다.

이 삼표법과 앞의 세 가지의 지식 개념은 밀접한 관계가 있는데, 이에 대해 양계초는 근본은 문지의 응용이며, 근거는 친지의 응용이고, 실용은 설지의 응용이라고 하였다. 그리고 묵자는 이 세 가지 지식에는 각각 그 장단점이 있으므로 셋을 병용하여 지식을 개발하여 나갈 것을 강조하였는데, 그가 특히 중시한 것은 제2표인 근거였다. 그래서 그는 "존재의 유무를 알아내는 방법은 세상 사람의 이목에 기준을 둔다. 실제로 듣고 본 일이 있다면 반드시 존재할 것이고, 들은 자도 본 자도 없다면 반드시 존재치 않을 것이다."[15]라고 하여 사물을 대하는 데 직접 눈으로 보고 귀로 들은 것에 기준을 두고 얻은 지식인 '친지' 를 강조한 것이다. 이는 그의

15) 天下之所以察知有與無之道者(『묵자』, 「명귀하」).

과학정신과도 일치할 뿐만 아니라, 그의 인식론이 경험론적 인식론임을 알 수 있게 한다.

인성학습의 원리

묵자는 적극적인 가르침의 방법을 강조하면서 학습자의 본바탕에 의거한 후천적인 인성의 학습 이론을 중시하였다. 여기서 그는 인성학습의 이론으로 '환경의 감화작용'과 '인간에 대한 감화작용' 모두를 중시하게 된다. 그는 「소염」 편에서 이 두 가지의 감화가 인간의 품격에 미치는 영향에 대하여 그 중요성을 반복 설명하고 있는데, 사람의 행동이 도리에 부합되려면 좋은 가르침에 물들어야 한다고 주장하였다. 특히 한 사람이 도리에 부합되는 생활을 하려면 반드시 좋은 사람과 가까이 해야 한다고 역설하였다. 이것은 배에 물감을 곱게 들이기 위해서는 처음 물들이는 일을 신중히 해야 하는 것과 같음이다. 이러한 맥락에서 그는 인간의 본성은 선천적으로 바른 것이 아니라, 후천적으로 바르게 물들일 수 있을 뿐이라는 의식으로 누구든 후천적 환경에 의한 교육에 따라 성인도 될 수 있고 소인도 될 수 있음을 강조하였다.

특히 묵자의 교육방법 중에는 한 사람의 도덕 행위를 판단할 때 동기와 효과를 서로 결합시켜 판단해야 한다는 주장이 있다. 그는 「경설상」 편에서 "인간이 행위를 할 때 지식은 막히고 욕구에 매달린다. 할 것인가 말 것인가 동기를 선택하는 것은 지식에 의한 꾀가 아니다."[16]라고 하였다. 다시 말해, 인간의 마음은 본래 지각이 없는 백지와 같으므로 인간이 행동을 결심하거나 의심하는 것

16) 爲窮知而縣於欲也 所爲與所不爲相疑也 非謀也(『묵자』, 「경설상」).

은 사회에 의하여 이미 물든 욕구에 따라 행동하는 것이라 하였다. 이 물들이는 방법이 곧 인성학습의 원리가 되는 것이다.

지행병진의 원리

앞에서 이미 많은 부분을 언급하였듯이, 묵자는 행함이 없는 지식은 죽은 것이며 실용적이지 못한 지식은 공허할 뿐이라고 하였다. 그래서 그는 어떠한 이론, 어떠한 학설을 막론하고 반드시 인생의 의식과 행위를 개량할 수 있는 것이라야 비로소 존상(尊尙)할 수 있으며, 만약 백성의 생활을 증진시킬 수 없는 것이라면 존상할 가치가 없음을 강조하였다. 「경주」 편에서 그는 "말은 족히 행동으로 옮길 수 있는 것을 존중하며 행동으로 옮길 수 없는 것은 존중하지 않는다. 행동으로 옮길 수 없는 말을 존중하는 것은 입을 망치는 일이다."[17]라고 하여 지식을 얻는 방법을 중시하는 근본정신도 그 지식의 실천에 두었다. 즉, 묵자에게서는 실천을 전제로 하지 않는 지식은 무의미한 것이었다. 그래서 그는 앉아서 말로만 실천을 부르짖은 것이 아니라 도를 지닌 사람은 부지런히 그것을 남에게 가르치라고 권하면서 스스로 규범적인 교육자의 모습을 보였다.

묵자 교육사상의 현대적 의의

묵자는 당시 유가의 세력에 대항하여 사회의 혼란과 병든 현실에 대한 예리한 진단과 탁월한 처방전을 제시하였다고 볼 수 있다.

17) 言足以復行者常之(『묵자』, 「경주」).

즉, 그는 신본주의와 인본주의의 절묘한 조화를 통하여 혼돈의 사회를 질서의 대동사회로 바꾸고자 힘껏 노력하였다. 이와 같은 묵자의 사유체계를 근간으로 할 때, 그의 교육사상은 한마디로 '모르는 손해를 앎의 이익' 으로 바꾸자는 사유의식 속에 있었다. 그래서 그는 교육 목적을 현사를 통한 대동사회의 실현에 두었고, 이러한 목적을 달성하기 위한 다양한 교육 내용과 방법적 원리들을 제시하였다. 이러한 내용들을 바탕으로 그의 교육적 사유체계가 오늘날 우리 교육의 현실에 주는 시사점을 정리해 보면 다음과 같다.

첫째, 교육 목적으로 이상적인 인격인 '현사' 를 배양하는 데 둔 것은 올바른 교육의 방향을 설정하게 하는 교육적 가치를 지닌다. 오늘날 우리나라의 교육은 그 방향감을 잃고 말았다는 지적들을 많이 받고 있다. 출세 지향적 교육관이 팽배하다 보니 인간화 교육을 표면에 내세우고는 있으나 실제로는 사회에 만연한 출세주의에 발맞추는 비인간화 교육이 성행할 수밖에 없었던 것이 사실이다. 따라서 전통적 가치관은 이미 무너졌고, 도덕적 아노미 현상까지 도래하였다. 이러한 현실을 직시할 때 현사, 즉 '천하의 이익을 도모하고 해를 제거할 줄 아는 현명한 선비' 의 양성을 그 목적으로 하는 것은 교육의 방향을 바로잡게 하는 나침반이 되는 것이다.

둘째, 교육 내용으로 정치 · 경제 · 윤리 · 과학 · 근로 등의 다기적(多岐的)이고 전문적인 내용을 제시하는 것은 전인교육으로서의 가치를 지닌다고 볼 수 있다. 예나 지금이나 교육 현장에서 전인교육을 부르짖지 않은 적이 없다. 그러나 오늘날 과학 기술 문명의 발달에 따라 물질적 풍요와 생활의 편리함이 이루어지다 보니, 자연스럽게 과학 기술교육에 더욱더 치중하게 되고 인문교육을 경시하는 풍조가 생긴 것이다. 그러다 보니 인간의 가치는 점점 상실

되고 도덕성의 타락을 가져왔다. 이러한 문제점을 직시할 때 실제적 평민의 생활을 중심으로 한 전인적이며 실천과학적인 교육 내용을 제시한 묵자의 안목은 오늘날 교육 실시상의 반성과 계발로 응용되기에 충분하다.

셋째, 교육방법으로 지행병진의 학습원리를 제시하여 실천의 중요성을 강조하고 있다. 오늘날 우리는 지식의 홍수 속에서 머리가 터질 정도로 수많은 지식들을 습득하며 살아가고 있다. 그러나 우리의 삶은 점점 더 팍팍해지고 있는 것이 사실이다. 이는 곧 실천하는 지식인이 적기 때문이다. 묵자는 행함이 없는 지식은 죽은 것이며 실용적이지 못한 지식은 공허할 뿐이라고 하였다. 그래서 그는 어떠한 이론, 어떠한 학설을 막론하고 반드시 인생의 의식과 행위를 개량할 수 있는 것이라야 비로소 존상(尊尙)할 수 있으며, 백성의 생활을 증진시킬 수 없는 것이라면 존상할 가치가 없음을 강조하였다. 이러한 묵자의 실천 중시의 의식체계는 바로 노동자의 도였으며, 실천궁행의 소중함을 가르친 스승의 모습이었던 것이다.

5 노자의 무위적 교육사상

노자의 무위적 삶

공자가 유가의 시조라면 노자는 도가의 시조다. 그러나 노자만큼 전기가 불분명한 인물도 없고 그의 실재를 의심하는 설조차 있다. 노자의 전기로는 사마천의 『사기』「노장신한열전(老莊申韓列傳)」이 가장 오래되었다. 그 줄거리는 대체로 다음과 같다.

노자는 초나라 고현(苦懸) 사람으로 성은 이(李)이고, 이름은 이(耳), 자는 담(聃)이라고 한다. 노자의 노(老)는 '늙었다'는 뜻이고, 자(子)는 존칭이다. 그는 주나라 왕실의 수장실(도서관)의 사서(司書)를 맡아 오랫동안 종사하였다.

그 후 노자는 주나라가 쇠미해져서 천자(天子)의 권위가 떨어지고 전쟁과 쟁탈로 사회가 혼란해지자 그곳을 떠나 양나라로 갔다. 그 후 70세경에 진나라에 은둔하기 위하여 황하를 건너 함곡산에 이르렀을 때, 그곳을 수비하던 관령인 윤희(尹喜)가 이것을 보고 "선생은 세상으로부터 숨으려 합니다만 그 전에 제발 저를 위해서 가르침을 남겨 주소서!"라고 간청하였다. 이에 그는 죽간에 5천여 자의 글을 써 주고 그곳을 떠났다. 이것이 상하 2편 전문 81장으로 된 『노자』다. 그 후 그의 행적은 알 수가 없다. 그는 도를 닦고 양생을 했기 때문에 160여 세까지 혹은 200세까지 살았다고도 하지만 믿을 수 없고, 기원전 470년쯤에 죽은 것으로 보인다.

일설에는 그의 생존 연대에 대해서 공자보다 선배라고 하는 사람도 있고 공자보다 후배라고 하는 사람도 있다. 그리고 초나라에 공자와 동시대의 인물로 노래자(老萊子)라는 인물이 있었는데, 그가 노자라고도 하며, 또한 서주에 태사담(太史儋)이라는 인물이 있었는데, 그를 노자로 보는 사람도 있다. 그리고 『노자』를 노자의 저술로 보는 사람도 있고 아니라고 하는 사람도 있다. 이에 대하여 사마천은 노자를 공자와 동시대의 인물로 보았고, 또한 그의 저술로 보는 입장이었다.

또 하나의 문제는 『노자』의 저자가 한 사람 이상이라는 것이다. 『노자』의 문자 중에는 전국시대에 광범위하게 행하여졌던 격언이나 속담에 해당하는 것들이 적지 않게 포함되어 있는 것으로 보아 한 사람의 저작이라기보다는 여러 사람에 의한 격언 모음집이 아닐까 하는 의문이다. 만약 그렇다면 『노자』는 도가학파의 사이에 축재된 명언을 모은 것이고, 그 저자는 '무수한 노자들' 이었을 것이다. 그러나 『노자』에는 그 문체에서 훌륭할 정도로 통일이 이루어져 있는데, 이를 보아 단순한 격언집으로 보기는 어렵다. 이 점에서 본다면, 결국 『노자』의 저자는 한 사람이든가, 적어도 어느 시기에 한 사람이 이것을 편집하여 자기의 언어로 표현하고 고친 것이라고 유추하여 볼 수 있다. 이처럼 노자의 전기와 그의 저서에 대하여서는 여러 가지 복잡한 문제가 있어서 명쾌한 설명을 하기가 어렵다.

어쨌든 『노자』는 중국 제자(諸子)의 글 중에서 가장 심오하고 우아하며 가장 많은 사람에게 회자되었다. 주석서만 해도 중국에서 700여 종, 일본에서 250여 종이 있고, 영역본도 40여 종이 있다. 그리고 한 대에는 『노자』를 경전으로 하는 도교가 발생하였다. 그리하여 민간신앙으로 크게 성장하여 오늘날까지 중국사회의 최대 종교가 되었다.

노자 교육사상의 철학적 기초

도의 의미와 작용

도(道)의 의미

노자의 철학은 도(道)에 대한 이해에서 출발한다. 노자의 도는 그의 세계관과 가치관 등 사상적 중심을 이루는 주제이기 때문이다. 그렇다면 노자에게서 도란 과연 무엇인가?

첫째, 노자에 있어 도는 만사만물의 근원이다. 즉, 인간을 포함한 세상 만물은 도에서 나왔다는 것이다. 따라서 노자는 도(道)가 천지보다 앞서 있으며 천하의 모체가 됨을 지적하여 다음과 같이 말하였다.

> 어떤 물건이 혼동이 이루어져 있었는데, 그것은 하늘과 땅의 생성보다도 앞서 있었다. 아무 소리도 없고 아무 형체도 없지만 홀로 존재하며, 변화하지 않고 모든 것에 두루 행하여지면서도 위태롭지 않으니, 천하의 모체라 할 만하다. 나는 그것의 이름을 알지 못하므로 그것을 도(道)라 이름 지었고, 억지로 그것을 대(大)라 부르기로 하였다.[1)]

이와 같이 노자는 도를 일러 천지보다 먼저 존재하고, 다른 것에 의존하지 않고 독자적으로 자기 존재를 성립시킬 수 있으며, 천지

1) 有物混成 先天地生 寂兮廖兮 獨立而不改 周行而不殆 可而爲天下母 吾不知其名 字之曰道 强爲之名曰大(『도덕경』, 25장).

사이 어디에나 들어가고 통행할 수 있으며, 일체 사물들의 어머니가 될 수 있는 궁극적 실재임을 밝히고 있다. 여기서 우리가 주목하여야 할 것은 도의 근원적 존재성의 두 가지 의미다. 하나는 도가 천지보다 먼저 있다는 것이고, 또 하나는 도가 천하의 어미가 된다는 것이다. 이보다 더 근원적일 수는 없는 표현이다.

둘째, 노자에게서 도는 초월적 존재다. 여기서 말하는 초월적 존재는 세 가지 의미를 지닌다. 즉, 시간의 초월, 공간의 초월 그리고 인간의 인식능력의 초월이다.

먼저 도는 시간을 초월하는 존재다. 이에 대하여 노자는 "태고의 도를 가지고 지금의 있음을 다스리면 능히 태고의 처음을 알 수 있다. 이를 도의 근원이라 한다."[2] 즉, 태고부터 현재까지 존속하는 도에 의해서 현재의 현상세계를 다스릴 수 있다는 것이다. 태고시절에 하늘과 땅과 만물을 만들어 내고 다스렸던 도(道)가 오늘날에 이르기까지 조금도 변함없이 만물을 태어나게 하고 자라게 하여 다스린다는 것이다.

또한 도는 공간을 초월하는 존재이기도 하다. 여기서 '공간을 초월한다.' 라는 의미에는 공간적으로 무한하다는 것과 공간적으로 구분되지 않는다는 두 가지 의미가 내포된다. 이에 노자는 "큰 도는 넓고 넓어서 좌우에 두루 미친다."[3]라고 하여 도가 공간적으로 무한함을 말하고 있다. 그리고 노자는 "그 위라고 하여 밝지 않고 그 아래라고 하여 어둡지 않다."[4]라고 하여 공간적으로 구분되

2) 執古之道 以御今之有 能知古始 是謂道紀(『도덕경』, 14장).
3) 大道氾兮 其可左右(『도덕경』, 34장).
4) 其上不皦 其下不昧 (『도덕경』, 14장).

지 않음을 말하고 있다. 사실 두 가지 의미는 서로 다른 것을 말하는 것이 아니다. 공간적으로 무한하기에 구분되지 않으며 공간적으로 구분되지 않기에 무한한 것이기 때문이다.

그리고 도는 사람의 인식능력을 초월하는 존재다. 노자는 도가 근원적 존재로서 실재함을 인정하면서도 사람의 능력으로 인식할 수 없는 존재임을 다음과 같이 말하였다.

> (도는) 보려고 하나 보이지 않으니 이름 하여 이(夷)라 하고, 들으려 하나 들을 수 없으니 이름 하여 희(希)라 하며, 잡으려 하나 잡을 수 없으니 이름 하여 미(微)라 한다. 이 세 가지는 말로 따져 도달할 수 있는 것이 아니기 때문에 섞여서 하나가 된다.[5]

즉, 도가 천지만물의 존재, 변화 및 모든 것을 지배하고 있지만 사람의 감각기관으로는 보아도 보이지 않고 들어도 들리지 않으며 잡아도 잡히지 않는 것이다. 도는 인간의 상대적인 지식이나 언어로써는 이해될 수 없는 근원적 자존(自存)의 존재이기에 감각할 수도 없고 인지할 수도 없는 것이다.

도(道)의 작용

노자의 도의 기능 내지 작용에 대한 이해는 그의 '무위(無爲)'에 대한 개념을 살펴봄으로써 가능하다. 무위를 글자 그대로 풀이하면 '하지 않음' 내지는 '함이 없음'이다. 그러나 무위란 정말로 완

5) 視之不見 名曰夷 聽之不聞 名曰希 搏之不得 名曰微 此三者 不可致詰 故混而爲一(『도덕경』, 14장).

전혀 행동을 정지하거나 아무것도 하지 않는다는 것은 아니다. 노자가 "도는 항상 함이 없되 못함이 없다."[6]라고 하였듯이, 무위란 아무것도 하지 않는 것이 아니라 오히려 모든 것을 할 수 있다는 것을 보여 준다. 만약 노자가 말하는 무위가 정말 아무것도 하는 것이 없는 것이라면 '못함이 없다(無不爲).' 라는 표현을 할 수 없을 것이다. 오히려 노자가 말하는 무위야말로 우리의 가치로 말하면 '진위(眞爲)' 라고 하여야 할 것 같다.

무위의 반대 개념은 물론 작위(作爲)나 인위(人爲)로 봄이 타당하다. 즉, 어떠한 목적을 갖고 의도적으로 일을 꾸미고 만들어 내는 행위들이다. 이에 해당하는 대부분의 행위들은 목적이 있는 만큼 어떤 결과나 이익을 기대하게 된다. 그렇지만 도(道)는 전적으로 무위할 따름이라는 것이다. 즉, 도는 안 하는 일이 없이 큰일을 모두 다 하면서도 아무런 작위도 없이 자연스럽게 그렇게 된 것처럼 만든다.

> 큰 도는 넓고 넓어서 좌우에 두루 미친다. 만물이 이를 의지하여 생겨나되 말하지 않는다. 공을 이루되 머물지 않으니 만물을 입혀 주고 길러 주고 하면서도 그 주인 노릇을 하지 않는다.[7]

위대한 도의 힘은 범람하는 황하의 물처럼 항상 충만하여 흘러넘친다. 그 도의 작용은 미치지 않는 곳이 없다. 그것은 마치 태양 빛

6) 道常無爲 而無不爲(『도덕경』, 37장).

7) 大道氾兮 其可左右 萬物恃之而生而不辭 功成不名有 衣養萬物而不爲主(『도덕경』, 34장).

이 온 세계에 두루 비치는 것과 같다. 이 세계의 만물은 그에 힘입어 생겨나지 않는 것이 없다. 그럼에도 불구하고 도는 만물을 간섭하거나 지배하지 않고 공(功)이 크지만 그 공을 내세우지 않는다.

노자는 도(道)처럼 아무런 작위도 가하지 않아도 저절로 이루어지는 것을 '무위' 라고 하며, 그러한 상태를 '자연' 이라고 하였다. 그런데 노자가 말하는 자연은 오늘날 우리가 인식하는 자연 개념과는 좀 다르다. 즉, 오늘날 자연이라 하면 명사적 개념의 산, 강, 바다, 돌, 공기 등이 포함된다. 그러나 노자의 자연은 아무런 작위도 없이 저절로 이루어지는 무위의 상태 그 자체를 의미한다. 따라서 노자의 자연 개념은 형용사나 동사에 가깝다. 이러한 맥락에서 본다면 도는 곧 무위이며, 무위는 곧 자연인 셈이다.

그런데 노자의 자연 개념 속에는 '반(反)' 의 의미가 내포되어 있다. 즉, 원래의 상태로 되돌아간다는 것이다. 이 세상의 모든 사물들은 영원히 같은 방향으로 변화해 나가기만 하는 것이 아니다. 생물은 태어나서 자라고 늙고 죽음으로써 다시 본래의 상태로 돌아간다. 이것이 바로 저절로 그러한 자연의 이치인 것이다. 이에 대하여 노자는 "되돌아가는 것은 도의 움직임이다."[8]라고 하였다. 이처럼 노자는 만물이 끊임없이 변화하면서도 일정한 정도(極)에 이르면 다시 원래의 상태로 되돌아가는 것을 '반(反)' 으로 표현하였고, 이러한 반(反)이야말로 곧 도의 움직임이며 도의 작용인 것이다. 결국 도(道)가 만물을 생성, 변화시키고 발전시켜 언젠가는 되돌아오도록 하는 작용을 하는 것이다.

8) 反者 道之動(『도덕경』, 40장).

인간관

노자의 교육적 사유체계를 제대로 이해하기 위해서는 그의 인간에 대한 관점을 살펴보아야 한다. 우선 노자는 인간에 대해 매우 부정적인 생각을 가지고 있었다. 본래 인간은 자꾸 무엇인가 계획을 세우고 일을 꾸며서 그 어떤 것을 성취하려 하기 때문이었다. 노자가 말하는 위(爲)란 좋든 나쁘든 인간이 어떤 의도를 가지고 무엇인가 해 보려고 하는 것을 뜻한다. 그런데 바로 이러한 인간의 위(爲)가 도(道)에 어긋나고 자연의 질서를 어지럽히는 것으로 여겨졌기 때문이다. 따라서 노자는 인위적인 것을 철저하게 지양(止揚)하고 무위를 강조할 수밖에 없었던 것이다.

그렇다면 인간은 도저히 구제불능의 존재인가? 그렇지는 않다. 노자는 그의 부정적 인간관에도 불구하고 인간을 영원히 구제불능한 포기의 대상으로 파악하지는 않았다. 그는 "성인은 사람을 항상 잘 구원하기 때문에 버려지는 사람이 없다."[9]라고 하여 오히려 지극한 인간애를 보여 주고 있다.

노자는 인간을 부정적으로 보면서도 바람직한 인간상을 제시하였는데, 성인(聖人)과 영아(嬰兒)가 바로 그것이다. 노자가 말하는 성인은 도의 무위성과 같은 경지에 도달한 사람이며 도를 완전히 체득한 사람을 말한다. 그렇다면 현실적으로 성인의 경지에 도달하는 것은 매우 어려운 것이다. 특히 노자가 말하듯이 인간의 한계와 특성을 고려할 때 과연 무위의 도를 체득해서 성인의 경지에 도달하는 것이 가능하겠는가 하는 의문이 생긴다. 그렇다면 현실적으로

9) 聖人常善救人 故無棄人(『도덕경』, 27장).

노자가 말하는 바람직한 인간상은 '영아' 라고 보아야 할 것이다.

이러한 맥락에서 노자는 "참다운 덕이 떠나지 않아 어린아이로 돌아간다." [10]라고 하였는데, 이는 영아가 부드러움을 이루고 덕을 갖고 있는 상태로 바람직한 인간의 모습임을 말하고 있는 것이다. 그리고 인간은 영아와 같은 수준을 유지할 수 있음을 암시하고, 그러한 상태를 유지하면 좋겠다는 의미를 담고 있다. 따라서 노자는 바람직한 인간상인 영아의 모습을 다음과 같이 그리고 있다.

> 머금은 덕의 두터움은 갓난아기와 같다. 독 있는 벌레가 쏘지 않고, 사나운 짐승이 덮치지 않고, 사나운 새가 채 가지 않는다. 뼈는 약하고 근육은 부드러우나 단단히 움켜잡는다. 아직 남녀의 교합을 알지 못하나 음경이 일어서니 정기의 지극함이다. 종일토록 울어도 목쉬지 않음은 조화의 지극함이다.[11]

여기서 노자는 어른의 움켜잡음은 정신적이고 인위적인 욕구를 갖고 있지만, 갓난아기의 움켜잡음은 원래 도(道)로부터 부여받은 생리적 욕구에 국한되는 행위라는 것이다. 갓난아기가 우는 것 또한 그러하다. 결국 노자가 영아를 이상적인 인간상으로 말하는 것은 영아가 도(道)에 매우 가깝기 때문이다.

결국 노자가 말하는 이상적 인간상인 성인이란 도의 관점에서 현상을 바라보고 생을 영위하며 인위적인 가치판단이나 이기심과 집

10) 常德不離 復歸於嬰兒(『도덕경』, 28장).

11) 含德之厚 比於赤子 蜂蠆虺蛇不螫 猛獸不據 攫鳥不搏 骨弱筋柔而握固 未知牝牡之合而全作 精之至也 終日號而不嗄 和之至也(『도덕경』, 55장).

착으로부터 벗어난 사람이며, 영아는 과욕을 부리지 않으며 만족하여 그칠 줄 아는 사람이며 도에 가까운 사람이라고 할 수 있다.

이러한 이상적 인간이라는 개념이 존재한다는 것만으로도 노자로서는 교육의 가능성을 엿볼 수 있으며, 더불어 교육 이념의 단초로 삼을 만하다. 노자에게서 교육이란 사욕에 사로잡혀 도(道)로부터 멀어진 범인(凡人)을 이상적 인간으로 끌어올리는 과정이 될 수 있기 때문이다.

노자 교육사상의 함의

사실 노자는 체계적으로 도(道)를 교육과 연관하여 언급하지는 않았다. 오히려 '절학(絶學)'을 강조함으로써 오늘날 흔히 교육이라 하는 인위적 교육 자체를 거부하였다. 그러나 그가 도를 말로써 표현할 수는 없다고 하면서도 『도덕경』의 내용을 말한 것을 보면 분명 교육적 의도가 있었음을 알 수 있다. 그리고 조금만 깊이 있게 살펴보면 『도덕경』의 내용 속에는 분명 교육적 의미를 담고 있는 것들이 많이 있다.

교육의 이념: 도(道)로의 복귀

노자에게서 도는 인간을 포함한 우주만물의 근원이며 존재의 법칙이다. 그리고 상대적 분별을 초월한 참된 앎의 근거가 된다. 따라서 존재의 원리인 도는 인간이 추구해야 할 당위의 법칙이기도 하다. 물고기가 물을 떠나서 살 수 없듯이 인간은 도를 떠나서는 온전한 삶을 누리기 어렵다. 그래서 노자는 "마음이 기(氣)를 부리는 것을 강(强)이라고 한다. 사물은 지나치게 번성하면 곧 노쇠한다. 이를 도(道)에서 벗어났다고 한다. 도에서 벗어난 것은 일찍 사멸한다."[12]라고 하였다. 반면에 도에 의지하고 도를 따른다면 그 삶은 영원토록 온전하게 된다. 이러한 관점에서 보면 노자에게 '도(道)로의 복귀'는 당위이자 필연인 것이다.

따라서 노자는 복귀어무물(復歸於無物), 복귀어영아(復歸於嬰兒), 복귀어무극(復歸於無極), 복귀어박(復歸於樸) 등의 표현을 써서 도(道)로 복귀할 것을 강조하였다. 여기에 나오는 무물(無物), 영아(嬰兒), 무극(無極), 박(樸) 등은 모두 도를 상징하는 말들이다. 도란 만물의 근원을 말하는 것이며, 인간에게는 본성을 이야기하는 것이기도 하다. 따라서 만물은 자기의 근원으로 돌아가는 것이 복귀이며, 인간은 자신의 순박했던 본성을 되찾는 것이 곧 복귀이다.

이러한 관점에서 볼 때, 노자의 교육 이념은 '도(道)로의 복귀'로 규정할 수 있겠다. 그리고 도(道)로의 복귀는 교육적으로 다음과 같은 좀 더 구체적인 의미를 담고 있다. 하나는 도덕적 존재로서의 인간의 본성을 회복한다는 의미이고, 또 하나는 상대적인 분별을 넘어선 절대적인 앎의 경지에서 상대적인 일상의 앎으로부터 정신적 해방을 이룬다는 의미다. 그리고 도의 원리에 따라 구성되는 조화롭고 평화로운 무위자연의 사회를 구현하게 된다는 의미다.

그렇다면 어떻게 해야 도(道)로 복귀할 수 있는 것인가? 이러한 구체적인 방법론적 문제야말로 교육적 측면에서는 매우 중요

12) 心使氣曰强 物壯則老 謂之不道 不道早已(『도덕경』, 55장).

한 것이다. 노자는 도(道)로 복귀하는 방법을 다음과 같이 제시하였다.

첫째, 허(虛)와 정(靜)을 제시하였다. 즉, 허(虛)는 마음이 비어 있는 것을 말하고, 정(靜)은 고요함을 지켜 움직이지 않음을 말한다. 허와 정의 반대는 영(盈)과 동(動)으로 볼 수 있다. 영은 채우는 것을 말하며, 동은 움직이는 것을 말한다. 자신의 마음이 외부의 사물에 대한 욕심으로 채워지는 것이 영이며, 자신의 창고에 금은보화를 가득 채우는 것이 바로 영이다. 그리고 그것을 얻고자 움직이는 것이 바로 동(動)이다. 따라서 노자는 늘 채우지 말 것을 강조하였다.

> 비움에 이르기를 지극히 하며, 고요함을 지키기를 돈독히 하라. 만물이 더불어 일어나되 나는 돌아감을 본다. 대저 만물은 번성하되 각각 그 근원으로 돌아가니 근원으로 돌아감을 정(靜)이라 말한다. 이를 일러 명(命)으로 돌아감이라 말하고, 명으로 돌아감을 상(常)이라 말하며, 상을 아는 것을 명이라 말한다. 상을 알지 못하면 망령되어 흉함을 만들게 된다.[13]

둘째, 선(善)·악(惡)의 차별에서 벗어날 것을 요구하였다. 여기서 노자가 지키라고 말한 세 가지는 자(雌), 흑(黑), 욕(辱)이다. 이것은 모두가 사람이 선하다고 여기지 않는 것, 즉 좋은 것으로 여기지 않는 것들이다. 자(雌)는 웅(雄)에 비해 나약한 존재이며, 흑

13) 致虛極 守靜篤 萬物竝作 吾以觀復 夫物芸芸 各復歸其根 歸根曰靜 是謂復命 復命曰常 知常曰明 不知常 妄作凶(『도덕경』, 16장).

(黑)은 백(白)에 비해 어둡고 음침하며, 욕(辱)은 영(榮)에 비해 사람이 결코 원치 않는 것이다. 그런데 이러한 구분은 원래부터 그러한 것이 아니고 사람이 자신의 주관적 판단에 의해서 차별하는 데서 비롯된 것이다. 이 세상에는 원래부터 선하고 악한 것은 없다. 왜냐하면 이 세상의 모든 것은 늘 그대로 있는 것이 아니라 항상 변하기 때문이다.

그 수컷을 알고 암컷을 지키면 천하의 계곡이 되고, 천하의 계곡이 되면 상덕(常德)이 떠나지 않아 어린아이로 되돌아간다. 그 흼을 알고 검음을 지키면 천하의 법도가 되고, 천하의 법도가 되면 상덕이 어긋나지 않아 무극(無極)으로 돌아간다. 그 영화로움을 알고 욕됨을 지키면 천하의 골짜기가 되고, 천하의 골짜기가 되면 상덕이 이에 가득 차 통나무로 되돌아간다.[14)]

셋째, 외부의 사물에 현혹되지 말 것을 권유하였다. 자신의 감각에 의해서 느껴지는 외부의 사물은 참된 진리를 바르게 바라보도록 하는 데 장애물이 되기가 쉽다. 참된 것은 마음으로 보고 느껴야 하는 것이다. 그래서 노자는 "오색(五色)이 사람의 눈을 멀게 하고, 오음(五音)이 사람의 귀를 먹게 하며, 오미(五味)가 사람의 입맛을 버리게 한다."[15)]라고 하였다. 즉, 우리의 눈에 보이는 화려한 모습들은 참된 것을 바라보아야 하는 사람의 눈을 멀게 하며,

14) 知其雄 守其雌 爲天下谿 爲天下谿 常德不離 復歸於嬰兒 知其白 守其黑 爲天下式 爲天下式 常德不忒 復歸於無極 知其榮 守其辱 爲天下谷 爲天下谷 常德乃足 復歸於樸(『도덕경』, 28장).

15) 五色令人目盲 五音令人耳聾 五味令人口爽(『도덕경』, 12장).

우리의 귀에 들려오는 아름다운 소리들은 사실은 그것이 진실로 아름다운 소리라고 보장할 수 없음에도 불구하고 거기에 현혹되어 진정한 소리를 들을 수 없게 하며, 우리의 혀로 느껴지는 좋은 맛들 때문에 우리의 혀가 미혹되어 참된 맛을 잃어버리게 된다는 것이다.

이와 같이 외부 사물에 현혹되어 참된 가치를 알지 못하게 되는 것이 바로 도(道)에서 멀어지는 것이다. 따라서 도를 회복하려면 우리의 감각을 뛰어넘을 수 있어야 한다. 우리가 영원한 가치라고 말할 수 있는 도(道)라는 것은 눈으로 보고 싶어도 볼 수 없는 것이며, 귀로 들으려 해도 들을 수 없는 것이며, 붙잡아 보려 해도 잡히지 않는 것이다.

결국 노자가 말하는 교육은 세속적 학문을 추구하는 위학(爲學)이 아니라 진정한 가치를 지향하는 위도(爲道)이며, 이것이 바로 노자가 말하는 복귀에 해당된다. 이러한 복귀야말로 노자의 교육의 이념인 것이며, 교육의 목표가 되어야 하는 것이다.

교육의 원리

무지(無知)의 원리

노자는 "배움을 끊으면 근심이 없다."[16]라고 하여 인간은 학문을 끊어 버려야 근심이 사라진다고 하였다. 그리고 노자는 일반적인 지식이나 지혜를 부정하여 "성(聖)을 끊고 지(智)를 버리면 백성의 이익이 백배가 된다."라고 하였다. 그렇다고 하여 노자가 앎 그

16) 絶學無憂(『도덕경』, 20장).

자체를 부정했다고 볼 수는 없다. 즉, 노자가 부정한 앎은 자기중심적인 가치관을 형성하게 만드는 앎이며, 그러한 앎을 부정하는 것이 바로 무지(無知)다. 그렇다면 노자가 생각했던 진실한 앎이란 어떤 것인가?

첫째, 노자는 만족함을 아는 것이 진실한 앎이라고 하였다. 따라서 노자는 "만족함을 아는 자는 부유하다."[17]라고 하고, "만족함을 알면 욕되지 않고 그칠 줄 알면 위태롭지 않다."[18]라고 하였던 것이다. 만족함을 모른다는 것은 인간의 욕심이 끝없음을 말하는 것이며, 이것이 결국 인간이 도(道)와 거리가 멀어지고 있음을 뜻하는 것이다. 따라서 노자는 생리적 욕구만 충족되면 만족할 줄 아는 영아(嬰兒)의 상태로 돌아가야 한다고 강조한 것이다.

둘째, 겸손함을 아는 것이 진실한 앎이라고 하였다. 따라서 노자는 "아는 사람은 말이 없고 말하는 사람은 알지 못한다."[19]라고 하고, "아는 사람은 박식하지 못하며 박식한 자는 알지 못한다."[20]라고 하였다. 이는 알지만 말하지 않고 자신을 드러내려 하지 않는 겸손함을 말한다. 즉, 알면서도 아는 척하지 않는 것이 최상임을 강조하고 있는 것이다.

셋째, 명(明)의 개념을 아는 것이 또한 진실한 앎이라고 하였다. 따라서 노자는 "대저 만물은 각각 그 근원으로 다시 돌아가니, 근원으로 돌아감을 정(靜)이라 한다. 이를 일러 명(命)으로 돌아감

17) 知足者富(『도덕경』, 33장).
18) 知足不辱 知止不殆(『도덕경』, 44장).
19) 知者不言 言者不知(『도덕경』, 56장).
20) 知者不博 博者不知(『도덕경』, 81장).

이라 하고, 명으로 돌아감을 상(常)이라 하고, 상을 아는 것이 명(明)이다."[21]라고 하였다. 여기서 만물이 뿌리도 돌아간다는 것은 결국 도(道)로 복귀하는 것, 또는 도(道)를 회복하는 것을 의미한다. 그렇게 도(道)로 복귀해야 함을 아는 것이 바로 명(明)이라는 것이다.

결국 진실한 앎이란 무엇이 도(道)에 합당한지를 아는 것이다. 도(道)를 깨닫지 못하는 지식, 도(道)의 질서를 알지 못하는 지식은 결코 밝게 아는 것이 아니며, 여전히 어두운 가운데 제대로 알지 못하는 것이다. 이러한 맥락에서 볼 때, 결국 노자가 말하는 교육은 참된 앎이 무엇인지를 깨치게 하는 것이었음을 알 수 있다.

평등의 원리

노자는 인간에게 모든 차별의식을 버리라고 요구한다. 왜냐하면 그러한 차별들은 모두가 상대적인 가치에 의해서 나오는 것이기 때문이다. 이에 대해서 노자는 다음과 같이 말하였다.

> 세상 사람이 다 아름다움을 아름다운 것인 줄 알지만 이는 추함일 뿐이요, 다 착함을 착한 것인 줄 알지만 이는 악함일 뿐이다. 그러므로 유(有)와 무(無)는 서로를 낳고, 어려움과 쉬움은 서로 이루어 주고, 길고 짧음은 서로 나타나고, 높고 낮음은 서로 기울고, 음과 소리는 서로 화하고, 앞과 뒤는 서로 따르기 마련이다.[22]

21) 夫物芸芸 各復歸其根 歸根曰靜 是謂復命 復命曰常 知常曰明(『도덕경』, 16장).

22) 天下皆知美之爲美 斯惡已 皆知善之爲善 斯不善已 故有無相生 難易相成 長短相較 高下相傾 音聲相和 前後相隨(『도덕경』, 2장).

본래 미추(美醜)와 선악(善惡)의 관념이란 상대적인 것이다. 즉, 보는 관점에 따라 추함이 도리어 아름다움이 될 수도 있고, 악함이 도리어 선함이 될 수도 있는 것이다. 이는 오직 상대적인 현실세계에서 벗어나지 못하는 사람의 자신의 감정이나 기호에 맞으면 미(美)요 선(善)이라 하고, 맞지 않으면 추(醜)요 악(惡)이라 하는 것일 뿐이다. 결국 아름답다고 함은 이미 상대적으로 추함을 전제로 하고 있는 말이며, 착하다고 함은 이미 악함을 전제하는 말인 것이다. 그러나 노자의 관점에서는 미추와 선악의 구별은 아무 의미가 없게 된다. 임금과 신하가 같은 사람이요, 부자와 가난뱅이, 귀한 것과 천한 것, 현명함과 어리석음 등의 분별이 따로 있을 수 없다.

따라서 노자가 말하는 도의 본성은 대립과 분별을 넘어서서 만물을 산출하고 기르는 것이다. 결코 좋고 나쁨을 따져 차등을 두지 않는다. 그러므로 도의 관점에서는 모든 차별을 뛰어넘어 사람을 대하여야 하며, 그 나름의 고유한 가치를 인정하는 태도가 필요하다. 이것이 곧 노자의 평등 개념이다. 이를 교육적 관점에서 보면 분명 '평등의 교육원리'라 할 수 있을 것이다. 즉, 도(道)가 만물을 차별하지 않고 각각의 고유한 본성을 실현시켜 주면서도 그것을 지배하지 않듯이, 교육 또한 사람을 차별하지 않고 그 타고난 본성을 존중하여야 함을 의미한다.

지행합일(知行合一)의 원리

노자는 다른 동양의 사상과 마찬가지로 철저한 지행합일을 강조하였다. 그러함에는 지행의 불일치가 전제되어 있는 것이다. 이에 대하여 그는 다음과 같이 지적하였다.

천하의 물보다 부드럽고 약한 것이 없는데, 단단하고 강한 것을 치는 데는 물보다 앞서는 것이 없다. 무엇으로도 그것을 바꿀 수 없다. 부드러움이 단단함을 이기고 약함이 강함을 이긴다. 천하가 알지 못함이 아니나 능히 행하지 못한다.[23)]

본래 물은 조금도 자신을 억지로 고집하지 않는다. 막으면 막혀 있고 터놓으면 흘러간다. 둥근 그릇에 담으면 둥그렇게 있고, 각진 그릇에 담아 놓으면 각진 채로 있게 된다. 그러므로 천하에 이(물)보다 부드럽고 약한 것이 없다. 그러면서도 굳고 강한 것을 쳐부순다. 높은 산을 깎아 골짜기를 만들고 바위를 부숴 모래로 만든다. 이러한 이치를 천하에 모르는 이 없는데, 능히 행하지 못하는 이유는 무엇인가?

사실 지와 행은 불가분의 관계에 있다. 참된 앎이란 반드시 그에 합당한 행위를 수반하여야 하는 것이며, 행하지 않는다면 그것을 참된 앎이라고 말할 수 없다. 그런데 어찌하여 지와 행의 불일치의 문제가 대두되는가? 그것은 알면서도 행하지 않는 사람이 현실적으로 존재하기 때문이다. 그러면 그들은 어찌하여 알면서도 행하지 않는가? 그것은 바르게 알지 못하기 때문이다. 정말 알아야 할 중요한 것, 근본을 모른 채 겉으로만 알고 있기 때문이다.

결국 세상 사람은 이러한 근본을 모르기 때문에 행할 수가 없게 되는 것이다. 그 근본이 바로 노자에는 도(道)다. 이러한 도를 제대로 알고 체득하게 되면 행함은 자연스럽게 이루어지게 된다. 이를

23) 天下莫柔弱於水 而攻堅强者莫之能勝 以其無以易之 弱之勝强 柔之勝剛 天下莫不知 莫能行(『도덕경』, 78장).

교육적 관점에서 보면, 도(道)에 근거한 앎(知)과 삶(行)을 일치시키는 것을 교육의 원리로 삼아야 한다는 것이다.

불언지교(不言之教)의 원리

'불언지교'란 말없이 가르치는 것을 말한다. 이에 대하여 노자는 "이러한 까닭으로 성인은 무위의 일에 처하여 말 없는 가르침을 행한다."[24]라고 하여 성인은 무위의 경지에 서서 말 없는 가르침을 행한다는 것을 강조하였다. 노자에 따르면, 교육에서 무위의 경지에 이르게 하는 가르침 이상 좋은 방법은 없다. 무위야말로 모든 것을 이루기 때문에 무위의 사태에만 이를 수 있다면 스스로 바로 되고 저절로 풍부해지며 소박해질 수 있게 된다. 그러나 그것은 스스로 그러한 바의 자연이나 도(道)의 경지에 서 있는 사람이 아니면 불가능한 것이다. 따라서 노자는 "말 없는 가르침, 무위의 유익함, 천하에는 이에 미칠 만한 것이 없다."라고 하여 불언지교를 행할 수 있는 이가 흔치 않음을 간접적으로 말하고 있다.

그렇다면 말 없는 가르침을 통하여 줄 수 있는 것은 무엇인가? 그것은 바로 도(道)일 것이다. 도의 의미를 깨닫고 도를 체득하게 하는 것이다. 이는 도를 터득하지 못하고서는 무위의 상태에 도달할 수가 없기 때문이다. 원래 도(道)란 언어 이전의 것이기 때문에 언어를 사용하여서는 결코 완전하게 가르쳐질 수가 없다. 오히려 언어에 의해서 그 진실이 훼손되거나 오해될 소지가 다분하다. 따라서 노자에게서 가장 좋은 교육방법은 오직 말 없는 가운데 가르침을 주는 것이다.

---

24) 是以聖人 處無爲之事 行不言之教(『도덕경』, 2장).

노자의 말에는 역설이 많다. 따라서 여기에서 불언(不言)이라 하였다고 해서 정말 입을 다물고 아무 말도 하지 말라는 것으로 오해하면 안 된다. 노자가 말하는 무(無)가 정말 아무것도 없는 절대무(絶對無)가 아니듯이 불언 또한 절대 입을 열어서는 안 된다는 의미가 아니다. 이미 육체적으로 성장이 완결된 어른이 다시 어린아이로 돌아가는 것은 물리적으로 불가능하듯이, 입을 열지 않고 교육을 한다는 것은 물리적으로 불가능하며 이를 노자가 몰랐을 리가 없다. 그렇다면 노자가 말하지 말라고 한 것은 무엇인가? 노자는 불언의 참 의미에 대하여 다음과 같이 비유적으로 말하였다.

> 진실한 말은 아름답지 못하고, 아름답게 보이는 말은 진실하지 못하다. 선한 자는 말에 능통하지 못하고, 말에 능통한 자는 선하지 못하다. 아는 자는 박식하지 못하고, 박식한 자는 알지 못한다.[25)]

여기에서 아름다운 말, 말에 능통한 자, 박식한 자는 서로 표현은 다르나 일맥상통한다. 즉, 도(道)와는 별 상관이 없는 세상의 학문을 열심히 하여 지식과 언변이 갖추어진 자를 의미한다. 세상 사람이 보기에 좋아 보이고, 유식해 보이는 것들, 그래서 말까지 그럴싸하게 잘하는 것들이 사실은 진정한 앎이 아니라는 것이다. 따라서 노자가 말한 불언(不言)의 '언(言)'은 세상 사람이 보기에 아름다워 보이는 미언(美言)을 말한다. 미언은 사실 진리와는 상관이 없으며 사람을 현혹하여 도(道)로 복귀하는 데 방해가 되고 오히려 도로부터 멀어지게 하는 것이다. 따라서 미언으로서 사람은 미혹

25) 信言不美 美言不信 善者不辯 辯者不善 知者不博 博者不知(『도덕경』, 81장).

되게 하고 도(道)로부터 멀어지게 할 바에는 차라리 입을 닫는 것이 낫다는 것이다. 즉, 그러한 말에 대해서는 입을 닫는 것이 도를 회복하는 길이며, 이것이 바로 불언지교의 참 의미다.

이러한 논리로 노자의 교육적 사유체계를 들여다보면, 노자의 교사관을 엿볼 수 있다. 즉, 올바른 가르침을 위해서는 교사가 먼저 도의 경지를 알고 체득하여 무위자연의 경지에 올라서야 한다는 것이다. 그래야만 불언지교를 제대로 행할 수 있기 때문이다. 이것이야말로 노자에 있어 최고의 교육적 경지다.

노자 교육사상의 현대적 의의

오늘날 우리의 교육은 '홍익인간'의 교육 이념을 설정해 놓고 있다. 이는 교육받은 사람이 사리(私利)를 채우지 않고 홍익(弘益)하자는 데 그 주안점을 둔다는 의미다. 그러나 오늘날 교육받은 자들은 홍익은 간데없고 자기 자신만을 위한 삶을 사는 경우가 많다. 이는 잘못된 교육의 결과라고 보아야 한다. 학벌 위주, 경쟁 위주 교육이 낳은 자연스러운 결과인 것이다. 남과의 경쟁에서 이겨야 하는 교육을 받은 사람이 어떻게 남을 돌아볼 수 있겠는가? 자신을 더 채우기 위하여 지식을 구하고, 사회적 지위와 부를 추구하게 되는 것은 자명한 논리다. 학교에서는 개별화, 창의성 교육을 주장은 하지만 여전히 강압적 · 일률적 교육이 행하여지고 있다. 이러한 문제들을 직시할 때, 노자의 교육적 사유체계(道의 체득을 통한 利萬物하자는)가 오늘날 우리의 교육 현실에 주는 시사점은 실로 크다. 그 시사점을 간추려 보면 다음과 같다.

첫째, 인간 중심의 교육에 대한 중요성을 알게 한다. 본래 인간에 대한 노자의 생각은 매우 부정적이었다. 그러나 노자가 인간을 부정적으로 본 것은 인간 자체를 부정하기 위한 것이 아니라, 다만 인간이 자연의 도(道)로부터 지나치게 멀어져 가고 있음을 경계하기 위함이었다. 그래서 그는 『도덕경』의 내용을 인간을 염두에 두고 남겼던 것으로 보인다. 다시 말해서 그는 모든 인간이 무위자연의 도(道)에 복귀하기를 바랐던 것이다. 이것이 바로 무언의 교육적 의도였다.

사실 노자가 부정했던 인간이라는 것은 사리사욕에 얽매여 도(道)에서 멀어져 버린 인간의 겉모습이지 인간의 본성 그 자체까지 부정한 것은 결코 아니었다. 따라서 노자에게서 교육은 모든 사람의 인격의 존엄을 인정하고, 그것을 최대한 실현하는 것이며, 인간 생활 자체를 목적으로 하는 인간 중심의 교육이었다. 이는 오늘날 일반적으로 통용되는 인간 존중의 교육 이념과 다를 것이 없다. 그렇다면 이러한 노자의 인간 중심의 교육적 주제를 오늘날 교육 현장에 적극적으로 활용하여야 할 것이다.

둘째, 오늘날의 평등교육에도 시사하는 점이 크다. 노자에게서 도(道)는 항상 무위할 따름이다. 또한 하는 것이 없기 때문에 사사로움도 없다. 그래서 도(道)는 늘 평등하다. 이와 같이 노자는 도(道)의 공평무사함을 강조하고 있는데, 다음의 글은 이를 좀 더 명확히 해 준다.

> 어진 이를 숭상하지 않으면 백성으로 하여금 다투지 않게 할 수 있고, 얻기 힘든 보화를 귀하게 여기지 않으면 백성으로 하여금 도둑질을 하지 않게 할 수 있으며, 욕심 낼 만한 것을 드러내 보이지 않으면 백성의 마음을 어지럽히지 않는다.[26)]

여기서 노자는 인간의 본질적 동등성을 강조하고 있다. 사람은 각자에게 주어진 직책과 지위가 있을 수는 있다. 그러나 직책에 따라서든 지위에 따라서든 사람을 차별해서는 안 된다는 것이다. 그런데 인간은 좀 더 높은 지위에 오르고자 다투며, 세상 사람이 좋다고 여기는 자리를 차지하려 힘쓴다. 이러한 이유는 인간의 질이 나빠서라기보다는 인간의 본질적인 동등성을 깨닫지 못하였기 때문이다.

결국 참된 인간평등의 교육이란 인간의 본질적 동등성을 깨달아 억압과 주종의 관계를 떠나 모두가 같은 인간으로 성장하도록 교육받는 일일 것이다. 이러한 맥락에서 노자의 평등 관념은 오늘날 우리의 교육에 시사점을 주고 있다.

셋째, 고전교육의 중요성을 일깨워 준다. 오늘날의 현대인은 흔히 몇 천 년 전의 고전을 두고 고리타분한 것으로 치부하여 중시하지 않는 경우가 많다. 그러나 조금만 깊이 생각해 보면 절대 그렇지 않다. 『도덕경』에 국한하여 이야기하더라도, 노자 당시의 시대적 상황과 지금의 상황이 아주 유사하다. 사실 이천 년 이상 시간적 차이가 있다고 하지만 노자 당시의 인간상과 사회상은 오늘날의 것과 다를 것이 없다. 특히 사욕에 물들어 다툼을 일삼는 측면에서 보면 오늘이라고 해서 노자 당시와 다르지 않음을 실감하게 된다. 그러한가 하면 노자의 도(道)는 시간과 공간을 초월하여 존재하는 것이므로 오늘날에도 여전히 존재한다. 따라서 옛날의 도와 오늘날의 도가 다르지 않으며, 옛날의 진리와 오늘날의 진리가

26) 不尙賢 使民不爭 不貴難得之貨 使民不爲盜 不見可欲 使民心不亂(『도덕경』, 3장).

다를 수 없는 것이다. 이러한 맥락에서 예나 지금이나 고전을 중시하는 교육은 반드시 이루어져야 할 것이다.

넷째, 올바른 교사상을 형성하게 한다. 노자는 도(道)로의 복귀를 이루는 것을 교육의 이념으로 삼았다. 이러한 교육에서는 무엇보다 강조되어야 하는 것이 교사의 역할이다. 노자에게서 교육의 궁극적인 목적은 왜곡되고 편협한 일상적인 앎과 삶의 틀에 갇혀 있는 사람을 참된 존재이며 진리요, 가치의 세계인 도(道)로 이끄는 데 있다. 이러한 교육을 담당할 교사에게는 먼저 그 자신 도의 원리를 터득한 성인의 경지가 요구된다. 이러한 경지의 교사는 다음과 같은 모습의 교육자다.

① 무위를 실천하는 교육자다. 즉, 억지로 가르치려 하지 않고 자연스럽게 지도한다. 진정한 가르침은 교육자의 생각의 틀에 학생을 가두어 두는 것이 아니라 자연스럽게 학생 스스로 자신의 자연스러운 모습을 회복하도록 도와주는 것이다.

② 겸손한 교육자다. 보통의 교육자는 자신의 개인적 노력에 의해서 사람을 바르게 지도할 수 있다는 착각에 빠져 있다. 그리고 그 결과를 아주 자랑스럽게 생각한다. 그런데 노자는 교육자가 어떠한 목적을 이루었다고 하더라도 결코 자랑하지 않으며, 교만하지 않으며, 그 위에 군림하지 않는 것이라 가르친다. 즉, 무위에 따라 가르치면 모든 행위가 자신의 행동인지도 모르게 나타나므로 그 때문에 생긴 공(功)이 자신의 것인지도 모르게 된다. 그러나 이러한 일들은 진정으로 참된 것이기 때문에 절대 허사로 돌아가지 않는다.

6 장자의 자연적 교육사상

장자의 삶

도가 사상가들의 전기는 분명하지 않은 것이 많다. 이것은 그들이 무명(無名)으로 삶을 마감하기를 염원하였기 때문일 것이다. 장자의 전기도 노자만큼은 아니지만 역시 불명확한 점이 많다. 그의 전기로서 가장 오래되었고 믿을 만한 것은 『사기』, 「노장신한열전」의 내용이다.

> 장자는 몽(蒙) 지방의 사람이고 이름은 주(周)다. 그는 일찍이 칠원리(옻나무 밭을 관리하는 하급 관리)를 지냈으며, 양나라 혜왕 제나라 선왕 등과 같은 시대를 살았다. 그 학문은 넓고 그 근본은 노자와 같았다. 그 저서는 10여 만 자에 이르는데, 거의 우언이 많다. 교묘한 문장으로 유 · 묵을 공격하였는데, 당시 사람은 그 창끝과 같은 논리를 피할 수 없었다. 그러나 그 말이 너무나도 분방하고 자기 마음대로였으므로 당시 그의 인물됨을 인정하는 자는 없었다. 단 한 사람 초나라의 위왕은 장자를 존경해 사자(使者)를 보내어 그를 재상으로 맞이하려 하였지만, 그는 "제사 지낼 때의 소처럼 희생이 되는 것은 거절한다. 나는 더러운 중(中)에 파묻혀 지내는 쪽이 훨씬 성미에 맞는다."라고 거절하였다.

여기서 사마천은 몽 지역에 대해서 구체적으로 언급하지 않고 있기 때문에 장자가 어느 나라 사람인가에 대하여서는 정확히 알 수는 없다. 역대로 『사기』의 기록 가운데 몽이라는 지명을 어떻게 해석하느냐에 따라서 장자의 출신국에 대한 의견이 다양하게 제기되었다. 즉, 장형(張衡) 같은 이는 장자를 송나라 사람이라고 하였고, 당시의 학자들은 『한서』, 「지리지」에 "양나라에 여덟 현이 있는데, 그 세 번째가 몽이라 한다."라는 기사에 의거하여 장자를 양나라 사람이라고 주장하기도 하였다. 또한 송대의 주자는 장자를 초나라 사람이라고 하였고, 석지장(釋智匠)의 『고금악록(古今樂錄)』에서는 장자를 제나라 사람이라고 하였다. 특히 근대의 왕수영(王樹榮)은 「장주즉자막설(莊周卽子莫說)」이라는 논문에서 장자를 노나라 사람이라고 주장하였다. 그러나 『장자』에 송나라와 장자를 연계시키는 기록이 자주 발견되는 점으로 미루어 볼 때, 장자를 송나라 사람으로 보는 것이 좋을 듯하다.

또한 장자의 생존 시대에 대해서는 『사기』의 양나라 혜왕이나 제나라 선왕과 같은 시대(기원전 371~324년)라는 기록을 토대로 추론할 뿐, 정확한 연대의 고증은 불가능하다. 대충 기원전 360년경에서 기원전 310년경으로 추정한다. 남겨진 저서로는 『장자』가 있다. 이 『장자』에는 우화와 비유가 자주 등장하는데, 이는 그가 살던 몽 지방의 자연환경이 매우 아름다웠기에, 그 곳에서 어린 시절을 보내면서 풍부한 상상력이 배양될 수 있었던 것으로 짐작된다.

장자의 자연적 인간관

장자의 '자연' 개념

노자가 '도(道)는 자연을 본받는다.'[1)]라고 함에 장자 역시 그러하다고 하였으니, 그의 사상의 중심 관념은 곧 '자연'이라 할 수 있다. '자연'이란 자기 자신 그대로 존재하는 것이며, 자기 자신 그대로와 같은 것이다. 결국 장자의 자연은 있는 그대로 어떠한 간섭도 가하지 않고 천리(天理)를 좇아 있는 그대로를 따르는 것이다. 뿐만 아니라 인간 세상의 밖에 마음을 두어 홀로 서서 의지함이 없고 사물에 구속되지 않으며 명분과 말을 없애 버리는 만물제동(萬物齊同)의 자연을 말한다. 그것은 옳고 그름을 떠나며 선과 악을 동일하게 보며 피아(彼我)를 하나로 여긴다.

이러한 의미를 지닌 장자의 '자연' 개념은 좀 더 구체적으로 '무위자연(無爲自然)'이라는 용어로 설명된다. 이른바 자연, 즉 '저절로 그러하다.'는 것은 곧 도(道)가 비록 사물을 만들어 내지만 의지가 없고 목적도 없으며 사물을 만들어 내는 과정 속에서의 작용이 미약해서 마치 무위, 즉 '아무것도 하는 것이 없는 것' 같고, 이미 만들어 낸 후에도 일체의 간섭이 없음을 의미한다. 이러한 까닭에 각각의 사물은 비록 도에 의해 만들어졌지만 오히려 마치 스스로 그렇게 된 것처럼 보인다.

그리고 '무위'란 유위(有爲)가 없이 자연스럽게 순리에 따른다는 의미를 지닌다. 따라서 장자는 '자연에 따르라.'는 명제를 삶의 원칙으로 삼고, (자연이란 도(道)의 이치이기 때문에) 우주자연의 법칙을 어기지 말아야 한다고 강조한다. 그러면서 장자는 무위자연하기 위한 방법을 다음과 같이 제시하였다. 첫째, 무위자연하려면 명예나 권위 그리고 공명(功名) 등을 버려야 한다.[2] 그렇게 하여야

1) 道法自然(『노자』, 제25장).

남에게 책망받거나 남을 책망할 필요가 없게 된다. 둘째, 부귀(富貴)와 빈천(貧賤)에 얽매이지 말아야 한다.[3] 부귀는 부귀 자체 때문에 몸이 상하게 되며 빈천은 빈천 자체 때문에 몸이 상하게 된다. 셋째, 인의예지와 같은 유가적 가치관을 버려야 한다.[4] 이러한 가치관 때문에 오히려 도(道)와 멀어져 미혹된다.

그리고 장자의 '자연' 개념은 '순물자연(順物自然)', 즉 '물의 자연에 따른다.'라는 의미로 해석되기도 한다. 이는 곧 물성(物性)의 자연스러운 흐름에 따름을 뜻한다. 물성의 자연에 따르려면 자기 자신의 의도와 목적 그리고 선입견 등 일체의 사의(私意)를 배제해야 한다. 이에 대하여 장자는 천근(天根)과 무명인(无名人)[5]의 대화를 빌려 다음과 같이 설명하였다.

> 천근이 천하를 다스리는 방법을 물으니, ……무명인이 말하기를, 마음을 담담한 경지에 노닐게 하고, 기를 염정케 하여 물상 변화의 자연에 순응케 하며, 사사로움이 끼어들지 않게 한다면 천하는 다스려질 것이다.[6]

---

2) 『장자』, 「산목」 참조.

3) 『장자』, 「양왕」 참조.

4) 『장자』, 「거협」 참조.

5) 천근(天根)과 무명인(无名人)은 둘 다 장자가 만들어낸 가공의 인물이다. 뒤에 언급되는 안합(顔闔), 거백옥(蘧伯玉) 역시 가공의 인물이며, 『장자』에 등장하는 많은 인물들이 가공의 것이다.

6) 無名人曰汝遊心於淡 合氣於漠 順物自然 而無容私焉 而天下治矣(『장자』, 「응제왕」).

이 글을 보면, '순물자연'이란 자기 자신의 심기(心氣)를 담박(淡泊)하게 하고 사심(私心)에서 벗어나 사물의 자연스러운 변화에 따르는 것임을 알 수 있다. 개인의 사심은 일반성이나 객관성이 없어 사람 마음의 올바른 척도가 될 수 없다. 그리고 행위의 시비선악을 가름하는 표준이 될 수 없다. 사물의 자연스러운 흐름에 따르려면 이러한 사심을 버리고 대자연의 관점에서 사물을 보고 응대하여야 한다. 또한 장자는 안합(顔闔)과 거백옥(蘧伯玉)의 대화를 빌어 '순물자연'에 대하여 다음과 같이 말하였다.

> 거백옥이 말하기를, ……경계하고 조심하십시오. 그리고 당신의 몸가짐을 올바르게 하십시오. 태도는 종순한 것이 좋고 마음은 온화한 것이 좋습니다. 그러나 이 두 가지에도 염려되는 것이 있습니다. 종순함은 남에게 끌려 들어가지 않아야 하고 온화함은 남에게 드러내지 않아야 합니다. ……상대방이 아이 같다면 그와 더불어 또한 아이가 되십시오. 그가 절도 없이 굴면 그와 더불어 또한 절도 없이 구십시오. 상대방이 종잡을 수 없이 방탕하면 그와 더불어 종잡을 수 없이 방탕하게 행동하십시오.[7]

이 내용은 마음을 비우고 사물의 변화에 모든 것을 맡기듯이 우리의 삶도 자연스럽게 순리에 맞아야 한다는 인생 처세술을 말하고 있다. 비워진 마음(虛心)은 주관이 일체 개입되지 않으며 심지

7) 蘧伯玉曰……戒之愼之 正女身哉 形莫若就 心莫若和 雖然之二者有患 就不欲入 和不欲出……彼且爲嬰兒 亦與之爲嬰兒 彼且爲無町畦 亦與之爲無町畦 彼且爲無崖 亦與之爲無崖(『장자』, 「인간세」).

어 자아의 존재마저 의식하지 않는 상태를 말한다. 그리하여 세상의 일에 대하여 일체 무심(無心)하며 사물의 변화에 따라 함께 변화하는 삶의 처세술을 가지게 된다.

결국 장자에게서 '자연' 개념은 그 내용이 인간의 내면적인 면에서 인간의 성(性)과 밀접한 관계를 가진 모습으로 전개된다. 따라서 인간의 성은 인위적인 것이 아니라 천(天)에서 부여받은 자아적(自我的)인 자연으로서 인간 자체에 내재하게 된다. 이러한 점에서 장자의 '자연' 개념은 결국 그의 인간관으로 연결된다.

장자에게서의 '자연적 인간'

당시 많은 사상가들이 그들 나름대로의 인간의 문제, 즉 인간 본성의 선악 문제를 놓고 설왕설래(說往說來)하고 있었지만[8] 장자는 별 관심을 두지 않았다. 그는 이러한 논의 자체를 매우 무의미한 것으로 생각하였다. 그러한 논의에 참여하는 자들이 제시한 선(善) 혹은 악(惡) 자체가 인간 중심적인 것이며, 계급적 편견이나 서로 상이한 이념과 실천적 노선에 기인하는 것으로서 그러한 기준 자체가 성립될 수 없다는 견해를 가지고 있었기 때문이다. 다시 말해서 그러한 논의는 특히 유가(儒家)의 경우 자신들이 주장하는 윤리·도덕의 정당성을 확보하기 위하여 제기한 것으로 이해하였기

8) 당시의 많은 사상가들은 그들 사상의 한 축으로 인간의 본성문제를 거론하였다. 즉, 인간 본성의 선악문제를 매우 심도 있게 논의하였으며, 그것은 그들의 인간론의 대부분을 차지하였다. 맹자는 성선설을, 순자는 성악설을, 고자는 성무선무악설(性無善無惡說)을, 세석은 성유선유악설(性有善有惡說)을 각각 주장하여 자신들의 입지를 견고히 하려 하였다.

때문에 장자의 입장에서는 오히려 해악(害惡)한 것으로 보였던 것이다. 그렇다면 장자는 인간을 어떻게 이해한 것인가?

자연적 본성을 중시하는 인간

장자에게서 인간의 본성 문제는 '인간과 동물의 것이 같은가?'라는 의문 속에서 찾아볼 수 있다. 장자는 의식되지 않는 삶, 즉 생명활동만이 인간의 자연적이고 본질적인 삶의 방식이며 또 이것은 동물의 그것과 구별되지 않는다는 입장이었다.

> 저 백성에게는 일정한 특성이 있는데, 길쌈하여 옷 입고 밭을 갈아 밥 먹으니, 이를 가리켜 모두 타고난 것이라고 한다. 또 하나의 특징은 모든 사람이 한결같아서 편을 가르지 않으니, 이를 가리켜 아무 구속도 없는 것이라고 한다. 그러므로 지극한 덕으로 다스려진 세상에서는 사람의 거동이 유유자적하며 그들의 눈길은 한결같다. ……대저 지극한 덕으로 다스려지던 세상에서는 새나 짐승과 더불어 살았고, 만물과 함께 어우러져 무리 지어 살았다. 그러니 어찌 군자와 소인 따위를 알았겠는가? 다 같이 무지하여 그 타고난 성질을 떠나지 않았다. ……이를 소박이라 하였다. 소박하므로 백성의 본성이 온전했었다.[9)]

이 글을 통하여 알 수 있듯이, 장자는 사람과 동물이 더불어 살 수 있는 세상, 즉 사적소유가 존재하지 않는 자연공동체를 이상적

9) 彼民有常性 織而衣 耕而食 是謂同德 一而不黨命曰天放 故至德之世 其行塡塡 其視顚顚……夫至德之世 同與禽獸居 族與萬物並 惡乎知君子小人哉 同乎無知 其德不離……是謂素樸 素樸而民性 得矣(『장자』, 「마제」).

인 사회로 규정하고, 그러한 사회에서의 삶을 통하여 인간은 자기의 본성을 완전히 발휘할 수 있고 개인의 완전한 자유마저 보장받게 된다고 생각하였다. 그리고 장자는 이러한 자연공동체에서는 자급자족한 생활을 하게 되며, 인간과 인간뿐만 아니라 인간과 자연에 이르기까지 차별이 없게 된다고 생각하였다. 장자는 이러한 자연 상태를 인간의 특징 혹은 본성으로 설명하였다. 여기서 자급자족한 생활은 '자연적 본성과의 일치' 를 유지할 수 있도록 하며, 차별의식을 갖지 않는 것은 '자연으로부터 부여받은 자유' 를 가능하게 한다는 것이다. 그런데 그것은 인간이 가진 모든 사회적 의식이 부정되었을 때만 가능해지므로 장자가 주장하는 인간의 자연적 본성은 사회적 의식의 부정을 의미한다. 따라서 장자는 자연적 본성에 따른 사람의 모습을 다음과 같이 그리고 있다.

> 행동거지가 올바르면서도 그것이 의(義)인 줄 몰랐고, 서로 사랑하면서도 그것이 인(仁)인 줄 몰랐고, 충실하여도 그것이 충(忠)인 줄 몰랐고, 언행이 일치하면서도 그것이 신(信)인 줄 몰랐고, 동물처럼 움직여 서로를 위하여도 그것이 은혜인 줄 몰랐었네. 그러므로 행하여도 흔적이 없고 일을 하여도 전해지지 않았다네.[10)]

이와 같이 장자는 자기의 행위에 대한 의식이나 자각이 없는 상태에서 자연적 본성이 유지된다고 보았다. 그러면서 장자는 인간의 이러한 특징, 즉 인간과 자연, 인간과 인간, 인간과 동물을 구분

10) 端正而不知以爲義 相愛而 不知以爲仁 實而不知以爲忠 當而不知以爲信 蠢動而相使不以爲賜 是故行而無迹 事而無傳(『장자』, 「천지」).

하는 의식이 없는 자연 상태의 인간의 특징을 근거로 하여 '인간의 자연적 본성은 동물의 그것과 같다.' 라는 결론에 이른다.

작위(作爲)를 부정하는 인간

또한 장자는 천(天)에서 부여받은 본래의 성품은 인위(人爲)가 덧붙지 않은 자연스러운 것으로 보았다. 따라서 그는 지나친 호오(好惡)나 애락(哀樂)의 감정을 본성에 덧붙은 인위적인 것으로 파악하였다. 그리고 장자는 성(性)을 생(生)의 본질로 규정하면서, 곧 상성(常性)으로서의 인간의 본질적 자기노현(自己露現)을 생(生)으로 보며, 이것을 '덕(德)' 이라고 하였다.

따라서 장자에게서 완전한 인간은 상성(常性)을 잃지 않고 그대로 지니는 것이 된다. 한 걸음 더 나아가 장자는 지덕(至德)의 세상에서는 인간과 금수의 구별이나 군자와 소인의 구별이 있을 수 없고, 한결같이 아무런 욕심이 없게 된다고 하였다. 이를 장자는 소박(素朴)으로 표현하였으며, 소박하기 때문에 인간의 본성을 잃지 않고 보존하게 된다고 하였다.

그렇다면 장자가 보았을 때, 인간이 지켜야 할 본성이란 무엇인가? 사실 장자는 '인간이 무엇이다.' 라고 직설적으로 말한 적도 '인간의 본성이 어떤 것이다.' 라고 명시한 적도 없다. 그러나 다음과 같은 우화의 내용을 통하여 '인간의 본성이 어떤 상태인가?' 를 짐작할 수 있다.

> 가장 올바른 길을 가는 사람은 본성과 천명의 참모습을 잃지 않는다. ……대저 곡선을 그리는 갈고리, 직선을 긋는 먹줄, 원을 그리는 그림쇠, 네모를 그리는 곱자 등을 빌려 사물을 규격대로 만드는 것은 바로 그 본성을 해치는 것이다. ……마찬가지로 예악에 따라 몸을 굽히고 인

의에 순종하여 천하 사람의 마음을 위로하는 것은 그 본래의 모습을 잃는 것이다.[11)]

즉, 인위적인 요소를 보태지 않고 항상 자연스러운 본성에 따라야만 스스로의 본성에서 평안함을 느낄 수 있다는 것이다. 그럼에도 불구하고 인간은 사고와 행동을 하는 데 자연성을 버리고 통제하고 조절하려 든다. 이 유위한 현상에서 벗어나 참다운 인간의 자유를 드러내는 참 모습이 바로 장자가 말하는 무위자연인 것이다.

지금까지의 논의를 종합하여 보면, 장자가 이해한 인간은 바로 '자연적 인간' 이었다. '자연적 인간' 이란 다른 존재자와 동등하며, 각 물(物)마다 지닌 성(性) 가운데서도 인간이 지닌 본래의 성에 만족하여 그 성을 잃지 않고 살아가는 인간을 말한다. 이러한 인간은 무위자연의 절대적 자유 속에서 그 무엇에도 의존하지 않는 자기 목적적이며 자기 충족적 인간이다. 따라서 장자는 인위를 배척하고 자연을 이상시하였으며 외부적 변화보다는 정신세계의 개척을 강조하는 입장을 취하였던 것이다.

장자의 자연적 교육사상의 함의

장자는 교육에 관한 어떤 체계적인 이론을 수립하거나 전문적인 언급을 하지는 않았지만, 『장자』의 수많은 우화(寓話)들 속에는 교

11) 彼至正者 不失其性命之情……且夫待鉤繩規矩而正者 是削其性也……屈折禮樂 呴兪仁義 以慰天下之心者 此失其常然也(『장자』, 「병무」).

훈적이고 교육적 가치를 지니는 것들이 많이 있다. 이를 바탕으로 그의 이상에 부합되는 교육 목적, 내용, 방법 등을 찾아보면 다음과 같다.

교육의 목적

장자는 이상적 인간상으로 '진인(眞人 혹은 至人, 神人, 天人)'을 든다. 이러한 인간상은 곧 무기(無己), 무공(無功), 무명(無名)의 경지에 이르러야만 가능하다. 여기서 말하는 '무기'란 이기적이고 상대적인 자기의 욕망과 지혜와 판단을 중지해 버린 자기 초월의 경지를 말하고, '무공'이란 공명(功名)에 대한 세속적 영예를 돌보지 않는 경지를 말하며, '무명'이란 세속적인 지위와 명분을 거부하는 경지를 말한다. 이러한 경지들은 무목적(無目的)·무의도(無意圖)의 경지이고 순수 사고와 순수 행동만이 존재하는 경지로서, 즉 순수 자연적인 경지를 말한다. 즉, 장자가 말하는 자연이란 무의도·무목적인 순수 그 자체이기 때문이다. 결국 장자의 교육적 인간상인 '진인'은 무기, 무공, 무명을 통해서 순수 자연의 상태를 지닌 인간이며 자연의 도를 자각한 인간이라 할 수 있다.

그러므로 굳이 장자의 교육 목적을 이야기하자면 도(道)의 자각을 통하여 '진인'과 같은 인물이 되게 하는 것이라 할 수 있다. 이러한 그의 교육 목적이 현대교육에서 실현되려면 먼저 자기 본위의 이기주의가 배격되어야 하고, 또한 순수 자연 상태인 인간 본성이 회복되어야 한다. 이는 결국 장자의 교육 목적은 다음과 같이 '자기 본위의 이기주의를 극복하고 더불어 사는 인간 육성'과 '인간 본성의 회복을 통한 자유인 육성'이라는 좀 더 구체적인 의미로 서술될 수 있다.

첫째, 자기 본위의 이기주의를 극복하고 더불어 사는 인간 육성이다. 현대교육이 안고 있는 많은 난제들 중에서도 단연 손꼽히는 것은 바로 사회 구성원 개개인이 자기중심적인 사고, 즉 이기주의를 배격하고 인간성을 회복하는 문제다.

이러한 인간성을 회복하는 것이 바로 장자에게서의 교육 목적이 된다. 이러한 관점에서 장자의 교육 목적을 좀 더 구체적으로 살펴보면, 먼저 오늘날 우리의 교육 현실에 많은 영향을 미쳐 온 유가사상 속에서의 인간의 위치를 알아볼 필요가 있다.

유가에서는 인의예지(仁義禮智) 등이 인간의 본성에서 기인된 것으로 파악한다. 특히 인간의 선(善)한 본성에서 기인된 것이라고 주장한다. 맹자는 이를 논증하기 위해 사단론(四端論)을 도입하였고, 순자는 이와는 반대의 입장을 취하기도 하였다. 아무튼 유가에서는 기본적으로 다른 학파에 비해 인간 본성의 선한 의지에 깊은 확신을 가지고 있었다. 그러다 보니 유가에서는 인간의 힘, 즉 인위(人爲)에 대한 강한 믿음도 있었다.

이러한 유가적 특성을 장자는 '인간 중심주의' 라고 배척하였다. 즉, 유가에서는 천지자연과 그 속의 모든 존재들에 관해서 인간은 자기의 입장에서 판단하고 이해한다는 것이다. 그리고 자기의 살아가는 방식만이 가장 옳고 자기가 보고 느낀 것만이 진실이며 자기가 정해 놓은 것만이 정당하다는 논리를 편다는 것이다. 이러한 것들이 모두 인간 중심적 사고에서 기인된 것으로서 장자는 이러한 점에 회의적이었다. 뿐만 아니라 유가에서 아주 중요한 덕목으로 규정하는 인(仁)과 의(義) 등의 도덕규범 역시 인간이 자신을 위해 만들어 낸, 즉 인위적인 산물이라 비난하였다. 그리하여 인간을 중심으로 한 기준으로서 결정된 선악의 판단이나 당위적 규범인 인의(仁義) 등은 보편타당한 규범이 될 수 없다는 것이 장자의 기본 입장이었다.

그리하여 장자는 이러한 인간 중심의 이기주의를 극복하고 인간성을 회복한 후 모든 다른 존재자들과 더불어 살아갈 수 있는 인간상을 추구하였는데, 그것이 바로 그가 주장한 '진인'이다. 진인은 하늘과 사람이 서로 다투는 것으로 보지 않음으로써 하늘과 사람을 하나로 통합한 사람이라 규정한다. 그리고 진인은 청허(淸虛)하여 남의 화색(和色)이 피어나게 하고 너그러운 덕이 머물게 하며 세속과 함께하여도 높고 멀어서 어떻게 억누를 수 없는 자이며, 너그럽게 그 위엄을 가져 세상에 교화를 행한다[12]는 것이다. 또한 이러한 진인은 일체의 정욕과 망상이 사라진, 즉 자연의 순수성을 유지한 심적 상태이어서 주야(晝夜)를 막론하고 항시 안정되어 근심이 없고 심령이 허명담박(虛明淡泊)하여 우주의 정신을 왜곡하지 않는다고 한다.[13] 즉, 진인의 심령은 자연의 순수성을 그대로 유지하고 있다는 것이다.

이러한 진인은 그 사회활동에서나 대인관계에서도 이해와 득실을 따지지 않고 완전히 초월된 정신세계를 갖게 되는데, 이 초월적 정신은 지(知)가 아닌 도(道)의 단계에 이르렀기 때문에 가능하다. 이러한 경지에서는 온전히 다른 존재자와 더불어 살아갈 수 있게 된다. 결국 장자는 이러한 진인을 통하여 참다운 인간성을 회복한 인간의 모습을 보여 주고자 하였으며, 이러한 인간상을 추구하는 것이 바로 그의 교육 목적이었다.

둘째, 인간 본성의 회복을 통한 자유인 육성이다. 장자에 따르

12) 『장자』, 「대종사」 참조.

13) 『장자』, 「대종사」 참조.

면, 인간의 본성은 인의예지(仁義禮智) 등에 있는 것이 아니라 타고난 삶 그 자체를 온전히 누리려고 하는 데 있다. 장자는 인의예지 등은 오히려 도(道)와 덕(德)의 상실된 모습이며, 이들 유가적 덕목은 결국 명예나 사욕의 근원이 된다고 비판하였다. 그것은 타고난 생명의 본연한 모습이 아닌 인간의 욕망의 산물로서 생득적으로 구유(具有)한 자연성을 파괴하고 나아가 혼란의 근원이 될 뿐이라고 하였다. 이에 대해 장자는 다음과 같이 설명하였다.

> 자연스러움은(인간) 내면에 깃들고 인위는 외면으로 드러난다. …… 소나 말이 네 발이 있는 것을 자연스러움이라 하고, 말의 목에 굴레를 씌우고 소의 코를 뚫는 것을 인위라고 한다. 그러므로 인위로서 자연스러움을 없애지 말고, 고의로 천성을 멸하지 말며, 명리(名利)를 위해서 천성(天性)의 덕을 잃지 말라고 하는 것이다. 삼가고 지켜서 잃지 않는 것을 가리켜 참된 본질로 돌아가는 것이라고 한다.[14]

장자는 자연적으로 타고난 본성은 해칠 수 없는 것이며 자연 속에서 필연적 변화로 나타나는 모든 현상은 우리 인간이 거역할 수 없는 것으로 파악하였다. 그것을 장자는 '운명(運命)'이라 하였다. 이러한 운명은 그대로 따라야 하는 것인데, 이를 거역하거나 피하려고 하면 인간은 부자유스러워지고 나아가 불행을 자초하게 된다는 것이다. 따라서 우리 인간은 이러한 운명을 깨달아 그것을 긍정하며 그것에 따를 때 참 자유를 맛보게 된다고 하였다.

14) 天在內 人在外…… 牛馬四足是謂天 落馬首穿牛鼻是謂人 故日 無以人滅天 無以故滅命 無以得殉命 謹守而勿失 是謂反其眞(『장자』, 「추수」).

이러한 자유함의 추구는 결국 인간의 본성을 회복할 때 가능해진다. 유가에서는 인의(仁義)를 인간의 본성으로 보았지만 장자는 만물이 공유하는 기본적인 본성이 있는데, 그것을 덕이라고 규정하였다. 따라서 장자에게서 인간 본성의 회복이란 바로 덕의 상태를 회복하는 것이 된다. 덕의 상태를 회복하는 방법으로는 '허기(虛己)' 와 '무위(無爲)' 가 있다. 여기서 '허기' 란 자기를 온전히 공허하게 하여 대우주를 자아로 만드는 것이며, '무위' 란 어떠한 인위도 배제된 채 자연에 순응하여 그 순수성을 계속 유지하는 것을 말한다.

결국 장자는 '허기' 와 '무위' 를 인간 본성을 회복하기 위한 방편으로 삼았다. 이러한 허기와 무위를 통해 인간 본성을 회복한 사람은 메인 바가 있을 수 없으며 진정한 자유를 얻게 된다. 이러한 '참 자유인(眞人)' 을 육성하는 것이 바로 장자의 교육 목적이었다. 여기서 장자가 말하는 참 자유인은 곧 자신의 본성을 그대로 유지하면서 자율성에 따라 자신의 행위를 선택하는 주체적인 인간을 말한다.

교육의 내용

평등교육

장자는 만물제동(萬物齊同), 즉 모든 만물은 우주의 본체로부터 분화·발전한 것으로, 그 형태는 비록 다를지라도 이는 분화 과정상 우연한 현상일 뿐 근본적으로 모든 사물은 평등하게 존재한다는 것을 전제로 한다. 이러한 전제가 곧 그의 평등교육관으로 연결되며, 그의 평등교육관에 대한 검토를 위하여 먼저 그의 만물제동의 내용을 살펴볼 필요가 있다.

만물제동의 내용으로서, 장자는 먼저 거리의 차별을 없애야 한다고 하였다. 이에 대하여 장자는 「천지」 편에서 '만물일부(萬物一府)'라는 표현을 하였는데, 이것은 아무리 많은 사물이 있더라도 그 사물과 나 사이에는 아무런 간극(間隙)이 없음을 뜻한다. 그리고 장자는 장단(長短)의 구별도 없어야 한다고 하였다. 그리하여 그는 "만물은 한결같이 제동(齊同)이니 어느 것이 짧고 어느 것이 길다하겠는가?"[15]라고 하였던 것이다. 또한 장자는 피차(彼此)와 미추(美醜)의 구별도 없애야 한다고 하였다. 뿐만 아니라 장자는 분(分)과 불분(不分)의 구별과 호(好)와 오(惡)의 구별까지도 벗어나야 한다고 주장하였다.[16]

이러한 장자의 만물제동의 궁극적 목표는 '천균(天均)'으로 향한다. 천균은 자연의 순환 도리로 자연과 같이 모든 것을 하나라고 하는 경지인 만물제동의 경지를 말한다. 그리고 천균은 천인합일(天人合一)의 의미를 담고 있다. 장자가 「제물론」에서 '천지일지(天地一指)' '만물일마(萬物一馬)'라는 표현을 하였는데, 이는 곧 천지는 하나의 손가락이고 만물도 한 마리의 말이라는 것이다. 이것이 곧 시작도 끝도 없으며 사람도 하늘도 하나라는 천인합일을 주장한 것이다.

이러한 장자의 주장들은 결국 차별과 시비를 얻기 위한 지식을 멀리하고 언어나 지식을 초월한 만물일체, 즉 만물제동을 통하여만이 그가 추구한 자연적 인간의 육성을 이룰 수 있다는 것이다. 이것을 현대 교육적 용어로 표현하면 '평등교육'이 된다.

---

15) 萬物一齊 孰短孰長(『장자』, 「추수」).

16) 『장자』, 「대종사」 참조.

인성교육

사실 장자는 직접적으로 인성교육이라는 언급은 하지 않았다. 하지만 장자는 인간의 본성을 인간과 만물이 서로 통할 수 있으며, 더불어 만물의 조화를 조정하면서 도(道)의 중심을 지키는 것이라 보았다. 그리고 이것을 그는 덕(德)이라 하였으며, 이러한 덕의 실행을 통한 자연적 본성을 유지하게 된다는 것이다. 이러한 것을 미루어 볼 때, 장자에서도 오늘날 강조되는 인성교육적인 측면이 다분히 있다 하겠다.

특히 장자는 인간의 '온전한 삶' 의 실현을 제안하였는데, '온전한 삶' 이란 바로 모든 사람이 자연적 평등 상태를 유지하면서 아무것에도 구속받지 않는 자연스럽고 자유로운 삶을 의미한다. 그러한 삶을 통해서만 모든 인류가 타고난 삶을 마음껏 향유할 수 있다고 하였다.

그런데 장자는 인간 사회에서는 부자유와 불평등, 억압과 폭력 등이 난무하여 온전한 삶을 유지할 수 없게 되었다고 주장하였다. 그는 자유롭고 평등한 상태의 인간 사회가 인간의 의식에 의해서 파괴되었다고 지적하였다. 그리고 인간의 의식이나 그것으로부터 발생한 지식 및 인의예지(仁義禮智) 등이 인간의 자연적 본성을 오히려 파괴하였다는 것이다. 이것들은 내 것과 네 것, 좋음과 나쁨, 군자와 소인을 구별하는 특징을 지닌다. 따라서 장자는 이것들이 바로 인간 사회의 불평등과 부자유의 원천이라고 주장하였다.

그렇다면 어떻게 인간의 자연적 본성을 유지할 수 있단 말인가? 장자에 따르면, 지식과 인의예지로 대표되는 성지(聖知)의 단절을 통해 인간의 자연적 본성을 회복할 수 있다고 보는데, 이것이 그가 말하는 '절성기지론(絶聖棄知論)' 이다.

사실 장자의 절성기지론은 인류 문명에 대한 총체적인 비판이라 할 수 있다. 노자(老子)가 "성인(聖人)을 끊어 버리고 지혜를 버리면 인민의 이익이 백배가 될 것이다."[17]라고 선언한 후, 장자가 이를 계승하여 다음과 같이 주장하였다.

> 옛날에 황제(黃帝)가 처음으로 인의로서 사람의 마음을 속박하였다. ……삼왕(三王) 때에 이르러 천하는 크게 혼란스러워졌다. 아래로는 걸왕(桀王)과 도척(盜蹠)이 생겨나고, 위로는 증삼(曾參)과 사추(史鰌)가 나타났으며, 유가와 묵가가 한꺼번에 들고 일어났다. 이에 기뻐하고 노여워하여 서로 의심하고, 어리석은 자와 지혜 있는 자가 서로 속이며, 좋다 나쁘다 서로 비난하고, 거짓이니 참이니 서로 헐뜯어 천하가 쇠잔해지고 말았다. 대덕(大德)에는 구별이 생기고 자연스러운 본성은 어지러워졌다. 온 천하 사람이 지혜를 좋아하게 되니 백성은 혼란을 일으키게 되었다. ……성인이나 지혜가 형틀을 죄는 쐐기가 되지 않는지, 인의가 수갑과 차꼬를 단단하게 조이는 자물쇠가 되지 않는지, 나는 미처 알 수가 없다. 증삼과 사추가 걸왕과 도척의 효시가 아닌지 어찌 알겠는가? 그러므로 성인을 근절하고 지혜를 버리면 천하가 크게 다스려진다.[18]

여기서 장자는 무지(無知)·무욕(無慾)하던 인간의 자연적 본성이 인의(仁義)나 이기적 본능에 의해서 파괴되었음을 지적하고 있

17) 絶聖棄智 民利百倍(『노자』, 제19장).

18) 昔者 黃帝始以仁義 攖人之心……夫施及三王而天下大駭矣 下有桀跖上有曾史而儒墨畢起 於是乎 喜怒相疑 愚知相欺 善否相非 誕信相譏 而天下衰矣 大德不同而性命爛漫矣 天下好知而百姓求竭矣 於是乎 釿鋸制焉 繩墨殺焉 椎鑿決焉 天下脊脊大亂 罪在攖人心 故賢者伏處大山嵁巖之下 而萬承之君 憂慄

다. 장자의 지적대로 인의와 이기적 본능은 유가와 묵가에서 각각 인간의 본성이라고 주장하였던 것이다. 그러나 장자는 지식과 인의 등이 인간의 의식 속에 감추어진 이기적 본능과 명예욕을 자극하여 세상을 혼란스럽게 하였다고 하였다. 이러한 논리는 바로 인의나 성지(聖知)가 인간을 외물(外物)의 노예로 만들었으며, 나아가 그것은 개인들 사이에 차별 의식만 심어 주어 결과적으로 사회 혼란의 원인이 되었다고 주장하였다. 그러면서 장자는 이러한 것들을 끊어 버리는 것이 자연적 본성을 유지하는 첩경이 되며, 이러한 단절을 통하여 바람직한 인간의 본성을 기르게 된다고 하였다.

교육의 방법

순성(順性)의 방법

장자에게서 교육의 목적은 인간 본성의 회복을 통한 자유인, 즉 진인(眞人)을 육성하는 것이다. 이러한 교육 목적을 달성하기 위한 방법 중의 하나로 순성의 방법을 들 수 있다. '순성'의 근본 의미는 '자연의 본성을 거스르지 않고 따른다.'라는 것이다. 그것은 곧 인위를 가하지 않는 본래의 자연스러운 상태를 견지하고 현실세계에서의 분별의 지식, 명리(名利), 부귀, 욕망에서 비롯된 인간성의 타락에서 구출되는 것이다.

인간이 자연의 본성을 지키기 위해서는 인위적인 요인을 제거하

乎廟堂之上 今世殊死者相枕也 桁楊者相推也 刑戮者相望也……吾未知聖知之不爲桁楊椄槢也 仁義之不爲桎梏鑿枘也 焉知曾史之不爲桀跖嚆矢也 故曰絶聖棄知而天下大治(『장자』, 「재유」).

여야만 한다. 그 이유는 인위적인 요인은 인간의 본연적인 자아를 훼손시키는 요인이기 때문이다. 이에 대하여 장자는 '소나 말이 네 발이 있는 것은 자연스러움이고, 말의 목에 굴레를 씌우고 소의 코를 뚫는 것은 인위다.' 라고 하였는데, 이는 자연의 본성과 인위성을 구별 짓는 가운데 타고난 본성에 어떤 지식이나 인의와 같은 사회적 규범 등을 덧붙일 필요가 없음을 간접적으로 말하는 것이다. 그렇기 때문에 장자는 성정(性情)의 자연스러움에 따르는 것이 덕이며, 이러한 덕을 스스로 얻을 것을 강조하였다. 따라서 진인(眞人)은 지식, 도덕, 기교에 의하여 살아가지 않고 자기 본성에 따라서 살아간다. 지식이나 기교 등에 의하지 않더라도 자연의 순리에 의해 삶을 영위할 수 있다는 것이다. 이것이 곧 자연의 순리에 따르는 순성교육의 방법이다.

장자는 순성이 중요함을 다음과 같은 우화를 통하여 설명하였다.

> 당신은 호랑이 사육사를 잘 알고 있지 않은가? 감히 산 동물을 먹이지 않음은 호랑이가 그것을 죽이려는 노기(怒氣) 때문이다. 호랑이가 굶주렸을 때와 배부를 때를 맞춰서 호랑이의 노기를 다스려 가는 것이다. 호랑이와 사람은 종류가 다르나 자기를 길러 주는 사람에게 아첨하는 것은 호랑이의 본성을 좇기 때문이다.[19)]

이는 호랑이가 먹이를 물어 죽일 때 사나워지는 본성을 지녔기 때문이라는 것이다. 그러므로 호랑이의 굶주림과 배고픔을 잘 살

19) 汝不知夫養虎者乎 不敢以生物與之 爲其殺之之怒也 不敢以全物與之爲其決之之怒也 時其飢飽 達其怒心 虎之與人異類 而媚養己者順也(『장자』, 「인간세」).

펴 호랑이의 성정을 거스르지 않는다면 살벌(殺伐)이 일어나지 않는다는 것이다. 결국 장자는 인위로서 자연의 본성을 거스르지 말아야 함을 주장하고 있다. 이러한 논지를 근간으로 하여 장자는 호오(好惡)를 떠나 자연스럽게 성명(性命)의 실정에 맡겨 성(性)을 보존하여야 한다고 말하였다. 장자는 주로 동물을 예로 들어 이 같은 주장을 하고 있지만, 하물며 존엄성과 다양한 특성을 지닌 인간을 교육하는 데는 순성의 방법이 더더욱 필요한 것이다.

개성존중의 방법

장자의 교육방법 중 또 하나는 개성 존중의 방법이다. 도(道)가 본래 무소부재(無所不在)하고 일기(一氣)로 표현되므로 만물은 무차별하고 평등하여 몰개성적인 것처럼 보일지 모르나, 이는 도(道)의 본질상 그러하다는 것이다. 인간과 만물은 그 자체가 소우주적 존재이므로 그야말로 독자적 존재이며 실존적 존재라 할 수 있다. 이미 말한 자연이니 자유니 하는 말은 모두가 개성(個性)이란 말과 통한다.

장자는 이러한 개성을 지키는 방법으로 '무용지용(無用之用)' 을 들었다. 장자가 무용지용이라는 것은 노자의 무(無)의 용(用)을 발전시킨 것으로서 결국 인간이 가진 개성은 어느 장소나 어느 순간에도 무용한 것으로 보이지만 그것은 자연의 입장에서 보면 나름대로 용의 의미를 지니고 있음을 의미한다. 결국 자신의 개성을 잘 보전시켜 나가면 설령 그것이 당장은 무용하게 보일지라도 모두 그 나름의 존재 가치가 있다는 것이다. 따라서 장자는 다음과 같은 우화를 통하여 타고난 개성을 유지하고 이러한 개성을 잘 발휘하도록 교육하는 것이 중요함을 간접적으로 설명하였다.

혜자가 장자에게 말하기를 위나라 왕이 나에게 큰 박의 씨를 주어 내가 이것을 심어 키우니, 그 속이 다섯 섬은 됨직하여 이것으로 수장을 담그려 하였으나 굳고 무거워 들 수가 없었다. 이것을 쪼개어 표주박을 만들었으나 너무 얇고 평평하여 물에 뜰 수가 없어 깨어 버렸다. …… 이제 선생께서 다섯 섬의 박이 있다면 어찌 그것으로 큰 술통을 만들어서 강호에 띄울 것을 생각하지 않고 그것을 쪼개면 얕아서 다른 것을 담을 수 없을까 근심하는가?[20]

오리의 다리가 짧다고 그것을 길게 늘리려 하면 오리는 매우 괴로워할 것이며, 학의 다리가 길다고 그것을 짧게 하려 하면 학이 슬퍼할 것이다. 그러므로 본성적으로 길게 타고난 것은 잘라서는 안 되고 본래부터 짧게 타고난 것은 이어 주면 안 된다.[21]

앞의 글에서 박이 크다고 한 것은 하나의 개성을 의미한다. 그리고 혜자의 세속적인 공리에 집착하여 갖는 좁은 도량을 반박하면서 세속적 유용의 지식에서 벗어나 사물이 가진 본성을 되찾아야 함을 강조하고 있다. 그리고 뒤의 글에서는 우리의 눈에 보이는 학의 다리나 오리의 다리는 본래부터 타고난 것으로서 그 자체로 자연 속에서 생활하기에 적합하도록 되어 있는데, 우리 인간의 눈대

20) 惠子謂莊子曰 魏王貽我大瓠之種 我樹之成 而實五石 以盛水漿 其堅不能自擧也 剖之以爲瓢則瓠落無所容 非不呺然大也 吾爲其無用而掊之……今子有五石之瓠 何不慮以爲大樽而浮乎 江湖而 憂其瓠落 無所容則 夫子猷有蓬之心也夫(『장자』, 「소요유」).

21) 是故鳧脛雖短 續之則憂 鶴脛雖長斷之則悲 故性長非所斷 性短非所續(『장자』, 「병무」).

중으로 판단하여 너무 길다 하여 자르고 너무 짧다 하여 붙여 주면 오히려 고통과 혼란만 초래한다는 것이다. 이는 결국 인간의 마음 속에 규정화된 고정 관념을 깨고 본연의 성질을 찾아 주어야 함을 강조하는 것이다.

명상(冥想)의 방법

장자의 교육방법을 도출하는 데 가장 특징적인 것은 명상의 방법이라 할 수 있다. 그는 '심재(心齋)' 와 '좌망(坐忘)' 이라는 개념을 동원하여 마음을 다스리는 방법을 제시하였는데, 그는 이를 통하여 그가 추구하는 교육 목적에 이르고자 한다. 여기서 '심재' 란 인간에게 나타나는 온갖 잡념을 버리고 마음을 정결하게 하는 과정을 말한다. 즉, 마음을 비움으로써 사념(邪念)이나 망상(妄想)을 없애고 마음의 허정(虛靜)한 상태를 유지하는 것을 의미한다. 이에 대하여 장자는 공자와 안회의 대화를 빌려 다음과 같이 설명하였다.

> 안회가 감히 심재를 묻으니 공자가 말하길, 너의 뜻을 하나로 하라. 듣는 데 귀로써 하지 말고 듣는 데 마음으로써 하며, 듣는 데 마음으로써 하지 말고 듣는 데 기(氣)로써 하라. 듣는 것은 귀에 그치고 마음은 부(符)에 그친다. 기(氣)란 허(虛)이고 만물을 기다리는 것이다. 오직 도(道)는 허(虛)에 모인다. 허는 심재다.[22]

이 글에서 장자는 감관(感官)보다 마음이, 마음보다 기(氣)가 더

22) 回曰敢問心齋 仲尼曰若一志 無聽之以耳而聽之以心 無聽之以心 而聽之以氣 聽止於耳 心止於符氣也者虛而待物者也 唯道集虛 虛者心齋也(『장자』, 「인간세」).

욱 위에 있는 것으로 생각하였으며, 오직 허(虛)한 가운데 도(道)를 알 수 있으며, 이러한 공허의 상태가 심재임을 역설하였다. 그리고 장자가 말하는 '좌망'은 가만히 앉아서 모든 물체의 시비와 차별을 잊어버리는 정신 상태를 말한다. 그런데 장자에 따르면 이러한 정신 상태는 인의(仁義)와 예악(禮樂)을 잊어버리는 단계를 거친 후에나 이르는 경지다. 그러한 후에 심신의 속박을 벗고 도(道)와 하나가 될 수 있는 것이다. 이에 대해 장자는 「대종사(大宗師)」편에서 다음과 같이 설명하였다.

> 안회가 '저는 진보하였습니다.' 공자가 말하기를, '무슨 말이냐?' 안회가 말하기를, '저는 인의를 잊었습니다.' 공자가 말하기를, '괜찮기는 하지만 아직 미흡하다.' …… (뒷날 다시 만나) 안회가 '저는 좌망하게 되었습니다.' 공자가 '무엇을 좌망이라 하는가?' 안회가 '손발이나 신체를 잊고 귀와 눈의 작용을 물리쳐 형체를 떠나고 일체의 지식을 버려 대도(大道)에 동화하는 것, 이것을 좌망이라 합니다.' 라고 하였다.[23]

여기서 장자는 육신을 무너뜨리고 귀와 눈의 작용을 없애며 일체의 지식을 버리고 무아의 경지에 몰입하는 것이 좌망이라고 하였다. 이러한 좌망을 통하여 이상적인 사람의 경지, 즉 진인의 경지에 도달하게 되는 것이다.

---

23) 顔回曰 回益矣 仲尼曰 何謂也 曰回忘仁義矣 曰可矣 猶未也…… 曰回坐忘矣 仲尼蹴然曰 何謂坐忘 顔回曰 墮枝體 黜聰明離形去知同於大通 此謂坐忘(『장자』, 「대종사」).

장자 교육사상의 현대적 의의

장자는 인간의 본성을 인간과 만물이 서로 상통할 수 있으며, 만물의 진화를 조정하면서 도(道)의 중심을 지키는 것으로 보았다. 다시 말해서 인간의 본성을 덕(德)으로 규정한 것이다. 그러나 우리의 현실 사회가 덕이 충만한 곳이 되지 못하고, 우리의 가치체계가 사회적 지위나 명예 등에 얽매여 참된 인간의 본성을 망각하게 된다고 하였다. 따라서 이러한 세속적 세계를 초월하여 도(道)를 바로 찾고, 이 도를 따라 삶을 영위하는 자아 혁신이 없이는 참된 의미의 인간생활은 불가능하다고 보았다. 여기에 바로 인간성 회복을 위한 자연적 교육의 필요성이 있게 된다.

장자가 지향했던 교육 목적은 바로 인간의 본성을 찾아 주는 데 있다. 유가에서 인의(仁義)를 인간만의 본성으로 본 것과는 달리, 장자는 만물이 공유하는 기본적 본성이 있다고 보고, 이를 덕이라고 규정하였다. 따라서 인간 본성의 회복은 바로 덕의 상태로의 회복을 의미하는 것이며, 이것은 인간 본성을 회복한 자유인의 육성을 의미하는 것이었다. 그러한 자유인을 장자는 '진인(眞人)' 이라고 하였다.

이러한 진인을 육성하기 위한 교육 내용으로서는, 사물을 분별하는 이기심을 탈피하여 만물의 평등을 말하는 평등교육과 현실에서 만들어지는 부자유한 지식을 끊어 버림으로써 본성에 충실한 인간성의 함양을 목적으로 하는 인성교육으로서 참된 인간성의 회복을 주장하였다. 그러한 가운데 구체적 교육방법으로 자연의 법칙에 순응하는 순성의 방법, 각자의 타고난 자연적인 인간성을 자유적으로 실현하고자 하는 개성 존중의 방법, 그리고 심재와 좌망을 통한 명상의 방법 등이 필요하다고 보았다. 이러한 장자의 자연적 교육사상이 오늘날 현대교육에 주는 시사점은 다음과 같다.

첫째, '교육의 목적을 어디에 둘 것인가?' 라는 물음에 대한 답을 찾을 수 있다. 장자는 교육의 목적을 도(道)를 자각한 진인(眞人)을 육성하는 데 두었다. 즉, 자기 본위의 이기주의를 극복하고 더불어 사는 인간과 인간 본성의 회복을 통한 자유인을 육성하고자 하였던 것이다. 이러한 그의 관점은 이기주의가 팽배하여 자기 자신과 자기 가족, 자신이 속한 집단의 이익만을 추구하고자 하는 오늘날 현대인들의 삶과 그들의 행위를 직시할 때 실로 큰 교훈을 던져 주는 것이다. 그리고 자유, 자율, 주체적인 인간의 육성이라는 오늘날의 큰 교육 과제를 생각할 때, 그의 진인으로서의 목적은 실로 분명한 답이 될 것이다.

둘째, 장자가 주장하는 인성교육은 오늘날 인성교육에 또 다른 방법론을 제시하는 것이 된다. 그동안 우리의 인성교육은 주로 유가에서 말하는 인의예지(仁義禮智)의 덕을 습득하고 실천하는 것으로 일관하여 왔다. 그런데 장자는 그것들에 의해 오히려 불평등한 사회가 만들어졌고, 인간의 자연적 본성을 파괴하고 말았다고 하였다. 그는 오히려 이러한 것들을 단절하여야 인간의 본성을 기르게 된다고 하였다.

장자의 이러한 인성교육을 오늘날 인성교육의 현장에 잘 적용하면 이미 파괴될 대로 파괴된 인간성의 회복을 기대할 수 있을 것이다. 그동안 지식 위주의 교육을 통하여 우리 인간의 인성은 어떠한 상태가 되었는가? 그 결과 부정부패, 이기주의, 배금주의라는 사회적 부패가 만연하지 않았는가? 이제라도 참된 인성교육의 길을 모색하여야 한다고 생각한다.

셋째, 장자에게서 심재와 좌망의 원리는 오늘날 명상교육에도 시사하는 점이 크다. 현대사회에서는 감각적인 문화를 선호하고 지식 또한 감각적 지식을 추구하며 교육방법 역시 이목(耳目)을 중심으로 하는 감각적 교육방법을 매우 중시한다. 이러한 방법에 따른다면 단순 지식을 쉽게 획득할 수는 있겠지만 깊은 사고를 하는 인간 육성은 어렵게 된다. 이러한 문제점을 해결하기 위해서는 깊은 사고작용을 활발하게 하는 명상교육이 필요하며, 이러한 맥락에서 장자의 심재와 좌망의 방법은 아주 유용하게 적용될 수 있을 것이다.

7 주자 성리학의 교육사상

주자의 교육적 삶

주희(1130~1200)는 복건 우계에서 주송(朱松)의 외아들로 태어났다. 자는 원회(元晦), 호는 회암(晦庵)이며, 흔히 주자(朱子)로 존칭된다. 그의 아버지 주송은 당시의 송학에 깊은 관심을 갖고 있었고, 바로 이 점이 주희의 학문 방향을 결정하는 데 많은 영향을 주게 되었다.

주자는 어려서부터 매우 총명했다고 한다. 5세 때 『효경』을 읽었는데, 한 번 읽고는 책머리에 '이렇게 하지 못한다면 사람이 아니다.' 라고 써 놓았다고 한다. 13세 때 아버지가 돌아가시면서 남긴 유언에 따라 그해부터 호헌(胡憲), 유면지(劉勉之), 유자취(劉子翠) 등에게서 공맹의 유가사상을 주로 배웠다. 그러나 그는 스승의 가르침에 만족하지 못하여 스스로 도가와 불교 공부도 병행하였다. 특히 그는 불교의 선(禪)에 관심이 많았는데, 이러한 불교에 대한 이해는 이후 그의 성리학 체계에 긍정적 혹은 부정적으로 크게 영향을 미쳤다.

19세에는 가족의 생계를 위해 과거에 급제하여 이후 대략 50년간 벼슬살이를 하였으나, 지방관료 9년과 중앙 조정의 40여 일을 제외하면 모두 실무가 없는 한직으로, 학문 연구와 저술 및 강론에 치중하였다.

주자는 24세에 이동(李侗)을 만나면서 자신의 학문 방향과 방법에 큰 변화를 가져왔다. 이동에게서 10여 년을 배우면서 그는 유가와 도가·불교의 본질적인 차이점을 자각하고, 성리학의 관점에서 유가 경전을 본격적으로 연구하게 되었다. 다시 말해서 이 시기에 그는 차츰 불교 선종의 진리가 공허함을 깨닫고 유가의 진리가 일상생활 속에서 바로 실천이 가능한 실질적인 진리임을 확인하게 되었던 것이다. 즉, 자신의 학문 방향을 유학, 특히 이정(二程) 계통의 성리학 중심으로 확립하게 된 것이다.

그의 나이 34세 때 스승 이동의 죽음에 이어, 그의 학문방법에 전환을 가져온 학문의 동료를 만나는데, 그가 바로 장식(張栻)이다. 그는 장식을 통하여 '마음이 움직일 때 그 단서를 드러내는 천리를 성찰한다(已發察識端倪).' 라는 학문방법을 접하게 되고, 그 영향을 받게 되었다. 그 후로 그는 오직 학문 연구에 몰두하여 1168~1174년에 『논맹정의(論孟精義)』, 『자치통감강목(資治通鑑綱目)』, 『서명해의(西銘解義)』 등 많은 책을 저술하였다.

46세에는 여동래(呂東萊)가 방문해서 열흘간에 걸쳐 토론을 하면서 『근사록』을 펴냈다. 그리고 그를 전송하기 위하여 함께 신주의 아호사에 갔다가 거기서 육구연(陸九淵)을 만나 그와 토론하였지만 서로 의견이 맞지 않았다. 그 후 육구연과는 수차에 걸쳐 서신논쟁을 하였다. 그리고 48세에 『시집전(詩集傳)』, 『주역본의(周易本義)』, 『논맹집주(論孟集註)』, 『논맹혹문(論孟或問)』을 완성하였다. 57세에는 『역학계몽(易學啓蒙)』, 『효경간오(孝經刊誤)』를 썼고, 이듬해에는 『소학』을 편찬하였다.

그 후에도 그는 많은 관직을 제수받았으나 모함이 심하여 얼마 가지를 못하였다. 65세에 낙향하여 고정에 죽림정사(竹林精舍)를 세워 제자 양성과 저술에 몰두하였다. 그러나 조정에서는 그의 학문을 위학(僞學)이라 하였고, 또한 그가 임금 자리를 넘본다는 모함으로 탄핵을 받아 여러 직명을 박탈당하였다. 그러자 제자들은 그의 곁을 떠났고 심지어는 그를 모함하는 제자도 있었다. 이러한 상황에서도 그는 초연하게 강학(講學)을 계속하였다. 71세 되던 해 3월 9일, 주자는 지켜보던 문인들에게 "뜻을 굳게 가져라."라는 최후의 말을 남기고 숨을 거두었다. 그의 저서는 80여 종에 달하는 방대한 것이나, 현존하는 것은 29종에 불과하다.

주자 교육사상의 철학적 기초

이기론(理氣論)

주자 교육사상의 철학적 근거로는 크게 이기론과 심성론으로 양분하여 볼 수 있다. 주자는 이기론으로서 우주자연의 제 현상을 설명함과 동시에 궁극적으로는 윤리적 행위의 선천적 가능 근거를 제시하였다. 그의 궁극적 목적은 단순한 자연탐구나 분석에 있는 것이 아니라 윤리관의 확립에 있기 때문에 우주론에 근거하여 심성론 또한 전개하고 있다. 따라서 우주의 진상과 인간의 생명과 정신의 기원이 모두 리(理)와 기(氣)로서 설명된다(다음에서 단독 '理' 자는 '리'로 표기함).

주자에게서 리는 곧 태극(太極)이며, 태극은 다름 아닌 천지만물의 근원으로서 구체적 사물 속에 내재한다. 이러한 리의 존재를 설명하기 위해서 주자는 소이연(所以然)과 소당연(所當然)의 개념을 사용하는데, 소이연으로서의 리는 논리적으로 만물에 선재(先在)하는 보편적 원리이고 소당연으로서의 리는 만물에 내재하는 당위적 원리다.

주자는 우선 소이연의 리를 논증하면서, 리는 일찍이 기를 떠나 존재하지 않지만 그 소종래(所從來)를 추론하려면 리의 선재를 인정하여야 한다[1]고 보았다. 이것은 곧 리가 기의 근원임을 말하는 것으로, 주자는 이것을 '소이연지고(所以然之故)'로 표현하고 있다. 그리고 주자는 소당연의 리를 만물에 내재하는 원리로 설명한다. 만물 속에서의 리는 정의(情意), 계도(計度), 작위가 없는 존재다. 그러나 리는 스스로 동정(動情)하지 않지만 기가 동정하게 하는 원리로서 존재한다고 보았다. 이와 같이 리는 만물의 존재 근거인 소이연의 리와 윤리적 행위의 선천 근거인 소당연의 리의 두 가지 의미로 집약된다.

또한 주자는 이러한 소이연과 소당연의 리를 현상계와 관련하여, 본체가 유행(流行) 밖에 있지 않고 유행 또한 본체를 떠나 있지 않으니 본체로 말하면 이일(理一)이요, 유행으로 말하면 분수(分殊)다. 모든 만물이 한 근원으로부터 나왔으므로 결국 만수(萬殊)는 이일에 귀일된다[2]고 보았다. 예를 들면, '내가 하고 싶지 않은 바를 남에게 베풀지 말라.' 고 하는 명제도 곧 윤리적 행위의 선재 근거인 이일이 나와 남 속에 분수의 리로서 공통적으로 존재하기 때문이다.

이러한 리가 형이상의 도체(道體)로서 만물의 본체라면 기는 형이하의 기(器)로서 만물의 형체를 이루는 질료다. 이를 인식론의 측면에서 보면 기는 실증적인 인식의 대상이며, 리는 관념적 사유의 대상이 된다. 이와 같이 주자는 리와 기가 두 가지임을 분명히 하면서도 리는 우주만물의 원리이자 각 사물에 내재한 것이므로

1) 此本無先後之可言 然必欲推其所從來 則須說先有是理(『주자어류』 권1).

2) 理一分殊 合天地萬物而言 只是一個理 及在人 則又各自有一個理(『주자어류』 권1).

기 없이는 있을 수 없고, 기 또한 리가 없으면 그 존재 근거를 상실하게 된다고 보았다. 그러므로 리와 기는 불잡불리(不雜不離)의 관계에 있다고 할 수 있다.

즉, 리는 기의 조작, 응취(凝聚)의 법칙, 원리 혹은 그 까닭이 되고, 기는 움직이고 정(靜)하며 조작하는 것으로서 사물이 있을 때는 기와 리가 갖추어져 있는 것이다. 우주 안의 만물이 끊임없이 생명력을 가지고 생성 · 변화하는 것을 볼 때, 기의 운동이 쉬지 않음을 알 수 있고, 기의 쉬지 않는 운동을 볼 때, 그 속에 실린 낳고 낳는 생생리(生生理)를 체인(體認)할 수 있는 것이다.

그러나 리와 기는 일체로 혼성되어 있다고 할지라도 리는 형이상으로서 어디까지나 리요, 기는 형이하로서 어디까지나 기로서 이물(二物)이다. 여기서 굳이 리와 기의 선후를 따진다면 주자는 '리가 먼저' 라고 분명히 하였다. 그러나 이것은 논리적인 추론일 뿐 실제의 운행에서는 꼭 그렇지만은 않다. 따라서 그는 리는 따로 일물(一物)이 되는 것이 아니라 기 가운데 존재하며, 기가 없으면 리 또한 걸쳐 놓을 곳이 없다고 하여 리와 기 사이에 시간적 간격에 따라 나뉠 수 없음을 강조하고 있다. 그러나 주자의 이기론을 종합하여 볼 때, 그는 기에 비하여 리를 대단히 중요하게 여긴 것은 틀림없다.

이와 같은 이기(理氣)의 관념은 인간 존재에도 그대로 적용된다. 즉, 인간은 리와 기의 결합물이다. 인간은 성(性)으로 말미암아 하늘의 이치를 공유하고 있으며 동시에 기질에 따른 특징을 가지고 있다. 그런데 우주의 생생리(生生理)가 깃들어 있는 곳은 바로 인간의 마음이다. 따라서 이기론은 그 자체로서도 중요하지만 심성(心性)의 문제와 연결되어 인간의 도덕의 근원과 원리를 잘 설명하고 있다는 사실에 주목해야 한다.

심성론(心性論)

주자는 그의 이원론에 입각하여 체계적 심성론을 완성하였는데, 여기서 그는 사람의 마음을 성(性)과 정(情)으로 나누어 설명하였다.

먼저 성(性)의 문제에서, 주자는 "성은 인간이 받은 바의 천리이다."[3]라고 하여 인간이 가진 성은 태어날 때부터 마음속에 가진 것으로, 천지 공동의 리이지 나만이 홀로 사사로이 가진 것이 아니라고 하였다. 그러면 인간의 마음속에 갖추어진 성의 내용은 무엇인가? 인간이 부여받은 생생리(生生理)로서의 성은 바로 인(仁)·의(義)·예(禮)·지(智)다. 인은 사랑의 리로서 남이 곤경에 처한 것을 보면 문득 측은한 마음이 생기는 측은지심이고, 의는 마땅함을 취하는 리로서 자신의 착하지 않음을 부끄러워하고 다른 사람의 착하지 않음을 미워하는 수오지심이며, 예는 공경함의 리로서 자신을 양보하고 미루어 남에게 주는 마음인 사양지심이며, 지는 분별하는 리로서 시비를 가리는 마음인 시비지심이다.[4] 이와 같은 인의예지의 성은 인간이 억지로 꾸미거나 갖게 되는 것이 아니라 인간의 사지(四肢)와 같이 본래부터 갖춘 것이다. 이와 같은 인간의 성은 절대적으로 선한 것으로서 인간이 도덕적 행위를 할 수 있게 하는 근거가 된다.

정(情)의 문제에서, 주자는 그 체(體)인 성(性)과의 관계에서 생각하였다. 즉, "성이란 마음의 리이며, 정이란 마음의 움직임이다."[5]라고 하였는데, 이를 풀어 보면 성은 마음에 존재하는 이치

3) 性者 人所受之天理(『주자대전』 권40).

4) 『맹자』, 「공손축장구상」 참조.

로서 고요하게 아직 발현하지 않은 상태이며, 정이란 마음이 외물을 접해서 마음의 움직임을 통하여 성이 발현한 것이다. 예를 들면, 악한 것을 보고 화를 낸다고 했을 때, 화를 내는 것은 마음의 움직임으로서 정이고, 마음에 시비를 가리는 이치가 있는 것이 악한 것을 보고 화를 내게 되는 이유로서의 성이다. 따라서 맹자가 말한 측은지심 · 수오지심 · 사양지심 · 시비지심의 사덕은 마음이 일어나 외물에 접해서 느끼는 정이다. 이러한 정은 마음의 성으로부터 유래한 것이기 때문에 선한 것이다. 다시 말해서 사덕의 정이 발현하는 것은 아무런 바탕이 없는 것이 아니라 사덕의 정이 발하도록 하는 그 무엇이 마음속에 있기 때문에 가능한 것이다. 그것이 바로 인 · 의 · 예 · 지의 성이다. 미발의 성은 아무런 움직임이 없는 고요한 상태로서 선한 것이고, 마음이 외물에 접하여 느낌으로써 성으로부터 발한 정 또한 선한 것이다. 이와 같이 성과 정은 대립되는 것이 아니라 마음의 양면을 이루는 것이다.

또한 주자는 "마음(心)이란 기의 알맹이다."[6]라고 하여 마음 그 자체는 기가 모여 형체를 구성하고 있음을 말하였고, "허(虛)하고 영(靈)한 것 자체가 마음의 본체다."[7]라고 하여 우리의 마음은 텅 비어 있으나 영(靈)한 능력으로 말미암아 만사에 응하고 지각하여 한 몸을 주재한다고 보았다. 이치는 절대적 선으로서 옳고 그름을 판단하는 규범인 반면, 기로 구성된 마음 그 자체는 행동과 생각의 능력을 표시할 뿐이고 규범을 포함하지 않아 선과 불선의 가능성

5) 性者心之理 情者心之動(『주자어류』 권5).

6) 心者 氣之精爽(『주자어류』 권5).

7) 虛靈自是心之本體(『주자어류』 권5).

을 갖는다. 즉, 기로 구성된 마음은 이치와 합치되면 선이 되고, 이치와 합치되지 않으면 불선이 되는 것이다.

정리하여 보면, 마음은 성이 깃들어 있는 곳이며 마음 그 자체는 기다. 따라서 마음이 곧 성은 아니며 마음은 선과 불선의 가능성을 가지고 있다. 그런데 인간의 마음은 빼어난 기로 구성되어 있기 때문에 영(靈)한 능력 또한 지니고 있어 이치를 궁구할 수 있는 주체인 것이다. 한마디로 주자는 성은 리로 정은 기로 설명하고 있는데, 리는 완전무결한 선이고 기는 선하기도 하고 악하기도 한 것이다. 또한 주자는 성 · 정 · 심의 관계에서 인 · 의 · 예 · 지는 성이고 측은지심, 수오지심, 사양지심, 시비지심은 정이며, 인으로 사랑하고, 의로 미워하고, 예로 사양하고, 지로 아는 것은 심이라고 보았다. 곧 성은 심의 리이고, 정은 성의 용(用)이며, 심은 성정의 주(主)다. 이러한 주자의 관점을 일러 특히 '심통성정론(心統性情論)' 이라 한다.

그런데 주자의 심성론에서 또 하나 특징적인 것은 인간의 심성 문제를 본연지성(本然之性)과 기질지성(氣質之性)으로 양분하여 설명하고 있다는 점이다.[8] 주자는 본연지성은 마음 안에 있는 리의 순수한 원리이고, 기질지성은 각 개체에 부여된 리, 곧 기와 결합되어 있는 리다. 이를 선악의 관점에서 보면, 본연지성은 마음의 순수한 원리를 중심으로 본 성(性)의 모습으로서 인간의 '성 그 자체' 이며, 이 성은 이미 리이기 때문에 선하지 않음이 없는 절대적 선이다. 그러

8) 사실 주자는 그의 심성론에서 본연지성과 기질지성뿐만 아니라 도심과 인심, 사단과 칠정으로 구분하여 설명하기도 하였다. 전체적으로 같은 맥락에서 이해되는 것이라 지면관계상 여기에서는 본연지성과 기질지성만을 설명하였다.

나 현상 속의 인간은 리와 기의 결합으로 존재하기 때문에 인성(人性)도 항상 기와 결합되어 있다. 따라서 본연지성은 항상 인간의 기질 가운데 있게 되는데, 이것이 기질지성이다. 따라서 기질지성은 순수 선인 본연지성이 기질에 부여된 성이기 때문에 인성에 선악이 있게 되는 소이(所以)가 된다.[9] 그러나 기질지성은 본연지성과 별도로 존재하는 성이 아니다. 오히려 기질지성은 원리적으로 본 본연지성이 인간에게서 구체적이고 현실적인 모습을 띠게 된 것이다.

결국 마음의 주재성으로서 강조하는 것은 천지가 인간에게 성(性)을 부여하였으나 인간을 대신해서 성과 그것의 발현을 주재할 수는 없다는 것이다. 즉, 마음이야말로 사람의 행동과 생각과 본연의 성을 주재하는 것이다. 따라서 성을 마음의 주인으로 삼는 노력을 게을리하면 물체에 접하게 되었을 때 주체성을 잃어 외물에 따라가게 된다. 그러므로 마음의 주체성을 길러 외적인 것에 흔들림이 없도록 마음의 본체를 해치지 않고 보존하는 일은 인간 각자에게 남겨진 중요한 과제임과 동시에 교육의 역할이기도 하다.

주자 교육사상의 함의

교육의 의의와 목적

주자에 따르면, 사람의 본연지성은 순수지선한 것이기 때문에 그 본성의 선을 창현하여 현실 속에서 행위로 표출되도록 해야 한

9) 心有善惡 性無善惡 若論氣質之性 亦有不善(『주자어류』 권5 성리2).

다. 그러나 사람의 행위는 실제적으로 많은 편차를 보인다. 주자에 따르면, 사람은 주위 환경의 영향에 의하여, 즉 후천적 배움에 의하여 지선하던 본성이 사욕과 정성(情性)의 늪에 빠져 악행을 범하게 된다. 그래서 그는 『맹자』를 해석[10]하면서 '인(仁)'을 강조하였는데, 인은 사람의 가치성 본질이며 순수지선한 도덕규범이며 형이상의 리세계에 속한다고 보았고, 반면에 인(人)은 현실세계 중 실제 존재의 생명 개체라고 보았으며 형이하의 기세계에 속한다고 보았다. 인생의 전개는 '인지리(人之理)'와 '인지신(人之身)' 양 방면을 결합하여 보아야 한다. 인지리는 사람의 가치성 규범이고 사람이 초월적 가치 이상을 추구하는 근거가 된다. 반면에 인지신은 사람의 현실 형구(形軀)로서 정서와 욕망의 혈육지구(血肉之驅)이며, 사람의 행위 표현상의 장폐(障蔽)의 근거가 된다. 인생 대도(大道)의 전개에 이르러서는 인지리로서 인지신을 잘 다스려 숭고한 가치 이상을 실현하여야 한다. 이와 같은 수양의 방법이 곧 주자에게서 교육의 주요 내용이 된다. 따라서 주자는 "인욕을 억제하고 천리를 회복하는 것이 곧 학문의 시작이다."[11]라고 하였다. 그래서 교육의 의의는 사람으로 하여금 욕망을 억제하고 천리를 회복하여 도덕적 본성을 실현하는 데 있는 것이다.

유가교육은 전통적으로 '수기치인(修己治人)' 혹은 '내성외왕(內聖外王)'이 그 목적이다. 예를 들면, 공자는 "자기를 닦음으로써 남을 편안하게 한다."[12] 그리고 "자기를 닦음으로써 백성을 편안

10) 仁者 人之所以爲人之理也 然仁理也 人物也 以仁之理 合於人之身而言之 乃所謂道者也(『사서역주』, 『맹자』, 「진심장구상」).

11) 學者須是革盡人欲 復盡天理 方始是學(『주자어류』, 권 5).

하게 한다."[13]라고 하였고, 맹자는 "뜻을 얻으면 혜택이 백성에게 더해지고 뜻을 얻지 못하면 몸을 닦아 세상에 드러나니, 곤궁하면 홀로 자기의 몸을 착하게 만들고 출세하면 천하를 모두 착하게 만든다."[14]라고 하였다. 이러한 수기치인과 내성외왕의 사상은 『대학』에서 좀 더 구체적으로 설명되었다.

> 대학의 도는 명명덕(明明德)에 있고, 친민(親民)에 있으며, 지어지선(止於至善)하는 데 있다. …… 천하의 덕을 밝히고자 하는 자는 먼저 나라를 다스려야 하고, 그 나라를 다스리고자 하는 자는 먼저 그 집을 다스려야 하고, 그 집을 다스리고자 하는 자는 먼저 자신의 몸을 수양하여야 한다. 몸을 수양하려면 먼저 자신의 마음을 바로 하여야 하고, 마음을 바로 하려면 먼저 성의(誠意)를 하여야 하고, 성의를 다하려면 먼저 치지(致知)에 달하여야 하는데, 치지는 곧 격물(格物)에 있다.[15]

『대학』에서 말하는 명덕, 친민, 지어지선은 삼강령이고, 격물, 치지, 성의, 정심, 수신, 제가, 치국, 평천하는 팔조목에 해당한다. 특히 팔조목 중에서도 격물, 치지, 성의, 정심, 수신은 내성의 공부이고 제가, 치국, 평천하는 외왕의 사업이다. 유가교육의 목적은 바

12) 修己以安人(『논어』, 「헌문」).

13) 修己而安百姓(『논어』, 「헌문」).

14) 得志 澤加於民 不得志 修身見於世 窮則獨善其身 達則兼善天下(『맹자』, 「진심장구상」).

15) 大學之道 在明明德 在親民 在止於至善 ……古之欲明明德於天下者 先治其國 欲治其國者 先齊其家 欲齊其家者 先修其身 欲修其身者 先正其心 欲正其心者 先誠其意 欲誠其意者 先致其知 致知在格物(『주자사서집주전거고』, 『대학』, 경 1장).

로 여기에 있다. 이러한 수기치인 혹은 내성외왕은 '수기선군(修己善群)'을 포함한다고 볼 수 있다.

신유학자들은 공·맹 등의 선진 유학자들의 사상을 매우 존숭하여 계승·발전시켰기 때문에 그들이 제시한 성현의 인격 전형을 이상으로 하였으며 인륜의 표준으로 삼았다. 그래서 신유가의 교육 이상은 존신(尊身), 수신(修身), 성신(成身) 등을 제시함으로써 '성신지학(成身之學)'을 완성하였으며, 배움과 가르침의 공동 목표로서 '학위성현(學爲聖賢)'을 강조하였다. 이러한 신유가의 성향으로 볼 때, 주자의 교육 목표는 당연히 성인(聖人)이 되는 데 있었다. 여기서 성인은 인을 체득하여 인의예지의 본성을 실현하는 사람을 말한다. 그리고 천지의 뜻을 받들어 그 도를 전하고 헤아려서 도움을 줄 수 있는 사람을 또한 성인이라고 하였다. 이러한 성인의 길을 두고 주자는 다음과 같은 견해를 피력하였다.

> 보통 사람은 반드시 성현에 그 뜻을 두어야 하는데, 세상의 많은 사람은 성현의 길은 높고 자신은 낮은 존재이기 때문에 감히 나아가지를 못한다고 생각한다.[16)]

그러나 주자는 성인과 범인의 인성이 모두 동일하다고 하면서 범인들이 성인은 높고 자신은 비천하다고 생각한다면 성인의 길은 아주 요원한 길이 되고 말며, 이는 큰 잘못을 저지르는 것이라고 하였다. 그래서 그는 모든 범인도 자신을 잘 수양하면 인의 마

16) 凡人須以聖賢爲己任 世人多以聖賢爲高 而自視爲卑 故不肯進(『주자어류』 권8).

음을 가진 성인의 경지에 도달할 수 있다고 하였다. 그러므로 배우는 사람은 처음에는 선비가 되는 것을 배우고 더 나아가 성인이 되는 공부를 하여야 한다는 것이다.

주자에게서 성인이 되는 공부는 결국 기질지성을 본연지성으로 회복시키는 공부다. 그에 따르면, 인간의 본성은 본래 착한 것이지만 욕심에 가려 사욕을 탐하기 때문에 본래의 성품이 가려지게 된다. 그러므로 이러한 이익과 욕심에 가려진 마음을 회복하는 것이 본성, 즉 본연지성을 회복하는 것이다. 본성을 회복한다는 것은 곧 어진 덕을 완성시키는 것이기도 하다.

그런데 어진 덕은 결코 하루아침에 이루어지는 것이 아니다. 즉, 성인의 길은 멀고도 험하다. 진리는 단박에도 깨칠 수 있지만 덕은 차츰차츰 닦아야 한다. 그리고 성인으로 되기 위한 일을 익히는 길은 어디까지나 닦아서 증험(證驗)하여 내는 것을 중시한다. 세상에 닦지 않고 이를 수 있는 사람은 없다. 따라서 인간은 모름지기 인의예지의 본성을 실현하기 위하여 실천궁행하여야 하며, 덕성을 갖추기 위해서 부단한 노력을 기울여야 한다.

교육의 내용

과거(科擧)와 학교교육의 비평과 서원(書院)의 재건

주자의 교육 내용을 살펴볼 때 그가 어떠한 구체적인 교육을 하였는지에 앞서 당시 그가 가졌던 교육적 사유체계와 그의 교육사업에 대한 고찰이 선행되어야 할 것 같다.

주자는 당시의 과거제도에 대하여 극력하게 비판하였다. 즉, 그는 과거에 급제하여 자신의 이익만을 추구하는 당시 선비들의 자세를 비판하면서, 도학(道學)의 선비는 도리를 추구하고 그것을 실천하는 것을 학문의 근본으로 삼아야 한다고 주장하였다. 그에 따르면, 과거는 법으로 제정된 폐단이다. 왜냐하면 시험을 담당하는 관리들의 부패가 극심하였을 뿐만 아니라, 어리석고 훌륭하지 못한 사람도 과거에 급제만 하면 받들어 모셔지는 것이 당시 사회의 실상이었기 때문이다. 이러한 과거제도의 폐단 때문에 학교에서 교사가 가르치고 학생이 배우는 것은 모두 근본을 잃어버리고 그 지엽 말단을 좇으며, 이익을 도모하고, 정의가 사라지니 그 결과 성왕(聖王)의 뜻을 회복할 수 없다는 것이다.

본래 송대(宋代)에는 서원이라는 사설 교육기관이 각지에 세워져서 육경(六經)을 중심으로 향인(鄕人)을 교육하였다. 이러한 서원들은 대체로 산수가 빼어난 곳에 위치하였으며, 성현의 길이 그 목적이었다. 그런데 당시에는 과거제도가 있어서, 교육의 본래 목적이 도덕적 인격 완성에 있었지만 많은 학생들이 과거급제를 목표로 공부하였던 것이다. 특히 당시의 학생들은 절의를 버리고 자신의 출세에 눈이 어두워 있었다.

이러한 폐단을 직시한 주자는 곧바로 학교교육의 개혁을 주장하였다. 그래서 그는 학교교육을 개선하고 도덕교육을 부흥하기 위하여 서원을 재건하였던 것이다. 백록동서원(白鹿洞書院)과 악록서원(岳麓書院)의 부흥은 그의 이러한 염원에 의한 것이라 볼 수 있다. 특히 백록동서원에서 제정하여 시행한 『백록동서원학규』는 후세 서원학규의 기원이 되었으며, 서원교육의 방법론을 제시하는 기준이 되었다.

소학교육과 대학교육

주자가 주장하는 학교교육의 근원적인 목표는 그 교육을 통해서 학생을 성현의 길로 나아가게 함에 있다. 그것은 실제 우리에게는 덕성 함양의 공부다. 주자는 이 덕성 함양이라는 교육의 목표를 실현하기 위하여 학교교육은 소학교육과 대학교육의 단계적 교육이 이루어져야 한다고 생각하였다. 이는 곧 주자가 생각하는 가장 이상적인 교육의 형태였다.

먼저 소학교육은 일종의 보급교육으로서 대학교육의 기초가 된다. 소학의 과정은 보통 6, 7세경에 시작하여 예(禮) · 악(樂) · 사(射) · 어(御) · 서(書) · 수(數) 등 육예를 중심으로 사(事)를 가르치게 되는데, 여기서는 주로 『소학』의 내용을 중심으로 하였다.

『소학』은 본래 성인의 경전과 현인(賢人)의 풀이 및 삼대(하, 은, 주) 이후의 아름다운 말과 착한 행실을 모아 엮은 것이다. 그것은 내편과 외편으로 구성되어 있는데, 내편은 다시 입교(立敎) · 명륜(明倫) · 경신(敬身) · 계고(稽古)의 4개 항목으로 구성되어 있으며, 외편은 가언(嘉言) · 선행(善行)의 2개 항목으로 구성되어 있다. 입교에서는 옛 성현의 교학의 법도를 남녀별 · 연령별로 구분하여 논하고 있으며, 명륜에서는 쇄소(灑掃) · 응대(應待) · 진퇴(進退)의 예절 등 일상적인 행위의 규범을 논하고 있다. 경신에서는 몸가짐의 법도를 가르치고 있으며, 계고에서는 옛 성현의 행적을 상고하여 정리하고 있다. 그리고 외편의 가언과 선행은 전대의 전기를 참고하였을 뿐만 아니라 최근에 보고들은 견문 중에서 교훈이 될 만한 말과 행실을 모아 만든 것이다.

이러한 『소학』의 구성체계를 볼 때, 소학의 단계적 교육 목표는 입교, 명륜, 경신, 계고이며, 그 내용은 부자 · 군신 · 부부 · 장유 · 붕우 등 오륜 관계 중에서 단정한 일상생활의 태도와 행위를 규정

짓는 심술(心術), 위의(威儀), 의복, 음식 등 네 방면으로 나누어 학생에게 진퇴(進退), 애친(愛親), 경로(敬老), 우애(友愛) 등을 가르쳤던 것이다.

소학교육의 연장인 대학교육은 소학교육을 마친 뒤 약 16~17세쯤에 들어가는데, 이 과정에서는 주로 이치(理致)를 가르쳤다. 즉, 대학에서는 격물치지 · 효제충신의 리를 배웠다. 그래서 주자는 대학교육은 『대학』이 기본이며, 그 내용을 중심으로 교육하여야 한다고 하였다. 즉, 그는 『대학』의 삼조목인 명명덕 · 친민 · 지어지선을 교육의 목적으로 삼았고, 나아가 팔조목 중에서 격물 · 치지 · 성의 · 정심 · 수신은 개인의 인격을 완성하는 방법론으로 제시하였으며, 제가 · 치국 · 평천하는 사회 국가의 복리 증진을 위한 방법론임을 주장하였다.

이와 같은 맥락에서 볼 때, 소학교육이나 대학교육은 그 근본 취지에서는 다름이 없다. 즉, 본연지성을 회복하고 그것을 자기 삶의 지표로 삼도록 한다는 교육의 목적을 실현하는 점에서는 하나인 것이다. 그러나 학생들의 발달단계에 따라 배우는 내용의 선후는 분명히 있다. 소학에서는 방심을 거두고 경(敬)을 함양하는 것을 배우고 대학에서는 이치를 탐구하는 것을 배운다. 여기서 사물의 이치를 궁구하기 위해서는 먼저 정서적 · 심리적으로 안정된 상태, 즉 경의 상태가 전제되어야 한다고 했을 때, 대학이 그 시작을 격물로부터 하는 이유를 알 수 있다.

배움은 방만한 마음을 수렴하여 안정된 상태의 마음을 갖는 것을 항상 필요로 한다. 즉, 『소학』과 『대학』의 배움은 경(敬)으로 일이관지(一以貫之)되어 있다. 소학의 공부는 배움의 기초인 경을 배워 익힌다. 소학에서 익힌 경의 자세를 견지하고서 대학의 공부를 시작하기 때문에 사물의 이치를 왜곡됨 없이 탐구하고 이치에 따라 살아가도록 스스로를 지도할 수 있다. 소학 공부의 성과가 없다면 대학의 공부에서 진정한 성과를 기대할 수 없는 것이다. 따라서 『대학』에서 배움의 궁극적인 목표에 도달하는 방법으로 제시하고 있는 팔조목의 바탕은 『소학』의 공부를 통하여 얻는다고 할 수 있다. 그리고 『소학』에서 익힌 경은 『대학』의 배움을 통하여 더욱 깊어진다. 이와 같이 대학 이후의 공부가 배우는 사람이 나아가야 할 지향과 방법을 알아 스스로 탐구하고 채워 나가는 단계라면, 소학은 경을 함양하여 그 근본을 형성하는 단계로서 이 두 가지는 구분된다.

> 소학에서는 그 일(事)을 배우고 대학에서는 소학에서 배운 것의 까닭을 배운다.[17] 주자가 말하기를, 옛날의 가르침은 소학이 있고 대학이 있었는데, 그 도는 하나일 뿐이다. 소학은 곧 사(事)이니, 이를테면 임금을 섬기고 부형(父兄)을 섬기는 등의 일이요, 대학은 곧 이 일의 리를 밝히는 것이니, 그 상면으로 나아가 임금을 섬기고 부모를 섬기는 등의 일이 어떠한 것인가를 강구하여 극진하게 하는 것이다.[18]

이와 같이 소학의 단계에서는 어린이가 일상생활 속에서 행하여야 하는 일과 활쏘기, 음악, 셈하기와 같은 기본적인 것을 가르친다. 이러한 일을 통하여 마땅히 행하여야 하는 법칙에 익숙해지면 그것을 바탕으로 충효가 무엇인지, 충효를 실천하여야 하는 이유,

---

17) 小學者 學其事 大學者 學其小學所學之事之所以(『주자어류』 권7).

18) 朱子曰 古之敎者 有小學 有大學 其道則一而已 小學是事 如事君事 父兄等事 大學是發明此事之理 就上面講究委曲所以事君事親等事是如何(『소학집주』 총론).

즉 소이연의 근거와 그 의미를 궁구하게 되는 것이다. 결국 소학에서는 일상적인 일을 실천함으로써 방심을 거두는 것을 배우고, 대학 이후에는 사물의 이치를 궁구함으로써 본연지성을 회복할 수 있는 것이다.

지금까지의 논의에서 보면, 주자의 이상적인 교육은 소학과 대학으로 이어지는 점진적인 교육임을 알 수 있다. 그리고 소학의 단계에서는 육예를 중심으로 사(事)를 주된 교육의 내용으로 삼았고, 대학의 과정에서는 『근사록』, 사서, 육경, 역사 등을 골고루 탐독하는 철학위주의 교육을 하여 사물의 이치를 궁구하였던 것이다.

교육의 방법

주자는 『백록동서원게시(白鹿洞書院揭示)』에서 교육의 방법과 학습의 단계에 대하여 매우 상세하게 언급하였다. 그 내용을 간추려보면 다음과 같다.

> 다섯 가지 가르침이 있다. 즉, 아버지와 아들은 친함이 있어야 하며, 임금과 신하는 옳음이 있어야 하며, 부부간에는 구별이 있어야 하며, 어른과 아이는 차례가 있어야 하며, 벗과 벗 사이에는 믿음이 있어야 한다.
>
> 배움에는 차례가 있다. 즉, 넓게 배우고, 살펴서 물으며, 신중하게 생각하며, 분명하게 구별하며, 돈독하게 행함이다.
>
> 수양함에는 요지가 있다. 즉, 말은 충성스럽고 미덥게 하며, 행동은 돈독하고 공경스럽게 하며, 분함을 참고, 욕심을 막으며, 착한 곳에 나아가 잘못을 고치는 것이다.
>
> 일을 처리함에도 요지가 있다. 즉, 옳은 것을 바르게 하며, 그 이로운 것을 꾀하지 아니하며, 그 진리의 길을 밝히 데 그 공은 따지지 아니함

이다.

> 물건(남)을 접함에도 요지가 있다. 즉, 자신이 하고 싶지 아니한 일을 남에게 미루지 말며, 행해도 얻지 못함이 있으면 반성하여서 자기 자신에게 그 책임을 구하여야 한다.[19)]

이 글의 내용은 주로 가르침의 조목, 배움의 순서, 수신의 요체로 구성되어 있음을 알 수 있다. 즉, 부자유친 · 군신유의 · 부부유별 · 장유유서 · 붕우유신은 가르침의 조목이며, 박학(博學) · 심문(審問) · 신사(愼思) · 명변(明辨) · 독행(篤行)은 배움의 순서이며, 언충신(言忠信) · 행독경(行篤敬) · 징분실욕(懲忿窒慾) · 천선개과(遷善改過)는 수신의 요체다.

이러한 게시의 내용들과 여러 문헌에서 발견되는 주자의 어록을 종합하여 주자의 교육방법을 정리하여 보면 다음과 같다.

첫째, 입지(立志)의 방법이다. 입지는 우선 뜻을 넓고 크게 세우라는 것이다. 이에 대하여 주자는 "배우는 자는 반드시 뜻을 세움을 근본으로 한다."[20)]라고 하여 입지의 중요성을 강조하였다. 그리고 그는 사람을 가르치는 근본 역시 입지에서 시작하여 성인의 경지에서 마친다고 할 정도로 입지를 중시하였던 것이다. 한마디

19) (一) 五敎(卽五倫): 父子有親, 君臣有義, 夫婦有別, 長幼有序, 朋友有信.
(二) 爲學之要: 博學之, 審問之, 愼思之, 明辨之, 篤行之.
(三) 修身之要: 言忠信, 行篤敬, 懲忿窒慾, 遷善改過.
(四) 處事之要: 正其誼不謀其利, 明其道不計其功.
(五) 接物之要: 己所不欲勿施於人, 行有不得反求諸己(『백록동서원게시』, 『주문공문집』 권74).

20) 學者須以立志爲本(『주자어류』 권118).

로 뜻을 먼저 세우면 거기에 따라 점차적으로 학문의 발전을 도모할 수 있고, 그에 따라 성인이 되는 공부가 이루어지기 때문이다.

둘째, 견의(堅毅)의 방법이다. 견의는 흔들리지 않는 꿋꿋하고 의젓함을 말한다. 그래서 공부를 하는 데 마음이 흔들리지 않고 지속적으로 세운 바의 뜻을 밀고 나가야 된다는 것이다. 즉, 온 마음을 집중하여 어떠한 난관에도 굴복하지 않고 용감하게 학문에 정진하는 것이 견의인 것이다. 예를 들어, 사공이 배를 저어 감과 같다. 물결이 잔잔할 때는 순탄하게 앞으로 나아갈 수 있으나, 파도가 심하게 칠 때는 사공이 삿대를 꼭 붙들고 조심스럽게 앞으로 전진할 수밖에 없는 것과 같이 어떠한 역경 속에서도 굳건히 나아가야만 하는 것이다. 이것은 배우는 자는 항상 꿋꿋한 정신 자세로 지속적으로 공부에 임하여야 하며, 조금이라도 느슨한 자세로 임하여서는 안 된다는 것이다. 즉, 학문에 대한 진정한 용기와 결단력을 강조하고 있다.

셋째, 용경(用敬)의 방법이다. 용경은 뜻을 정성스럽게 하고 마음을 하나로 바로잡는 것으로 거경(居敬)·지경(持敬), 즉 공경하는 생활, 공경하는 마음을 갖는 것을 의미한다. 주자는 『논어집주』에서 "주일(主一)은 경이라 한다. 무적(無適)을 일(一)이라 한다. 경은 일(一)을 주로 하여 이 일을 하고, 다시 다른 일을 하지 않음이다. 무적은 달려가 짓지 아니함이다."[21]라고 하여 경을 주일무적(主一無適)의 뜻으로 해석하고 있다. 이와 같이 경은 하나(一)를 주로 하기 때문에 한 가지 일을 하면서 다시 다른 일을 하지 않는다.

21) 主一之謂敬 無適之謂一 敬主於一 做這件事 更不做別事 無適是不走作(『논어집주』,「학이」).

흩어지지 않는다는 것은 다른 것에 마음을 두지 않는다는 의미다. 그러므로 경이란 나의 마음이 하나로 집중된 상태를 말한다.

경이 이러하니 앎을 이루는 데 경하지 않으면 어둡고 미혹되고 헝클어져 올바른 이치가 어디로 가는지 알지 못하게 된다. 또 몸소 행하면서도 경하지 아니하면 게을러지고 방종하여 옳은 이치의 실상을 이루지 못하게 된다. 이와 같이 용경은 지와 행에서 가장 기본적인 수양 공부라 할 수 있다. 경 공부야말로 성인이 학문하는 시종이며, 성인의 학문 중에서도 핵심인 것이다.

넷째, 구지(求知)의 방법이다. 구지는 궁리와 같은 뜻으로 격물치지와도 통하는 말이다. 주자는 특히 격물치지에 대하여 다음과 같이 말하였다.

> 격물이란 것의 격(格)은 진(盡)이니, 모름지기 사물의 이치를 궁진하여야 함이다. 만약 이삼분을 궁극한다면 이는 아직 격물이 아니다. 모름지기 십분에 이르도록 궁진하여야만 바야흐로 격물이 있다.[22)]
>
> 치지라고 하는 것은 이미 알고 있는 것에 의해 그것을 미루어 이르게 하여 그 아직 알지 못하는 것에 미쳐서 그 이르름을 지극하게 함이다. 반드시 천지만물의 이치를 들어 하나로 꿰뚫어 이른 연후에 앎에 이르게 된다.[23)]

주자의 설명대로 격물, 치지는 결국 궁리다. 다시 말해서 지(知)

---

22) 格物者格盡也 須是窮盡事物之理 若是窮得三兩分 便未是格物 須是窮盡得到十分 方是格物(『주자어류』 권15).

23) 致知云者 因其所已知者推而致之 以及其所未知者而極其至也 是必至於擧天地萬物之理而一以貫之 然後爲知之至(『주자문집』 권42).

는 후천적 지식이고, 격(格)은 이름(至), 즉 궁구함에 나아가는 것이며, 물(物)은 객관적인 사물이다. 이러한 의미에서 격물과 치지는 하나의 일이다. 한 가지 사물의 이치를 궁구하는 데는 완전히 알아 투철함의 마지막에 이르는 것이 바로 사물을 관찰함이다. 우리가 어떤 하나의 사물의 이치를 궁구하는 것은 우리 마음속에 그 사물에 대한 앎을 얻으려고 하는 것이다.

만약 성인되는 것이 배움의 궁극적 목적이라면 우리는 먼저 사람이 되는 도리에 대해서 투철하게 이해하여야 한다. 그 이해의 단계가 바로 『대학』에서 말하는 우리가 이치를 궁구하고 능히 사물을 관찰하여 앎이 지극하여지면 뜻은 저절로 정성스러워지고 뜻이 정성스러워지면 마음은 저절로 바르게 되어 나아가 우리가 몸을 닦고, 집을 다스리고, 나라를 다스리고, 천하를 태평하게 할 수 있는 것이다. 그런데 궁리를 할 때 그 궁리는 철저하게 두루 미쳐야 한다. 또한 순서를 따라 차츰차츰 자신의 가장 절실한 곳에서 먼 곳으로 나아가야 하며, 지속적인 노력을 하여야 한다. 그리고 독서가 궁리의 가장 중요한 수단이다. 이러한 궁리의 과정을 통할 때 우리는 활연관통(豁然貫通)의 경지에 도달할 수 있는 것이다.

다섯째, 실천(實踐)의 방법이다. 실천은 수신, 제가, 치국, 평천하와 독행(篤行) 등을 근거로 하는 존양 공부다. 주자는 이론상에서는 비록 먼저 안 뒤에 행할 것을 주장하지만, 지행은 병진하는 것이다. 따라서 알면서 실행하지 않는 것은 앎이 지극함에 이르지 못한 것이며 앎에 투철하지 못한 것이다. 이에 대하여 주자는 다음과 같이 말하였다.

> 학자의 공부는 오직 거경, 궁리의 두 가지 일에 있을 뿐이다. 이 두 가지는 서로를 나타낸다. 능히 거경하게 되면 거경 공부는 날로 더욱

진보하게 되고, 능히 거경하게 되면 궁리 공부는 날로 더욱 상세해진다.[24]

즉, 공경하는 생활 공부를 완전하게 하면 마음을 기르는 존양 공부는 저절로 터득되어 날이 갈수록 깊고 두터워지며, 우리의 살핌도 저절로 터득되어 날이 갈수록 엄격하고 세밀해진다는 것이다. 이와 같이 주자는 실천에서 존양의 마음공부를 가장 강조하고 있다. 존양은 배우는 사람이 항상 마음을 일으키고 오로지 그 한 마음을 주로 하여 항상 깨달음을 이루도록 노력하는 것이다. 또한 이 존양은 공경하는 생활에서 나타나는 필연적 결과이며, 그것은 또한 끊임없는 자기 성찰의 결과이기도 하다.

지금까지의 내용을 통해서 보면, 주자는 학문을 하는 데 우선 뜻을 분명히 세우고, 어떠한 난관에도 흔들리지 않는 꿋꿋한 정신 자세를 강조한 것을 알 수 있다. 그리고 항상 공경하는 마음 자세로 궁리하고 실천하기를 주장하였다. 이러한 그의 교육적 방법론은 오늘날 나태할 만큼 나태해져 있는 학생에게 올바른 학문의 자세를 가르치고, 학문적 분위기나 풍토를 조성하는 데 많은 시사점을 주고 있다.

24) 學者工夫 唯在居敬窮理二事 此二事互相發 能窮理 則居敬工夫日益進 能居敬 則窮理工夫日益密(『주자어류』 권9).

주자 교육사상의 현대적 의의

주자는 그의 이기론과 심성론의 바탕 위에 그의 교육관을 피력하였다. 그는 선진 유학자들을 매우 존숭하여 그들이 제시한 '성현(聖賢)'의 인격 전형을 이상으로 하였으며, 교육의 목표로 삼았다. 이러한 교육 목표에 도달하기 위해서 그는 소학과 대학의 두 과정으로 나누어 교육을 실시하여야 한다고 주장하였다. 즉, 소학에서는 사(事)를 배우고, 대학에서는 이치를 깨달아야 한다는 것이다. 특히 주자는 『백록동서원게시』를 통하여 교육의 방법과 학습의 단계에 대하여 매우 상세하게 언급하였는데, 가르침의 조목, 배움의 순서, 수신의 요체를 일목요연하게 제시하고 있다.

이러한 주자의 교육적 관점은 성리학적 교육사상의 큰 틀을 형성하였을 뿐만 아니라, 그 이후의 교육사상사에서도 원류가 되어 주고 있다. 오늘날 현대교육에 주는 시사점을 정리하여 보면 다음과 같다.

첫째, 인간성을 회복할 수 있게 한다. 현대사회는 과학 기술의 발달에 의하여 물질적 풍요로움과 생활의 편리함을 가져왔다. 그렇지만 오늘날의 현대인은 인간 가치의 상실과 도덕성의 타락에 따른 공허감과 불안 속에서 살아가고 있다. 학교교육 역시 교육 본래의 의의와 가치인 인격자를 양성하는 교육이 아니라 경쟁 중심의 교육만을 하고 있는 실정이다. 이러한 형태의 교육이 주는 가장 엄중한 결과는 인간성 상실의 문제다. 이 문제를 해결하기 위해서는 인간성을 회복하는 교육이 반드시 필요하다. 이러한 맥락에서 주자가 기질지성을 본연지성으로 변화시켜야 한다는 주장은 오늘날 인간성을 회복시켜야 한다는 교육적 과제에 시사하는 바가 큰 것이다.

둘째, 자기 성찰의 자세를 갖게 한다. 오늘날의 교육은 경쟁을 통한 승리자만이 최대의 보상을 받는 형태로 변하였다. 그러다 보니 학생들은 자신을 되돌아볼 마음의 여유가 없다. 그리고 배움 자체의 즐거움이나, 배움에 따른 자신의 변화를 느낄 수가 없는 것이다. 이러한 교육적 분위기에서는 지식이란 자신과 전혀 상관이 없는 것일 뿐이다. 이러한 맥락에서 볼 때, 주자의 교육사상은 바로 자기 성찰의 자세를 갖게 하는 좋은 본보기임에 틀림없다. 왜냐하면 주자가 생각하였던 학문이란 무엇보다도 자신의 본연지성을 발현하고 지키는 것으로서 위기지학이었기 때문이다. 여기서 위기지학이란 인간으로 살아가는 길과 방법을 배우는 것이다. 즉, 학문을 하는 이유가 나에게 있고 또 학문의 결실이 맺어지는 곳도 나 자신으로서, 학문은 그 자체로서 의미를 갖는다는 것이다. 따라서 항상 마음을 정직하게 성찰하고 나 자신을 변화시킴에 집중하여야 한다. 이러한 주자의 교육철학적 관점을 교육 현장에 잘 응용하여 자기반성을 할 줄 모르는 학생들에게 자기 성찰의 프로그램으로 제시하면 좋은 교육적 성과를 기대할 수 있을 것이다.

셋째, 삶 속에서 실천적 자세를 갖게 한다. 오늘날의 현대교육은 인간의 삶과 마음을 바탕으로 이루어지지 않는다. 일은 일대로, 학습은 학습대로 나누어 매우 부자연스럽고 무리한 형식의 교육이 행해지고 있다. 즉, 생활과 유리된 지식을 배우고 있는 것이다. 이와 같이 공부와 생활이 유리되어 있다 보니 전혀 실천으로 승화되지 못한다. 그러나 교육은 우리가 살아가면서 배우고 느끼는 모든 일을 포함하여야 한다. 즉, 교육은 사람이 사람과 더불어 살아가면서 삶의 내용과 방법을 배우는 것이다. 객관적 지식을 가르치는 것도 매우 중요하기는 하지만, 그것은 교육의 일부분에 지나지 않는다. 만약 객관적 지식만을 가르치는 교육을 한다면 인격적 성숙은 기대하기 어렵게 된다.

그래서 주자는 그의 교육사상 전체를 통하여 생활 속에서 체험하고 실천하는 자세를 강조하였던 것이다. 이는 곧 교육을 객관적 지식을 가르치는 것으로 한정하지 않고 살아가는 방법과 지혜를 가르쳐 인격적 성숙을 도모하는 것이다. 이와 같은 주자의 교육적 관점은 사람됨의 바탕을 마련하고 왜곡됨 없이 사물의 이치를 궁구할 수 있는 힘을 길러 줌으로써 현대교육의 부정적 요소를 극복할 수 있는 정신적 힘이 됨에 틀림없다.

8 왕양명의 도덕교육사상

왕양명의 교육적 삶

왕수인(1472~1528)은 육학(陸學)의 창시자 육구연이 죽은 지 280년 후 절강 여요에서 태어났다. 자는 백안(伯安)이요, 호가 양명(陽明)이다. 그래서 그를 흔히 '양명 선생' 이라 부른다. 그는 어려서부터 조부 죽헌옹(竹軒翁)에게서 글을 배웠는데, 글을 읽기보다는 말 타기, 활쏘기 등을 좋아하고 병서(兵書) 읽기를 즐겼다고 한다. 그의 이러한 자유분방한 기질이 염려되어 그의 부친은 학자를 초빙하여 엄격히 가르쳤다. 그런데 스승의 가르침이 성현이 되는 데 있는 것이 아니라 과거시험을 위한 시문(詩文) 공부였기에 그는 싫증을 느끼고 열심히 하지 않았다고 한다.

왕양명은 20세에 향시에 합격한 후에는 주희의 '격물학설' 에 의거하여 천리를 구명하는 궁리공부를 하였다. 주희는 모든 사물에는 겉(表), 속(裏), 상세함(精), 거침(粗)이 있으며, 또한 "풀 한 포기 나무 한 그루에도 리(理)가 담겨 있다."라고 주장하였다. 그래서 왕양명도 친구와 함께 뜰 앞에 있는 대나무를 마주 보면서 깊이 탐구하였다. 친구는 3일 만에 쓰러지고, 그는 7일 만에 쓰러졌는데, 결국 병만 얻고 대나무의 이치를 궁구하여 내지 못했다. 이때 왕양명은 주희의 격물학설이 문제가 있는 것인지 아니면 자기가 주희의 격물학설을 이해하지 못해서인지 단정할 수가 없었다. 그래서 그는 성현은 모든 사람이 다 가능한 것은 아니라고 여길 수밖에 없었다. 성현의 도에 대한 단서가 잡히기 전에 그는 자신의 약동하는 생명을 막지 못하고 방향을 전환하여 세속의 시문사장(詩文辭章)을 탐독하기 시작하였다. 이는 약 5~6년 동안 지속되었다.

28세에 진사과에 급제하여 병부주사의 관직을 제수받았고, 30세 때 공사(公事)를 처리하던 중에 우연히 구화산(九華山)을 유람하였는데, 거기서 한 도사를 만나 신선술에 관해서 이야기를 듣고 이듬해에 복명하였다. 30세에는 건강도 좋지 않고 하여 낙향하여 왕양명동에다 정사를 짓고 도인술을 익혔다. 그러나 그것이 부질없음을 깨닫고 불교에 귀의하였으나 그는 불가와 도가는 성인의 도가 아님을 알고 결국 유가로 돌아왔다.

32세에는 건강이 회복되자 다시 관직을 청하여 병부주사로 일하였다. 그는 공무에 힘쓰면서도 도학의 공부를 게을리 하지 않았는데, 진헌장의 제자였던 담약수와 함께 학생을 모아 가르쳤다. 36세가 되어서는 용장으로 가서 숲속에 초막을 짓고 살다가 다시 암굴에서 살았는데, 거기서는 밤낮을 가리지 않고 바위에 앉아 진리를 깨쳤다고 한다. 그러던 중 어느 날 밤 홀연히 '격물치지' 의 참뜻을 깨쳤다고 한다. 이것을 '용장에서의 큰 깨달음(龍場大悟)' 이라고 한다.

그 후 관직에서 많은 활동을 하였지만 곧은 성품 때문에 환관들의 모함을 많이 받았다. 그는 50세에 낙향하였고, 53세에는 월(越)에서 '양명서원' 을 세워 제자를 양성하였다. 56세 때는 사은(思恩)과 전주(田州)의 반란군을 막았는데, 개선 도중에 청룡포에서 쓰러졌다. 유언을 청하자, 그는 "이 마음이 광명이니 무슨 말을 하겠는가?" 하고 눈을 감았다. 이때가 그의 나이 57세였다. 저서로는 『왕문성공전집(王文成公全集)』 38권과 문인의 기록인 『전습록(傳習錄)』이 있다.

왕양명 도덕교육사상의 철학적 기초

심즉리(心卽理)

왕양명 사상의 근본은 바로 '심즉리' 에 있다. 주자가 심과 리를 서로 다른 두 가지로 본 것과는 달리, 그는 같은 것으로 보았다. 즉, 주자의 이기이원론을 부정하고 육구연의 '마음이 곧 리' 라는 '심즉리' 를 받아들인 것이다. 그래서 그는 "성인의 학문은 심학(心學)이다." 라고 하였다.

따라서 보통 심학은 주자의 이학(理學)에 상대적인 개념으로 설명된다. 사실 왕양명이 '심즉리' 를 깨닫기까지는 많은 고뇌와 시행착오를 거쳤는데, 결국 37세가 되어서야 용장에서 큰 깨달음을 얻게 된다. 이는 대학의 8조목 중 '격물(格物)' 에 대한 깨달음이었다. 먼저 격물에 대한 주자의 견해부터 살펴보자.

> 이른바 지식을 지극히 함이 사물의 이치를 궁구함에 있다는 것은 나의 지식을 지극히 하고자 한다면 사물에 나아가 그 이치를 궁구함에 있음을 말한 것이다. 인심(人心)의 영특함은 앎이 있지 않음이 없고 천하의 사물은 이치가 있지 않음이 없건만, 다만 이치에 대하여 궁구하지 않음이 있기 때문에 그 앎이 다하지 못함이 있는 것이다. 이 때문에 대학에서 처음 가르칠 때 반드시 배우는 자들로 하여금 모든 천하의 사물에 나아가서 그 이미 알고 있는 이치에서 비롯하여 더욱 궁구해서 그 극(極)에 이름을 구하지 않음이 없게 하는 것이다. 그리하여 힘쓰기를 오래해서 하루아침에 활연관통(豁然貫通)함에 이르면 모든 사물의 겉과 속, 자세하고 거친 것에 이르지 않음이 없을 것이요, 내 마음의 전체와 대용(大用)이 밝지 않음이 없을 것이니, 이것을 격물(格物)이라 한다.[1)]

주자는 풀 한 포기 나무 한 그루에도 모두 이치가 있으니 그 하나하나의 이치를 구하라고 말하였다. 이에 왕양명은 주자의 말을 실천하기 위해 대나무를 대상으로 실험을 하였다. 즉, 대나무에서 시작하여 세상의 모든 이치를 깨닫고자 마음을 먹고 7일간 대나무를 밤낮으로 뚫어져라 관찰하였다. 하지만 결국 병만 얻게 되어 주자의 주장이 옳지 못함을 체험하게 된다. 아무리 사물에서 이치를 구하려고 해도 결국 이치를 구할 수 없을 뿐만 아니라 마음과 사물은 하나가 될 수 없음을 깨달은 것이다. 따라서 왕양명은 '대나무에 이르러 대나무의 이치를 궁구' 하는 방법에서 벗어나 '내 마음이 곧 이치' 라는 자각을 하게 된 것이다. 즉, 나의 마음과 대나무의 이치를 나누는 것이 아니라 둘은 처음부터 하나였다는 생각이다.

왕양명의 입장에서 보면, 주자학은 인간 내면의 완전성을 부정하고 있으며 외부의 이치에 의해서만이 내 마음이 완성된다고 보는 학문이었다. 이에 대해 왕양명은 다음과 같이 다른 견해를 피력하였다.

> 치지격물은 나의 마음의 양지(良知)를 사사물물에 다하는 것이다. 내 마음의 양지는 이른바 천리(天理)다. 내 마음의 양지, 곧 천리를 사사물물에 다하면 사사물물은 모두 그 이치를 얻게 된다. 내 마음의 양지를 이루는 것이 치지(致知)다. 사사물물이 모두 그 이치를 얻는 것은 격물(格物)이다. 이것이 마음과 이치를 합하여 하나로 되는 것이다.[2)]

---

1) 『대학장구』, 5장 참조.

2) 所謂致知格物者 致吾心之良知於事事物物也……是合心與理而爲一者也(『전습

이와 같이 왕양명은 주자와는 다른 격물치지를 주장하였다. 그는 이러한 용장에서의 큰 깨달음을 통하여 마음이 이치와 합하여 하나가 되는 자각을 하게 되었고, 리가 마음속에 존재하며 그 바깥에 별도로 존재하지 않는다는 깨달음을 얻었다. 이러한 관점에서 그는 다음과 같이 말하였다.

> 마음이 물(物)에 적용되면 리가 된다는 것은 이 마음이 어버이를 섬김에 있으면 효가 되고 임금을 섬김에 있으면 충이 되는 것과 같다.[3]

이는 곧 마음이 있는 곳에 이치가 있음을 강조한 것이다. 다시 말해서 마음이 없으면 이치도 없다는 것이다. 아무리 효도에 대하여 배워서 배운 대로 어버이에게 실천한다고 해도 마음이 없으면 아무런 소용이 없다는 뜻이다. 즉, 마음이 곧 리이며, 리는 마음과 떨어질 수 없는 것이며, 마음 밖에 이치가 없고 마음 밖에 사물도 없다는 것이다.

지행합일(知行合一)

주자는 지(知)와 행(行)을 둘로 나눠서 말하였고, 먼저 알고 난후에 행한다는 선지후행(先知後行)의 입장을 취하였다. 따라서 앎을 우선으로 하고, 행함을 나중으로 하기 때문에 다분히 주지주의적 입장이었다. 이에 반해 왕양명은 지와 행을 두 가지로 나누는 것이

록』 중, 135조).

3) 心在物則爲理 如此心在事父則爲孝 在事君則爲忠之類(『전습록』 하, 321조).

아니라 하나로 통합하여 생각하였다. 이는 심즉리 이후 필연적인 사상으로 심과 리가 하나이듯, 지와 행도 하나라고 본 것이다. 따라서 주자는 생각이 시작(發動)한 것을 알아도 아직 실천으로 연결되어 있지 않다고 보는 데 반하여, 왕양명은 생각이 시작하는 것을 아는 것이 바로 행(行)이라고 보았다. 이러한 관점에서 그는 주자학적 지행설을 다음과 같이 비판하였다.

종례의 학문이 지(知)와 행(行)을 선과 후의 두 가지로 나눈 결과 날로 지리멸멸해지는데, 성인의 학문이 더욱 쇠잔해지고 쓰러져 가는 그 발단의 시초도 실은 이 점에서 시작되는 것이다.[4)]

이와 같이 왕양명은 당시의 주자학적 지행설을 비판하면서 지와 행은 둘로 떨어질 수가 없고 선후 관계도 있을 수 없으며 그 둘은 동시에 일어난다고 보았다. 그런데 이러한 왕양명의 입장에 대하여 제자 고동교(顧東橋)는 의문을 제기하였다. 즉, 먼저 알아야 후에 행할 수 있는 것이 아니냐는 것이다. 이에 대하여 왕양명은 알고 난 후에 행하는 것이 아니라 지(知)의 작용을 하는 의(意)가 이미 행의 시작이란 점에서 둘이 동시에 일어난다고 답하였다.

무릇 사람이란 먹고자 하는 마음이 있은 후에 먹을 줄을 아는 것인데, 이 먹고자 하는 마음이 바로 의(意)인 것으로 행의 시작이다. 음식의 맛이 좋으냐 나쁘냐 하는 것은 반드시 사람의 입으로 먹어 보고서야

4) 此後世之學所以析知行爲先後兩截 日以支離決裂 而聖學益以殘晦者 其端實始於此(『전습록』 중, 137조).

알 수 있는 것인데 어떻게 입으로 먹어 보기도 전에 맛이 좋은가 나쁜가를 알 수 있겠는가.[5]

여기서 왕양명은 아는 것과 행동하는 것에 앞서 마음이 있어야 한다는 논리를 전개하고 있다. 즉, 밥인 줄 알고 먹는 것이 먹고자 하는 마음보다 나중의 일이라는 점이다. 이때 의(意)는 바로 행이 시작된다는 점에서 이들은 모두 동시에 일어나는 일이 된다. 바로 지(知)속에 행이 있고 행 속에 지가 있는 것이어서 어느 하나만을 말한다 하여도 나머지가 포함되는 관계가 된다. 따라서 왕양명은 "지는 행의 시작이며 행은 지의 완성이다. 성인의 학문은 오직 한 가지 공부만이 있을 뿐이다. 지행은 두 가지 일로 나눌 수 없다."[6] 또한 "지를 참되고 충실하게 하는 곳은 바로 행이고, 행을 분명하고 자세하게 살피는 곳은 바로 지이니, 지와 행의 공부는 본래 분리될 수 없다."[7]라고 하였던 것이다.

왕양명이 이렇게 지행합일을 강조한 까닭은 당시 세상 사람이 지적인 면만을 중시하여 많은 폐단에 빠졌기 때문이다.

지금 사람이 지행을 둘로 나누어 먼저 알고 난 다음에 행할 수 있다고 하는데, 만약 우리가 강습과 토론을 하여 앎에 대한 공부를 하고

5) 夫人必有欲食之心 然後知食 欲食之心卽是意 卽是行之始矣 食味之美惡待入口而後知 豈有不待入口而已先知食味之美惡者邪(『전습록』 중, 132조).

6) 知者行之始 行者知之成 聖學只一箇功夫 知行不可分作兩事(『전습록』 상, 26조).

7) 知之眞切篤實處 旣是行 行之明覺精察處 卽是知 知行工夫 本不可離(『전습록』 중, 138조).

그것이 완전히 참다워진 다음에 행의 공부를 하겠다고 한다면 마침 내 종신토록 행하지 못할 것이며, 또한 종신토록 알지도 못하고 말 것이다.[8)]

즉, 선지후행의 문제점을 지적한 것이다. 그러면서 그는 선인(先人)들이 지(知) 혹은 행(行)을 따로 말한 것은 부족한 부분을 채워주기 위해서인데 후인(後人)들이 이를 잘못 알고 이 둘을 나누어 생각하는 것으로 보았다는 것이다.

치양지(致良知)

왕양명의 학문세계는 '양지'를 확충하는 '치양지'의 과정 속에서 사물을 바르게 하고, 또 사물을 완성하는 것이라 할 수 있다. 그렇다면 그가 말한 '양지'는 과연 무엇이며, 또한 '치양지'는 어떻게 이루는 것인가?

양지는 본래 맹자가 한 말인데, 맹자는 양지(良知)와 양능(良能)을 말하면서 '양지는 태어나면서부터 아는 앎이요, 양능은 태어나면서부터 할 수 있는 능력'이라 하였다. 즉, 양지는 사람이라면 누구나 갖고 있는 것이다. 따라서 맹자는 어린아이로 그 어버이를 사랑할 줄 모르는 이가 없고, 자라서는 그 형을 공경할 줄 모르는 이가 없듯이 모든 사람은 양지를 갖고 태어난다는 것이다.

8) 今人卻就將知行分作兩件去做 以爲必先知了 然後能行 我如今且去講習討論做知的工夫 待知得眞了 方去做行的工夫 故遂終身不行 亦遂終身不知(『전습록』 상, 5조).

맹자의 사상을 계승한 왕양명은 "앎이란 마음의 본체여서 마음은 자연히 알 수 있다. 아버지를 보면 자연히 효함을 알고, 형을 보면 자연히 공경함을 알고, 어린이가 우물에 빠지는 것을 보면 자연히 불쌍하게 여기는 것을 알게 된다. 이것이 바로 양지다."[9]라고 하였다. 또한 "양지라는 것은 맹자의 이른바 시비지심과 같이 사람이 모두 지니고 있다는 것이다. 시비지심은 사려를 기다리지 않고도 알고 배우지 않고도 능한 것이니, 그러한 까닭에 그것을 일컬어 양지라고 한다."[10]라고 하여 양지가 인간이라면 누구나 갖고 있는 기본적인 것임을 강조하였다.

그러면 양지는 구체적으로 어떠한 의미를 지니는가? 왕양명은 양지를 천리로 생각하였다. 양지는 천리로서 성(誠)이며, 이는 실리(實理)로서 일반적인 존재법칙이나 본질에 해당한다. 또한 양지는 도(道)요 그 자체로 완전한 존재로 보고 있다. 초목와석(草木瓦石)도 사람의 양지가 없게 되면 그것이 될 수 없고 천지도 사람의 양지 없이는 천지가 될 수 없다고 하여, 양지는 천리요 인심의 주체일 뿐 아니라 사람과 만물도 그 뿌리는 하나라고 보고 있다. 즉, 사람은 양지가 없을 수 없으며 양지가 있기 때문에 사람으로 존재할 수 있다는 것이다(『전습록』 하, 281조, 274조 참조). 그리고 양지는 가치판단의 기준이 된다. 따라서 왕양명은 "양지가 바로 시금석이며 지남침이다."[11]라고 하면서 양지를 모든 일의 잘잘못을 가

9) 知是心之本體 心自然會知 見父自然知孝 見兄自然知弟 見孺子入井 自然知惻隱 此便是良知(『전습록』 상, 8조).

10) 良知者 孟子所謂是非之心 人皆有之者也 是非之心 不待慮而知 不待學而能 是故謂之良知(『왕양명전집』, 「대학문」).

릴 수 있는 기준으로 보았다.

그렇다면 왕양명이 말하는 치양지는 무엇인가? 치양지란 자기가 가지고 있는 양지에 따라 실천하는 것을 말한다. 즉, 양지를 자득하고 이것을 실천하는 것을 뜻한다. 왕양명이 격물치지를 설명하면서 "나의 양지를 이루는 것이 치지이고, 모든 일과 모든 사물이 이를 얻는 것이 격물이다."[12]라고 한 데서 알 수 있듯이, 왕양명 사상에서 격물치지의 지(知)는 양지를 의미하므로 치양지는 치지와 같은 말이다.

왕양명은 치지의 치(致)를 이른다(至)의 뜻으로 보았다. 이는 주자가 말하는 확충한다는 의미뿐만이 아니라 나의 마음의 양지를 다하는 것을 포괄한다. 이에 대해 왕양명은 다음과 같이 말하였다.

> 역경에서 '지극함을 알아 그것에 이른다(知至至之).' 라고 말할 때의 '지지(知至)' 라는 것은 앎이며, '지지(至之)' 라는 것은 실현하는 것이다. '치지(致知)' 운운하는 것은 후세의 유학자들이 말하는 것처럼 지식을 넓힌다는 것이 아니라 내 마음의 양지를 실현하는 것일 뿐이다.[13]

성인은 자신의 양지를 온전히 드러내지만 보통의 사람은 자신의 양지를 제대로 드러내지 못하고 막혀 있다. 이 양지를 밝게 드러내는 것이 바로 양지를 치(致)한다고 한다. 왕양명은 이를 거울에 비유하여, "마음이란 마치 거울과 같다. 성인의 마음은 밝은 거울과

11) 眞是箇試金石 指南針(『전습록』 하, 208조).

12) 致吾心之良知者 致知也 事事物物皆得其理者 格物也(『전습록』 중, 135조).

13) 易言知至至之 知至者 知也 至之者 致也 致知云者 非若後儒所謂充廣其知識之謂也 致吾心之良知焉耳(『왕양명전집』, 「대학문」).

같고 보통 사람들의 마음은 흐린 거울과 같다."[14]라고 하였다. 즉, 성인이 되기 위해서 흐린 거울을 갈고 닦으라는 뜻이다. 또 "양지는 본래 스스로 밝지만 기질이 아름답지 못한 자는 찌꺼기가 두껍고 막힌 것이 많아 밝히기가 쉽지 않다. 기질이 아름다운 자는 찌꺼기가 두껍지 않고 막힌 것이 많지 않기 때문에 치지의 노력을 쌓으면 이 양지가 곧 스스로 빛나 밝아진다."[15]라고 하여 성인이 되기 위해서는 부단한 노력이 있어야 함을 강조하였다.

치양지의 '치(致)'자의 해석은 다양하게 이해되는데, 크게 '확충(擴充)'과 '복(復)'으로 나누어 볼 수 있다. 여기서 확충이란 양지를 확충한다는 뜻인데, 이에 대해 왕양명은 다음과 같이 말하였다.

> 만약 이 양지가 발휘되어 전혀 사사로운 뜻의 장애가 없게 된다면 바로 이른바 '그 측은한 마음을 확충해 나가서 인(仁)을 이루 다 쓸 수 없게 된다.'라는 상태가 된다. 그러나 보통 사람에게는 사사로운 뜻의 장애가 없을 수가 없다. 그래서 반드시 치지격물 공부를 함으로써 사사로움을 이기고 이로 되돌아가야만 한다. 곧, 마음의 양지가 아무런 장애도 받지 않고 가득 차서 두루 행해질 수 있게 되면 그것이 바로 그의 앎에 이르게 된다. 앎에 이르게 되면 곧 그의 뜻도 정성스러워진다.[16]

즉, 양지의 확충은 진정한 앎에 이르는 것이며 인을 실현하는 것으로 설명하고 있다. 이러한 공부는 쉼 없이 이루어져야 한다.

---

14) 心猶鏡也 聖人心如明鏡 常人心如昏鏡(『전습록』 상, 62조).

15) 良知本來自明……此良知便自瑩徹(『전습록』 중, 164조).

16) 若良知之發 便無私意障礙……便是致其知 知致則意誠(『전습록』 상, 8조).

> 우리가 말하는 치지는 오직 각자의 능력이 미치는 정도에 따르는 것이다. 오늘의 양지가 현재 이 정도라면 오직 오늘 알고 있는 것을 따라서 철저히 확충시켜 나간다. 내일의 양지가 또 깨치는 것이 있었다면 곧 내일에 알고 있는 것을 따라 철저히 확충시켜 나간다.[17]

이와 같이 일상생활 속에서 매일매일 쉼 없이 양지를 실현하고 결국 우주만물에까지 그 양지를 확충할 수 있다면 곧 성인이 될 수 있다는 것이다.

치(致)의 의미로서 복(復)이란 본래의 양지를 회복한다는 의미다. 이는 맹자의 이른바 구방심(求放心)과 같다. 이때 양지를 회복하는 것은 억지로 이루는 것이 아니라 공부를 통해 본래의 양지를 회복하는 것이다.

그리고 왕양명에게서 치양지의 공부는 도학자 행세를 하듯 딱딱한 것이 아니라 자유분방하게 실현하는 것이다. 한 가지 예를 들면, 왕양명이 제자와 같이 공부하던 중 부채질을 하면서 제자들도 부채를 사용할 것을 권했다. 하지만 제자들은 감히 사용하지 못하였다. 이에 왕양명은 "성인의 학문은 그렇게 얽매여 괴로워하는 것이 아니며 도학적인 겉모양을 꾸미는 것이 아니다. ……성인은 사람을 가르치실 때 그들을 속박하여 모두 똑같이 만들지 않으셨다."[18]라고 하여 자유로운 학문 탐구를 주문하였다. 이와 같이 왕

17) 我輩知 只是各隨分限所及 今日良知見在如此 只隨今日所知擴充到底 明日晨知又有開悟 便從明日所知擴充到底(『전습록』 하, 225조).

18) 聖人之學不是這等綑縛苦楚的 不是裝做道學的模樣 ……聖人敎人 不是箇束縛做一般(『전습록』 하, 257조).

양명의 치양지 공부는 차갑고 딱딱한 것이 아니라 자연스러운 분위기 속에서 스스로의 재능과 역량에 따라 주어진 현실에 맞게 양지를 실현하는 것을 말한다.

왕양명 도덕교육사상의 함의

도덕교육의 목적

교육의 궁극적인 목표는 인간의 올바른 인격 형성에 있어야 한다. 그러므로 교육은 참된 인간을 만드는 것을 최우선으로 삼아야 하는 것이다. 유학에서는 이 참된 인간을 '성인' 혹은 '군자' 로 표현한다. 따라서 주자학이든 양명학이든 학문을 함에는 성인을 그 목적으로 삼았던 것이다. 결국 왕양명에게서 도덕교육의 목적은 바로 최고의 인격자인 성인에 있었다.

그런데 왕양명은 교육을 받는 데 대하여 무엇보다 먼저 성인이 되겠다는 뜻을 분명히 세우라고 주문한다. 그래서 그는 "대체로 요즈음 학자들에게는 기필코 성인이 되어야겠다는 뜻이 전혀 없다."[19]라고 비판하면서 당시 교육 현실의 문제를 지적하였다. 그러면서 그는 뜻을 세움의 중요성을 다음과 같이 말하였다.

> 다만 한 생각 한 생각마다 천리를 보존하고자 하는 것이 바로 뜻을 세우는 것이다. 이것을 잊지 않고 오랫동안 유지한다면 자연히 마음 가

19) 大抵近世學者 無有必爲聖人之志(『왕양명전집』, 연보, 52세조).

운데 응취하는 것이 있게 된다. 마치 성인이 되는 씨앗을 맺는다는 말과 같다.[20)]

즉, 뜻을 세운다는 것은 천리를 보존하고자 하는 것이며, 그 뜻을 잊지 않고 오랫동안 공부하면 자연히 성인의 경지에 이르게 된다는 것이다. 이와 같이 왕양명이 입지를 강조한 데는 당시의 교육의 목적이 입신양명에 있으며 교육의 내용이 경전을 외거나 글을 짓는 것으로 변질되어 있었기 때문이었다. 그렇기 때문에 입지를 강조하여 진정한 교육의 목적과 내용을 찾고자 한 것이다.

결국 왕양명의 학문은 '성인'에 대한 자각으로부터 시작되었다고 할 수 있는데, 그가 생각하는 성인은 구체적으로 어떠한 모습인가? 그는 성인의 모습을 다음과 같이 그리고 있다.

성인이 알지 못하는 것이 없다는 것은 다만 하나의 천리를 아는 것이며, 능하지 못하는 것이 없다는 것은 다만 하나의 천리에 능한 것이다. 성인은 본체가 명백하기 때문에 일마다 천리가 있는 곳을 알아서 곧 그 천리를 모두 실현한다. 본체가 밝혀진 뒤에야 천하의 사물을 모두 알아낼 수 있고 해낼 수 있다는 것이 아니다. 천하의 사물, 예를 들어 사물의 명칭과 도수 및 초목 · 금수와 같은 것은 그 번잡함을 이루 다할 수 없다. 성인이 비록 본체가 밝혀졌다 하더라도 어찌 모든 것을 다 알 수 있겠는가? 다만 반드시 알아야 하는 것이 아니라면 성인은 스스로 꼭 알려고 하지 않으며, 마땅히 알아야 하는 것이라면 성인은 스스로 다른 사람에게 물을 수 있다.[21)]

---

20) 只念念要存天理 卽是立志 能不忘乎此 久則自然心中凝聚 所謂結聖胎也(『전습록』 상, 16조).

이와 같이 왕양명은 성인은 전지전능한 존재가 아님을 강조하고 있다. 성인이 알고 능한 것은 다만 하나의 천리일 뿐이다. 천리만 알고 있으면 구체적인 상황에서의 적합한 예의나 제도 등을 도출해 낼 수 있다.

또한 왕양명은 "사람은 가슴속에 각기 하나의 성인을 지니고 있다. 다만 스스로 믿지 못하기 때문에 모두 스스로 묻어 버리고 말았을 뿐이다."[22]라고 하여 모든 사람이 성인을 가지고 있으며 성인이 될 수 있음을 말하고 있다. 한 예로 비록 도적이라 하더라도 그를 도적이라고 부르면 그 역시 부끄러워한다는 것이다. 이것은 도적의 마음속에 이미 양지를 품고 있기 때문이다. 이 양지는 누구에게나 다 있는 것이다. 하지만 도적은 왜 도적질을 하는가? 그것은 바로 물욕이 양지를 가리기 때문이다. 이 물욕을 제거하면 양지를 회복할 수 있고, 양지가 온전히 회복된다면 곧 성인이 되는 것이다.

하지만 성인이 되는 것은 그리 쉬운 일이 아니다. 성인이 되겠다는 마음을 가졌으면 시시각각으로 긴장하고 절실하게 힘써야 한다. 그렇지 않다면 마치 인간은 '하나의 죽은 고깃덩어리'에 불과한 것이다. 그러므로 기필코 성인이 되겠다는 마음을 세우는 데 힘써야 한다.

---

21) 聖人無所不知 只是知箇天理……聖人自能問人(『전습록』 하, 227조).

22) 人胸中各有箇聖人 只自信不及 都自埋倒了(『전습록』 하, 207조).

도덕교육의 내용

왕양명은 성인이 되기 위한 도덕교육의 내용으로 효(孝)·제(弟)·충(忠)·신(信)·예(禮)·의(義)·염(廉)·치(恥)를 중점으로 삼아야 한다고 하였다. 즉, 부모를 섬기는 법, 형제와 우애 있게 지내는 법, 나라를 섬기는 법, 사람을 섬기는 법, 그리고 예의와 염치 같은 것을 힘쓰고 노력하도록 가르쳐야 한다는 것이다. 바로 인륜을 가르쳐야 한다는 것이다. 이와 같이 인륜을 가르치지 않고 따라 쓰고 외우는 일(記誦)이나 글짓기(詞章)만을 가르치는 것은 본말이 전도된 것이라고 보았다. 따라서 왕양명은 이를 대신하여 시가(詩歌), 습례(習禮), 독서(讀書)를 가르쳐야 한다고 하였다. 즉, "시를 읊조리도록 하여 그 정의(情意)를 펴도록 하고, 예의를 익히는 것을 가르쳐서 태도를 바르게 하고, 책을 읽는 것을 가르쳐서 지능을 계발하도록 하여야 한다."[23)]라는 것이다. 이에 대하여 그는 다음과 같이 좀 더 구체적으로 설명하였다.

> 시를 노래하도록 인도하는 것은 비단 그들의 뜻을 드러내게 만들 뿐만 아니라, 또한 그 뛰고 소리치고 휘파람 부는 것을 노래를 통하여 발산하고, 그 답답하게 억눌리고 막혀 있는 것을 음절을 통하여 펼쳐 내게 하는 것이다. 예를 익히도록 인도하는 것은 비단 그 위의(威儀)를 엄숙하게 만들 뿐만 아니라, 또한 응대하고 읍양하여 그 혈맥을 움직이게 하고, 절했다 일어났다 굽혔다 폈다 하여 그 힘줄과 뼈를 튼튼하게 하는 것이다. 글을 읽도록 인도하는 것은 비단 그 지각을 계발시킬 뿐만

---

23) 誘之歌詩以發其志意 導之習禮以肅其威儀 諷之讀書以開其知覺(『전습록』 중, 195조).

아니라, 또한 침잠하고 반복하여 그 마음을 보존하고, 올렸다 내렸다 하며 소리를 내어 글을 읽어서 그 뜻을 펴게 하는 것이다.[24]

이러한 내용들은 현대교육에서 흡사 음악, 체육 및 독서교육들을 연상시킨다. 왕양명은 이러한 시를 노래하고 예를 익히고 글을 읽게 해야만 도덕적 품성을 배양시킬 수 있다고 생각하였던 것이다. 즉, 시는 자연스럽고 즐겁게 인륜을 실천할 수 있도록 그들의 뜻을 홍기시키고, 예는 그들이 반듯하게 자라도록 이끌 수 있으며, 글은 그들의 도덕성을 자각시킬 수 있기 때문이다. 이러한 도덕교육을 시킴으로써 학생의 기운을 억제하는 것이 아니라 발산하게 하며, 기운을 막는 것이 아니라 흐르게 하여야 한다는 것이다.

그런데 왕양명의 견해에 따르면, 우리 인간은 끊임없이 교육되어야 할 존재가 아니라 이미 하나의 완성된 존재자다. 즉, '온 세상 사람이 모두 성인' 이라고 생각하였던 왕양명은 어린이마저도 이미 성인이라고 생각하였다. 그래서 교육에서는 무엇을 가르치기보다 가지고 있는 것을 잘 드러내는 것이 중요하다는 것이다.

또한 왕양명은 교육 내용의 적절성을 주장하였다. 옛사람은 자기에게 능한 분야를 택하여 직업으로 삼았고 부족한 다른 부분의 것을 부끄럽게 생각하지 않았다. 하지만 지금의 사람은 자기 분야뿐만 아니라 욕심을 내어 다른 분야에까지 이르게 되고, 결국 자기 분야조차도 제대로 하지 못하게 되는 등 그에 대한 폐단이 많다고

24) 故凡誘之歌詩者……昂揚諷誦以宣其志也(『전습록』 중, 195조).

지적하였다.

> 널리 기억하고 암송하는 것은 오만함을 기르는 데 적합하고, 많은 지식은 악을 행하는 데 적합하고, 넓은 견문은 논변을 마음대로 하는 데 적합하고, 풍부한 사장(詞章)은 거짓을 꾸미는 데 적합하다. 그래서 효(臯)와 기(夔)조차도 겸할 수 없었던 일을 지금은 처음 배우는 어린아이조차 모두 그 학설에 통하고 그 기술을 궁구한다. 이름 하여 나는 천하의 일을 함께 이루고자 한다고 하지만, 그 속마음과 실제 의도는 이렇게 하지 않으면 자신의 사사로움을 이루어 그 욕구를 만족시킬 수 없다고 여기는 데 있다.[25)]

이는 사람마다 배워야 할 내용이 달라야 함을 말하는 것이 아니라 학습자의 능력에 맞는 내용을 선택하여 깊이 있게 배워야 함을 강조한 것이다. 그런데 왕양명에게서 진정한 배움이란 기송(記誦)이나 사장(詞章)이 아니라 마음속의 본체를 회복하는 데 있었다.

> 한 제자가 물었다. 글을 읽어도 기억할 수 없는데 어떻게 해야 합니까? 선생께서 말씀하셨다. 다만 이해하려고 해야지 어찌 기억하려고 하는가? 이해하려고 하는 것도 이미 둘째로 떨어진 것이다. 다만 자신의 본체를 밝히려고 하여야 한다. 만약 단순히 기억하려고만 한다면 이해하지 못하게 되며 단순히 이해하려고만 한다면 자신의 본체를 밝히지 못할 것이다.[26)]

25) 記誦之廣 適以長其放他……無以濟其私而滿其欲也(『전습록』 중, 143조).

왕양명은 기억에서 이해로 그리고 이해에서 본체의 자각이 중요함을 말하고 있다. 여기서 본체는 바로 양지(良知)를 의미한다. 진정한 교육 내용은 학습자 밖에 있는 것이 아니라 안에 있음을 말하고 있는 것이며, 치양지가 진정한 학습임을 말하고 있다.

도덕교육의 방법

인재시교(因材施教)

'인재시교'는 사람의 능력에 따라 서로 다른 교육방법을 사용하는 것을 말한다. 즉, 오늘날의 개성 존중의 교육을 말하는데, 왕양명은 이것이 공자 이래의 전통인 것임을 자각하고 더욱 발전시켰다. 즉, 교육의 궁극적인 목적이 양지의 실현에 있다면, 이 양지의 실현은 각 개인이 가진 기질의 특수성에 따라 다양할 수밖에 없다는 것이다. 이에 대하여 왕양명은 다음과 같은 견해를 피력하였다.

> 성인은 사람을 가르칠 때 그들을 속박하여 모두 똑같이 만들지 않았다. 다만 뜻이 높고 분방한 사람의 경우는 곧 분방한 곳으로부터 일을 성취시켰고, 강직하여 하지 않는 일이 있는 사람의 경우는 하지 않는 일이 있는 곳으로부터 일을 성취시켰다. 사람의 재능과 기질이 어떻게 같을 수 있겠는가?[27]

26) 一友問 讀書不記得如何 ……便明不得自家的本體(『전습록』 중, 252조).

27) 聖人教人 不是箇束縛做一般 只如狂者便從狂處成就他狷者便從 狷處成就他 人之才氣如何同得(『전습록』 하, 257조).

왕양명은 사람의 품성이 각기 다르므로 그 재질과 품성에 따라서 성취하도록 교육하는 개성 존중의 교육을 강조하였던 것이다. 그에 따르면, 총명한 사람과 범인에 대해 학문적인 접근방법은 달라야 한다. 총명한 사람은 본체에 중점을 둘 수 있지만 범인은 본체보다는 공부에 중점을 두어야 한다. 범인에게 본체에 중점을 둔 수양을 하라고 한다면 본체를 회복하지도 못할 뿐 아니라 오히려 본체를 상하게 하는 일이 될 것이기 때문이다. 이를 왕양명은 '물주기'에 비유하였다.

> 다른 사람과 학문을 논할 때는 반드시 다른 사람의 능력이 미치는 정도에 따라야 한다. 나무에 어린 싹이 다시 자라나면 물을 더 주는 것과 같다. 손으로 움켜잡을 만한 굵기의 나무로부터 한 아름 굵기의 나무에 이르기까지 물을 주는 일은 모두 그 나무의 능력이 미치는 정도에 따른다. 만약 조그마한 어린 싹에 한 통의 물이 있다고 해서 다 부어 준다면 흠뻑 젖어 죽어 버린다.[28]

자신의 양지를 실현하는 일이나 다른 사람에게 학문을 가르치는 일은 모두 각 개인이 지닌 능력에 근거하여 이루어져야 한다. 이는 공자가 중등 이상의 자질을 지닌 사람에게는 높은 것을 말할 수 있지만, 중등 이하의 자질을 지닌 사람에게는 높은 것을 말할 수 없다고 한 것과 같다. 그렇다고 해서 중등 이하의 자질을 지닌 사람을 영원히 정체시키자는 말은 아니다. 궁극적으로는 교육을 통해 중등 이상의 자질을 지닌 사람으로 만들어 가야 한다는 의미다. 결

28) 與人論學 亦須隨人分限所及……盡要傾上 便浸壞他了(『전습록』 하, 225조).

국 '인재시교' 의 교육방법은 돈오(頓悟)가 아니라 배우는 사람의 자질을 고려하여 지도하는 점수(漸修)의 방법인 것이다.

정좌(靜坐)

정좌법은 주로 선종(禪宗)에서 시행되는 수양방법이다. 이것은 고요히 정좌하여 일체의 잡스러운 마음을 제거한 순수의식 상태에서 자성(自性)의 본래 면목인 불성(佛性)을 깨닫고자 하는 것이었다. 그런데 왕양명에게서는 자기의 마음의 양지가 외적인 사물 때문에 혼란을 일으켜 양지가 온전하게 발현하지 못할 때 일시적으로 마음의 동요를 극복하여 본심을 회복하고자 하는 방법이었다. 따라서 그의 정좌법은 불교에서 시행하는 좌선이 아니라 어디까지나 구방심(求放心)하고자 하는 데 있었다.

그가 이러한 정좌법을 가르친 것은 귀양에서 '지행합일' 의 학문을 펴자 제자들이 지식만을 문제 삼아 지적 추구에만 힘을 쏟게 되는 폐단을 막고자 함이었다. 왕양명은 그 자신의 정좌를 계속 실천하여 나갔고 제자들에게도 다음과 같이 권하였다. 즉, "평소의 공부에 혼란스러움을 느끼면 정좌 수행을 하고, 책을 보는 데 게을렀다고 느껴지면 또 책을 보라. 이것도 역시 병에 따라 약을 쓰는 것이다."[29] 공부를 하다가 잡념이 들면 일단 정좌를 통하여 그 잡념을 제거하고 다시 공부하라는 것이다. 이와 같이 왕양명은 정좌에 대하여 강한 신념을 가지고 있었다.

그런데 그의 제자들 중에는 스승의 이러한 공부법을 잘못 인식하여 오히려 정좌만 하여 날이 갈수록 '정(靜)' 만을 즐겨 하고 '동

29) 日間工夫覺紛擾 則靜坐 覺懶看書 則且看書 是亦因病而藥(『전습록』 상, 17조).

(動)' 하는 것을 게을리 하게 되었다. 제자 유균량(劉君亮)이 산속으로 가서 정좌를 하려고 하자, 왕양명은 그에게 다음과 같은 충고를 하였다.

> 네가 만약 세상의 일들이 싫어서 산속에 들어가 고요함을 찾으려 한다면 그것은 반대로 교만하고 나태한 마음을 기르게 될 것이다. 네가 만약 세상의 일들을 싫어하지 않고 고요한 곳으로 돌아가서 마음을 함양한다면 그것은 좋은 것이다.[30)]

왕양명의 정좌는 마음의 고요함을 구해서 잡념이 일어나지 않도록 하고 외물의 간섭으로부터 마음이 동요되지 않도록 하기 위한 것이다. 이것은 정적인 공부로 마음이 지선에 머물도록 추구하여 나가는 방법이다. 하지만 왕양명은 정좌에만 매달리지 말라고 제자들에게 말하였다. 정좌에만 얽매이는 것보다는 상황에 맞는 공부방법을 찾기를 기대한 것이다.

성찰극치(省察克治)

'성찰극치' 는 반성하고 살펴서 사욕을 제거하는 공부다. 심기를 가라앉히는 정좌 공부를 잘못하면 움직임을 싫어하고 고요함을 좋아하는 또 다른 극단으로 빠질 수 있다. 정좌 공부만으로는 역동적인 현실세계에 적합한 대응 방안을 마련할 수 없다. 그래서 왕양명은 인욕을 제거하고 천리를 보존하는 방법으로서 성찰극치 공

30) 汝若以厭外物之心去求之靜 是反養性一箇驕慢之氣了 汝若不厭外物 復於靜處涵養 卻好(『전습록』 하, 256조).

부를 제시하였다.

반성하고 살펴서 사욕을 제거하는 공부는 잠시라도 방심할 수 없으니 마치 도둑을 몰아내는 것처럼 말끔하게 쓸어 내려는 의지가 있어야 한다. 아무 일도 없을 때는 여색을 좋아하고 재물을 좋아하고 명예를 좋아하는 등의 사욕을 하나하나 찾아내어 반드시 병의 근원을 뽑아내고 영원히 재발하지 않게 하여야만 비로소 유쾌하게 된다.[31]

이에 제자 맹원(孟源)이 왕양명에게 "정좌하는 중에도 생각이 번거롭고 혼잡하여 억지로 금지하고 끊어 버릴 수가 없습니다."라고 하자, 왕양명은 다음과 같이 답하였다.

번거롭고 혼잡한 생각은 또한 억지로 금지하여 끊어 버릴 수가 없는 것이다. 다만 생각이 싹트는 곳에서 성찰하고 극치하여 천리가 정명함에 이른 뒤에 그것을 각기 고수하려는 의지가 있다면 자연히 정신이 전일해져서 번거롭고 혼잡한 생각이 없게 될 것이니, 대학의 '멈출 곳을 안 이후에 안정됨이 있다.' 는 것이 바로 이것이다.[32]

이러한 성찰극치는 '성찰' 의 과정과 '극치' 의 과정으로 나누어 살펴볼 수 있다. '성찰' 은 반성하고 살피는 과정이다. 모든 일에 대해 반성하고 살펴야 하는데, 예를 들면 경찰이 도둑을 잡듯이 언

31) 省察克治之功 則無時而可間……定要拔去病根 永不復起 方始爲快(『전습록』 상, 39조).

32) 孟源問 靜坐中思慮紛雜 不能强禁絶……大學所謂知止而後有定也(『왕양명전집』 연보, 42세조).

제나 정신을 집중하여 눈으로 살피고 귀로 들어야 한다는 것이다. 혹 잘못된 점은 없는지 사욕을 부리지는 않았는지 눈으로 살피고 귀로 듣고 이성으로 판단하여야 한다는 것이다.

그리고 '극치'의 과정은 과단성이 요구된다. 마치 도둑을 몰아내는 것처럼 말끔하게 쓸어내 버리고 발본색원해야 한다. 이에 왕양명은 "한 가지 생각의 싹은 발동하자마자 곧바로 제거하여야 한다. 못을 끊고 쇠를 자르듯이 단호하여 잠시라도 그것을 방편으로 허용하여서도 안 되고, 그것에 출로를 내주어서도 안 된다."[33]라고 하여 단호한 실행을 강조하였다. 이렇게 하여야만 진정한 공부가 된다는 것이다.

사상마련(事上磨練)

'사상마련'이란 구체적인 일상 사태에서 수행하여 가는 것을 말한다. 이것은 정적 수행방법인 정좌와 상호 보완적인 동적 수행방법으로서, 독서와 명상처럼 한곳에 앉아 고요와 사색에 침잠해 들어가는 것이 아니라 변화하는 생활과 삶, 바로 지금 여기에서 현실과 부딪히며 공부하고 수행하는 것을 말한다.

이러한 방법을 제시한 것은 당시의 학문하는 방법에 많은 문제점이 있었기 때문이다. 당시에는 공리적인 풍조에 물들지 않고 오로지 구도(求道)에만 힘쓰도록 하기 위해 조용히 앉아서 마음을 맑게 하는 공부를 권하는 풍토였다. 이러한 풍토 속에서 사람은 형이상학적 해석이나 묘한 깨달음 등에 빠지게 되었다. 왕양명은 이러

33) 纔 有一念萌動 卽與克去 裁鐵 不可姑容與他方便 不可放他出路(『전습록』 상, 39조).

한 폐단을 보고서 그것은 생기가 없고 병폐에 빠지기 쉽다고 지적하고는 현실생활 속에서 양지를 실현할 수 있는 방법인 '사상 마련' 을 주장하였던 것이다. 이것은 스스로 주체가 되어 구체적이고 복잡한 행동과 실천 가운데 자기 마음의 대응 능력을 단련시킨다는 의미를 담고 있다. 이에 왕양명은 다음과 같이 말하였다.

> 학문에는 다른 사람들의 지도나 가르침은 필요하지만 자신이 이해하여 깨닫는 것만 못하다. 스스로 한 가지를 분명하게 안다면 백 가지가 마땅하게 된다. 그렇지 않으면 지도하고 가르쳐 주는 것이 많을지라도 얻지 못할 것이다.[34)]

왕양명은 앎(知)과 행함(行)은 결코 별개의 활동으로 분리될 수 없다고 하였다. 그러므로 학문의 궁극적 목적은 지식 추구에 있는 것이 아니라 양지실현에 있다. 그렇다고 지식 자체가 부정되는 것은 아니다. 다만 지식 추구는 양지실현과 무관하게 진행되어서는 안 되며, 양지 실현이라는 학문의 궁극적 목적 안에서 진행되어야 하며, 학문을 통하여 획득된 지식은 양지실현 과정을 통하여 실제적인 실천으로 이행될 수 있어야 한다.

그리고 학습자 자신이 스스로 깨닫고 이해하는 것이 중요하며 학습자의 직접적인 체험이 있어야 한다. 우리가 교육을 하는 데서의 합리적인 설명과 분석 등의 가르침도 자신의 직접적 체험 없이는 생명력이 없다. 그러므로 학교에서의 도덕교육은 사회활동과

34) 學問也要點化 但不如自家解化者 自一了百當 不然 亦點化許多不得(『전습록』 중, 「답고동교서」, 138조목).

연계하여 실천과 경험의 기회를 부여하여 직접적인 삶의 체험을 통해서 깨닫고 이해되도록 하여야 할 것이다. 그렇다면 재능을 키우고 동시에 덕성을 함양시킬 수 있도록 학습자 스스로 주체적이고 능동적으로 학문을 연마할 수 있는 '실천의 장'이 마련되어야 한다.

왕양명이 말하는 '사상마련'은 바로 그러한 의미를 담고 있다. 즉, 일상생활에서 동정(動靜)을 초월하여 수행하는 것으로 언제나 스스로 주체가 되어서 모든 기회를 실천하는 장소로 변화시키는 것을 뜻한다. 그리고 이를 통해서 학습자의 온전한 생명력과 능동성, 자율성 및 창의성을 신장시킬 수 있게 된다.

결국 이러한 것은 지적 이론 위주의 추상적 교육을 하거나 덕목을 주입하는 식의 교육이 이루어져서는 안 되며, 바로 지금 여기서 학습자 스스로가 참여하여 자신의 순수한 새로운 체험으로 진리를 학습해 가는 실천적 체험 위주의 교육이 되어야 한다는 것이다. 이것이 바로 왕양명이 말하는 '사상마련'이며 '치양지'가 되는 것이다(조현규, 2004: 141-142).

왕양명 도덕교육사상의 현대적 의의

왕양명의 교육론은 곧 도덕교육론이었다. 유학에서 공부의 최종 단계가 성인에 있듯이 왕양명에게서도 교육 목적은 성인에 있으며, 이를 위하여 성인이 되겠다는 입지가 있어야 함이 강조되었다. 동시에 사람은 누구나 성인으로 태어났고 또 성인임을 말하였다. 단지 범인은 그것을 자각하지 못하고 물욕에 가려 있기 때문에 모르고 있다는 것이다. 이를 위하여 우리는 자기에게 있는 양지를 자각하고 회복하는 치양지가 필요한 것이다. 이러한 맥락에서 거론된 왕양명의 도덕교육사상은 오늘날 현대교육에는 어떠한 시사점을 주는 것인가? 이를 정리하여 보면 다음과 같다.

첫째, 입지(立志)를 강조함으로써 학습자에게 동기부여를 할 수 있을 것이다. 오늘날 현대교육에서는 학습자의 동기 부족이 큰 문제점으로 지적된다. 학습 목표를 달성하기 위해서는 분명한 뜻을 세워야 함에도 불구하고, 학습자는 뜻을 세우지도 않은 채 정해진 제도교육이 반복되고 있다. 결과는 뻔하다. 학교제도에, 부모의 생각에 끌려다니는 교육만이 자행되고 있다. 율곡은 그의 저서 곳곳에서 입지의 중요성을 말하였고 그것을 제자에게 강조하였다. 입지가 곧 교육의 성패를 좌우한다면, 이는 결코 무시하여서는 안 된다. 오늘날 교육 현장에서 적극적으로 적용하여야만 할 것이다.

둘째, 획일적인 교육을 지양(止揚)한 자발적인 교육에 시사점을 제공한다. 오늘날 우리의 교육은 개성 존중의 교육, 창의성 교육을 주장하지만, 현실적으로는 여전히 권위적이고 획일적인 교육이 시행되고 있다. 이러한 문제점을 직시할 때 왕양명의 개인의 자율과 능력을 중시하는 교육적 관점은 실로 큰 교훈을 주는 것임에 틀림없다. 단, 자율과 개성이 자유방임이 되지 않도록 공동체 속에서 조화를 이루는 형태의 자율이 되어야 할 것이다. 즉, 나와 더불어 다른 사람에 대한 인식을 확대하는 형태의 교육으로 적용이 필요하다.

셋째, 오늘날 인성교육 내지는 도덕교육의 위기 상황에 시사하는 바가 크다. 오늘날을 흔히 도덕성 상실의 시대라고 한다. 그만큼 도덕성을 계발시켜 주는 교육이 절실한 것이다. 이러한 문제점을 감안할 때 왕양명의 교육적 관점은 많은 교훈을 던져 준다. 우선 그는 성인을 위한 덕성교육을 강조하였다. 과거 위주의 교육이나 출세 지향적인 교육이 아니라 양지의 발휘를 통한 인격체를 만들어야 한다고 주장한 것이다. 그리고 그의 교육 내용은 고도의 철학적 · 도덕적 근거를 갖고 있기 때문에 분명 오늘날의 인성교육 또는 도덕교육에도 성과가 클 것이라고 생각한다.

넷째, 이론 중심의 교육이 아니라 실천 중심의 교육에 시사하는 바가 크다. 오늘날의 교육은 이론 중심으로 형식화되어 지(知) · 행(行)의 괴리가 나타나고 있다. 즉, 지식 위주의 교육, 형식주의 교육, 취업 위주의 교육에 빠져 인성교육 내지는 도덕교육을 결여하고 있는 것이다. 이러한 문제점을 직시할 때 왕양명의 교육관은 분명 많은 교훈이 된다. 왕양명은 사상마련(事上磨練)을 통한 지행병진의 교육을 강조하였다. 앎과 행함은 결코 별개의 활동이 아니라는 것이다. 학문의 궁극적 목적은 지식 추구에 있는 것이 아니라 양지의 실현에 있었다. 따라서 오늘날 학교교육에서도 실천과 경험의 기회를 부여하여 직접적인 삶의 체험을 통해서 스스로 깨닫고 이해하도록 적용할 필요가 있다.

Part 2

한국의 교육사상

9. 이황 성리학의 도덕교육사상 10. 율곡의 인성교육사상 11. 다산의 도덕교육사상

12. 혜강의 경험주의 교육사상

9 이황 성리학의 도덕교육사상

이황의 교육적 삶

이황(1501~1570)은 조선 성리학을 대표하는 인물이다. 그의 자는 경호(景浩), 호는 퇴계(退溪) 혹은 청량산인(淸凉山人) 등으로 불린다. 오늘날 경상북도 안동에서 진사 이식(李埴)의 8남매 중 막내로 태어나 생후 7개월 만에 부친을 여의고 어려운 가정환경에서 자랐다. 12세 때 숙부 우(堣)에게서 『논어』를 비롯한 유학을 공부하기 시작하였는데, 침식을 잊어 가며 독서와 사색에 몰두하여 병을 얻게 되었다. 21세 때 부인 허씨와 결혼하고, 23세 때 태학에 입학하여 계속 학문에 정진하였으며, 34세 때 대과에 급제하여 관직에 나가게 되었다.

그 후 그는 성균관 전적(典籍), 사헌부 지평(持平), 홍문관 교리(校理), 충청도 어사, 사헌부 장령(掌令), 성균관 사성(司成) 등 여러 관직을 두루 거쳤다. 그러나 43세 이후 관직 생활을 청산하고 고향에 내려가 학문에만 전념하겠다는 강한 의지를 갖고 실천하였다. 이러한 그의 결심에도 불구하고 상호군(上護軍), 형조·병조 참의, 홍문관 부제학, 춘추관 수찬관, 공조 판서, 홍문관 대제학, 예조 판서, 의정부 우찬성, 이조 판서 등 많은 관직이 주어졌는데, 그는 이러한 관직을 사양하거나 나아가더라도 곧 사퇴하였다. 이황이야말로 오로지 학문과 교육에 전념하였던 학자요, 교육자였다. 그의 주요 저술로는 『주자서절요(朱子書節要)』·『계몽전의(啓蒙傳疑)』·『송계원명이학통록(宋季元明理學通錄)』·「답기고봉서사단칠정(答

奇高峰書四端七情)」·「심무체용변(心無體用辯)」·「무진육조소(無辰六條疏)」·「성학십도(聖學十圖)」 등이 있다.

또한 그의 문하에서 많은 학자가 배출되었는데, 유성룡, 김성일, 정구, 조목, 이덕홍, 정유일, 황준량, 박순 등이 있다.

'조선의 주자'로 칭송 받는 이황에 대해 평가한다는 것은 쉽지 않다. 그래서 글쓴이는 몇몇 학자들이 이황에 대하여 언급한 내용을 소개하고자 한다. 먼저 이이는 "선생은 세상의 유종(儒宗)으로서 정암(靜菴) 뒤로는 서로 비교할 사람이 없다. 그 재조(才調)와 기국(器局)은 혹 정암에 못 미칠지 모르나 의리를 탐구하여 정미(精微)한 것까지 드러내는 데서는 정암이 미치지 못한다."(『퇴계전서』, 언행록)라고 하였다. 또한 장지연은 이황을 일러 "정학(正學)을 천명하고 후생을 개도(開導)함으로써, 공(孔)·맹(孟)·정(程)·주(朱)의 도를 우리 동방에 다시 환히 밝힌 사람은 오직 선생 한 분뿐이다."(조수익 역, 1998: 22-23)라고 말하였다.

이와 같이 이황은 성리학이 우리나라에 전래된 이후 이론 성리학의 기초를 마련하는 데 대표적인 위치에 있었고, 영남 유학의 조종(祖宗)으로 이언적에 이어 주리적 성리학의 체계를 확립하였다.

성리학의 이념과 도덕교육

선진유학이라 하면 공자·맹자·순자 등의 선진유가들로부터 형성된 사상체계를 뜻한다. 그런데 그들로부터 형성된 유학사상은 인간이 스스로의 노력으로 성인군자가 되도록 하는 학문이다. 이러한 점에서 유학을 '위기지학(爲己之學)'이라 규정하는데, 거기에는 두 가지의 의미가 내포되어 있다고 볼 수 있다. 하나는 '유기(由己)' 이고, 다른 하나는 '성기(成己)' 다. 전자는 '모든 것이 나에게서 비롯된다.' 라는 뜻이고, 후자는 '나를 이루어 간다.' 라는 뜻이다. 즉, 스스로의 노력을 통해서 숭고한 인격체인 성인군자로 자신을 형성하여 나가는 것을 의미한다(何懷宏, 1998: 66). 이렇게 볼 때, 자신을 도덕적인 존재로 형성하는 문제가 바로 유학의 본령인 것이다. 이는 개인 차원의 도덕성 함양의 문제이고, 유학에서는 사회적 도덕성 또한 매우 중시한다. 이는 유가에서 수신(修身) 이후에 제가(齊家)하고 치국평천하(治國平天下)하는 것을 사회적 이념의 실현으로 간주하는 데서 잘 알 수 있다. 다시 말하면, 유가의 이상적 인간상인 성인은 필히 '안민(安民)' 이라는 사회적 이념을 구현하여야 하는 것이다. 즉, '수기이안백성(修己而安百姓)' 은 유학의 가장 중요한 사회윤리의 핵심이며, 이는 곧 유학적 도덕 실천의 핵심이다.

성리학은 선진 유학의 도덕적인 실천성에 매우 충실하면서도 인간 심성의 본질 문제에 대한 해명과 함양의 문제를 윤리적 관점에서 정밀하게 분석하는 사상적 체계를 말한다. 즉, 성리학은 '성명의리지학(性命義理之學)' 으로서 인간의 본성과 인간 행위의 도덕성 문제를 정밀하게 논변하면서 도덕적 가치 실천을 궁극적인 목표로 삼는 것이다. 따라서 성리학은 인간의 본성과 우주의 형이상학적 근거를 물으며, 여기에서 태극(太極)과 음양(陰陽) · 리(理)와 기(氣) · 인심(人心)과 도심(道心) · 사단(四端)과 칠정(七情) · 본연지성(本然之性)과 기질지성(氣質之性) · 천리(天理)와 인욕(人慾) 등의 문제를 깊이 있게 다룬다(조현규, 2001: 115). 뿐만 아니라 천(天)으로 표상되는 궁극 존재와 천(天)의 이념에 따르는 존재로서 인간의 일체적인 구조를 긍정하여 '천인합일사상' 을 제시하며, 인간의 본성과 당위적 규준을 천(天)에 의거하도록 규정하고 있다

(금장태, 1998: 8). 그리고 인간의 자기완성은 천하태평의 '안백성적(安百姓的)' 이념을 달성할 때 비로소 가능할 것이다. 이렇게 볼 때, 성리학은 천(天)의 본성인 인(仁)을 사회적 관계 속에서 구현할 수 있는 인간인 성인이나 군자를 양성하는 학문으로 규정할 수 있는 것이다.

성리학이 추구하는 이상적 인간상이 성인이나 군자라면 이는 오로지 수양을 통해서만이 가능하다. 비록 인간이 맹자가 말한 인 · 의 · 예 · 지의 사단을 선천적으로 지니고 있다 하더라도 이를 바르게 인식하고 실천하기 위해서는 필연적으로 자기 수양이 요청된다. 유가들이 상정하는 천도(天道)와 인도(人道)라는 규범은 인간이 후천적으로 창출한 것이 아니라 이미 선천적인 절대가치 개념으로 간주되고 있다. 따라서 이상적 인간이 된다는 것은 그 절대적 규범에 합치되는 사유를 하고, 그에 따른 삶을 영위하는 존재가 되는 것을 말한다. 이러한 점에서 성리학자는 부단히 천(天) · 천도(天道) · 천명(天命) · 천리(天理) · 천성(天性) 등으로 강조하고, 이에 의거하여 인간의 본성, 인간의 도리, 그리고 인간의 삶을 문제삼고 반성하였던 것이다(이영경, 2000: 33). 따라서 성리학은 천인(天人) 관계에서 유출되는 규범을 체계적으로 제시하고 그 규범의 실천 문제를 강조하는 체계적 도덕 이론이라 볼 수 있다.

오늘날의 도덕교육이 인간으로서 마땅히 지키고 실천하여야 할 보편적이고 이상적인 가치들과 바람직한 생활의 기준이 되는 도덕규범과 가치들을 내면화시켜 올바른 행동 습관을 기르게 하고, 다양한 도덕 문제를 합리적으로 해결할 수 있는 도덕적 사고력과 가치판단 능력을 길러 주는 것이라면, 성리학의 이념은 바로 도덕교육의 이념과 일치함을 알 수 있다. 무엇이 바람직한 가치인가를 분석하고 바람직한 가치를 선택하여 실제적인 삶의 과정에서 실천케 하는 것이 현대 도덕교육의 본질이라고 할 때, 성리학이 궁극적으로 지향하는 성인됨·군자됨의 목적은 현대 도덕교육의 목적과 다르지 않다. 그러므로 성리학의 교학 이념은 곧 도덕교육적 이념인 것이다. 이에 대하여 이황은 다음과 같이 말하였다.

> 선비란 모름지기 예의(禮義)의 원천이며 원기(元氣)의 본거지다. ……지금부터 제군(諸君)은 모든 일상생활이 예의 가운데서 행하여지도록 하라. 서로 격려하여 구습을 벗도록 힘쓰고 집에서 부형(父兄) 모시는 마음을 미루어 밖에서 손제(遜悌)를 행함으로써…… 국가 문예를 장려하고 학교를 세워 선비를 기르는 뜻에 부응하도록 하라.[1)]

이 글은 충신의 마음가짐과 손제(遜悌)의 행실로서 예의를 실천하고 경세(經世)의 기운을 잃지 않는 선비를 길러야 한다는 이황의 도덕교육의 이념을 엿볼 수 있게 한다. 성리학을 공부하는 목적은 사람다운 사람이 되고 올바른 길을 갈 수 있도록 하기 위한 것이다. 성리학의 학적 이념과 위학(爲學)의 목적은 도덕적 인격 형성이라는 실제적인 문제에 있다. 즉, 사람이 자기 본성을 알고 도덕지식을 궁구하며 도덕 가치를 실천하는 것이 성리학을 공부하는 목적이다.

또한 이황은 "학(學)이란 그 일을 익혀 참으로 실천하는 것이다."[2)] 라고 하였다. 여기서의 학은 바로 성리학을 말하는데, 성리

1) 士子禮義之宗元氣之寓也(『퇴계전서』 권41, 「잡저」).

2) 學也者習其事而眞踐履之謂也(『퇴계전서』 권7, 「진성학십도차」).

학을 배움에는 이론적인 지식보다는 지식을 익혀 실천하는 태도에 중점을 두고 있음을 알 수 있게 한다. 즉, 성리학은 도덕적 가치의 실천이라는 교학적 이념에 근거해 있음을 명시하는 것이다. 성리학적 체계에서 보면, 성인군자와 같은 도덕적인 인간이 되기 위해서는 마땅히 학문하는 과정을 거쳐야 한다. 주희의 논어주에 보면, '학(學)' 이란 '본받는다' 는 뜻으로, 인성은 모두 선하지만 깨달음에는 선후가 있으니 뒤에 깨우치는 자는 반드시 먼저 깨우친 자가 하는 바를 본받아 가면 선을 밝혀 그 타고난 처음을 회복할 수 있다고 하였다. 학이란 객관적 사실에 관한 이론체계가 아니라 본받아 깨우치는 것이다. 자신의 선한 본성을 깨우쳐 도덕적 존재가 되는 것은 선천적인 가치를 후천적으로 구현하는 것이다.

성리학에서 도(道)·덕(德)이라는 말은 '도' 를 '득(得)' 하였다는 것을 의미하는데, 이것은 선험적인 존재의 질서를 후천적인 노력으로 인간생활의 규범으로 내면화한다는 말이다. 곧, 선천적 가치의 후천적 품수(稟受)를 의미하는 것이다. 그러므로 성리학적 도덕원리는 선천(先天)과 후천(後天)을 연결하는 것에 있다고 할 수 있다(정순목, 1990: 125). 이러한 선천과 후천의 가치를 일체화시키고 내면화시키며 각성시키는 구체적이고 직접적인 계기는 교육이다. 그러므로 선천적 도덕성을 후천적 도덕성으로 구현하는 천인합일적 일체성이 성리학적 교학 이념의 본질이 되는 것이다(신오현, 1984: 291).

결국 성리학에서 앎(知)과 실천(行)은 곧 교학과정의 본질이며, 그 목적은 궁극적으로 이상적인 인간상인 성인의 길에 있다. 이러한 유가적 교학정신은 바로 도덕교육의 근본정신과 상통하므로 오늘날 도덕교육의 이념을 설정할 때 적극적으로 검토해 볼 가치가 있다.

이황 도덕교육사상의 함의

도덕교육의 목적

도덕교육의 목표는 '도덕적 인간으로서의 바람직한 자질 내지 품성을 형성함'에 있다. 여기서 '바람직한 자질 내지 품성'이라는 개념에는 다양한 의미가 포함될 수 있으나, 자질 내지 품성이 한 인간의 주체적인 인격을 의미한다는 점에서 자신의 자율적인 판단에 의거하여 올바른 가치를 선택하고 이를 실천하는 것이라고 규정할 수 있을 것이다. 성리학의 교학 이념에서 지향하는 바람직한 인격체의 극점에는 성인(聖人)이 있다. 그러므로 성리학의 도덕교육론에서는 성인됨을 그 목적으로 삼게 된다(이영경, 2000: 35).

그럼 성인이란 어떤 사람인가? 우선 '성(聖)'의 의미부터 알아보자. 『설문해자』에 따르면, '이(耳)'자와 '정(呈)'자의 회의문자로서, 귀가 밝은 것, 즉 천리안(千里眼)의 능력을 뜻한다. 그리고 『서경』과 『시경』에서는 '성(聖)'이란 명지(明智)·성덕(盛德)을 뜻하는 말로 사용되었으며, 그 속에는 신비적인 요소와 함께 천자(天子)에게 갖추어진 덕을 상징하는 의미도 포함되어 있다. 『논어』에서는 '성(聖)'은 '인(仁)'보다 상위 개념에 속하며 도달할 수 없는 경지로 묘사되어 있다.[3] 그러나 맹자에 와서 성인은 신비적인 요소가 사라지고 만인과 본성이 같은 사람, 만인의 도덕 실천에 모범

3) 何事於仁 必也聖乎(『논어』, 「옹야」).

이 되는 사람으로 묘사된다. 즉, 맹자는 인륜의 궁극적 경지를 성인으로 보고, 인간의 덕성이 극대화하여 타인에게 감화를 주는 경지라고 하였다.[4] 이에 대하여 이황은 주희(1130~1200)를 비롯한 성리학자들의 말을 인용하여 다음과 같이 말하였다.

> 성인은 중정(中正)과 인의(仁義)로써 안정시키고 정(靜)을 주로 하여 인극(人極)을 세웠다. 그러므로 성인은 천지와 더불어 그 덕(德)을 합일시키고, 일월(日月)과 더불어 그 밝음을 합일시키며, 사시(四時)와 더불어 그 질서를 합일시키고, 귀신과 더불어 그 길흉을 합일시킨다.[5]

> 성인은 천지와 덕을 합일하는 사람이다.[6]

이러한 내용을 보면, 성인이란 인간의 본성을 완전히 실현함으로써 천리와 합일되는 경지에 이르는 사람이다. 즉, 자연의 이법에 따라 행하여도 법도에 어긋나지 않는 '종심소욕불유구(從心所慾不踰矩)'의 경지에 이른 천리자연 그대로의 인간인 것이다. 다시 말해서 성인은 천인합일의 경지에 이른 사람을 뜻한다.

이황은 이러한 성인의 표상을 고대의 요(堯)와 순(舜)에서 찾았다. 그러므로 임금에게 『성학십도』를 올리게 된 이유를 성학(聖學)을 권도(勸導)하고 군덕(君德)을 보양(保養)하여 요순의 융성함에 이르도록 한 것이라고 하였던 것이다. 선조(1552~1608)를 도와 요

4) 大有化之謂聖(『맹자』, 「진심장구하」).

5) 聖人定之以中正仁義 而主靜立人極焉 故聖人與天地合其德 日月合其明 四時合其序 鬼神合其吉凶(『퇴계전서』 권7, 「태극도설」).

6) 聖 其合德(『퇴계전서』 권7, 「서명」).

순의 이상을 실현하도록 한 이황의 취지를 보면, 성학은 제왕(帝王)의 학문이라고 할 수 있을 것이다. 그러나 조금만 넓게 보면 인간 모두에게 적용되는 학문임을 알 수 있다. 이에 대하여 이황은 「동규후서(洞規後叙)」에서 "제왕의 학문은 그 준칙과 금지의 조목이 비록 일반학자와 다 같을 수는 없지만 인륜에 근본하여 궁리하고 실천함으로써 심법(心法)의 절실하고 요긴한 것을 구하는 데는 같지 아니함이 없다."[7]라고 하여 성학이 범인에게도 적용되는 것임을 분명히 밝히고 있다.

이러한 성학의 내용은 개인의 수양적 성취로서의 내성(內聖)과 사회적 공용으로서의 외왕(外王)을 포괄한다. 그러므로 넓게 보면 수기치인을 목표로 하는 유학 자체를 의미하며, 또한 유학의 도를 실현하는 학문이기에 도학(道學)이라고도 할 수 있다. 그러나 인간의 사회적 구현은 실천주체의 올바른 인격이 기초될 때 더 큰 가치를 발휘할 수 있으므로 성학의 주된 관심은 내성(內聖)으로서의 자아각성과 인격수양에 모아지는 것이다.

이황에게서 인격수양의 목적은 결국 성인을 본받고 또 성인이 되는 데 있다. 이황에 따르면, 성인이 된다는 것은 인간이 본래적 자기의 본성으로 돌아가는 것을 의미한다. 이황에게서 성인은 이성적 인간이 본성의 회복을 추구하는 끊임없는 노력과 의지가 결단을 통하여 반드시 성취시킬 수 있는 목표요, 인간으로서의 성인을 의미하는 것이다.

이에 대하여 이황은 「진성학십도차(進聖學十圖箚)」에서 "먼저

7) 且帝王之學 其規矩禁防之具 雖與凡學者有不能盡同者 然本之倫而 窮理力行以求得夫心法切要處 未嘗同也(『퇴계전서』 권7, 「동규후서」).

모름지기 뜻을 세우고 순임금이나 나는 다 같은 사람임을 생각하여 오직 노력하면 순임금처럼 될 수 있다."[8]라고 하였다. 이는 인간이 노력만 하면 도덕적으로 완전한 성인이 될 수 있음을 뜻하는 것이다. 여기서 노력이라는 것은 성인이 되기 위하여 그 덕(仁)을 생각하고 배우며 체인(體認)하고 체득하여 가는 노력을 의미한다.

그러면 성인에 이르는 덕은 무엇인가? 그것은 곧 인(仁)이다. 성인이란 항상 인에 충만한 인간이다. 인에 충만한 인간은 지고한 인격자로서 자기 수양에 충실한 자요, 사회 안에서 자기를 실현하고 치인(治人)할 수 있는 사람이다. 즉, 인이란 천인합일의 경지에서 행위하는 성인의 덕인 것이다. 아울러 인간의 순수 본연지성인 인의예지의 혼연한 전체를 체득한 최고의 도덕원리다. 한마디로 이러한 인은 곧 천리이며, 동시에 선한 인성의 실현이다. 따라서 인의 실현이 바로 인간의 완성을 의미한다. 이황의 도덕교육의 목적은 바로 인간이 타고난 본성을 완전히 실현함으로써 천리와 합일되는 경지에 이른 성인이 되는 데 있다.

도덕교육의 내용

성리학적 도덕교육의 목적이 '성인(聖人)' 에 있고 그것이 곧 인격 형성의 문제라면, 이러한 목적에 도달하기 위하여 어떠한 교육과정을 통하여 성취할 것인가 하는 것은 매우 중요한 문제다. 그래

8) 先須立志 以爲舜何人也 予何人也 有爲者亦若是奮然用力於二者(『퇴계전서』 권7, 「진성학십도차」).

서 이황은 인간이 바람직한 인격을 형성하기 위하여 학습의 과정이 체계적으로 구성되어야 한다고 주장하였다. 즉, 다양한 수양서와 경전을 체계적으로 공부할 때 성인이 갖추어야 할 적합한 품덕을 갖출 수 있다는 것이다.

우선 당시 유학 교육기관에서 강조하였던 인격수양서의 내용부터 살펴보자. 대체로 『소학』·『대학』·『중용』·『논어』·『맹자』·『시경』·『주역』·『춘추』를 차례대로 읽게 하였는데, 특히 향교와 서원에서는 『근사록』을, 서당에서는 역사서와 『주자가례』·『예기』를 부가하여 읽었던 것 같다(김익수, 1994: 218). 이러한 체계가 유학자들의 일반적인 전형이라 여겨진다. 이에 대하여 정순목은 "이황은 제자들을 가르칠 때 맨 먼저 『소학』에서 시작하여 『대학』·『심경』·『논어』·『맹자』·주자서(朱子書)를 가르친 다음에 모든 경서를 가르친 것 같다. 그러나 반드시 그렇지는 않고 연령이나 경험, 학문의 정도에 따라 학문의 내용이나 순서를 때에 따라 바꾸어서 가르쳐도 무방하다고 생각한 것 같다."(정순목, 1989: 157-158)라고 기술하였다.

이와 같은 내용을 볼 때, 이황의 도덕교육의 주된 내용은 대체로 『소학』·『대학』·『중용』·『논어』·『맹자』·『시경』·『주역』·『예기』·『춘추』 등을 포함한 듯한데, 그것의 내용은 윤리·철학·정치·역사·문학 등 다양한 영역을 포괄하고 있음을 알 수 있다. 즉, 그는 사서와 오경으로 본원을 삼고, 『소학』·『주자가례』·『주자대전』·『성리대전』·『효경』·『심경』 등을 부가하여 가르쳤던 것이다. 그 외에도 「제사자집(諸史子集)」과 문장, 과거의 업(業)도 통달하도록 하였으며, 내외(內外)·본말(本末)·경중(輕重)·완급(緩急)의 차례를 알아야 하고, 그 나머지 사특하고 요망하고 음탕한 글은 금하여야 한다고 하였다.[9] 이를 보아 그가 얼마나 인격수양서로서의 교재의 중요성을 강조하였는지를 알 수 있다.

그런데 이황 자신은 『심경』을 가장 좋아하여 이것을 무엇보다도 소중한 인격수양서로 생각하였으며, "초학자가 처음 시작하는 데는 심경보다 절실한 것이 없다."[10]라고 하면서 주위 사람에게 권하기도 하였다. 그의 제자 이덕홍(1541~1596)의 기록에 따르면, "내가 심경을 얻은 뒤로 비로소 심학(心學)의 근원과 심법(心法)의 정미(精微)함을 알았다. 그러므로 나는 평생에 이 책을 신명(神明) 같이 믿고 이 책을 엄부(嚴父)와 같이 공경한다."[11]라고 하였다.

그리고 이황은 "19세 때 처음으로 『성리대전』을 얻어 시험 삼아 읽어 보니 마음이 기쁘고 눈이 열리는 듯하였다."[12]라고 기록하였다. 『성리대전』에 기록된 글들은 도학 · 성리학의 기초가 되고 지주(支柱)가 되는 글로서 우주 · 인생 · 자연 · 역사에 대해서 각각 전체적 이해, 직관적 통찰을 암시하여 주는 함축성이 풍부한 고전이다. 따라서 이황은 『성리대전』에서 자기가 당면한 출처진퇴(出處進退)의 문제 · 처사접물(處事接物)의 문제 · 심성수양의 문제 · 격물궁리의 문제 · 경전해석의 문제 · 예속(禮俗)의 문제 등 대부분

9) 諸生讀書 以四書五經爲本原小學家禮爲門戶 遵國家作養之方 守聖賢 親切之訓 知萬善 本具於我 信古道 可踐於今 皆務爲躬行心得 明體適用之學 其諸史子集文章科擧之業 亦不可不爲之旁務博通 然當知內外本末輕重緩急之書 常自激昻 莫令墜墮 自餘邪誕妖異淫僻之書 竝不得入院近眼 以亂道惑志(『퇴계전서』 권41, 「잡저」).

10) 初學用工之地 莫切於心經(『퇴계전서』 권1, 「독서」).

11) 先生自言 吾得心經 而後始知 心學之淵源 心法之精微 故吾平生信 此書如神明 敬此書如嚴父(『퇴계전서』 권1, 「언행록」).

12) 先生自言 十九歲時 初得性理大全首尾二卷 試讀之 不覺心悅而眼開(『퇴계전서』 권1, 「언행록」).

을 찾아볼 수 있었으며, 그 문제들이 주희나 문인·제자에게서 어떻게 처리되고 어떠한 방법으로 해결되는가를 알아보았을 때 감발(感發)·홍기(興起)의 자극을 받았다는 것을 짐작할 수 있다.

또한 이황은 자손(子孫)을 가르칠 때 반드시 먼저 『효경』과 『소학』 등을 가르쳤고, 글의 의미를 대략 깨우친 후에 사서를 가르쳤다. 그는 사서를 읽으면 인간의 마음을 발흥케 하므로 필요한 것이라 하였다. 이처럼 이황이 『소학』과 사서를 중시하였다는 사실은 바로 그의 학문이 주지주의적인 도문학(道問學)보다는 실천주의적인 존덕성(尊德性)에 기울었음을 보여 준다.

그리고 그는 성인이 되기 위하여 배워야 할 구체적인 교육 내용으로 특히 『소학』과 『대학』을 강조하고 있다. 유소년기부터 성년에 이르는 동안 무엇을 어떤 목적으로 어떻게 배워 나가야 할 것이며, 또 실천하고 노력할 것인가. 그러기에 앞서 개인은 어떤 인간으로 자기를 형성할 것이며, 또 한 가족의 구성원으로서, 국가 사회의 성원으로서, 나아가 인류의 일원으로서 무엇을 할 것인가를 밝힌 것이다. 따라서 학문을 하려면 본래적으로 이 두 권의 책 『소학』과 『대학』을 충분히 공부하고 사색하여 실천에 옮김이 중요한 것이다. 이황은 전반적인 교육활동에서는 경(敬)을 주로 삼고, 구체적인 학습에서는 학문의 연계성을 중시하여 『소학』을 『대학』의 근본으로 삼아 차례로 공부할 것을 주장하여 다음과 같이 말하였다.

> 비록 소학은 소자(小子)의 학문이라고는 하지만 대학에 들어간 뒤에라도 이것을 버리고 오로지 대학만을 일삼아서는 안 된다. 그러므로 성인의 학문은 처음과 끝을 이루는 것인데, 소학은 처음을 이루고 대학은 끝을 이룬다는 것이다. 이를 집 짓는 데 비유하면, 소학은 그 터를 닦고 그 재목을 갖추는 것과 같고, 대학은 큰 집 천만 칸을 그 터에 세우는

것과 같다.[13)]

즉, 『소학』은 『대학』 공부를 가능하게 하는 기초가 되고 대학은 소학 공부에서 한층 발전한 것이지만, 어느 한쪽만으로는 불완전하며, 상호 보완하여 하나의 통일적인 학문의 체계를 이룬다는 것을 알 수 있다. 이러한 학문의 연계성은 오늘날 교육과정적 측면에서 볼 때 주목하지 않을 수 없는 대목이다.

『소학』 교육의 핵심은 오륜의 습득에 있었다. 따라서 소학교육이란 바로 윤리 및 도덕교육을 말하는 것이다. 즉, 부모를 섬기며, 형을 공경하고, 스승을 높이며, 벗과의 도리를 지키는 것 등을 내용으로 하는 생활 중심의 도덕교과서인 것이다. 다시 말하면, 소학의 단계에서는 일상의 예의범절을 익히고, 이를 실생활에서 행하게 하는 생활교육 · 도덕교육 · 기초적인 지식교육을 실시하고, 아울러 대학교육의 준비교육을 실시할 수 있는 교육 내용으로 구성되어 있다. 반면에 『대학』 교육의 핵심은 수기와 치인에 있었다. 따라서 대학교육은 대인(大人)교육이며, 지도자로서의 자질을 갖추기 위한 교육으로 개인의 인격완성과 만인의 지도자로서 품성을 갖추게 하는 교육이다. 그러므로 수양을 통하여 자신의 인격을 완성하고, 그것을 사회적으로 확대시켜 나가는 과정, 즉 수기치인의 방법을 교육 내용으로 하고 있다.

이러한 점진적 학습과정으로서의 이황의 도덕교육서는 기본적

13) 小學雖釋之以小子之學 入大學後 亦不可舍此而專事大學也 故日聖學之所以成始成終 小學所以成始 大學所以成終也 以作室比之小學則如修正基址而備其材木也 大學則如大厦千萬間結構於基址也(『퇴계전서』 권1, 「언행록」).

으로 주희의 학설에 매우 충실함을 알 수 있다. 주희는 초등 단계의 도덕교과서로서 『소학』을 제시하였고, 『소학』 이후에 사서에서 오경으로 이어지는 교육과정을 제시하였는데, 이는 『대학』의 팔조목, 즉 격물 · 치지 · 성의 · 정심 · 수신 · 제가 · 치국 · 평천하의 정신에 의거한 학습과정인 것이다.

결국 이황은 성현의 윤리서를 주된 교재로 삼아 도덕교육에 철저를 기하였을 뿐만 아니라, 우주의 원리, 곧 천도(天道)에 관한 지식을 가지고 인간 문제, 즉 자연법칙 위에 인간의 합리적 · 도덕적 당위법칙을 구명하려 하였던 것으로 보인다. 즉, 이황은 주경적(主敬的)이고 내성적(內省的)인 심성을 수양하는 데 도덕교육의 핵심을 두었던 것이다. 그리고 이황은 기본적인 경전 중심의 교재 외에 자연의 교재, 일상의 평이명백(平易明白)한 실생활의 교재 등을 도덕교육의 산 교재로 삼았다. 따라서 이황의 도덕교육의 내용은 단순한 교재 중심의 교육이 아니라 스승의 인격을 통하여 생활 중심의 교육을 역설하였음을 알 수 있다.

도덕교육의 방법

내적 수양방법으로서의 '거경'

거경(居敬)이란 기거동작을 신중히 하고 마음을 항상 한군데 집중하여 인간에게 갖추어진 본연의 덕성을 함양하는 것으로, 『중용』에서 말하는 존덕성(尊德性)을 뜻한다. 이는 마음을 가다듬어 언제나 선량한 마음을 가지고 타고난 품성을 기름을 말한다. 이는 내적인 수양방법으로 존양성찰(存養省察) · 존심양성(存心養性)으로 가능해지며, 특히 이황은 거경 공부의 구체적 방법으로서 제가(諸家)들의 견해를 참고하여 '주일무적(主一無適)' '정제엄숙(整齊

嚴肅)' '상성성(常惺惺)' '기심수렴불용일물(其心收斂不容一物)' 등의 다양한 원리들을 제시하였다. 비록 표현은 서로 다르지만 그 추구하는 목적은 경(敬)을 실천하기 위한 것이라는 점에서 동일하다. 그리고 이러한 세부적인 도덕교육의 방법들은 인간의 내면적 수양을 통하여 성인됨의 길을 모색하는 수신의 요체다. 이를 분류하여 설명하면 다음과 같다.

첫째, 주일무적이다. 주일무적이란 '하나를 주로 한다(主一).' 라는 뜻과 '다른 곳으로 가지 않는다(無敵).' 라는 뜻의 합성어다. 이는 일심전심(一心專心)한다는 뜻이며, 마음을 오로지 하나로 전일(專一)하여 흐트러지지 않게 한다는 뜻을 담고 있다. 즉, 당면한 일에 전심하여야 하는 것임을 강조한 말이다. 이와 같이 내외에 삶에 몰두하는 마음으로 계속할 때 경(敬)의 상태가 될 수 있다는 것이다. 이에 대하여 이황은 다음과 같은 비유를 들어 설명하였다.

> 한 그림에 대하여 생각할 때는 마땅히 그 그림에만 전일(專一)하여 다른 그림이 있음을 알지 못하는 듯이 하고, 한 가지 일에 관하여 익힐 때는 마땅히 이 일에 전일하여 마치 다른 일이 있음을 알지 못하는 듯이 해서 아침에나 저녁에나 항상 그러해야 하고 오늘에도 내일에도 항상 그러하여야 한다.[14]

여기서 이황은 주일무적은 경(敬)의 상태임을 밝히고 있다. 그러나 한 가지 일에 전념한다고 해서 그것에만 집착하는 것은 아니다.

---

14) 就一圖而思則當專一於此圖 而如不知有他圖 就一事而習則當專一於此事 而如不知有他事 朝焉夕焉而有常 今日明日而相續(『퇴계전서』 권7, 「진성학십도차」).

주일무적이란 공연히 여러 가지 일에 관심을 갖지 말고 당면한 한 가지 일에만 뜻을 몰두하되, 부분만 보고 전체를 보지 못하는 편협성을 갖지 않는 것이다. 다시 말하면, 한 가지 일에만 집착하지 말고 더 큰 전체를 볼 수 있어야 함을 의미하는 것이다.

그리고 이황은 주일(主一)의 경(敬) 공부는 구체적인 실생활 속에서 현실 사태나 해야 할 일의 인지와 실천을 통해서 해야 하고, 또한 이렇게 해야 효과도 거둘 수 있다고 생각하였다. 다음의 글은 이를 잘 이해할 수 있게 한다.

> 듣자하니, 심(心)은 만사의 근본이며 성(性)은 만물의 본원이라고 하였다. 그러므로 선유(先儒)들이 학(學)을 논하는 데는 반드시 방심(放心)을 거두고 덕성을 기르는 것을 최초로 손을 대야 한다. 즉, 본원을 성취하여서 도를 닦고 업(業)을 넓히는 터로 삼는 소이로서 그 공부하는 요점을 어찌 다른 데서 구하는 것을 기다릴 수 있으랴. 주일무적이나 계신공구가 그것이다. 주일(主一)의 공부는 동정(動靜)에 통하고 계신(戒愼)의 경지는 미발시(未發時)에만 있다고 본다. 이들 중 하나만 없어도 안 된다. 그래서 외(外)를 제(制)하고 그 중(中)을 기르는 것이 무엇보다 긴요하므로 삼성(三省), 삼귀(三貴), 사물(四勿)과 같은 것은 모두 응접(應接)에 관하여 말한 것이다. 이것 역시 근본을 함양하는 뜻이다. 이렇게 하지 않고 주로 심지공부(心地工夫)만 하면 불가(佛家)의 흠에 타락하는 바가 적지 않으리라.[15)]

15) 問之心爲萬事之本 性是萬善之原 故先儒論學 必以收放心 養德性爲最初下手處……以心地功夫爲主 則鮮不墜於釋氏之見 矣如何(『퇴계전서』 권16, 「답기명언」).

이황은 이와 같이 구체적인 행동과 실생활 속에서 주일무적의 경(敬) 공부가 이루어져야 함을 강조하고 있다. 이러한 공부를 통해서 인격이 완숙되고, 이러한 인격적 요인을 통해서 궁리(窮理) 또한 이루어진다고 보았던 것이다.

둘째, 정제엄숙이다. 이황은 "어떤 이가 묻기를 '경(敬)은 어떻게 힘을 쓰셨습니까?' 하니, 일찍이 마음을 오롯이 하여 잡념을 가지지 않는 데 있고, 또 다스려 가지런하고 정숙한 데 있다."[16]라고 하였다. 이와 같이 이황은 거경의 구체적 실천 방법으로 주일무적과 더불어 정제엄숙을 강조하고 있다. 정제엄숙은 이황의 도덕교육의 방법론 중에서도 가장 일차적이고 핵심적인 것이라 할 수 있는데, 이는 정제엄숙을 하면 나머지의 것들은 그것에 결과하는 것으로 보기 때문이다.

여기서 정제엄숙이란 심신(心身)을 다스려 가지런하게 하고 몸과 마음을 엄숙하게 가지는 것이다. 즉, 자아의 통제를 견지할 것을 강조하는 것이다. 본래 경(敬)은 내적 · 정신적 전일(專一)을 추구하는 것이기는 하지만 외적 규제와도 상호작용을 하기 때문에, 내면의 정신적 통일을 아직 기할 수 없는 어린아이에게는 숙연 공부가 꼭 필요한 것이다. 따라서 이황은 다음과 같이 말하였다.

> 의관을 바르게 하며, 그 보는 눈매를 존엄하게 하라. 마음을 침잠하게 하여 상제를 대하듯 거하여라. 발은 반드시 무겁게 놓을 것이며, 손은 반드시 공경하게 쓸 것이다. 땅을 밟을 때는 반드시 가려 밟되 개미

16) 或曰敬 若何以用力耶 朱子曰 子嘗以主一無適言之 嘗以整齊嚴肅言之(『퇴계전서』 권7, 「대학경」).

집도 피하여 돌아가라.[17]

즉, 의관을 바르게 하고 몸가짐을 단정하게 하고 행동을 조심하며 마음을 밝게 하고 엄숙하게 가지면 마음은 저절로 고요해져서 바르게 된다는 것이다. 그리고 이러한 정제엄숙을 오래 계속하면 내심(內心)이 올바르게 되어 인간의 본래성(本來性)이 생기게 된다는 것이다.

셋째, 상성성이다. 이는 '항상 마음을 깨어 있게 하는 것', 즉 그 본연의 맑음을 유지하도록 하는 것을 의미한다. 그러면 구체적으로 성성(惺惺), 즉 '깨어 있음'이란 무엇을 말하는 것인가? 이것은 마음이 가려짐이 없는 맑은 상태를 의미한다. 거울에 먼지나 잡티가 있으면 사물을 있는 그대로 비추어 줄 수 없는 것처럼, 사람의 마음 또한 맑지 못하면 이치(理致) 또한 그대로 드러날 수 없다. 그래서 사물을 있는 그대로 담아내기 위하여 거울의 먼지나 잡티를 제거하는 노력이 필요한 것처럼, 사람 또한 이와 같은 노력이 요청되는데, 이것이 바로 상성성인 것이다. 즉, 아침저녁으로 혹은 정신이 맑고 기분이 안정될 때 엄연숙연(嚴然肅然)하여, 마음의 본체는 파악됨을 가리지 않고 자존(自存)하며 사지(四肢)는 속박됨을 기다리지 않고 공근(恭謹)해지는 것이다. 다시 말하면, 마음의 쓸데없는 생각을 털어 내는 것이다. 이에 대하여 이황은 다음과 같이 말하였다.

17) 正其衣冠尊其瞻視 潛心以居對越上帝 足容必重 手容必恭 擇地而踏折施蟻封(『퇴계전서』 권7, 「경재잠」).

모름지기 의사(意思)를 넓게 하고 우유함영(優遊涵泳)하여 성성(惺惺)한 주인이 되어 조관(照管)함을 잃지 않는다면 이 방법이 차츰 간약(簡約)하게 될 것이다.[18]

그런데 이황은 상성성법에서 주의해야 할 점 또한 지적하였다. 상성성의 자세를 공부하려 할 때, 먼저 무엇을 찾으려고 마음을 안배하기에 분주하면 이삭을 뽑는 식의 병통을 가져오게 된다고 하였다. 즉, 항상 스스로를 경계하고 방만하지 않도록 한다면, 오랜 뒤에는 본심이 성성의 상태가 될 수 있음을 뜻하는 것이다. 이것은 어디까지나 스스로에 의하여 이루어지는 자주적인 각성이며 도덕률의 함양이다.

넷째, 기심수렴불용일물이다. 이는 '마음을 단속하여 한 가지의 잡념도 용납하지 않는 상태' 를 말한다. 즉, 모든 일에서 살피지 않음이 없는 것으로, 몸과 마음을 수렴하고 순일(純一)하게 정제(整齊)하여 흩어지지 않게 하는 것이다. 따라서 이것은 어떤 특정한 때만 갖게 되는 것이 아니다. 일을 행하든 행하지 않든 그것은 함께하는 것으로서, 다만 안에 있는가 밖으로 드러났는가 하는 차이만 있을 뿐이며, 잠시도 끊임이 없는 것이다.

그런데 이것은 그저 두려워하고 삼가는 것에 머무르는 것이 아니며 마음을 단속하는 기본 전제다. 이것에 대한 구체적 노력은 '수렴(收斂)' 으로 표현된다. 곧, 경(敬)이란 수렴하여 방종하지 않는 것을 의미한다. 이에 대하여 이황은 다음과 같이 말하였다.

18) 須寬著意思 優遊涵泳而惺惺主人 常不失照管 此法差爲簡約(『퇴계전서』 권 36, 「답금문원」).

마음을 고요하게 하여 정신을 모으고 잡념을 버리며, 동(動)과 정(靜)이 순환할 때에 오직 마음이 (이것을) 볼 것이니 존(存)하고 움직일 때를 살펴서 (정신을) 둘로 나누지 말고 셋으로 나누지 말라.[19]

이는 스스로 자신의 마음을 단속한다면 외적인 것 또한 바르게 이루어질 수 있음을 강조한 것이다. 이러한 관점에서 이황은 공부의 문제는 참된 앎과 힘써 행함에서 출발하여야 함을 강조하고, 그렇지 못할 때는 마음을 안정시켜 그 마땅함에 머물게 하여야 한다고 보았다. 그는 모든 문제를 의리(義理)에 수렴시키면 많은 헛된 생각은 사라지는 것으로 본 것이다. 이것은 마치 접시저울이 한쪽이 올라가면 한쪽은 내려가는 것처럼 의리와 물욕의 관계 또한 이와 같음을 말하는 것이다. 따라서 마음을 의리로 가득하도록 하는 조존(操存)의 노력이 필요한데, 이것이 바로 수렴이다.

그러면 수렴은 구체적으로 어떻게 하는 것인가? 이것은 정좌(靜坐)를 통하여 이루어지는 것인데, 정좌는 불교의 좌선입정(坐禪入定)하여 생각을 끊는 것과는 다르다. 즉, 정좌는 마음을 수렴하여 본바탕에서 벗어나지 않게 하면 마음은 맑아져 자연스럽게 전일(專一)할 수 있게 된다. 또한 일이 있을 때는 그것을 적절하게 처리하고 일이 끝나면 다시 맑은 상태로 되돌아오는 것이다. 이처럼 정좌는 좌선하는 것처럼 고요하게 앉아 있는 것만을 의미하지는 않는다.

19) 方寸潛然疑神息慮 動靜循環 惟心是監 靜存動察 勿二勿三(『퇴계전서』 권7, 「진성학십도차」).

외적 수양방법으로서의 '궁리'

궁리란 '사물의 이치를 궁색하여 지식을 넓히는 것'을 뜻하는데, 『중용』의 도문학(道問學)이라든지 『대학』의 격물치지를 말한다. 즉, 인간과 사물에서 융회관통(融會貫通)의 이치를 공부하는 것이 바로 궁리다. 이황은 바로 이 궁리를 성인됨의 한 방편으로 삼았다.

이러한 궁리는 '격물치지' '격물궁리'를 통하여 이루어진다고 볼 수 있는데, 먼저 격물의 의미부터 살펴보자. 격물은 '물(物)의 이치를 궁구하여 그 극처에까지 이르는 것'이다. 이황은 이를 해석하여 '격(格)'은 '끝까지 캐내어 이르다(窮而至).'라는 뜻이요, '격물'은 '궁(窮, 끝까지 캐내다.)' 자에 비중을 두어 마음이 사물의 이치를 깊이 연구하여 앎을 이루어 가는(致知) 공부로 보았으며, 또한 '격물'은 '지(至, 이르다.)' 자에도 비중을 두어 물리(物理)의 지극한 곳에 도달하여 앎에 이르게 되는(知至) 공효(功效)로 보았다.[20] 여기서 그는 대상의 사물에 이치가 있음을 인정하면서 사물의 이치와 마음의 이치가 하나임을 전제로 하였다.

또한 이황에게서 격물궁리의 인식론을 통하여 지각되는 사물의 이치가 갖는 성격은 자연법칙적인 객관적 이치라기보다 주로 시비·선악을 밝히는 도덕성에 주안점을 두고 있으며, 이러한 가치론적 이치를 밝혀서 취사선택하는 도덕적 목적에 활용하는 데 관심을 보이고 있다.[21] 이처럼 가치론적 이치에 관심이 집중되고 있는 사실에 대하여 일부 학자들[22]은 비판도 하지만, 이황의 궁리를

20) 『퇴계집』 속집, 권26 참조.

21) 凡格物窮理 所以講明其是非善惡 而去取之耳(『퇴계집』 속집, 권14).

통하여 획득되는 지(知)는 단순한 '이론지(理論知)' 가 아니라, 실천적 '도덕지(道德知)' 의 의미를 내포하고 있음을 간과하여서는 안 된다. 예를 들어, 충과 효는 임금과 어버이를 섬기는 구체적 실천으로 이어질 때 의미가 있는 것이지, 이와 동떨어진 관념으로서의 충효는 무의미하다는 것이다. 이처럼 하나의 이치는 구체적 실천 속에서 드러나게 된다. 따라서 격물을 강조하는 것은 실천을 중시하는 윤리적 태도에 근거한 것이라 할 수 있다.

그러면 격물하여 궁구하고자 하는 내용은 무엇인가? 그것은 다름 아닌 '소이연지고', 즉 사물의 그러한 까닭과 '소당연지칙', 즉 마땅히 따라야 할 당위법칙인 것이다. 따라서 격물을 통한 궁리는 사물의 소이연을 인식하는 것이며, 소당연을 자각하고 실천하는 것이다. 그래서 격물하는 까닭이 마음을 밝히고자 하는 데 있다. 결국 격물의 목적이 다름 아닌 존재의 법칙에 대한 이해와 더불어 도덕적 완성에 있음을 말한다.

그렇다면 이러한 의미를 지닌 궁리에는 어떠한 구체적인 방법이 있는가? 이에 대하여 이황은 '허심손지(虛心遜志)' '심사숙고(深思熟考)' '몰입(沒入)' '적구점숙(積久漸熟)' 등을 들고 있다.

먼저 '허심손지' 란 텅 빈 마음을 뜻한다. 이에 대하여 이황은 "텅 빈 마음으로 이치를 살피고 먼저 자기의 의견을 정해 버리는 일이 없게 하라."[23]라고 하였다. 즉, 마음을 완전히 비운 상태에서

---

22) 이에 대하여, 특히 유명종 교수는 『퇴계와 횡설수설』에서 '도덕지(道德知)와 분별지(分別知)의 미분(未分)' 이라 지적하기도 하고, 윤리적 관심에 매몰되고 말았다고 한계를 제시하였다.

23) 虛心觀理 勿先執定於己見(『퇴계전서』 권14, 「답이숙헌」).

사리(事理)를 파악하되, 자신의 견해를 절대로 앞세우지 말라는 것이다. 이는 학문을 하는 데서나 처세(處世)를 하는 데서 기본적인 자세로서 선입견의 배제를 강조한 말이다. 선입견을 배제하여 자신의 마음을 비운 상태라야 비로소 타인의 견해를 받아들일 수 있는 정확한 눈이 뜨이기 때문이다.

그리고 '심사숙고' 란 어떤 대상을 연구할 때 생각을 조심스럽게 가져 그 생각의 허점이 어디에 있는가를 살펴보는 것이다. 이에 대하여 이황은 "생각이란 무엇을 말하는 것이겠습니까? 마음을 구하여 체험하여서 얻는 것을 말하는 것입니다."[24]라고 하여 여러 문제들을 심사숙고한 다음 그 실체의 확인을 위해서 생각과 행위가 일치되도록 하여야 함을 강조하였다. 그래야만 인식의 문제와 실천의 문제가 보다 발전적으로 연결되는 것이다.

'몰입' 이란 침잠완색(沈潛玩索)을 뜻하는데, 여기서 침잠이란 '깊이 잠긴다.' 는 뜻이며 완이란 '즐긴다' 는 뜻이다. 그래서 이황은 "이치를 궁구함에는 일상생활의 평이하고 명백한 것에 나아가 간파하여야 하며 숙달하게 하여야 한다. 이미 아는 것에 대하여는 편안하고 여유 있는 마음으로 음미하여야 한다."[25]라고 하였다. 이러한 이황의 침잠완색은 평이한 데서 공부를 시작하고 하루아침에 어떤 결과를 얻기보다는 차츰 즐기는, 즉 음미하여 나가되 무리하게 추구하지 않는 자연스러운 탐구방법이다.

또한 '적구점숙' 이란 글자 그대로 오래 쌓음으로써 점차 그 참

24) 思者何也 求諸心而有驗有得之謂也(『퇴계전서』 권6, 「무진육조소」).

25) 窮理 須就日用平易明白處看破教熟 優游涵泳於其所己知(『퇴계전서』 권14, 「답남시보」).

뜻을 알게 된다는 것이다. 이에 대하여 이황은 다음과 같이 말하였다.

> 곳에 따라 곧 힘을 써서 마음을 비우고 이를 보되, 먼저 자기 견해에 고집하지 말고 쌓이고 나아가 순수히 익혀야만 하니, 시간과 달로 효과를 따지지 말아야 한다. 어찌 한 번 뛰어 갑자기 깨달아 당장에 부처를 이루는 자가 어둡고 분간할 수 없는 곳에서 어렴풋이 그림자를 보고서 곧 일대사(一大事)가 이미 끝났다고 하는 것과 같을 수 있겠는가.[26]

이황은 이처럼 학문의 점진법을 강조하였는데, 이미 알고 있는 것을 바탕으로 그 위에 더욱더 궁리할 것을 주장한다. 즉, 적구점숙하는 점진적인 도덕교육의 필요성을 주장한 것이다.

이와 같이 이황은 도덕교육의 주된 수양방법으로서 거경과 궁리를 들고 있다. 이 두 가지는 앞서 언급하였듯이, 내 · 외 각기 독립된 영역의 수양법이지만 서로 병행하여 수양하여야 함을 이황은 강조하였다. 그리고 거경과 궁리는 모두 궁극적으로는 행(行)으로 귀결토록 하여 마침내 성인의 품덕을 갖추게 하는 것이다.

이황 도덕교육사상의 현대적 의의

이황 사상의 지향점은 성인됨의 문제에 있었는데, 이는 그의 학

26) 隨處便當著力 虛心觀理 勿先 執定於已見 積漸純熟 未可責效於時月 弗得描直以爲終身事業…… 豈若一超頓悟 立地成佛者之略見影像於(『퇴계전서』 권 14, 「답이숙헌」).

문과 삶 전체를 관통하는 핵심이었다. 그리고 그의 도덕교육론의 목적 또한 바로 이 성인됨에 있었다. 아울러 이황은 성인이 되기 위해서는 다양한 경전을 중심으로 한 도덕교육서를 탐구하여야 한다고 주장하였고, 그에 따른 구체적인 도덕교육의 방법 또한 제시하였는데, '거경'과 '궁리'가 그것이었다. 도덕교육이 관념적 정립이 아니라 실제적인 목적을 가진 것이라고 할 때, 이황이 강조한 실천을 통한 체득은 성인됨이라는 도덕교육의 목적 달성에 매우 긴요한 방법적 원리임에 틀림없다. 이러한 이황의 도덕교육사상이 오늘날 현대 도덕교육의 현실상에 주는 시사점을 정리하여 보면 다음과 같다.

첫째, 경(敬)을 통한 '사람됨'의 교육을 강조하고 있다. 오늘날 학교나 가정은 성적만을 최우선시하는 풍토 속에 있다 보니 어릴 적부터 사람됨의 교육은 소홀히 할 수밖에 없는 실정이다. 이러한 풍토 속에서 자란 아이들은 성인이 되어도 도덕 불감증에 머물게 될 뿐 아니라 비사회적인 행동으로 여러 가지 사회문제를 야기하게 된다. 그런데 이황은 경(敬)을 교학의 이념으로 삼아 초지일관 경에 대한 자세를 강조하였다. 즉, 주일무적, 정제엄숙, 상성성, 기심수렴불용일물, 격물치지 등의 구체적 방법론을 통하여 성인의 사람됨을 강조하였다. 따라서 그는 학문을 출세나 명성을 얻기 위한 수단으로 삼는 것을 지양(止揚)하였다. 이는 오늘날 사람됨의 교육이 상실된 교육 현실에 비추어 볼 때 그 어느 때보다도 절실히 요구되는 정신적 유산임에 틀림없다.

둘째, 도덕교육서로서 다양한 경전과 역사서를 강조하고 있다. 오늘날의 교육 현실은 현대 산업사회의 영향에 따라 교과의 중심이 응용과학에 치중되어 있다. 그리고 고등학교에서는 역사를 선택 과목으로 할 정도로 이를 과소평가하고 있다. 이러한 시대적 위기상황을 보고 혹자는 '인문교육의 상실시대' 라고 평하였다. 앞날의 우리 인간의 정신세계를 걱정하지 않을 수 없다. 이러한 시대상을 직시할 때 이황의 경전 중심의 도덕교육은 오늘날 교육 입안자나 현장교육의 담당자 모두에서 많은 시사점을 주고 있다.

셋째, 지행병진의 실천교육을 강조하였다. 오늘날의 교육은 인터넷 등 다양한 매체의 활용으로 수많은 지식을 접하다 보니 아는 것은 매우 많으나, 이를 행동으로 실천하는 모습은 찾아보기가 힘들다. 그런데 이황은 인은 경(敬)을 통해서 가능하며, 경은 일상생활에서 거경과 궁리를 통해서 가능하다고 하였다. 여기서의 거경과 궁리는, 다시 말해서 거경은 행(行)을 의미하고 궁리는 지(知)를 의미한다. 그러므로 경이란 지적 학습과 실천적 행동이 함께 병행될 때 이루어지는 것이다. 즉, 이론과 실천의 조화를 강조하고 있다. 현대교육이 단순히 지식의 전달만을 기계적으로 의도하는 데 반하여 이황은 지식과 실천과 사고의 삼자(三者)가 서로 유기적인 연관성을 이루면서 진지(眞知)에 도달하도록 하려는 것이었다. 아울러 그는 몸소 실천하는 모범을 보임으로써 제자들의 좋은 본보기가 되었던 것이다. 이는 곧 실천하는 교육의 부재 상태인 오늘날의 교육에 많은 것을 시사하고 있다.

10 율곡의 인성교육사상

율곡의 교육적 삶

이이(1536~1584)는 이황과 함께 조선 시대의 성리학을 대표하는 인물로서, 자는 숙헌(俶獻)이고 호가 율곡(栗谷)이다. 강릉 북평촌의 외가에서 태어나 선조 17년 서울 대사동에서 49세의 나이로 작고하였다.

그는 어머니 신사임당의 교육을 받으며 자라 13세에 진사 초시에 합격하였고, 16세에 어머니를 여의고 3년 상을 치른 후, 1년 동안 잠시 금강산에 들어가 불교를 공부하였으나 이듬해에 다시 유가로 돌아왔다. 23세 되던 해 봄에 도산으로 이황 선생을 배알하고, 그해 겨울 별시에 「천도책(天道策)」으로 장원 급제한 것을 포함해 전후 9차례에 걸쳐 장원을 하여 9도장원공이라는 별명을 얻었다. 29세에 호조 좌랑에 임명된 이후 예조 좌랑, 사간원 정언, 이조 좌랑, 사헌부 지평, 홍문관 부교리, 청주 목사, 홍문관 직제학, 사간원 대사간, 황해도 관찰사, 호조 판서, 이조 판서, 형조 판서, 의정부 우참찬, 병조 판서 등 내외 관직을 두루 역임하였다. 이는 이황이 현실 참여보다 학문에 전념했던 것과는 좋은 대조를 이룬다.

또한 율곡은 투철한 역사의식으로 현실정치에 깊숙이 참여하여 현실을 비판하면서 경륜을 제시하였고 학자로서 성리학 연구에 새로운 경지를 개척하였다. 따라서 율곡은 철학자로서의 삶과 정치가로서의 삶을 병행하였으며, 이(理) 중심의 철학과 기(氣) 중심의 철학을 조화시킴으로써 우리나라 성리학의 전성기를 마련하였다.

율곡은 기호학파의 조종으로서 김장생, 조헌, 정엽, 황신, 박여룡, 김진강 등이 그의 문인이다. 특히 율곡은 불교, 도가, 양명학, 기학에 이르기까지 이들을 무조건 배척하는 것이 아니라 비판적 입장에서 수용하는 태도를 보였는데, 이로써 그의 학문적인 개방성을 짐작할 수 있다. 그의 대표적인 저술로는 『성학집요(聖學輯要)』·『격몽요결(擊蒙要訣)』·『소학집주(小學集註)』·『학교모범(學校模範)』·「동호문답(東湖文答)」·「경연일기(經筵日記)」·「인심도심도설(人心道心圖說)」·「천도책(天道策)」·「만언봉사(萬言封事)」 등이 있다.

율곡 인성교육사상의 철학적 기초

이기론(理氣論)

율곡은 이기론에서 대체로 주자의 이기론을 그대로 계승하면서도 독창적인 영역으로 더욱 발전시켰다. 그 내용을 간추려 보면 다음과 같다(단독 '理' 자는 '리' 로 표기함).

이기지묘(理氣之妙)

율곡 철학에서 이기지묘는 그의 철학을 일관하는 정신이자 사유의 기본틀이다. 따라서 이기지묘에 대한 이해는 그의 철학 이해의 관건이 된다.

율곡은 리(理)와 기(氣) 중 어느 한쪽에 치우치지 않고 조화를 이루는 묘합의 논리를 주장하였다. 그것이 곧 '이기지묘' 이며, 그의 이기설의 중심이다.

율곡에 따르면, 리는 무형무위의 형이상자로서 일체 모든 존재가 그러한 존재일 수 있는 까닭이다. 리는 기의 주재가 되고 기는 리의 탈 바가 된다. 또한 발하는 것은 기지만 발하는 까닭은 리다. 기가 아니면 발할 수 없고 리가 아니면 발할 바가 없다.[1] 리가 아니면 기가 근저할 바가 없고 기가 아니면 리가 의착할 곳이 없다[2]는 것이다. 또한 리는 형상이 없으므로 언제 어디에서든지 두루 통할 수 있고, 기는 형상이 있으므로 언제 어디에서든지 국한된다.[3] 따라서 리가 보편성을 갖는다면 기는 특수성을 갖는다. 이렇게 볼 때, 리와 기는 이 세계의 존재에서 반드시 있어야 할 요소로서 이 두 가지는 대등한 가치를 갖는다. 왜냐하면 리나 기 어느 하나만으로는 이 세계, 어떤 존재도 있을 수 없기 때문이다. 이와 같이 전혀 다른 두 개의 독립된 실체가 이 세계 만사 만물을 존재케 하는 것이다. 그에 따르면, 리 없는 기도 없고 기 없는 리도 없어서 이기(理氣)는 본래 떨어질 수 없는 하나로 있다. 그러나 하나로 있다고 해서 리가 기고 기가 리인 것은 결코 아니다. 이와 같이 리와 기는 서로 떠나지 않는 관계와 서로 섞이지 않는 관계를 지속한다. 이것이 곧 이기의 묘합인데, 이는 쉽게 이해할 수 없는 것이므로 율곡은 '이기지묘'라고 하였다. 즉, 둘이면서 하나로 있고 하나로 있되 둘인 이기의 관계를 율곡은 이기지묘라는 말로 표현한 것이다.

1) 理無爲而氣有爲 故氣發而理乘(『율곡전서』 권10, 「답성호원」).

2) 夫理者 氣之主宰也 氣者 理之所乘也 非理則氣无所根柢 非氣則理无所依著(『율곡전서』 권10 , 「답성호원」).

3) 理無形而氣有形 故理通而氣局(『율곡전서』 권10, 「답성호원」).

기발이승(氣發理乘)

기발이승은 일체의 존재구조를 표현하는 것으로 이기지묘의 다른 표현이다. 율곡은 이황이 사단을 '리가 발함에 기가 따르는 것(理發而氣隨之)', 칠정을 '기가 발함에 리가 탄 것(氣發而理乘之)'이라 하여 호발을 주장한 것에 대하여, 그는 사단과 칠정이 모두 '발하는 기에 리가 탄 것'이라는 기발이승 하나의 길밖에 없다고 주장하였다.

그에 따르면 리는 작위가 없고 기는 작위가 있기 때문에 기는 발동하고 리는 타는 것이다. 그리하여 율곡은 자연세계나 인간세계를 막론하고 일체의 존재구조를 기발이승으로 일관되게 설명한다. 기가 발함에 리가 탄다고 할 때 기발과 이승은 동시적인 것이다. 또한 공간적으로도 이합(離合)이 없는 것이다. 본래부터 하나로 있는 묘합의 구조를 기발이승이란 말로 표현한 것일 뿐이다. 여기서의 발(發)은 가변으로서의 국한(局限)의 의미를, 승(乘)은 주재로서의 내재 관통의 의미를 내포하는데, 발하는 기 위에 리가 탄다고 할 때의 승(乘)은 단순히 탄다는 의미를 넘어 '기의 동정(動靜) 작용을 주재하는 리'라는 근본적 의미를 갖는다. 아울러 기발이승은 본래성과 현실성이 하나로 합하여지는 존재 자체의 묘합을 의미하는 것이기도 하다. 요약하면, 기발이승은 율곡의 성리학을 일관하는 중심 개념일 뿐 아니라 그것은 곧 이기지묘의 다른 표현이며 이통기국과도 상통한다.

이통기국(理通氣局)

이통기국 역시 이기지묘의 또 다른 표현이다. 율곡에게서 리는 소연을 가능하게 하는 소이로서의 의미를 지닌다. 즉, 리는 동정이 없이 무위한 것이나, 기로 하여금 동정의 상(相)을 나타나게 하는 근저가 된다. 이러한 맥락에서 그는 이통기국을 주장하였는데, 이통기국이란 '리는 무형, 기는 유형' 이라는 개념에서 비롯한다. 여기서 리가 무형하다 함은 리가 시공간에 제약을 받지 않는 보편성을 가졌다는 것이고, 기가 유형하다 함은 기가 시공간에 제약을 받는 국한성을 가졌다는 것이다.[4] 따라서 리는 언제 어디서나 두루 통하지만 기는 언제 어디에서든지 국한된다.

이를 좀 더 구체적으로 살펴보면, 이통기국은 이일분수(理一分殊), 기일분수(氣一分殊)의 사고를 거쳐 창출된 이론임을 알 수 있다. 이일분수는 존재를 체(體)와 용(用) 양면으로 나누어 구별하면서도 동시에 하나로 보는 관점인데, 다만 리를 중심으로 본 것이다. 율곡에 따르면, 본연자는 이일이고 유행자는 분수인데, 유행의 리를 버리고 달리 본연의 리를 구하려 함도 진실로 옳지 못하고, 만약 리에 선악이 있는 것으로서 리의 본연을 삼는 것 또한 옳지 못하니, 이일분수 네 글자를 마땅히 체구(體究)하여야 한다고 하였다.[5] 또한 그는 이일분수를 통체일태극(統体一太極)과 각일기성(各一其性)으로 설명한다. 즉, 천지, 사람, 사물이 비록 각각 그 리가 있으나 천지의 리, 만물의 리, 사람의 리가 하나인 것은 통체일태극인 동시에 이일이요, 비록 하나의 리이지만 인성, 물성, 견성(犬性), 우성(牛性)이 각각 구별되어 다름은 각일기성으로, 이것이 분수의 측면이라는 것이다.[6] 따라서 일본지리(一本之

4) 氣局者何謂也 氣已涉形迹 故有本末也 有先後也(『율곡전서』 권10, 「답성호원」).

5) 夫本然者 理之一也 流行者 分之殊也 捨流行之理 而別求本然之理固不可 若以理之有善惡者 爲理之本然 則亦不可 理一分殊四字 最宜體究(『율곡전서』 권9, 「답성호원」).

理)는 리의 체이고 만수지리(萬殊之理)는 리의 용이다. 그런데 리의 체는 하나인데, 어떻게 그 작용이 만 가지로 다른가? 그것은 기가 같지 않으므로 유행하고 변화하는 기를 탄 리는 만수지리로 전개될 수밖에 없기 때문이다.[7)] 이렇게 볼 때, 율곡은 정이(程頤)의 이일분수를 계승하면서도 이기지묘의 입장에서 이일분수를 생각하는 것 같다.

그는 기일분수에 대해서도 다음과 같이 말하고 있다. 즉, 그는 일기(一氣)가 운화되어 만수(萬殊)가 되는데, 나누어서 말하면 천지 만상이 각각 하나의 기요, 합하여서 말하면 천지 만상이 같은 하나의 기라는 것이다.[8)] 여기서 같은 하나의 기는 바로 기일지기(氣一之氣)이고, 각각 하나의 기는 분수지기(分殊之氣)로서 기일분수가 된다. 또한 「수요책」에서도 합하여서 말하면 천지만물이 같은 하나의 기요, 나누어 말하면 천지만물이 각각 하나의 기라고 하였다. 하나의 같은 기기 때문에 이일이고, 각각 하나의 기기 때문에 분수가 되는 것이다.[9)] 따라서 이일분수는 이기지묘하에서 리를 중심으로 본체와 현상을 아울러 본 것이라면, 기일분수는 이기지묘하에서 기를 중심으로 본체와 현상을 아울러 본 것이다. 따라서

6) 天地人物 雖各有其理 而天地之理 卽萬物之理 萬物之理 卽吾人之理也 此所謂統体一太極也 雖曰一理 而人之性非物之性 犬之性非牛之性 此所謂各一其性者也(『율곡전서』 권10, 「답성호원」).

7) 理有體用固也 一本之理 理之體也 萬殊之理 理之用也 理何以有萬殊乎 氣之不齊 故乘氣流行 乃是萬殊也(『율곡전서』 권12, 「답안응체」).

8) 鳴呼一氣運化 散爲萬殊 分而言之 則天地萬象各一氣也 合而言之 則天地萬象同一氣也(『율곡전서』 권14, 「천도책」).

9) 合而言之 則天地萬物同一氣也 分而言之 則天地萬物 各有一氣也 同一氣 故理之所以一也 各一氣 故分之所以殊也(『율곡전서』 권5, 「수요책」).

율곡의 성리학에서는 이일분수든 기일분수든 이기지묘의 관계성 속에 있는 것이다.

즉, 이일분수나 기일분수 어느 한 측면에 치우쳐 보는 관점을 지양하고, 이기지묘의 관점에서 이일과 기일, 이분수(理分殊)와 기분수(氣分殊)를 아울러 본 것이 율곡의 이통기국이다. 이러한 율곡의 이통기국은 인간의 심성 내면에서 기의 차별성이 극복되어 이통(理通)과 같은 경지로 변화될 수 있음을 암시하여 주는 것으로 율곡 인성교육의 이론적 근거라고 하겠다.

심성론(心性論)

율곡은 이기지묘를 전제로 하여 심(心)을 이해하고 발하는 기와 기발의 근거인 리가 묘합됨으로써 심의 현상이 구체화될 수 있다고 보았다. 그의 이기지묘적 사유를 기반으로 하여 형성된 인성론의 기본 문제인 본연지성(本然之性)과 기질지성(氣質之性), 사단(四端)과 칠정(七情), 도심(道心)과 인심(人心)의 내용을 살펴보면 다음과 같다.

첫째, 성리학에서 성(性)을 설명함에는 흔히 본연지성과 기질지성으로 구별하여 말한다. 율곡은 인간의 성(性)을 이해할 때 먼저 리와 성(性)의 개념 구별부터 시작하였다.

> 성은 이기(理氣)의 합이다. 대개 이가 기 가운데 있은 연후에 성이 된다. 만약 형질 가운데 있지 않으면 마땅히 이라 하여야지, 성이라 하는 것은 옳지 않다. 다만 형질 가운데에 나아가 오직 그 리만을 가리켜서 말한다면 본연지성이다. 본연지성은 기와 섞일 수 없다.[10)]

이와 같이 율곡은 성을 이기지묘로 보기 때문에 형질 가운데서 성을 파악한다. 형질을 떠나 있는 것은 리이지 성이 아니다. 본연지성이란 단지 형질 중에서 리만을 가리켜 부르는 것으로 기가 배제된 순수한 리만을 가리킨다. 이는 율곡이 기질지성 하나만을 성으로 보고 본연지성의 성을 리로 이해함을 의미한다. 따라서 본연지성과 기질지성은 두 가지 성이 아니라 기질 위에 나아가 단지 그 리만을 가리켜 본연지성이라 하고 리와 기질이 묘합된 것을 기질지성이라 한다.[11] 그러므로 본연지성은 기질을 겸하여 말할 수 없고 기질지성은 본연지성을 겸할 수 있는 것이다.

이러한 율곡의 성론은 인간을 천지지리(天地之理)와 천지지기(天地之氣)의 묘합체로 이해하는 그의 입장에서 연유한다. 우주 자연이 그러하듯 인간존재 자체를 성(性)과 형(形), 수(帥)와 색(塞), 리와 기의 묘합적 존재로 파악하기 때문에 기를 떠나 인간의 성을 말하기보다는 이기가 오묘하게 합하여 있는 성을 문제 삼는 것이다. 따라서 율곡의 성론은 현실적인 인간을 중심으로 성을 말하는 것이지 관념적인 성을 일컫는 것이 아니다. 이것은 율곡 사상이 결코 현실과 괴리되지 않을 뿐만 아니라, 관념적 한계를 극복할 수 있는 사상적 특성을 보여 준다.

둘째, 사단과 칠정의 문제에서 율곡은 이황과 기대승 간의 '사칠논쟁' 에서 대체로 기대승의 견해에 동의한다. 즉, "왕복한 만여 언

10) 性者理氣之合也 蓋理在氣中然後爲性 若不在形質之中 則當謂之理 不當謂之性……(『율곡전서』 권10, 「이기영정우계도형」).

11) 本然之性 氣質之性 非二性也 就氣質上單指其理 日本然之性 合理與氣質而命之 日氣質之性(『율곡전서』 권20, 「성학집요」).

(言)이 마침내 서로 합하지 못하였으니, 나로 말하면 기대승의 이론이 나의 뜻과 꼭 맞는다. 대개 성(性) 중에는 인의예지신(仁義禮智信)이 있고, 정(情) 중에는 희로애구애오욕(喜怒哀懼愛惡欲)이 있으니 이와 같을 뿐이다. 오상(五常)밖에 다른 성이 없고 칠정밖에 다른 정이 없다. 칠정 중에 인욕이 섞이지 않고 순수하게 천리에서 나온 것이 사단이다."[12]라고 하였다.

셋째, 도심과 인심의 문제에서 율곡은 만약 인심 · 도심에 투철하지 못하면 이기에도 투철할 수 없다고 하였다. 즉, 인심 · 도심의 원리를 아는 것과 이기의 원리를 아는 것은 별개의 것이 아니라는 것이다. 왜냐하면 근본적으로 천인일체(天人一體)요, 천인일관(天人一貫)이기 때문이다. 천이 인간에 내면화되어 있으므로 그 천을 구체적으로 알게 되는 계기는 인간에 있는 것이다.

인심과 도심은 어떻게 구별되는가? 율곡에 따르면, 인심이나 도심은 결국 하나인데, 이름이 다른 것은 마음이 어떠한 의지적 방향을 갖고 작용하는가에 따라 구별된다. 즉, 인심과 도심이 비록 두 가지의 이름이지만 그 근원은 단지 한 마음인데, 발할 때는 도의(道義)를 위한 것과 식색(食色)을 위한 것이 있기 때문에 발함에 따라 이름이 달라진다는 것이다. 즉, 도의를 위하여 발한 마음이 도심이고, 식색을 위하여 발한 마음이 인심이다.

그렇다면 사단과 칠정, 본연지성과 기질지성, 인심과 도심은 어떠한 관계에 있는가? 율곡에 따르면 사단과 칠정은 본연지성 기질지성과 같다. 본연지성은 기질을 겸해서 말할 수 없으나 기질지성

12) 往復萬餘言終不相合 余曰明彦之論正合我意 蓋性中有仁義禮智信……出於天理者 是四端也(『율곡전서』 권14, 「논심성정」).

은 오히려 본연지성을 겸할 수 있다. 따라서 사단은 칠정을 겸할 수 없으나 칠정은 사단을 겸할 수 있다.[13] 이와 같이 율곡은 기질지성 속에서 본연지성을 해석하였듯이 칠정 속에서 사단을 이해하였다. 그것은 성이 하나이듯이 정도 하나라는 것이요, 정은 성의 발용에 지나지 않기 때문이다. 아울러 그는 사단은 오로지 도심만을 말하고 칠정은 인심과 도심을 합해서 말하는 것으로 보았다.

결국 율곡의 사단칠정론은 기대승의 입장을 계승한 것이며, 이황과는 다른 것이다. 그것은 리기의 분별과 사단 · 칠정의 엄격한 분별을 강조한 이황과 우주 자연과 인간을 기발이승의 구조로 합일시켜 보려는 율곡 간의 철학적인 입장 차이 때문일 것이다. 따라서 율곡에게서는 사단의 선도 중요하지만, 칠정의 중절(中節)된 선 또한 중요한 것이다.

율곡 인성교육사상의 함의

인성교육의 목적

율곡 역시 다른 유학자들과 마찬가지로 교육의 목적을 성인으로 보았으며, 누구든지 최대한 노력만 하면 성인이 될 수 있다고 하였다. 본래 성인이란 지혜와 덕을 갖춘 비범한 사람을 말한다. 그런데 율곡은 성인을 어떻게 규정하고 있는가? 율곡에 따르면, "성인

13) 四端七情正如本然之性氣質之性 則不兼氣質而爲言也 氣質之性 則却兼本然之性 故四端不能兼七情 七情則兼四端(『율곡전서』 권9, 「답성호원」).

은 천리(天理)에 순수하고 성(誠)의 온전함을 얻은 사람이다."[14] 즉, 성인의 성(性)은 천리 그대로의 성(誠)과 통한다고 볼 수 있다. 그리고 성인은 기품이 청명하고 인의예지의 사덕을 체득한 자이며, 사욕이 없어서 하고 싶은 바가 모두 규구(規矩)를 어기지 않아 인심과 도심이 일치하는 사람을 말한다(『율곡전서』 권10 서2, 「답성호원」 참조). 뿐만 아니라 율곡은 성인을 두고 타인의 성(性)도 가르침으로써 회복하게 하고, 명덕을 천하에 밝혀서 타인을 교화할 수 있는 덕을 발휘하는 사람이며, 특히 실천하는 사람이라고 규정하였다.

그런데 최고의 인격자, 즉 천인합일의 경지에 달한 성인은 쉽게 얻어지는 것이 아니다. 그래서 공자는 누구나 노력에 의하여 달하는 표준의 인물로 군자를 들었다. 율곡 역시 성인은 중인(衆人)과 너무 거리가 멀고 이상적인 인간상이라 군자를 현실적 이상상(理想像)으로 삼았다. 그리하여 율곡은 군자의 모습을 다음과 같이 그리고 있다.

> 군자는 이륜(彝倫)의 행위에서는 세속과 같지마는 그 가운데 다른 것이 있다. 어버이를 사랑하는 것은 같지마는 부모를 도리로서 깨닫게 하여 명령에 복종하는 것만으로 효도로 생각하지 않는 것이 속인과 다르다. 임금을 존경하는 것은 같지마는 임금을 도리에 맞도록 인도하다가 합하지 않으면 떠나가는 것이 속인과 다르다. 처를 사랑하는 것은 같지마는 서로 손님같이 존경하여 정욕에 빠지지 않는 것이 속인과 다르다. 형에게 순종하는 것은 같지마는 화락한 마음으로 서로 힘써서 학행을

14) 順乎天理而得誠之全者 聖人也(『율곡전서』 권9, 「계책」).

> 연마하는 것이 속인과 다르다. 친구끼리 사귀어 노는 것은 같지마는 오래도록 존경하고 서로 보살펴 착한 일을 하는 것이 속인과 다르다.[15)]

이와 같이 율곡은 교육의 최고 목적으로 성인군자를 들고 있지만, 그에게서 교육의 목적은 기존의 다른 유학자들과는 다른 일면이 있다. 즉, '이상과 현실의 조화' 라는 좀 더 구체적이고 실현 가능한 목적론을 제시한 것이다.

> 사람이 이 세상을 살아가는 데 학문이 아니면 올바른 사람이 될 수가 없다. 그런데 여기서 말하는 학문이라는 것은 또한 이상한 다른 물건이 아니다. ……다만 아비 된 자는 그 아들을 사랑하고, 자식 된 자는 부모에게 효도하고, 신하 된 자는 그 임금에게 충성하고, 부부간에는 마땅히 분별이 있어야 하고, 형제 간에는 의당 우애가 있어야 하고, 나이 젊은 사람은 어른에게 공손하여야 하고, 친구 사이에는 마땅히 신의가 있어야 한다. 이러한 일들을 날마다 행하는 행동 사이에서 모두 마땅한 것을 얻어서 행하여야 할 것이며, 공손히 마음을 현묘한 곳으로 달려서 무슨 이상한 효과가 나타나기를 넘겨다보지 말 것이다.[16)]

---

15) 君子於彛倫之行 與俗大同 而其中有異焉 愛親則同 而喩父母於道 不以從令爲孝者 異於俗 敬君則同 而引君當道 不合則去者 異於俗 宣妻則同 而相敬如賓不溺於情慾 則異於俗 順兄則同 而怡怡相勉 磨以學行 則異於俗 交游則同 而久而敬之 相觀而善 則異於俗(『성학집요』).

16) 人生斯世 非學問 無以爲人 所謂學問者 亦非異常別件物事也 只是爲父當慈 爲子當孝 爲臣當忠 爲夫婦當別 爲兄弟當友 爲少者當敬長 爲朋友當有信 皆於日用動靜之間 隨事各得其當而已 非馳心玄妙 希覬奇効者也(『격몽요결』, 「서문」).

이와 같이 율곡은 학문을 일상생활의 도리를 터득하는 것으로 보고 일상생활을 떠난 배움은 허망한 것으로 보았다. 생활의 필요에서 출발하는 배움이야말로 참된 교육으로 보아 실제 생활에 관한 교육을 중시하고, 허식을 위한 것이나 고원(高遠)한 학문적 이론을 위한 공리공담을 배격하였다. 이를 보아 율곡의 교육 목적관은 현실 중심의 실제성, 실천성의 가치를 지향하여 비현실적인 학문을 바로잡고 현실성을 다시 찾아 사실에서 진리를 구하고 있음을 알 수 있다. 또한 『격몽요결』, 「처세장」에서는 다음과 같이 진술하였다.

> 옛날 배우는 자들은 일찍부터 벼슬을 구하지 않았다. 학문이 이루어지면 그중에서 학문이 출중한 자는 들어서 써 주었다. 대개 벼슬이란 남을 위하는 일이고 자기를 위하는 일이 아니었다. 그러나 지금 세상은 그렇지 않아 과거를 통해서만 사람을 올려 쓴다. 그러므로 제아무리 하늘에 통하는 학문이 있고 남에게 없는 행실이 있다고 하더라도 과거를 거치지 않고서는 출세하는 길에 나아갈 수가 없다. 따라서 아버지는 그 아들을 가르치고 형은 그 아우를 권면하는 것은 오로지 이 과거 이외에는 다른 아무런 방법도 없기 때문이다. 선비들이 이 습관을 구차히 찾는 것은 실로 이 까닭이다.[17]

이 글에서는 율곡이 현대의 교육 풍조의 고질적 병폐를 지적하였다고 볼 수 있다. 입시 위주의 교육은 근본적인 학문의 목적과는

17) 古之學者 未嘗求仕 學成則爲上者 擧而用之蓋仕者 爲人 非爲己也 今世則不然 以科擧取人 雖有通天之學 絶人之行 非科擧 無由進於行道之位 故 父教其子 兄勉其弟 科擧之外 更無他術 士習之偸職 此之由(『격몽요결』, 「처세장」).

거리가 멀다. 현대교육의 풍조가 정상 궤도에서 이탈한 것도 지나친 입시 위주의 교육에서 빚어진 결과로서 인격교육을 도외시한 소치인 것이다. 그러나 율곡 당시의 교육제도는 다분히 과거를 위한 것이었기 때문에 교육목적으로서 과거를 위한 교육을 전면적으로 도외시하지는 못했던 것 같다. 다음의 글에서 비교적 상세히 설명하였다.

> 지금 사람은 이름으로는 과거 공부를 한다고 하지만 실상 여기에도 공명이 나타나지 않고, 이학(理學)을 공부한다고 하면서도 사실은 여기에도 뚜렷한 효과가 나타나지 않는다. 남들이 만일 과거 공부를 하라고 하면 그는 "나는 이학 공부를 하고 있기 때문에 다른 공부를 할 수가 없다."라고 말하고, 또 남들이 이학 공부를 하라고 하면 그는 "나는 지금 과거 공부를 하고 있기 때문에 다른 일을 할 틈이 없다."라고 말한다. 이렇게 해서 양쪽을 모두 하는 체만 하고 아무 일 하는 것 없이 세월만 보내다가 마침내는 과거에도 성공하지 못하고 이학 공부에도 아무런 성과를 거두지 못한다.[18]

이는 과거 공부와 이학 공부를 서로 핑계 삼다가 결국은 하나도 취하지 못함을 경계하는 것이다. 결국 율곡이 강조하고자 하는 것은 교육의 이상과 현실을 조화하는 가운데서 교육의 목적을 찾아야 한다는 것이다. 즉, 그는 이상적인 인간 형성을 내세우면서도

18) 今人 名爲做學業而實不著功 名爲做理學而實不下手 若責以科業 則曰 我志於理學 不能屑屑於此 若責以理學 則曰 我爲科業所累 不能用功於實地 如是兩占便宜 悠悠度日 卒至於科業理學 兩無所成(『격몽요결』, 「처세장」).

일용당행(日用堂行)에 합당한 학문을 하여야 한다는 것이었다. 흔히 유교교육에서 범하기 쉬운 지나친 이상 추구가 아니라 이상과 현실을 함께 고려하는 교육 목적론적인 그의 견해는 당시만의 탁견이 아니라 오늘날 현대교육에서도 깊이 숙고해 보아야 할 중대 과제라 할 수 있다.

인성교육의 내용

율곡은 이상과 현실의 조화 가운데서 교육의 목적인 성인을 추구하여야 된다고 하였다. 이러한 목적 달성을 위해서는 과연 어떠한 교육 내용이 필요한 것인가? 먼저 『학교모범』, 「독서장」의 내용부터 살펴보자.

> 글 읽는 순서는 『소학』을 먼저 배워 근본을 배양하고, 다음에는 『대학』과 『근사록』으로써 그 규모를 정하고, 그다음의 공부로는 『논어』, 『맹자』, 『대학』, 『중용』 등 사서와 오경을 읽고, 『사기』와 선현의 성리서를 간간히 읽어서 기초를 넓히고 식견을 정밀하게 할 것이다. 성인의 글이 아니면 읽지 말고 무익한 글을 보아서는 안 된다.

『학교모범』은 사습(士習)이 투박하고 사도(師道)가 해이한 데 대한 교육 문제가 제기되자, 왕명으로 『학교사목』과 함께 국가의 학령이 미비한 점을 보완하고 당시 교육의 문제점과 대안을 제시한 교육정책에 관한 저술이다. 아울러 그 이전에 나온 『격몽요결』의 내용도 이와 비슷한데, 이상적인 교육 이론보다는 주로 일상생활에서 실천궁행하는 내용으로 이루어져 있다. 그 내용의 일단을 살펴보자.

먼저 『소학』을 읽어 부모를 섬기고 형을 공경하고 군주에게 충성하고 어른께 공경하고 스승을 높이고 벗을 친근히 하는 도리를 자세히 음미하고 힘을 써 실행하여야 한다. 다음에는 『대학』, 『대학혹문』을 읽어 궁리, 정심, 수기, 치인의 도리에 관하여 참답게 알고 실행하여야 한다. 그다음에는 『논어』를 읽어서 인(仁)을 구하고 자신을 위하여 본원을 함양하는 공부에 관하여 골똘하게 생각하여 길이 체득하여야 한다. 다음에는 『맹자』를 읽어 의리와 사리를 분명히 가리고 인간의 욕심을 막고 하늘의 이치를 유지하는 설에 관하여 밝게 살피고 확충하여야 한다. 다음에는 『중용』을 읽어 성정(性情)의 덕과 미루어 이루는 공효와 천지와 안정하고 만물이 생육하는 도리를 완색(玩索)하여 얻는 것이 있어야 한다. 다음에는 『시경』을 읽어서 성정의 아정(雅正)과 선악의 계(戒)에 관하여 찬찬히 풀어서 감동을 일으키고 징계하여야 한다. 다음에는 예경(禮敬)을 읽어 천리의 절문(節文)과 의칙(儀則)의 제정된 차례에 관하여 강구하여 확립하는 것이 있어야 한다. 다음에는 『서경』을 읽어 천하를 다스리는 큰 경륜과 큰 법칙에 관하여 요령을 터득하고 근본을 거슬러 올라가서 찾아야 한다. 다음에는 『역경』을 읽어 길흉, 존립, 진퇴의 기틀에 관하여 살피고 음미하며 궁구하거 연마하여야 한다. 다음에는 『춘추』를 읽어 성인의 선을 상찬하고 악을 징벌하는 앙양조종(昻揚操縱)의 은밀한 말과 깊은 의의에 관하여 정밀하게 연구하여 정확하게 깨닫게 하여야 한다. …… 송대의 선현이 저술한 『근사록』, 『가례』, 『심경』, 『이정전서』, 『주자대전』, 『주자어류』와 그 밖의 성리서를 틈틈이 정독하여 의리가 항상 마음에 젖어듦이 사라질 순간이 없도록 하고, 여력으로는 역사책을 읽어서 고금을 꿰뚫고 모두 알아내서 식견을 기르되, 이단(異端) 잡류의 올바르지 못한 글은 잠시도 읽지 말아야 한다.(『격몽요결』, 「독서장」)

이 글을 통해 양서(兩書)의 교육 내용이 대체로 같거니와 그 핵심은 인간의 도덕성 발달을 강조하고 있음을 알 수 있다. 그리고 율곡의 인성교육의 내용 중 오륜(五倫)과 사서(四書)가 중시되었음도 알 수 있다. 아울러 율곡의 교육정신은 오로지 일상생활을 통해서 실천하는 것이 가장 중요하다. 그는 효경(孝敬)을 제일로 여겼고 친척 간의 우애는 물론 사회성과 공동체 의식을 심어 주고 절검(節儉)을 강조하여 인성교육의 틀을 마련하였던 것이다.

인성교육의 방법

입지(立志)

율곡은 교육의 목표를 세우고 이를 달성하기 위해서는 입지를 분명히 하여야 한다고 보았다. 즉, 인간이 올바르게 되려면 학문이 있어야 하고, 학문의 최고 목표를 성인에 두었다면 그렇게 되기 위해 입지를 통하여 도덕적 방향이 세워져야 한다는 것이다. 이에 율곡은 입지의 중요성을 다음과 같이 피력하였다.

> 처음으로 배우는 사람은 먼저 뜻을 확립하는 것을 필요로 한다. 반드시 성인이 되기를 스스로 기약하고 터럭만큼도 스스로 포기하거나 물러서고 미루려는 생각을 가져서는 안 된다.[19]

배우는 자는 먼저 뜻을 분명히 세워야 함을 강조하고 있다. 이와 같이 율곡이 학문의 방법으로 가장 먼저 입지를 중시한 까닭이 무

19) 初學 先須立志 必以聖人自期 不可有一毫 自小退託之念(『격몽요결』, 「입지장」).

엇인가? 그것은 현실적으로 대개의 인간이 성인에 도달하지 못하는 것은 우선 뜻이 분명하지 못하기 때문이었다. 그래서 그는 "진실로 뜻을 세우지 못하며 앎이 밝지 못하며 행함이 독실하지 못한 까닭이다."[20]라고 그 이유를 지적하였다. 앎이 밝고 행함이 독실할 수 있는 까닭은 의지가 정립되었는가에 달려 있으므로 사람이 범인에 머물기도 하고 성인이 되기도 하는 분기의 단초가 바로 뜻을 세우는 것이다.

따라서 율곡은 "배우는 자는 먼저 뜻을 세우고 도(道)로써 임하여야 한다."[21]라고 주장하였다. 여기서의 도는 곧 성인됨의 도리를 의미한다. 따라서 성인됨의 단초인 뜻을 세우는 것은 배우는 자의 근본이다. 율곡은 뜻을 세움(立志)에 대하여 다음과 같이 말하였다.

> 뜻(志)은 마음이 가는 바로서 정(情)이 이미 발하고서 그 가는 방향을 정한 것이니, 선(善)으로 가는 방향이나 악(惡)으로 가는 방향을 정하는 것은 모두 뜻(志)이다.[22]

즉, 뜻을 세운다는 것은 의(意)가 정하여진 마음이 가는 바로서 정(情)이 발하여 가는 방향을 정한다. 흔히 유가에서는 정이 발할 때 선악이 구체적으로 분기(分岐)된다고 보기 때문에 정이 발하여 가는 방향을 정하는 뜻은 선을 가능케 한다. 그러므로 악에 경도되

20) 志不立 知不明 行不篤(『율곡전서』 권27, 「격몽요결」).
21) 學者先須立志 以道自任(『율곡전서』 권15, 「학교모범」).
22) 志者心有所之之謂 情旣發而定其趨向也 之善之惡皆志也(『율곡전서』 권20, 「성학집요」).

기 쉬운 욕정을 가진 인간이 스스로의 도덕적 자각을 통해서 뜻을 정립하는 것은 인격수양의 전초 단계에서는 매우 중요하다.

오늘날 현대교육에서는 학습자의 뜻이 서지 않은 채 정해진 제도교육만이 반복되고 있다. 따라서 교육의 질이 저하되고 말았다. 진정한 교육의 성공은 학습자의 동기부여와 학문에의 뜻이 설정될 때 가능하다. 결국 율곡이 주는 입지의 의미는 오늘날의 교육문제에 하나의 대안이 될 것이다.

거경(居敬)

성인이 되겠다는 뜻이 분명하다면, 이제는 좀 더 구체적인 방법으로 율곡은 거경의 방법을 제시하였다. 율곡은 경(敬)의 중요성을 다음과 같이 강조하였다.

> 경이라는 것은 학문의 시작이요, 끝이다. 그러므로 주자가 말하기를, "경을 가지는 것은 궁리하는 근본이므로 아직 깨닫지 못한 이는 경이 아니면 알 수 없다."라고 하였고, 정자는 말하기를, "도에 들어가는 데는 경만한 것이 없으니 치지를 하면서 경에 있지 않은 이는 없다."라고 하였으므로, 이것은 경이 학문의 시작이 됨을 말한 것이다. 주자는 말하기를, "이미 깨달은 이는 경이 아니면 지킬 수 없다."라고 하였고, 정자는 말하기를, "경과 의가 이루어지면 덕이 외롭지 아니한데 성인까지도 또한 이러하다."라고 하였으니, 이것은 경이 배움의 끝이 됨을 말한 것이다.[23)]

23) 敬者 聖學之始終也 故朱子曰 持敬 是窮理之本 未知者 非敬無以知 程子曰 人道莫如敬 未有能致知 而不在敬者 此言 敬爲學之始也 朱子曰 已知者 非敬無以守 程子曰 敬義立 而德不孤至于聖人 亦止如是 此言敬爲學之終也 (『성학집

이와 같이 율곡은 '경이야말로 학문의 시작과 끝이 된다.' 라고 하여 학문을 하는 데는 시종(始終)의 원리가 곧 경임을 강조하였다. 또한 율곡은 "성하면 뜻이 저절로 서게 되지만 경으로 이것을 지속하는 것이 좋다." [24] 라고 하였다. 이는 곧 본연지성을 존양하는 것이 거경에 의해서 가능하므로 거경을 단순한 정신수양의 방법으로 보지 않고 입지에서 궁리, 역행으로 이어지는 인격수양 전 과정의 기본원리로 파악한 것이다. 아울러 거경의 요점을 다음과 같이 설명하였다.

> 거경은 동(動) · 정(靜)을 통하여 정할 때는 잡념이 없이 고요히 깨어 있어야 하고, 동할 때는 한 가지에 전심하여 이것저것에 차이가 없게 하여야 하며, 몸가짐에도 반드시 정제하고 엄숙하여야 하고, 삼가고 두려워하는 것이 거경의 요점이다.[25]

이러한 의미로 보아 결국 거경은 동 · 정의 수양 공부로서 궁리와 역행의 행동규범이요, 심신(心身) 내외에 작용하는 수기(修己)의 방법론이라 할 수 있다. 율곡은 거경을 종신토록 실천하여야 할 규범으로 간주하여, "간사한 일을 생각지 말라. 무슨 일이든지 공경하라. 이 두 글귀는 평생 동안 사랑하고 써도 없어지지 않는 것이니, 마땅히 이것을 벽에 써 붙이고 잠시라도 잊지 말아야 한다." [26]라고 하였다. 결국 율곡은 학문을 하는 데는 세속적인 일에

요』, 「수렴장」).

24) 誠則志自立 而以敬持之可也(『어록』 상).

25) 居敬通乎動靜 靜時不起雜念 湛然虛寂而惺惺不昧 動時臨事專一 不二不三而無少過差 持身心整齊嚴肅 秉心必戒愼恐懼 此是居敬之要也(『만언봉사』).

마음이 사로잡히지 않아야 하며, 오직 경(敬)의 자세로써 수양에 힘써야 소기의 교육적 효과를 거둘 수 있음을 강조한 것이다. 이러한 거경의 자세야말로 인성교육의 시종이 되며, 올바른 인성교육을 위해서는 거경의 마음 자세가 우선되어야 함을 알 수 있게 한다.

궁리(窮理)

율곡은 천리를 존양하기 위하여 입지하고 거경한다 할지라도 과연 무엇이 인욕이며, 무엇이 인(仁)으로서의 천리인지 궁구하지 않고서는 실천 역행할 수가 없다고 생각하였다. 그리고 천리를 격물치지하기 위해서는 궁리가 필요하다고 주장하였다. 그 필요성과 의의에 대하여 다음과 같이 설명하였다.

> 배우는 사람은 항상 이러한 마음을 가지고 다른 사물이 빈틈을 타고 침입하여 들어가지 못하게 하여야 한다. 그리하여 반드시 이치를 궁리하고 착한 것을 밝힌 뒤에 라야 자기가 마땅히 행하여야 할 도가 뚜렷하게 앞에 있는 것 같아서 진보하여 나아갈 수가 있는 것이다. 그러므로 이 도에 들어가려면 먼저 이치를 궁리하여야 하고, 이 이치를 궁리하려면 먼저 책을 읽어야 한다. 왜냐하면 성현들의 마음 쓴 자취와 착한 일을 본받는 것과 악한 일을 경계한 것들이 모두 이 책 속에 있기 때문이다.[27]

---

26) 思無邪 毋不敬只此二句 一生受用不盡 當揭諸壁上 須不可忘也(『격몽요결』, 「지신장」).

27) 學者常存此心 不被事物所勝 而必須窮理明善然後 當行之道曉然在前 可而進步 故入道莫先於窮理 窮理莫先乎讀書 以聖賢用心之跡 及善惡之可效可戒者

이는 성현들의 행적을 완전히 깨우치고 난 뒤 실행의 도(道)를 밝힐 수 있다고 강조한 것으로, 이는 독서의 목적을 자기완성에 두고 인격수양을 위하여 도움이 되는 책들을 더욱 중시하여 권하는 것이다.

궁리란 단지 관념적인 것으로 보지 않고 사물에 나아가 그 이치를 구명하여 지극한 곳까지 이르게 하는 격물치지의 궁리를 말하기도 한다. 이는 곧 '지(知)를 밝힌다.' 라는 것으로 독서와의 관련을 뜻한다. 독서를 할 때 무엇을 어떤 순서로 어떻게 읽을 것인가를 모두 포괄하는 의미라고 말할 수 있을 것이다. 먼저 독서를 강조하였는데, 율곡이 말하는 독서 교재는 유교경전, 즉 고전을 의미하며, 유교경전에 옛 성현의 마음을 기록한 흔적과 선악의 가치 기준이 포함되어 있는 것이다. 따라서 유교경전은 도덕적 가치의 중요성을 담고 있으며, 인성교육적 가치가 충분히 있다 할 것이다. 그러므로 궁리는 독서가 선행되어야 하며, 독서를 통해서 궁리를 치밀히 할 수 있게 된다.

독서하는 순서와 체득하여야 할 내용에 대해서는 먼저 『소학』을 읽어 어버이를 섬기는 일부터 시작하여, 『대학』을 읽어 이치를 궁리하고, 다음으로 『논어』·『맹자』·『중용』·『시경』·『서경』·『역경』·『춘추』 등을 읽어 성인들의 은미(隱微)한 말씀과 오묘한 뜻에 대해 일일이 자세히 연구하여 깨달아야 한다고 하였다. 그런 뒤에 다시 『근사록』·『주자가례』·『심경』·『이정전서』·『주자대전』·『주자어류』 등의 글과 또 그 밖의 성리학설도 마땅히 정밀하게 읽어 의리가 항상 자기 마음속에 침투되어 잠시도 끊어짐이 없

皆在於書故也(『격몽요결』, 「독서장」).

도록 하여야 한다(『격몽요결』, 「독서장」 참조)고 주장하였다. 그러면서 글을 읽을 때의 요령에 대해서 다음과 같이 말하였다.

> 무릇 책을 읽는 자는 반드시 단정하게 손을 모으고 반듯하게 앉아서 공손히 책을 펴 놓고 마음을 오로지 하고 뜻을 모아 정밀하게 생각하고 오래 읽어 그 행할 일을 깊이 생각하여야 한다. 이렇게 해서 그 글의 의미와 뜻을 깊이 터득하고 글 구절마다 반드시 자기가 실천할 방법을 구하여 본다. 만일 이렇게 하지 않고 입으로만 읽어서 마음에 체득하지 않고 몸으로 실행하지 않는다면 책은 책대로 있고 나는 나대로 따로 있을 뿐이니 무슨 유익함이 있겠는가?[28)]

독서를 하는 사람은 마음을 가다듬어야 함은 물론이고 자발적으로 터득하는 힘을 키울 수 있도록 권유하며, 자세를 바르게 할 것을 일깨워 주고 있다. 결국 궁리란 모든 사물의 이치를 궁구하여 독서를 통하여 지식을 확실하게 얻는 것으로, 선(善)의 본받을 만한 것과 악(惡)의 경계할 만한 것은 무엇보다 궁리를 하여야 하며 독서는 사물의 이치를 궁구하는 선행수단임을 밝히고 있다.

역행(力行)

율곡은 배우고 익히는 것은 한갓 실제 생활과 유리된 현모한 이론이나 학술적 지식을 위한 것이 아니고 생활과 행동을 위한 실천적인 것으로, 이론적인 지식은 마땅히 실천적 지식으로 승화되지

28) 凡讀書者 必端拱危坐 敬對方冊 專心致志 精思涵泳 深解義趣 而每句 必求踐履之方 若口讀而心不體 身不行 則書自書我自我 何益之有(『격몽요결』, 「독서장」).

않으면 안 된다는 확고한 신념을 가지고 있었다. 정(程) · 주(朱) 이래 양대 교육방법인 거경과 궁리에다 '역행'을 첨가하여 삼대(三大) 방법으로 삼았던 것이다. 역행은 외형적으로 뚜렷이 드러나는 작용이며 실천적 활동이다. 따라서 선(善) · 불선(不善)의 직접적인 가치 평가의 대상이 되기도 하는 것이다. 왜냐하면 오직 역행에 의해서만 기질을 변화시켜 인간 본연의 성(性)을 회복할 수 있기 때문이다. 이에 대하여 율곡은 다음과 같이 설명하였다.

> 역행은 자기를 극복하여 기질의 병을 다스리는 데 있으니, 유약한 사람을 강하게 만들고, 무능한 사람을 스스로 일어서게 만들며, 엄한 사람은 인화로써 조절하고, 성격이 급한 사람은 관용으로써 조화하며, 욕심이 많은 사람은 절제하게 하여 반드시 청정에 이르게 하고, 사사로운 데 치우치면 이를 바로잡아 반드시 대공에 이르게 하니, 스스로 힘을 써서 아침저녁으로 게을리 하지 않는 것이 역행의 요점이다.[29]

그러므로 역행은 지행병진적 · 전인적 · 생활중심적 인간관의 표현이라 할 수 있다. 다시 말해서 율곡에게서는 역행이야말로 인성교육의 가장 구체적인 방법론인 셈이다. 또한 실천역행은 자기 스스로 자발적으로 실행하는 자발성의 교육원리인 것이다.

그러면서 율곡은 "사람이 비록 학문에 뜻을 두었다고 해도 용감하게 나아가고 곧바로 전진하여 성취하는 바가 있지 못하면 옛 습

29) 力行在於克己以治氣質之病 柔者矯之以至於强 無能者矯之以至於立 嚴者濟之 以和 急者濟之以寬 多慾則澄之必至於淸淨 多私則正之必至於大公 乾乾自助日夕不懈 此是力行之要也(『만언봉사』).

관이 그 뜻을 막아 흐려 버리고 만다."[30]라고 하였다. 이것은 자기가 일단 학문을 하겠다는 뜻을 두면 모든 정성을 기울여서 정진하여야 하고, 그러기 위해서는 자기 자신의 신변에서 학문하는 데 있어 저해가 되는 요인을 제거하여야 한다는 것을 강조하는 것이다. 이러한 맥락에서 율곡은 학문을 하는 데서 버려야 할 낡은 습관을 혁파하여야 한다고 주장하였는데, 혁파하여야 할 8가지 구습은 다음과 같다.

첫째, 그 마음과 뜻을 게을리하고 거동과 형체를 함부로 해서 다만 한가하고 편안하기만을 생각하여 구속을 깊이 싫어하는 것. 둘째, 항상 움직일 것만 생각하여 안정을 지키지 못하고 분주하게 드나들면서 쓸데없는 말로 세월을 보내는 것. 셋째, 악하고 이상한 짓을 좋아하고 보통 풍속에 골몰하며 조금 자기를 조심하려고 해도 남들이 자기를 괴상히 여길까 두려워하는 것. 넷째, 공연히 문장을 잘하는 것을 가지고 세상 사람에게 칭찬받기를 좋아하고 경전을 표절하여서 헛된 문장을 꾸미는 것. 다섯째, 글씨와 편지 쓰기에 공을 들이고 거문고 타기와 술 마시는 것을 업으로 삼아 한가히 놀면서 세월을 보내며 스스로 가장 깨끗한 운치를 가진 체하는 것. 여섯째, 한가롭게 사람을 모아 바둑을 두고 장기를 두면서 배불리 먹고 하루를 마쳐 다만 남과 다툼을 일삼는 것. 일곱째, 부하고 귀한 것을 부러워하고, 가난하고 천한 것을 싫어하여 나쁜 옷과 나쁜 음식을 몹시 부끄럽게 여기는 것. 여덟째, 즐겨 하고 좋아하는 욕심이 한계가 없어 끊고 억제하지 못해서 재물과 음악과 여색

30) 人雖有志於學 而不能勇往直前 以有所成就者 舊習 有以沮敗之也(『격몽요결』, 「혁구습장」).

에 빠져 그 맛을 사탕처럼 여기는 것.[31)]

이러한 구습은 사람으로 하여금 뜻을 견고하게 하지 못하고 행실을 독실하게 하지 못하게 하는 요소들이다. 그러므로 오늘 행한 것을 내일에 가서도 고칠 줄 모르고, 아침에 일어나서는 후회하면서도 저녁에는 또다시 되풀이하게 된다는 것이다. 그러므로 이러한 것들은 반드시 크게 용맹스러운 뜻을 가지고 마치 칼날로 물건을 쳐서 끊듯이 하여 그 뿌리를 잘라 버려야 한다고 하였다. 그리고 항상 구습을 맹렬히 반성하고 마음에 한 점이라도 구습에 더럽혀짐이 없게 한 뒤에야 비로소 학문에 나아가 공부가 된다고 하였다(「혁구습장」 참조).

즉, 율곡은 학문을 하려는 사람은 구습의 나쁜 점을 바로 고쳐서 올바른 마음가짐과 행실로 스스로를 이끌어 나가야 한다는 것을 강조한 것이다. 따라서 율곡은 교육이 관념에만 머무르는 것을 경계하였다. 율곡은 학문하는 자는 먼저 이치를 궁구하고 마음의 자세가 바로잡힌 상태, 즉 경(敬)에 거하여 여기서 머무르는 것이 아니라 배우고 익힌 것을 실천할 것을 강조하였다. 이것이 곧 그가 강조한 입지 · 거경 · 궁리 · 역행이다. 오늘날 인간성 회복과 함께 현실과의 조화를 요구하는 인성교육의 관점에서 볼 때, 이는 실로 탁견이며 현대교육에서 충분히 응용할 수 있는 것임에 틀림없다.

31) 其一 惰其心志 放其儀形 只思暇逸 深厭拘束 其二 常思動作 不能守靜 紛紜出入 打話度日 其三 喜同惡異 汨於流俗 稍欲脩飭 恐乖於衆 其四 好以文辭 取譽於時 剽竊經傳 以飾浮藻 其五 工於筆札 業於琴酒 優游卒歲 自謂淸致 其六 好聚閑人 圍碁局戲 飽食終日 只資爭競 其七 歆羨富貴 厭薄貧賤 惡衣食惡 深以爲恥 其八 嗜慾無節 不能斷制 貨利聲色 其味如蔗(『격몽요결』, 「혁구습장」).

인성교육의 실천태도

첫째, 인성교육의 실천태도로 지신(持身)을 들 수 있다. 여기서 '지신' 이란 올바른 몸과 마음을 가지는 것을 말한다. 율곡은 배우는 사람의 자세에 대해 성심(誠心)으로 매진할 것을 강조하면서 올바른 몸과 마음가짐의 중요성을 다음과 같이 강조하였다.

> 학문을 하는 자는 자기 마음을 정성껏 가지고 올바른 도를 행해서 나가야 한다. 그리고 세속의 자질구레한 잡된 일을 가지고 자기의 뜻을 어지럽혀서는 안 된다. 그런 뒤에 라야 그 학문이 비로소 튼튼한 기초가 이루어진다.[32]

율곡은 이처럼 배우려는 사람의 몸과 마음의 자세를 강조하면서 그 구체적인 방법으로 '구용(九容)' 을 제시하였다. 즉, ① 발 모양을 무겁게 하고(足容重), ② 손 모양을 공손히 하고(手容恭), ③ 눈 모양을 단정히 하고(目容端), ④ 입 모양을 그치고(口容止), ⑤ 소리 모양을 조용히 하고(聲容靜), ⑥ 머리 모양을 곧게 하고(頭容直), ⑦ 숨쉬는 모양을 엄숙하게 하고(氣容肅), ⑧ 서 있는 모양을 덕스럽게 하고(立容德), ⑨ 얼굴 모양을 장엄하게 한다(色容莊)는 것이다(『격몽요결』, 「지신장」).

아울러 그는 '구사(九思)' 가 절실하다고 하였다. 즉, ① 볼 때는 밝게 볼 것을 생각하고(視思明), ② 들을 때는 귀 밝게 들을 것을 생

---

32) 學者 必誠心向道 不以世俗雜事 亂其志然後 爲學 有其址(『격몽요결』, 「지신장」).

각하고(聽思聰), ③ 얼굴빛은 온화하게 할 것을 생각하고(色思溫), ④ 용모는 공손할 것을 생각하고(貌思恭), ⑤ 말은 성실하게 할 것을 생각하고(言思忠), ⑥ 일은 공경스럽게 할 것을 생각하고(事思敬), ⑦ 의심스러운 것은 물을 것을 생각하고(疑思問), ⑧ 분할 때는 환난을 생각하고(忿思難), ⑨ 얻는 것을 보면 의리를 생각하라(見得思義)(『격몽요결』, 「지신장」). 이러한 내용들은 일상의 삶에서 필요한 가장 기본적인 마음 자세로서 오늘날 교육 현장에서 충분히 적용 가능한 것이라 생각한다.

둘째, 인성교육의 실천태도로 사친(事親)을 들 수 있다. 여기서 '사친' 이란 부모를 잘 섬기는 것을 말한다. 그리고 부모를 섬긴다는 것은 곧 효(孝)를 말한다. 효는 자녀가 부모에 대하여 경애의 감정에 토대를 두고 행하는 행위다. '어버이를 섬긴다.' 라는 효는 인간교육 내지는 인성교육의 중심 과제가 된다. 율곡은 효를 행하여야 함을 모르는 사람이 없음에도 불구하고 효를 행하는 사람이 많지 않은 세태를 안타까워하면서 이는 부모의 은혜를 제대로 알지 못하기 때문이라고 지적하였다(「사친장」 참조). 그러면서 그는 부모를 섬기는 자세에 대하여 다음과 같이 말하였다.

> 한 가지 일이나 한 가지 행동이라도 감히 제멋대로 하지 말고 반드시 부모에게 아뢴 뒤에 행하여야 한다. 만약 부모가 이를 허락하지 않으시거든 반드시 자세히 말씀 드려서 승낙을 얻은 뒤에 행하여야 한다. 끝내 부모가 허락하지 않으시더라도 또한 곧바로 제 뜻대로 하여서는 안 된다.[33]

33) 學者 必誠心向道 不以世俗雜事 亂其志然後 爲學 有其址(『격몽요결』, 「지신장」).

율곡은 부모를 섬기는 자세에 대해서 이와 같이 제시한 후 일상생활 가운데 잠깐이라도 부모를 잊지 않아야 하고 세월이 빨리 흐르기 때문에 부모 섬기는 일을 오래 할 수가 없으니 모름지기 정성을 다하고 힘을 다하여야 한다(「사친장」 참조)고 강조하였다. 이러한 내용들이 다소 구태의연한 것으로 치부하기가 쉬운데, 오늘날 핵가족사회에 따라 효 문화가 점점 상실되어 가는 점을 직시할 때 실로 깊이 음미해 보아야 하는 주제임에 틀림없다.

셋째, 인성교육의 실천태도로 접인(接人)을 들 수 있다. 여기서 '접인' 이란 사람을 공손이 대한다는 뜻이다. 율곡은 사람을 대할 때는 예의를 준수하여 어른을 공손히 섬기며 벗과 참되게 사귀면서 덕을 권하고 허물은 서로 경계하여 사회의 풍속을 바로 하여야 한다고 하였다. 그러면서 사람을 대할 때의 요체는 항상 온순하고 공손하고 자애로우며 남에게 은혜를 베풀고 남을 구제하는 것으로 마음을 삼아야 하며, 남을 침노하고 남을 해치는 일은 털끝만큼이라도 마음속에 두지 말 것을 강조하였다. 그러면서 사람을 대할 때 지켜야 할 구체적 내용으로, "나이가 자기보다 배가 되면 아버지처럼 섬겨야 한다. 10년이 많으면 형처럼 섬겨야 한다. 5년이 많으면 역시 약간 공경해서 대접한다."[34]라고 하면서 가장 못쓰는 것은 자기의 학문을 믿고 자기가 제일인 체하며 우쭐되거나 남을 업신여기는 것이라고 하였다(「접인장」 참조).

친구를 가리는 데는 반드시 학문을 좋아하고 착한 일을 좋아하는 사람을 골라서 사귀어야 한다. 또 성격이 엄하고 곧은 사람을

34) 一事一行 毋敢自專 必稟命而後行 若事之可爲者 父母不許 則必委曲陳達 頷可而後行 若終不許 則亦不可直遂其情也(『격몽요결』, 「사친장」).

골라야 한다. 이러한 사람을 골라서 함께 거처하며 내 마음을 비워 놓고 그 사람의 경계를 받아들여 나의 단점을 다스려야 한다. 만일 그렇지 않고 성질이 게으르고 놀기만 좋아하며 흐리고 곧지 못한 자는 함께 사귀지 말아야 한다고 하였다(「접인장」 참조).

아울러 항상 온화하고 공손하며 자상하고 사랑으로 사람에게 은혜를 베풀고 물건을 구제해 주어야 한다. 그리고 남을 침노하거나 물건을 해치는 따위의 일들은 조금도 자기 마음속에 간직하지 말아야 한다. 대체로 사람이 자기 몸에 이로운 일을 하려고 하면 필경 남이나 물건을 침노하고 해치는 결과를 초래하기 때문이다. 따라서 배우는 자는 먼저 자기를 이롭게 한다는 마음부터 끊어 없애야 가히 어진 것을 배우게 될 것이다(「접인장」 참조). 이러한 탈이기주의적 태도야말로 오늘날 팽배해진 자기중심적 사유체계를 극복할 수 있는 좋은 덕목임에 틀림없다. 따라서 오늘날 인성교육의 현장에서 반드시 중시되어야 할 것이라 생각된다.

율곡 인성교육사상의 현대적 의의

율곡의 교육에 대한 관점은 인간에 대한 애정과 신뢰에 바탕을 둔 것으로, 오늘날 말하는 인간 가치의 실현 또는 인간 본성의 구현에 있었다. 즉, 『격몽요결』 서문에서 중인이나 성인이나 그 본성은 같으므로 인간은 누구나 노력하면 성인이 될 수 있다고 하여 인간에 대한 교육의 가능성과 오늘날 강조되는 평등교육, 그리고 개인을 중시하고 인간을 존중하는 인간주의 교육과 다를 것이 없다.

앞서 살펴보았듯이, 『격몽요결』에 나타난 인성교육의 관점은 생활 중심, 경험 중심으로, 일상생활에서 인간이 지켜야 할 가장 기본적인 생활규범의 준수를 강조한다. 이러한 규범의 준수야말로 인간다운 인간을 기르는 밑바탕이 된다고 하고, 학문도 생활 속에서 일용처사(日用處事)의 이치를 깨닫고 현실을 통해서 체험함으로써 도리를 밝히고 실천하는 것에 가치를 두었다. 그런데 이를 오늘날 그대로 적용하기에는 분명 무리가 있을 수 있다. 따라서 다음과 같은 제안을 해 본다.

첫째, 『격몽요결』의 내용들을 오늘날 실정에 맞도록 급별(級別) 구분을 하여 적용할 필요가 있다. 『격몽요결』의 내용들은 아동부터 성인에 이르기까지 해당되는 내용들인데, 이는 당시 교육 연령층이 다양하던 시대적 반영이므로 오늘날 그대로 적용하기에는 부적절한 점이 있을 수 있다. 따라서 유아, 초등, 중등, 고등 등으로 적절히 구분하여 적용하도록 재구성할 필요가 있다. 그리고 오늘날에 적용하기에는 다소 무리가 따르는 내용의 것은 오늘의 실정에 맞도록 재해석하여 융통성 있게 적용하는 것도 하나의 요령이라 생각한다.

둘째, 가정에서의 올바른 인성교육을 기대하기가 어려운 현재의 실정을 감안할 때, 학교교육과정에서 인성교육에 대한 비중을 높여야 하며 실제 체득이 되도록 하여야 한다. 학교에서의 인성교육을 위해서는 사실 인성교육을 위한 충분한 실습이 되도록 운영하는 것이 무엇보다 중요하다. 여의치 않으면 관련 교과(바른생활, 도덕, 전통윤리, 시민윤리, 윤리와 사상)에서 인성교육을 위한 내용이 더 보강되어야 하며 이론보다는 실제적 체득이 되도록 하여야 할 것이다.

셋째, 성인(成人)을 위한 프로그램에도 적용할 필요가 있을 것이다. 인성교육은 사실 가정에서 출발한다. 그런데 오늘날 핵가족 중심의 사회에서 이를 제대로 기대하는 것은 쉬운 일이 아니며, 특히 성인이라 하지만 산업화 과정을 거치면서 제대로 된 교육을 받지 못했기 때문에 사실 모범이 되지 못하고 있다. 성인의 모범이 없이 아이들에게 인성교육을 기대하기란 애당초 불가능한 일일 것이다. 그리고 학교교육에만 의존하는 것은 더더욱 곤란하다. 따라서 다양한 성인 프로그램에 이를 반영하여 성인들부터 모범적 행동을 체득하고 이를 모범적으로 행위할 수 있도록 하여야 할 것이다.

11 다산의 도덕교육사상

다산의 교육적 삶

정약용(1762~1836)은 조선시대의 실학을 집대성한 철학자로, 경기도 광주에서 정재원의 넷째 아들로 태어났다. 자는 미용(美鏞)이고, 호는 다산(茶山) 혹은 여유당(與猶堂)인데, 세상에서는 보통 그를 '정다산'으로 불렀다. 그의 가계는 실로 대단하다. 어머니는 윤선도의 손녀이고, 정약전 · 정약종은 그의 형이고, 이승훈은 그의 매형이며, 황사영은 조카사위요, 정하상은 조카로서 한 시대의 주요 인물들이 일가를 이루고 있다.

다산은 4세 때부터 유교의 경전과 시를 공부하였고, 10여 세에 이미 소년 시인으로 이름을 날렸다고 한다. 15세에 홍화보의 딸과 결혼을 하고, 22세에 회시(會試)에 합격하여 경의진사(經義進士)가 되어 정조에게 어전에서 『중용』을 강의하였으며, 이후 17년간 정조의 총애를 받았다.

1784년 23세 때 이벽에게서 서학(西學)에 관한 이야기를 듣고 천주교에 관심을 갖게 된 다산은 그 이듬해 김범우의 집에서 이벽, 이승훈, 정약전, 정약종, 권일신 등과 신앙집회를 갖다가 적발되었다. 그 이후 공서파(攻西派, 남인 가운데 서학을 배척하는 파)의 지탄을 받고 1790년 충청도 해미로 10여 일간의 유배를 가기도 하였다. 1792년 그의 부친이 진주목사로 재직 중 세상을 떠나게 되고, 그는 홍문관 수찬이 되어 축성법과 『기중가설(起重架說)』을 지어 올려 당시의 수원성 축조에 기여하였다. 1794년 32세에 경기도 암

행어사로 나아가 농민의 참상과 지방행정의 난맥상을 직접 목격하였다. 그 이듬해 청국인 신부 주문모가 체포되고 둘째 형 정약전이 이 사건에 연좌됨으로써 충청도 금정(金井) 찰방으로 좌천되었다. 1796년부터 규장각에 들어가 유득공, 이가환, 박제가, 이서구 등과 함께 편찬 사업에 종사하였다. 그의 나이 36세에 황해도 곡산부사로 나아가 훌륭한 치적을 올리고, 그 이듬해 고향인 경기도 광주로 돌아왔다. 그해 정조가 승하하자 벽파는 서학을 하였다는 구실로 시파 남인을 몰아내게 되었다.

이때 다산은 이가환, 이승훈, 정약전, 정약종, 권철신 등과 함께 투옥되었는데, 셋째 형 정약종과 이가환은 옥중에서 맞아 죽고, 둘째 형 정약전은 전라도 신지도로 유형되었다. 이러한 조선 교회의 박해 사실을 북경 주교에게 전하고자 한 「황사영백서(黃嗣永帛書)」로 다산은 다시 투옥되었다가 전라도 강진으로 유배되었다. 강진에서 그는 변두리 어느 노파의 주막에 방 한 칸을 얻어 출입을 금한 채 학문에만 몰두하였다. 1808년 봄에 만덕사 서쪽의 다산(茶山)으로 이사하여, 이곳에서 1천여 권의 책을 가지고 방대한 저술을 시작하였다. 그 후 1818년 이태순의 상소로 귀양이 풀리게 되어 무려 18년간의 유배 생활을 끝내고 고향으로 돌아왔다. 그 후 57세부터 고향에서 학문 연구와 저술에 몰두하다 75세를 일기로 생애를 마쳤다. 그가 죽은 지 74년 후인 1910년 조선 정부는 당시 사회 신진인사들의 여론을 존중한다는 명목으로 다산에게 정헌대부(正憲大夫) 규장각제학(奎章閣提學)을 증직하고 시호를 내렸다.

다산은 철학, 천문, 지리, 역사, 법률, 정치, 경제, 문학, 군사 등 광범위한 영역에 걸쳐 5백여 권에 달하는 방대한 책을 썼는데, 『여유당전서(與猶堂全書)』에 수록되어 있다.

다산 도덕교육사상의 철학적 기초

인간관

다산은 '인간'을 어떻게 보았을까? 다산은 당시 조선의 유학자들이 성(性)의 문제를 성리학적 입장에서 일관되게 주장하여 오던 '성즉리(性卽理)'를 비판하고 자신의 독창적인 인간의 본성에 대한 새로운 이론, 즉 '성즉기호(性卽嗜好)'를 제시하였다.

성리학에 따르면, 우주의 생성원리는 리(理)와 기(氣)로서 설명된다. 즉, 우주 만물을 형성하는 것은 음양의 조화로서 기에 의한 것이고, 음양이 되게 하는 까닭을 리라고 한다. 리가 만물에 내재한 것이 성(性)이며, 리가 곧 성이라는 점에서 주자는 본연지성과 기질지성으로 나누었다. 본연지성은 만유의 근원인 리가 사람과 사물에 동일하게 부여된 보편적인 것으로서 상위에 있고 기질지성은 하위에 위치하여 있는 것으로서 기의 청탁(淸濁)에 의하여 정(正)한 자는 사람이 되고 편(偏)한 자는 사물이 된다고 한다.

그리고 주자는 인성(人性), 물성(物性) 또한 나의 성(性)과 같으나 단지 부여받은 그 형기(形氣)가 같지 않으므로 차이가 생긴다고 보았다. 즉, 인간과 사물의 성(性) 간에 리는 같으나 기가 다르다고 본 것이다. 이와 같이 성리학자들은 본래 인간과 금수는 천명에 의하여 동일한 성(性)을 가지고 있다는 인물성동득(人物性同得)의 입장을 견지하였기 때문에 금수에게도 도의성(道義性)이 있다고 보았다. 그러나 다산은 본연의 성은 인간과 금수에 각각 다르게 주어진 것이라고 주장하였다.

> 성(性)에는 세 등급이 있다. 초목(草木)의 성이란 생명은 있으나 지각이 없고, 금수(禽獸)의 성은 생명이 있는데다가 또한 지각이 있고, 인간(人間)의 성은 생명 · 지각이 있는데다가 또한 신령하고 선하다. 이와 같이 상 · 중 · 하 3등급이 분명히 다른 까닭에 그 성을 극진히 하는 방법 또한 다르다.[1)]

다산이 말하고자 한 것은 초목은 생명의 성을 다하게 하고, 금수는 생명과 지각의 성을 다하게 하고, 인간은 생명 · 지각과 더불어 신령하고 선한 성을 다하게 하여야 한다는 것이다. 그러므로 다산은 말, 소, 양, 돼지 등 짐승에게 애친(愛親), 경장(敬長) 등을 아무리 실행케 한들 사람의 일은 할 수 없다고 강조하였다. 그러면서 다산은 성즉리의 인물성동득으로부터 인성과 물성을 분리시키고, 인성의 고유성에 관한 주장을 '기호(嗜好)' 라는 독특한 개념을 사용하여 전개하였다.

> 성이란 기호다. 형구(形軀)의 기호가 있고 영지(靈知)의 기호가 있는데, 다 같이 이를 성이라 한다. 그러므로 소고(召誥)에서 성을 절제한다 하였고, 왕제(王制)에서는 민생의 성을 절제한다 하였으며, 맹자는 마음을 움직여 성을 견디어 낸다 하였다. 또 귀 · 눈 · 입 · 육체의 기호를 가지고 성이라 하였으니, 이는 형구의 기호인 것이다. 천명의 성이라거나 성과 천도(天道)라거나 성선(性善) · 진성(盡性)이라거나 하는 성들은 영지의 성이다.[2)]

---

1) 性有三品 草木之性有生而知覺 禽獸之性旣生而又覺 吾人之性旣生旣覺又靈又善 上中下三級截然不同 故所以盡之之方亦復懸殊 (『여유당전서』, 「중용강의」).

2) 性者嗜好也 有形軀之嗜 有靈知之嗜 均謂之性 故召誥曰節性 王制曰節民性 孟

다산에게서 성은 인간 마음의 기호이며, 인간 배태(胚胎)의 초(初)나 사물의 생지초(生之初)에 하늘이 부여하여 주는 호악지리(好惡之理)의 선천적 경향성으로 이해한다. 즉, 배추가 오줌의 성질을 좋아하고 마늘이 닭똥의 성질을 좋아하듯이,[3] 인간이 선을 좋아하고 악을 미워하는 것과 덕을 좋아하고 악을 꺼리는 것은 인간의 본심인 선천적 경향성 때문이라는 것이다.

그런데 사람이 가진 성의 기호에는 '형구의 기호' 와 '영지의 기호' 가 있는데, 형구의 기호는 금수와 함께 나누어 가진 것으로서 육체를 좇아 일어나는 것이므로 절제하여야 하고, 영지의 기호는 인간만이 지니고 있는 것이며 천명이 부여한 성으로서 적극 발현하여야 하는 인간 본래의 마음인 것이다. 인(人)과 물(物)은 하늘에 의해 성을 부여받아 똑같이 지니고 있으나, 인간의 성은 영지의 기호에 의하여 가치론적으로 물(物)과 구별되는 고유성을 지니게 된다.

이러한 다산의 성관(性觀)은 주자의 본연지성과는 근본적으로 다르다. 결국 인간의 본질은 오직 선(善)만을 좋아하고 인간에게는 오로지 천명(天命)으로서 주어진 좋아하고 싫어함이 있을 뿐인데, 주자가 이것을 본연지성과 기질지성으로 구분하여 천명의 성을 본연지성이라 말한 것은 잘못이라는 것이다.

그렇다면 본래적으로 선(善)만을 추구하는 인간이 왜 선행을 할 때도 있고 악행도 하게 되는 것인가? 다산은 이에 대하여 인간의

子曰動心忍性 又以耳目口體之嗜爲性 此形軀之嗜好也 天命之性與天道性善盡性之性 此靈知之嗜好也(『전서』, 「자찬묘지명」).

3) 崧之性嗜 尿 蒜之性嗜鷄糞(『전서』, 「답이여홍」).

선악행위의 선택은 하늘에 의해 부여받은 마음의 '자주지권(自主之權)' 에 의거하는 것이라고 설명하였다.

> 하늘은 사람에게 자주지권을 부여해 줌으로써 그로 하여금 선을 행하고 싶으면 선을 행하게 하고, 악을 행하고 싶으면 악을 행하게 한다. 유이(游移)하고 부정(不定)하다 하더라도 그 권한은 자기에게 있으니, 금수의 정심(定心)과 같지 않다. 따라서 선을 행한 즉 그 결실은 자기의 공(功)이요, 악을 행한 즉 그 결실 또한 자기의 죄가 되는 것이다. 이것은 마음의 권능(權能)이지 소위 성(性)이 아니다.[4]

이와 같이 다산은 인간이란 하늘에 의해 선악을 판단할 수 있는 사유(思惟)와 판단 능력, 선한 행위와 악한 행위의 도덕적 선택권을 부여받은 존재이며, 아울러 선(善)의 결과에 대한 책임 또한 인간 자신에게 있다고 하였다. 그리고 이러한 인간의 자주지권에 의해 인간과 금수가 구별되는데, 이것이 곧 다산의 인간관의 특징이라 하겠다. 아울러 이러한 자주지권을 지닌 인간을 오늘날의 교육적 용어를 빌어 사용하면, '자율적인 인간' 이라 할 수 있으며, 이것은 곧 도덕 주체성의 문제로 연결되어 그의 '평등한 인간' 의 개념과 함께 도덕교육사상의 한 축을 이룬다.

4) 天之於人予之以自主之權 使其欲善則爲善 欲惡則爲惡 遊移不定其權在己 不似禽獸之有定心 故爲善則實爲己功 爲惡則實爲己罪 此心之權也 非所謂性也(『전서』, 「맹자요의」).

도덕관

다산의 인간관은 자연스럽게 그의 도덕관으로 연결된다. 인간의 자주지권에 의해서 도덕적 선악의 선택 문제로 연결되기 때문이다. 그런데 다산의 도덕관은 그가 인간 본성의 선악 문제에 대하여 다양한 관점에서 종합적으로 이해하는 것에서 출발한다.[5] 그러나 그의 도덕적 관심은 오직 실천적 면에서의 실제 상황하에서 선악의 선택 문제에 대한 인간의 구체적 행위에 대한 탐구에 있었다. 이러한 실천적 도덕관에서 그 핵심이 되는 것은 바로 '인(仁)'의 개념이었다.

도덕적 선(善)으로서의 '인(仁)'

사실 다산의 주된 관심은 인간의 본성이 성선이냐 성악이냐를 논하는 것이 아니었다. 단지 현실에서의 인간이 구체적이고 개별적인 도덕적 상황하에서 어떻게 선을 실현하느냐 하는 문제에 있었다. 특히 다산은 인간이란 본래 영명(靈明)한 도의(道義)의 성을 부여받아 태어나지만 악을 행하느냐 선을 행하느냐 하는 문제는 마음의 자주지권에 달려 있다고 보았다. 따라서 인간은 오로지 선(善)만을 추구할 수 없는 존재이므로 문제는 천명(天命)으로 주어

5) 인간은 고유성의 관점에서 보면 본래적으로 선한 '도의의 성(道義之性)'을 지니고 있는 '성선적(性善的) 존재'이나, 현실적인 관점에서 보면 도의와 육체를 좇아 일어나는 기질의 성을 함께 지닌 '양성적(兩性的) 존재'이며, 실천적 관점에서 보면 마음의 자주지권(自主之權)이 행사하는 데 선을 택함은 어려우나 악을 행함은 쉬운 '난선이악(難善易惡)의 존재'로 보아 아주 종합적으로 인간을 이해하였다.

진 성(性)을 따라 어떻게 선을 실현시켜 나가느냐에 관심이 있었던 것이다.

그리고 다산은 인간을 언제나 자신과 타인의 관계 속에 있는 존재로 파악하면서 다음과 같이 설명하였다.

> 원래 사람이 이 세상에 태어남에 땅에 떨어지는 그 순간부터 관을 덮는 그날까지 그가 함께 사는 것은 사람들이다. 그중에서 가까운 자는 부자형제라 하고, 그중에서 먼 자는 붕우향인(朋友鄕人)이라 하고, 그중에서 낮은 자를 신복유치(臣僕幼穉)라 하고, 그중에서 높은 자를 군사상노(君師嘗老)라 한다. ……나도 한 사람 그도 한 사람 두 사람 사이에는 교제가 생긴다. 교제가 잘되면 효(孝)도 되고, 제(弟)도 되고, 우(友)도 되고, 자(慈)도 되고, 충(忠)도 되고, 신(信)도 되고, 목(睦)도 되고, 인(仁)도 되지만, 교제가 잘못되면 패(悖)도 되고, 역(逆)도 되고, 완(頑)도 되고, 간(奸)도 되고, 원악(元惡)도 되고, 대대(大懟)도 된다. 나의 도(道)는 무엇을 하는 것일까? 그 교제를 잘하는 데 지나지 않는다.[6)]

결국 다산은 인간이란 태어나서 죽을 때까지 자신과 타인과의 관계성 속에서 존재하는 사회적 존재이며, 이러한 사회적 상호관계성은 상순(相順, 서로 따름) · 상자(相資, 서로 도움) · 상교(相交, 서로 어울림) · 상접(相接, 서로 접함)의 관계성을 이루며, 이것이 곧 인간존재의 본질이라 하였다.

---

6) 原夫人生斯世自落地之初 以至盖棺之日其所與處者人而已 ……吾道何爲者也 不過爲善於其際耳(『전서』, 「논어고금주」).

그리고 다산은 '인간이란 인을 실천하기 위한 윤리적 존재라고 하지 않을 수 없다'[7]라고 한 것에서 알 수 있듯이, 다산은 생활에서의 모든 행위 전반이 선(善)에 도달함은 인을 실천함으로써 가능하다고 보았다. 또한 선악의 행위는 근본적으로 인간의 자주지권에 있으므로 필연적으로 맺게 되는 인간관계 속에서 인을 실천하는 인간이 참된 인간임을 주장하였다. 따라서 다산에게서 도덕의 실천 문제는 바로 인의 실천 여부에 달려 있었다.

그가 말하는 인을 내용 면에서 살펴보면, 다산은 인을 '타자에 대한 적극적인 사랑의 실천'으로 보았는데, 다음의 글은 이를 잘 설명하고 있다.

> 인이란 다른 사람에게 향한 사랑이다. 아들은 아비에게 향하고, 아우는 형에게 향하고, 신하는 군왕에게 향하고, 목자는 인민에게 향하여 무릇 사람과 사람이 서로 향하여 부드러운 사랑을 주는 것을 인이라 한다.[8]

인이란 다른 사람을 향한 사랑을 의미하지만 이것은 자신의 본분을 다함으로써, 즉 절대적인 사랑을 실천함(베풂)으로써 이루어진다고 하였다. 이처럼 인이란 두 사람 간의 도리를 다하는 것을 말한다. 그러나 인이란 일방의 강제적 요구가 아니라 서로 상대하여 자기의 입지를 지키고 남의 입지를 존중하여 주는 상대적 관계

7) 『전서』, 「논어고금주」 참조.

8) 仁者嚮人之愛也 子嚮父弟嚮兄臣嚮君牧嚮民 凡人與人之相嚮而藹然其愛者謂之仁也(『전서』, 「논어고금주」).

에 있는 것이다. 이렇게 각자가 자신의 본분을 다하는 것이 도리이다. 아버지는 아버지다워야 하고, 형은 형다워야 하고, 군왕은 군왕다워야 함에 인륜의 인이 성립된다. 인이란 상하 주종의 관계가 아니다. 오히려 서로가 서로에게 절대적 사랑을 주어 조화를 이루어야 하는 균등한 관계다. 이와 같이 인은 일방적인 관계에서 독단적으로 이루어지는 것이 아니기 때문에 인이 실천되지 않는 것은 그 누구 하나만의 잘못이 아니다.

그런데 주자는 인을 '사랑의 이치, 마음의 덕(愛之理 心之德)' 이라고 하였다. 애(愛)만으로는 사람의 감정의 영역에 속하는 것이나, 리로서의 인은 철학적 근거를 가진 근원적인 것이 되며, 인 또한 성(性)처럼 우주원리의 일부가 된다. 따라서 성리학에서의 인은 천지의 근원이 되며, 이러한 인은 사랑의 이치라는 이법적(理法的) · 외적 존재에서 내성적(內省的)인 본심인 '덕(德)' 이 된다.

그러나 다산은 "인을 리라고 한다면 사서(四書) 및 시 · 서 · 역 · 예 할 것 없이 무릇 인자(仁字)는 다 읽기 어려울 것이다."[9]라고 하면서, 성리학에서 말하는 인성(人性)에 내재하는 속성으로서의 인에는 실천적 요소가 없음을 비판하였으며 인은 인간적 노력 또는 노력에 의해서 얻어지는 결과로 보았다. 다음의 글은 이를 잘 설명하고 있다.

> 인이란 천리(天理)가 아니고 사람의 덕이다. 공자는 극기복례하여야 인이 된다고 하였으니, 인욕을 극복한 연후라야 이에 인이 됨을 밝힌 것이다. 만약 아직 극복하기 전에 미리 마음속에 인과 인욕이 있으면서

9) 以仁爲理 則四書及詩書易禮 凡仁字皆難讀(『전서』, 「논어고금주」).

서로 이길 수 있다고 한다면, 이는 이미 인한 후에도 오히려 사욕과 더불어 싸우게 되는 셈이니, 인이란 것의 됨됨이 그대로 선 · 악이 아직 결정되지 않는 물건이 된다.[10)]

여기서 다산은 인간의 사욕을 극기하는 의지적 노력을 강조하고 있다. 또한 인을 행하는 데 인간의 사사로운 욕심을 완전히 극복하지 못하고 이루어진 것이라면 비록 인이 이루어졌다 하더라도 그것은 바른 인이 될 수 없다. 오로지 인이란 자기 마음속에서 완전하고 순수하게 극기가 된 연후에 나타나고 실천되는 것이다.

따라서 다산에게서 인은 성리학에서의 초인간적인 천리가 아니라 인간과 인간 사이의 관계에서 나오는 윤리이며, 이것은 인간이 자율적 윤리를 가졌다는 것을 보여 준다. 이것이 곧 다산의 윤리학 및 도덕교육의 근거가 된다. 또한 다산은 인에 대해서 다음과 같이 진술하였다.

인이란 인륜(人倫)에서의 지극한 선(善)이다. 백이(伯夷)는 부자간에 그의 본분을 극진히 할 것을 요구하였고, 숙제(叔齊)는 형제간에 그의 본분을 극진히 할 것을 요구하였으니, 이것이 곧 인을 구한 것이다.[11)]

이와 같이 다산은 인이 곧 도덕적 선임을 분명히 하였다. 그리고

10) 非天理乃是人德 孔子曰克己復禮爲仁 明人慾旣克然後乃爲仁 若於未克之前先有在心之仁與人慾而相勝 則是旣仁之後猶與私慾相戰 仁之爲物仍是善惡未定之品 豈可通乎(『전서』, 「맹자요의」).

11) 仁者人倫之至善也 伯夷求父子之間盡其分 叔齊求兄弟之間盡其分 是求仁也(『전서』, 「논어고금주」).

선이란 인간이 인간과의 관계에서 자기의 본분을 극진히 하는 인간다움의 도리이며, 이 본분이란 남에게 절대적으로 사랑하는 인(仁)인 것이다. 따라서 우리는 인을 실천하지 않을 수 없게 된다. 다산은 이처럼 관념적으로 이루어지는 인이 아니라 구체적인 행위에서의 결과로서 인을 파악하고 있다. 그러기에 선·악의 판단도 마음속에 이미 내정되어 있는 것이 아니라 오직 인간의 노력 여하에 의하여 결정되는 것이다.

인(仁)의 실현으로서의 '덕(德)'

조선의 성리학은 이론을 추구한 나머지 현실성이 결여된 공리공담으로 흘렀으며, 그들의 이기론은 출세를 위한 방편으로 이용되었다. 그 결과, 성리학은 학문의 추구는 본연의 목적보다는 세속에 영합하기 위한 수단으로 전락하게 되었다. 성리학의 인물성동이론(人物性同異論)과 이일분수론(理一分殊論)은 사색당파 싸움의 이론적인 기반으로 사용되었으며, 조선시대 최고의 윤리적 덕목이었던 충(忠)과 효(孝)마저도 출세를 꾀하기 위한 도구로 변모되었다. 다산은 당시 이러한 경향을 격렬하게 비판하면서 그 대안으로 '덕(德)' 의 행함을 강조하였고, 교육에서도 이론적인 접근보다는 덕의 실천을 주장하였다. 다산은 '덕' 을 다음과 같이 진술하였다.

> 덕은 나의 곧은 마음을 행하는 것이다. 행하지 않으면 덕이 있을 수 없다. 효제충신과 인의예지 등을 덕이라 말하는데, 미처 몸소 행하지 않는다면 어떻게 덕이라 할 수 있겠는가? 그러나 덕성이라 함은 성(性)은 본래 선을 좋아하여 감동에 따라서 발생되는 것이니 선심(善心) 아닌 것이 없다.[12]

다산은 덕을 행위의 구체적 실천 행위의 결과, 즉 행위의 소산으로 규정한 것이다. 즉, 덕이란 나의 곧은 마음의 실행이니 실행이 없이는 덕도 없고, 효제충신 · 인의예지의 윤리적 행위의 궁행(躬行) 없이는 그것들이 덕으로서 성립될 수도 없다는 것이다. 이처럼 덕은 하늘이 부여한 선을 좋아하고 인을 멀리하는 인성에 따르는 실천 행위의 성과로서 후천적으로 얻어지는 것이며, 선한 행위를 습관화함으로써 형성되는 개인의 인격 또는 선한 행위의 습관에서 축적된 인간의 품성이다.

다산은 이러한 덕의 문제에서도 주자와는 다른 입장을 취하였다. 주자는 밝은 덕은 사람이 하늘에서 얻은 것으로 허령(虛靈)하고 어둡지 않아서 모든 이치를 갖추어 만사에 응한다고 주장하였다. 즉, 인간에게는 모든 이치를 두루 갖춘 밝은 덕이 선천적으로 주어지는 것이며, 따라서 인간의 마음에는 본래적으로 덕이 있다고 생각하였다. 이에 대해 다산은 행위 이전에 이미 갖추어진 덕은 초인격적이며 비현실적인 것이 되어 덕의 개념이 모호해져 버린다고 비판하였다. 그러면서 다산은 마음(心)에는 본래 덕이 없는 것이니, 덕이란 마음이 선천적으로 얻은 것이 아니며 실행으로 얻어지는 결과라고 주장하였다.

그런데 다산은 주자가 말하는 '하늘의 덕(天德)' '마음의 덕(心德)'의 개념을 부정하고는 있지만, 하늘에 의해 명(命)받은 성(性)이 인이나 덕의 근원임을 부정하는 것은 아니며, 인이나 덕을 오직 인간 서로 간의 교제에서 실천적 선한 행위의 개념으로만 인정하

12) 德者行吾之直心也 不行無德也 孝悌忠信仁義禮智斯謂之德未及躬行安有德乎然而謂之德性者 性本樂善感而發者無非善心(『전서』, 「중용자잠」).

였다. 이것은 도덕의 실제적인 개념인 인과 덕의 논리를 공자의 본원적 의미에서 찾으려 한 것으로 보이며, 따라서 다산의 철학이 이러한 면에서는 공맹으로 회귀한 듯하다. 결국 다산은 하늘로부터 부여받은 '기호의 성(嗜好之性)'으로서의 성(性)이 좋아하는 바의 대상이 곧 인과 덕이며, 이 대상에 대해서 극진함을 다하여 실천함이 곧 인과 덕임을 주장한 것이다.

가치판단의 준거로서의 '중용(中庸)'

다산은 또한 '중용'을 덕의 실천원리로 인간이 마땅히 행하여야 할 도리라고 생각하였다. 『중용』은 유가에서 성(性)·명(命)에 관한 인식을 기초로 '중용의 덕'과 '인도(人道)로서의 성(性)'을 유가 본연의 고유한 개념으로 논술하여 놓은 것이다. 주자는 일찍이 중용에 대하여 '중(中)'은 '편벽되지 않고 치우치지 않고 지나치지 않고 모자라지 않는 것(不偏不倚不過不及)'으로, '용'은 '항상된 이치(平常之理)'로 해석하였다. 이에 대해 다산은 주자의 '중'에 대한 해석에는 별다른 이의를 제기하지 않았으나, '용'의 해석에 대해서는 아직 명확하게 해명되어 있지 않다는 비판적 입장을 취하였다.

다산은 '중용'을 해석하면서 "중이라는 것은 편벽되지 않고 치우치지 않고 지나치거나 모자람이 없음이다(中者不偏不倚無過不及之名); 『전서』, 「중용자잠」)."라고 하여 주자와 같은 입장을 취하면서, 또한 다음과 같이 설명하였다.

> 시험 삼아 토규(土圭)로서 표준을 세우는 법을 가지고 말해 보자. 세워진 표준이 바르게 땅 가운데 세워져서 동이나 서의 어느 쪽으로도 차이가 생기는 잘못이 없다면 이는 불편(不偏)인 것이다. 세워진 표준이

하늘을 향하여 곧게 서 있어서 기울거나 넘어지는 잘못이 없다면 불의(不倚)인 것이다. 불편이란 세워진 위치이며, 불의란 세워진 것 자체이니, 어찌 각각 가리킨 것을 갖지 않다고 하겠는가? ……과불급(過不及)이란 무엇을 말하는가? 의복은 몸에 알맞음을 중(中)으로 삼는다. 난장이의 옷은 삼척(三尺)이면 되는데, 이보다 크면 과이며 이보다 적으면 불급이다.[13)]

'중(中)'에는 희로애락의 미발(未發)로서의 '중'과 발하여 알맞게 조절된 것으로서의 '화(和)'의 두 가지 뜻이 있다. '중'이 두려워하고 삼가는 신독(愼獨)을 통하여 성취한 극기에 대한 표현이라면, '화'는 극기로서의 '중'이 실제에 적합하게 실현됨을 나타낸다. 미발로서의 '중'의 의미를 밝혀서 그것을 미루어 적용하는 것이 곧 '화'다. 그러므로 '중'이 '편벽되지 않고 치우치지 않음(不偏不倚)'으로 정의되는 데 비하여, '화'는 '지나치거나 모자람이 없음(無過不及)'으로 정의된다. 다산은 또한 다음과 같은 설명을 더하였다.

천명(天命)의 성(性)이란 비록 성인(聖人)과 어리석은 사람이 똑같이 얻었다고 하지만, 중화(中和)의 두 글자는 성덕(成德)의 미칭(美稱)이므로 반드시 노력하여 지극히 미루어 이룬 후에야 나의 소유(所有)가 된다. 이 어찌 힘을 쓰기도 이전에 중화(中和)의 덕이 인심(人心)에 못 박혀 있는 그것이겠는가?[14)]

13) 試以土圭立表之法言之……豈不各有所指乎 ……過不及何也 服以一稱體爲中 侏儒之衣三尺 則大於三尺過也 小於三尺不及也(『전서』, 「중용강의」).

다산이 본 '중'은 '마음의 자유 권한'이며 자율성이 부여된 주체다. 행위의 주체는 본인이며 본인의 방향 설정은 자유권에 있으므로, '중'은 인간 마음속의 내면에 흐르는 자율성이 보장된 가치라고 할 수 있다.

또한 다산은 주자와 같이 '용(庸)'을 '항상 된 이치(平常之理)'로 보면서도 상(常)에는 세 가지 뜻이 있다고 덧붙였다. '항상(恒常)' '경상(經常)' '평상(平常)'이 그것인데, 항상은 지속을 뜻하며, 경상은 오교(五敎)를 오상(五常)이라 하는 것과 구법(舊法)을 전상(典常)이라 하는 것과 같은 것으로 계속을 뜻하며, 평상이란 평범함을 뜻한다. 그러나 아주 일상적이고 저속하고 우유부단한 것도 평범한 것일 수 있으므로, 이는 진정한 덕이 될 수 없다고 하였다.

결국 다산은 '중용'이야말로 천하제일의 의리로서 결코 평범한 덕이 아니라고 하였다. 더욱이 중용이란 용언(庸言), 용행(庸行)에서 보듯이 언행일치의 실천윤리를 중심으로 하는데, 용(庸)을 이(理)라고 할 수 있겠는가 하며 주자를 비판하였다.

> 어떤 사람이 지닌 그 덕(德)이 비록 지극히 바르고 큰 중(中)이라 하더라도 만일 그 사람이 조석(朝夕)으로 변하고 달마다 해마다 달라져 가게 되면, 끝내는 덕을 이룬 군자가 될 수 없다. 그러므로 반드시 고집스럽게 항상 지키어 영원토록 변하지 않는 이후에야 비로소 그 덕의 됨됨을 믿을 수 있게 된다.[15)]

14) 天命之性雖聖愚同得 而中和二字乃成德之美名 必用力推致而後乃爲吾有 豈可於不用力之前先有中和之德針著人心者乎(『전서』, 「중용자잠」).

다산에게서 '중'이란 '고집스럽게 항상 지키며 영원히 변하지 않는 것'이며, 지속적으로 노력하는 집중에 곧 가치판단의 기준이 성립되는 것이다.

이와 같이 도덕적 선(善)인 '인'은 '중'으로써 덕행을 계속하여 실천하는 데서 이루어지는 것이며, 그것은 곧 항존성(恒存性)의 문제다. 용언(庸言), 용행(庸行)은 항언(恒言), 항행(恒行)인 항구(恒久)의 덕을 빼고서는 중용이 이루어지지 않는다. 경험을 통하여 매 순간 쌓아서 이루어지는 것이 곧 '중용의 덕'이다.

그렇다면 이러한 '중'을 우리가 어떻게 취할 수 있는가? 다산은 인간에게는 본래 '중'의 가치기준이 내재되어 있다고 보았다. 즉, 어떤 행위를 보자마자 그것을 즉각적으로 가치를 파악할 수 있는 유일자(唯一者)로서 내재되어 있다. 단지 이것을 실천하는 인간의 마음에 자유권이 주어져 있으므로 그것을 실천할 수도 못할 수도 있게 된다. 즉, '중'은 내재성이면서 또한 그것은 가능성이기 때문에 그것의 실현은 인간의 행위 선택에서 이루어진다. 그러므로 우리의 행위는 '중'의 이념을 가지고 실천함으로써 인과 덕이 이룩된다는 것이다.

지금까지 다산의 도덕관의 중심 개념인 인 · 덕 · 중용의 문제를 실천론적 관점에서 살펴보았다. 유학 자체가 지행합일을 강조하는 윤리학이며 도덕교육이지만, 특히 다산에게서는 지행의 합일 수준을 넘어 행(行)을 통한 지(知)의 획득이라는 보다 강한 어조로

15) 人之秉德雖至大中若其人朝變夕改月異歲殊 則卒無以爲成德之君子 必固執恒守永久不渝 而後方可以信其爲德(『전서』, 「중용자잠」).

경험 및 실천성을 강조함으로써 실천윤리적 의미를 더욱 강하게 하였다.

다산 도덕교육사상의 함의

도덕교육의 목표

다산은 도덕교육의 목표를 어디에 두었는가? 이러한 궁금증을 풀어 보기 위해서는, 즉 다산의 도덕교육의 목표를 도출해 내기 위해서는 우선 그의 도덕철학으로서의 '천(天)'의 개념부터 살펴보아야 할 것 같다.

다산은 '천'의 개념을 자연계의 현상으로 이해되는 '자연천(自然天)'과 인격성과 주재성(主宰性)을 지닌 '상제천(上帝天)'으로 구분하면서, 특히 후자의 인격성을 지닌 존재로서의 천의 개념에 중심을 두고 천을 만물을 주재하는 절대적 존재자로 파악하였다. 즉, 다산에게서 천은 천지만물을 생성케 하고 변화·발전시키는 근원자로서, 창조적·초월적 의미의 절대자로서의 상제(上帝)이며 인격신(人格神)이다.

따라서 다산은 기존의 성리학자들의 '천' 개념, 즉 인격적인 의지성(意志性)이 배제된 기계적으로 운용되는 자연적 이법으로서의 천관(天觀)과는 다른 입장을 취하였다.

> 하늘의 영명(靈明)은 인심(人心)과 통하여 숨겨 있으되 나타나지 않은 게 없고 미세(微細)하되 밝혀지지 않은 게 없어, 거처하는 그 집을 굽어보며 나날이 감시함이 여기에 있다는 것을 진실로 아는 사람이 있다면, 비록 대담한 사람일지라도 경계하고 삼가고 두려워하지 않을 수

없을 것이다.[16)]

즉, 다산에게서 천은 전지전능한 인격자이며, 음양오행은 천의 영명하에 모두 동등하다고 주장하고, '모든 만물은 음양오행에 의하여 생성된다.' 라는 음양오행적 발생설을 부정함으로써 그동안 조선을 지배해 왔던 주자학적 가치관을 반대하였다.

일양일음(一陽一陰)의 배후에는 분명히 모든 것을 주재하는 천(天)이 있다. 그런데 지금 일양일음을 도체(道體)의 근본이라 한다면 과연 옳은 것인가? 음(陰)과 양(陽)을 일러 도(道)라 하는 것은 바로 천(天)이 만물을 생육한다는 것이다. 그 신묘한 변화는 단지 낮과 밤 추위와 더위뿐만 아니라 초목과 금수가 생동하는 것도 이러한 현상으로 온(溫)과 습기(濕氣)를 얻는 데서 연유하는 것이다. 그리고 사람이 법(法)을 세우고 때를 살펴 천(天)을 대신하여 사물을 다스리는 것도 역시 오직 어둠과 밝음의 절도에 따르고 겨울과 여름의 때를 맞추는 것일 뿐이다.[17)]

천지만물의 모든 조화는 천의 영명한 주재하에 연유한 결과이지, 음양의 독자적 변용으로 연유하는 것은 아니라는 것이다. 그리고 다산은 "오행은 만물 중에서도 불과 오물(五物)에 지나지 않는다. 그런 까닭에 이는 다 같이 한 가지 물질인데, 이 다섯이 만 가지의 물질을 생성한다니 이해하기가 어렵지 않은가?"[18)]라고 하여

16) 天之靈明直通人心無隱不察無徵不燭照臨 此室日監在玆 人苟知此雖有大膽者不能不戒愼恐懼也(『전서』, 「중용자잠」).

17) 『전서』, 「한강백현담고」.

주자학적 사유체계에 의문을 가졌다. 그러면서 그는 오행 또한 천의 주재하에 생성된 자연현상은 객관적 존재이지, 그 자체가 독립적인 인격성을 갖고 생성을 주재하는 것이 아니라고 주장하였다. 그리고 음양오행 모두를 천의 주재하에 생성된 물로 파악하며 모두는 동등하다고 보았다.

이러한 다산의 천관, 즉 천의 주재하에 음양오행이 모두 객관적 만물로서 동등하다는 개념 파악은 바로 그의 인간관에로 적용되어 반상(班常)의 엄격한 신분적 질서를 부인하고 모든 인간은 동등하다고 주장하는 이론적 배경이 되었다.

따라서 다산은 천의 주재하에 모든 세계가 평등한 것과 마찬가지로 모든 인간도 동등하다는 만민평등사상을 주창하게 되었고, 모든 백성은 사(士)와 서(庶)를 막론하고 천 앞에서 모두 평등하다고 하였다. 그리하여 그는 당시의 전통적인 신분제적 사회를 부정하고 모든 백성을 동일 신분으로 여김으로써 평등한 사회의 발전을 염원하였다.

이와 같이 그가 실현하고자 하는 이상사회는 모든 신분제적 질서의 부정을 통한 사회적 평등의 완성과 백성이 주인으로 등장하는 민주사회로의 개진이었다. 이러한 그의 이상국가관은 바로 '모든 사람은 하느님 앞에 평등하다.' 라는 기독교적 이념과도 통하는 것으로, 동시에 모든 사람에게 동등하게 교육의 기회가 제공되어야 한다는 평등적 교육관의 바탕이 되었다.

한편 다산의 도덕교육의 목표를 도출하는 데는 이론적 근거로서 인성(人性)의 문제를 좀 더 구체적으로 탐색하여 볼 필요가 있다.

18) 五行不過萬物中五物 則同是物也 而以五生萬不亦難乎(『전서』, 「중용강의」).

다산은 우선 인간의 성(性)을 '도의(道義)의 성' 과 '기질의 성' 으로 구분하고, 인간의 본성은 선을 추구하는 '도의의 성' 으로서(동물과 공유하는) 신체의 기호인 '기질의 성' 과는 달리 인간 본연의 순수한 마음인 '영지의 기호' 이며, 이것에 따라 인간의 고유성이 확보된다고 보았다.

그리고 다산은 인성을 영지의 기호인 '도의의 성' 과 신체의 기호인 '기질의 성' 으로 구분하는 가운데, 기질의 성은 금수가 지닌 성(性)이면서도 동시에 인간도 가지고 있으나, 도의의 성은 오직 인간만이 가지는 것으로 보아 인간과 동물의 차이를 도의의 성 유무(有無)에 두었다. 따라서 그는 인간이 인간다운 까닭은 기질의 성을 버리고 도의의 성을 추구함으로써 선을 행하는 데 있다고 보았다. 결국 인간은 '자율성을 지닌 존재' 이고, 따라서 인간은 선악의 주체자이며, 그 행위에 대한 책임도 또한 인간 자신에게로 귀결되는 것이다. 이는 결국 도덕이나 수양의 중심이 인간 개인에게 있다는 것이다.

그러면서 다산은 인간의 선천적인 성(性)은 만인에 평등한 것이나, 후천적인 태도, 즉 자주지권에 따라 군자와 소인의 차이가 나타난다고 보았다. 스스로 기질의 성을 억제하며 도의의 성을 따라 성실하게 살아가는 자는 군자가 되고, 반대로 스스로 기질의 성만을 따라 금수와 같이 식색(食色)의 욕망에 사로잡혀 살아간다면 이는 소인의 태도가 된다는 것이다. 이와 같은 도덕적 분별심(分別心)에 모아지는 다산의 견해는 인간의 주체적 도덕수양이 가장 중요한 핵심이 됨을 의미하며, 이러한 군자의 모습이 바로 다산이 바라보는 참된 도덕적 인간의 모습이었다.

다산은 이러한 군자의 모습은 천이 인간에게 부여한 소명으로서 인간은 천으로부터 부여받은 소명을 성실히 수행하기 위하여 노력하여야 한다고 보았다. 여기서 천이 인간에게 부여한 소명은 '덕을 행하기 좋아하는 것(好德之命)' 이라 하였는데, 다산은 이를 인간 각자의 심성에 존재하는 도심(道心)으로 파악하였다. 다산은 비록 인간의 본성이 선하다는 전제를 제시하였지만, 이것은 단순한 성선(性善)이 아니라 이에 준하는 호덕(好德)의 행위만이 천이 부여한 본래의 성이라고 하였다. 또한 이러한 호덕의 행위는 호선(好善)의 기호(嗜好)와 행동으로 일치될 때 비로소 천명(天命)을 수행하는 것이라 하여 덕을 천명에 입각한 생활 속의 실천규범으로 정의하였다.

다산은 '사람이 지켜야 할 도리(人道)' 와 '모든 사물의 이치(物理)' 의 구분을 통하여 인도(人道)의 독자성을 확보하였고, 사람은 누구나 선기호(善嗜好)를 부여받아 인도를 실현함이 곧 하늘이 인간에게 부여한 소명이었다는 점에서 인간의 존엄성과 평등성을 강조하였다. 이렇듯 다산은 인간 내면에 도덕적 실체가 선천적으로 부여되어 있다는 주자학적 신념을 거부하였으며, 덕의 실천 행위를 통해 도덕성이 이루어지는 것이며, 모든 덕은 성선(性善)이 실현됨으로써 객관적 가치로 성립될 수 있다고 하였다.

그러므로 다산에게서 도덕교육의 목표는 자주지권을 기초로 하는 자율적 인간관을 바탕으로 한 인도(人道)의 실천이라는 의사에 합일될 수 있는 인격적이고 윤리적인 인간, 즉 참된 도덕적 인간의 모습인 군자를 육성하는 데 있었다. 이러한 군자의 육성을 위해서는 효(孝) · 제(弟) · 자(慈)의 구체적이고 실천적인 덕목들이 요구되는데, 이것이 곧 도덕교육의 내용이 된다.[19]

19) 다산의 도덕교육의 내용을 어떻게 규정할 것인가 하는 문제도 논의의 대상이

도덕교육의 내용

다산은 도(道)를 '인간과 인간 간의 만남을 잘하는 것'으로 규정하고, 그 행위의 지침으로 효 · 제 · 자의 3덕을 제시하였다. 즉, 다산에게서 도(道)란 인간의 도리이며, 인도(人道)의 다함은 덕의 구체적 행함을 통한 인(仁)의 추구에 있으며, 이에 그 실천적 도는 윤리적 규범을 요구한다. 따라서 다산은 도덕교육의 목표를 '선기호(善嗜好)를 하늘로부터 명(命)받은 인간이 덕의 실천을 통하여 인도를 실현하고자 하는 자율적이고 윤리적이며 인격적인 인간(군자) 육성에 두었고, 이를 위하여 효 · 제 · 자의 실천이 필요하다고 생각하였던 것이다.

사실 '효'와 '제'는 유교교육의 이념이며 행위의 지침이다. 이는 『논어』, 「학이」 편에서 "효와 제라는 것은 인을 이룩하는 근본이다(孝弟也者 其爲仁之本與)."라고 한 것을 주자가 '효와 제는 인을 실천하는 근본이다.'라고 해석함으로써 인을 실천하는 근본으로 효와 제를 삼았기 때문이다. 다산은 여기에다 '자(慈)'를 첨가하여 효 · 제 · 자를 도덕교육의 주된 내용으로 삼았는데, 특히 『대

될 수 있다. 이는 일반적으로 보아 다산의 교육 관련 내용들이 성리학을 비롯하여 의학, 농상(農商)에 이르기까지 여러 영역에 걸쳐 있기 때문이다. 그러나 그가 강조한 도덕교육의 내용은 인간의 존엄성과 현실에 입각한 실제적인 것을 중시한 것으로서 그의 저술 속에 잘 수록되어 있는데, 특히 실천 지향적이며 실용적인 내용의 것으로 아학론(兒學論), 효제자론(孝弟慈論), 과학기술론 등을 들 수 있다. 그러나 본 글의 특성상 도덕교육의 내용으로 효제자론만을 거론하고자 한다. 이는 인(仁)의 실천하는 덕목을 중심으로 도덕교육의 사상적 근거를 구축하고, 이를 바탕으로 하여 그의 도덕교육의 목표와 내용을 추출하여 보고자 하는 글쓴이의 의도 때문이다.

학』의 「명명덕(明明德)」, 「친민(親民)」, 「지어지선(止於至善)」을 재편성하여 명덕과 친민 모두 효·제·자로 규정하였다.

> 명덕이란 곧 효(孝)·제(弟)가 아니겠는가? 허령불매(虛靈不昧)와 심통성정(心統性情)을 리(理)라 하기도 하고, 기라 하기도 하고, 명(明)이라 하기도 하고, 혼(昏)이라 하기도 한다는 것에 대하여는 비록 군자들이 이에 뜻을 두는 것이기는 하지만, 이는 결코 옛날 태학(太學)에서 사람을 교육하던 제목은 아니다. 뿐만 아니라 성의(誠意)니 정심(正心)이니 하는 것도 효·제를 실천하는 미묘한 이치요 방략(方略)이 될 따름이며 교육하던 제목은 아니다. 교육하던 제목은 효·제·자일 따름이다. ……소위 명덕은 효·제·자인 것이요, 소위 친민(親民)이라는 것도 효·제·자인 것이다.[20]

이 글에서 알 수 있듯이, 옛날 태학에서 가르쳤던 도덕교육의 주된 내용은 효·제·자의 3덕으로 집약되며, 이것의 실천이 도덕교육의 요목(要目)이었다. 다산은 주자학의 체계가 이론 위주의 관념적이며 사변적이라고 비판하면서, 도(道)를 실천적이고 윤리적인 인도(人道)로 파악하였다. 이것은 곧 도를 일상생활의 실천 가능한 사상으로 끌어내린 것으로서 인간의 윤리를 인간관계 속에서 작용하는 규범으로 파악하여 현실적 실천론을 제시한 것이다.

> 효(孝)란 군왕을 섬기자는 것이며, 제(弟)란 어른을 섬기자는 것이며,

20) 明德非孝弟乎 虛靈不昧心統性情 曰理曰氣曰明曰昏 ……所謂明德孝弟慈也 所謂親民 亦孝弟慈也(『전서』, 「대학공의」).

자(慈)란 대중을 섬기자는 것이라 하였고, 위에서 늙은이를 늙은이로 섬겨야 백성이 효도를 하게 되고, 위에서 어른을 어른으로 섬겨야 백성이 우애를 하게 되고, 위에서 고아를 돌보아 주어야 백성이 배반하지 않는다 하였으니, 이 두절에서 주장하는 뜻은 다 효 · 제 · 자 세 글자를 벗어나지 않는다. 이것이 명덕의 바른 해석이다.[21]

즉, 효(孝)는 부모와 임금을 섬기게 하는 근거가 되고, 제(弟)는 어른을 섬기게 하는 근거가 되며, 자(慈)는 대중을 섬기게 하는 근거가 되므로, 효와 제는 아랫사람이 윗사람에게 드리는 윤리이고, 자(慈)는 윗사람이 아랫사람에게 베푸는 덕이다. 또한 윗사람이 먼저 효 · 제 · 자를 실천하여 덕을 베풂으로써 백성에게까지 영향을 미쳐 그것을 실천하게 하니, 이 세 가지는 천자(天子)부터 서인(庶人)에 이르기까지 누구나 실천하여야 할 덕목이며, 효 · 제 · 자를 명덕의 바른 해석이라 하여 실천윤리의 근본정신으로서 효 · 제 · 자를 상정함으로써 명덕의 바른 의미를 밝히고 있다.

그러나 종래에는 아랫사람의 윤리만 강조되고 윗사람의 윤리는 문제되지 않았다. 그 결과 효 · 제만이 강조되었는데, 다산이 자(慈)를 효 · 제와 동격으로 설정한 것은 그의 도덕교육에서의 특징이라 할 수 있다. 그는 윗사람은 아랫사람으로부터 효 · 제를 수용하기만 하는 것이 아니라, 그에 앞서 마찬가지로 아랫사람에게 대등한 노력으로 베풀어야 한다는 것이다.

또한 다산은 오교(五教)를 총괄하여 효 · 제 · 자로 규정하였다.

21) 孝者所以事君也 弟者所以事長也 慈者所以事衆也……孝弟慈三字是則明明德正義也(『전서』, 「대학공의」).

> 요전(堯典)에서는 삼가 오전(五典)를 빛낸다 하였고, 공경히 오교(五教)를 편다 하였는데, 오전 오교란 부의(父義), 모자(母慈), 형우(兄友), 제공(弟恭), 자효(子孝)인 것이다. 춘추전(春秋傳)에 나오는 사극(史克)의 말도 이와 같이 명백하다. 그러나 형우 · 제공을 합하여 말한다면 제(弟)이며, 부의 · 모자를 합하여 말한다면 자(慈)다. 그러므로 효 · 제 · 자 세 글자는 오교를 총괄한 것이다.[22]

즉, 다산은 아버지는 의롭고, 어머니는 사랑하며, 형은 우애하고, 아우는 공손하며, 자식은 효도함의 오교를 이해하는 데서도 효 · 제 · 자로 봄으로써 윤리의 문제를 수직적인 관계로만 파악하려는 것을 지양하고 상호 관계 내지는 대등한 관계로 파악하려는 입장을 취하고 있다. 그리고 부의(父義) · 모자(母慈)를 합하여 '자'로, 형우(兄友) · 제공(弟恭)을 합하여 '제'로, 자효(子孝)는 그대로 '효'라 하여 다섯 가지의 가르침은 이 세 자(字)에서 벗어나지 않으며, 그것이 곧 도덕교육의 내용이 된다.

이와 같은 관점에서 보면, 효는 상향적인 것이고, 제는 상호 관계적인 것이며, 자는 하향적인 것임을 알 수 있다. 또한 효 · 제 · 자를 가르침의 요목으로 하였다는 것은 부모의 도리까지도 교육의 대상으로 하여 윗사람의 자와 아랫사람의 효를 상호 간에 지켜야 할 덕목으로 하여 윗사람이나 아랫사람이 동등한 윤리 관계를 가져야 한다는 것을 말하고 있다.

22) 堯典曰愼徽五典 曰敬敷五教 五典五教者父義母慈兄友弟恭子孝也 春秋傳史克之言明白如此然兄友弟恭合言之則弟也 父義母慈合言之則慈也 然則孝弟慈三字乃五教之總括(『전서』,「대학공의」).

특히 자는 의(義)·자를 합한 것이므로 부모가 모두 포함되며 자를 설정하면서 효와 상대적으로 지켜져야 할 덕목으로 제시함으로써 대득(大得)의 윤리체계를 확립하였다. 이것은 윗사람의 의무적 윤리로서 자도 효와 동등한 위치에서 지켜져야 할 당위성을 갖게 되는 것이다. 제에서도 공자는 "어른을 잘 섬기는 것이 제다(事兄長爲弟)."라고 하여 상하적 윤리로 풀이하였으나, 다산은 "형은 우애하고 아우는 공손하는(兄友弟恭) 것이 제다."라고 하여 상호의 윤리로 설정함으로써 대등한 인간관계로 파악하였다.

결국 다산은 오교(五敎)를 효·제·자로 총괄함으로써 그의 사상체계를 명덕-효제자-오교로 삼원화(三元化)하여 구상하였는데, 이것이 곧 다산의 실천적 도덕교육의 주된 내용이 된다. 그리고 이들의 실천을 통해서만 참된 군자의 모습을 찾을 수 있다고 생각하였다. 이는 당시 주자학의 사변적 성격을 비판하고 개혁하기 위한 새로운 학문으로서 덕목의 실천을 강조하는 것은 오늘날의 현대 도덕교육(특히 덕목 중심의 도덕교육)에서 중요한 의미를 지닌다고 할 수 있다.

다산 도덕교육사상의 현대적 의의

다산은 도덕교육의 목적으로 자율적 인간관을 바탕으로 한 인도(人道)의 실천이라는 천(天)의 의사에 합일될 수 있는 인격적이고 윤리적인 인간성 함양에 두고, 그 내용으로 효·제·자의 3덕을 제시하였다. 전통 유교교육의 행위의 중요 지침인 '효'와 '제'에 '자'를 첨가시켜 이를 누구나 근본으로 삼아야 한다고 강조한 것이다. 여기서 다산이 '자'를 첨가한 것은 아주 중요한 의미를 지닌다. 왜냐하면 아랫사람이 윗사람에게 드리는 '효'와 '제'의 윤리와 윗사람이 아랫사람에게 베푸는 '자'의 윤리를 동격으로 봄으로써 그동안 유교적 윤리에서 일반적으로 인식되어 왔던 수직적 관계의 윤리성을 탈피하여 윗사람과 아랫사람 간의 동등한 윤리성을 제창한 것이기 때문이다. 이러한 그의 관점은 결국 오늘날 도덕교육 현장에서 특히 강조되는 인간평등의 윤리 내지는 평등한 도덕교육의 실현이라는 근본 과제를 해결함에 중요한 시사를 주고 있다. 이러한 다산의 도덕교육사상이 현대 도덕교육에 시사하는 바를 좀 더 구체적으로 살펴보면 다음과 같다.

첫째, 다산은 모든 인간은 자주지권(自主之權)을 지닌 자율적인 존재임을 전제하여 교육에서도 피교육자의 자율에 맡기는 교육의 중요성을 강조하였다. 오늘날 우리의 교육 현실은 어떠한가? 여전히 획일적이고 주입식 교육에 치중하고 있다. 이제는 교사 중심에서 학생 중심으로, 가르치는 것 중심에서 배우는 것 중심으로 전환하여야만 한다. 학습자의 의욕, 학습할 것의 선택, 학습을 자력으로 추진하는 방법 등을 길러 주어야 한다. 즉, 교육의 자주성을 길러 주어야 한다는 것인데, 이러한 관점에서 다산의 주장은 오늘날 자율적 도덕관을 형성케 하는 가치를 지닌다. 그리고 특히 자율적 교육을 근본으로 하는 포스트모던 사회에서의 구성주의 교육 이론의 화두로서 매우 중요한 의미를 지닌다고 할 수 있다.

둘째, 다산은 덕목 중심의 실천적 도덕교육을 강조하였다. 즉, 실천을 통한 도덕적 품성 도야를 강조하였는데, 이 또한 당시 사회의 혼탁한 사회 풍조와 원리 중심의 교육 현실을 감안할 때 탁견이 아닐 수 없다. 이를 위하여 그는 도덕교육의 내용으로 효·제·자의 3덕을 제시하였고, 이러한 덕목들을 실천함으로써 참된 도덕적 인간으로의 성장이 가능하다고 보았다. 오늘날 우리 도덕교육의 방향이 인격교육을 지향하고 실천적인 도덕인 양성을 표방하고 있는 것을 감안할 때 다산의 생각은 오늘날 우리 도덕교육의 방향을 제시하는 것이나 다름없다. 뿐만 아니라 그가 강조한 효·제·자의 실천적 덕목들의 가르침은 오늘날 특히 강조하는 덕목 중심의 도덕교육의 내용을 설정하는 데도 시사하는 것이 크며, 실천적 도덕관을 형성케 하는 가치를 지닌다.

셋째, 다산은 실용성에 입각한 평등교육이 이루어져야 한다고 생각하였다. 다산은 모든 인간은 동등하게 하늘로부터 부여받은 성(性)에 의하여 모든 인간은 평등하다고 보았다. 그러므로 교육에서도 평등한 교육이 이루어져야 하는데, 당시의 실상은 그렇지 못함을 안타까워하였다. 그리하여 다산은 인간의 본성이 모두 동일함을 전제하여 '직업에는 귀천이 없다.' 라고 강조하면서 실생활과 관계가 있는 것, 특히 농업·군사·기술 등을 모든 사람에게 동일하게 교육하여야 한다고 주장하였다. 즉, 당시의 고정적인 계급관을 탈피하고 선비도 생업에 종사할 수 있도록 교육해야 한다고 하였다. 이러한 실용성에 입각한 그의 새로운 교육관은 오늘날 과학기술 교육의 중요성을 일깨우는 것이기도 하며, 특히 인간평등의 도덕관을 형성케 하는 가치를 지닌다.

이와 같은 시사점을 현대교육적 관점에서 종합하여 보면, 자율적 교육관, 실천적 교육관, 평등적 교육관이라는 3가지의 교육적 이론으로 요약된다. 이러한 교육적 이론은 오늘날 특히 도덕교육의 현실에서 매우 중시되는 이론으로, 다산의 견해가 얼마나 탁견이었는지를 짐작하게 한다. 그런데 다산의 도덕교육론이 당대(當代)에는 모두 실현될 수 없었다. 당시의 시대적 상황이 이를 수용하기에는 여전히 미흡하였기 때문이다. 그러나 이러한 그의 주장과 노력은 곧 도덕교육의 모체가 되었을 뿐만 아니라 오늘날 도덕교육의 현실에서도 충분히 적용 가능한 것이라는 점에서 그 의의가 매우 크다.

12 혜강의 경험주의 교육사상

혜강의 교육적 삶

최한기(1803~1877)는 자는 지동(芝東), 호는 혜강(惠岡)이며, 개성 지역의 이름난 시인이었던 최치현(崔致鉉)의 외아들로 태어났다. 그런데 혜강은 독자로 태어났음에도 불구하고 큰집 종숙인 최광현(崔光鉉)의 양자로 자랐다. 그의 집안은 삼대를 무과(武科)에 급제한 무반 집안이었다. 최광현은 중앙군사 요직을 지내다가 물러나 개성에 귀경당(歸京堂)을 짓고 그곳의 학자들과 교류하며 지냈는데, 혜강은 그들의 학문적 영향을 받았던 것으로 보인다. 그러다가 서울로 내려와 지금의 회현동과 남대문 근처에서 살았다. 그는 두뇌가 명석하여 독서를 즐겼는데, 기이한 책을 얻으면 즐거워 잠을 자지 못하였다고 한다. 그는 자잘한 예절이나 투식(套式)에 매이지 않았다. 이러한 그의 기질은 그의 저술 여러 곳에서 "대체(大體)를 잡을 뿐 세절(細節)에 너무 연연하지 말라."라고 충고한 것에서 알 수 있다. 그의 집안은 부유하였던 것으로 보인다. 최근에 발굴된 자료에 따르면, 1852년경에 노비가 24명이나 되었다. 그러다가 1860년대 이후 경제적으로 어려움이 시작되어 1870년대 중반에는 귀중한 책과 물건을 저당 잡힐 정도로 어려웠다고 한다.

혜강은 사우(師友)를 찾아간다면 천리를 마다하지 않았고, 서책을 연구한다면 천금을 아끼지 않았다고 한다. 따라서 그는 동서고금의 책들을 구입하여 쌓아 놓고 연구에 몰두하였다. 누가 옆에서 잘못 썼다고 하면 그 자리에서 고쳤고, 남이 질문을 해서 모르면 무척 부끄러워하였다고 한다. 그런 가운데 그는 앞사람이 밝혀내지 못한 것을 밝혀냈음을 무한히 즐겁게 생각하였다[1]고 하니, 그의 삶은 학문을 위한 삶 그 자체였다.

혜강은 23세에 생원시에 합격하였지만 벼슬길에는 나서지 않았고, 경전 중심의 학문연구에만 몰두하였다. 1836년 『신기통(神氣通)』과 『추측록(推測錄)』의 초고를 완성하기까지 그는 전통적인 학문 연구를 답습하였던 것으로 보인다. 『횡결(竑觖)』에서 인의예지신(仁義禮智信)과 성경(誠敬) 등의 개념을 리(理)와 관련하여 설명한 것을 보면, 그의 학문은 우선 이학(理學)에서 출발하였던 것으로 보인다. 또한 『통경고(通經考)』에서 "위대하도다, 육경(六經)의 가르침이여!"라고 한 것으로 보아 유가 전통의 육경을 매우 존숭하였음도 알 수 있다.

그는 저술을 통한 학술활동으로 일생을 보냈는데, 서울에서 살면서 서울 시민의 삶과 일상의 업무를 자신의 학문의 자료로 삼았다. 그는 변화하는 자연, 즉 하늘의 일월성신(日月星辰)과 사시사철의 변화에 순응하면서 때때로 책을 읽어 지식을 배양하고 지우(知友)를 집으로 초대하여 문견(文見)을 넓혀 갔다. 교(敎)와 학(學)을 평생 종사하여야 할 일로 생각하여 그 자신이 몸소 실천하였다. 그는 자신의 학문에 대한 자부심도 대단하였다. 그의 저술 여러 곳에서 '전인미발(前人未發)의 것을 밝혔다.'라고 하였고, 특히 『기학(氣學)』을 저술하면서 "내가 아니고 누가 이 책을 쓰겠느냐?"라고 한 것으로 보아 이를 쉽게 짐작할 수 있다. 많은 저술을 남기며 그

1) 『인정』 권7, 「측인문」, 鑑枰.

만의 철학세계를 확립하였으나, 당시 그의 재주를 알아주는 사람이 없었다는 것이 아쉬운 일이다.

혜강 경험주의 교육사상의 철학적 기초

경험의 주체 '신기(神氣)'

혜강은 전통 유학 공부를 하였으나 기존의 유학을 그대로 받아들이지 않고 자기 나름의 독창적인 철학세계를 이루었다. 그의 철학을 흔히 '기철학' 이라 하는데, 이는 우주 삼라만상이 기(氣)에 의하여 생성과 소멸이 이루어지며 음양이기(陰陽理氣)가 서로 생극하면서 유지된다는 시상체계다. 즉, 우주의 궁극적인 실재를 오직 기만을 선택하여 파악함으로써 주기론적 입장을 견지한다. 이러한 기의 개념에 그는 신(神)자를 더하여 '신기(神氣)' 라고 표현하였다.

이와 같이 혜강은 기를 '신기' 라고 표현하여 기의 무한한 작용적 측면을 강조하였다. 즉, 신기는 우주와 만물에 근원적으로 존재하는 보편자이자 한 덩어리의 살아 움직이는 것으로 반드시 운행하며 운행하지 않는 기는 없다.[2] 이에 「체통」 편에서는 다음과 같이 말하였다.

대체로 이 기는 한 덩어리의 활물(活物)이므로 본래부터 순수하고 담

2) 『신기통』 권3, 「생통」, 變通詩是氣運.

박(淡泊)하고 맑은 바탕을 가지고 있다. 비록 소리와 빛과 냄새와 맛에 따라 변화하더라도 그 본성만은 변하지 아니한다. 이에 그 전체의 무한한 공용(功用)의 덕을 총괄하여 신(神)이라 한다.[3]

기존의 기철학에서는 기의 성격이 현상에서 어떻게 구현되고 있느냐에 치중한 데 비해, 혜강의 기는 한 덩어리의 활물(活物)이며 천지지기(天地之氣)의 본성은 그것이 어떠한 형태를 취하든지 변하지 않는다는 것이다. 따라서 신기는 고정된 물질의 개체를 형성하기보다는 변화하는 작용으로 자신을 드러내기 때문에 개체는 신기가 변화하는 작용의 한 단계의 현상이다. 만물은 모두 기에 의해 생긴 것으로 천(天), 지(地), 인(人), 물(物) 모두 신기의 조화로서 근원적으로는 동일한 신기로 이루어져 있지만 기가 형태를 갖추면서 차별성과 다양성이 나타난다는 것이다. 즉, "기는 본래 하나이지만 사람에게 주어지면 자연히 사람의 신기가 되고 물건에게 주어지면 자연히 물건의 신기가 된다."[4]라는 것이다. 각 개물의 성질과 기능은 이미 형성된 기(氣)인 질(質)의 유전적 성질에 따라서 달리할 뿐 각 형질에 주어지는 신기는 동일하다는 것이다. 다시 말하면, 기가 운행과 변화하는 활동성에 따라 천지의 신기와 형체의 신기로 구분되기는 하나 본질적으로 성격이 다른 것은 아니라는 것이다. 곧, 천지지기나 신기는 현상계를 이루는 기와 구분되는 별개의 것이 아니라 현상의 경험적 인식의 보편성을 보장해 주는 개념, 즉 신기의 보편성을 의미한다.

3) 『신기통』 권1, 「체통」, 體統氣之功用.

4) 『신기통』 권1, 「체통」, 氣質名異.

또한 신기의 운동 그 자체는 하나의 법칙성을 띠는데, 이것을 혜강은 리(理)로 설명하였다.

> 기는 천지에 가득 차서 끊임없이 순환하지만 모이고 흩어지는 것에 일정한 때가 있으니 그 조리를 리(理)라고 한다. 기가 가는 곳에 리도 곧 따라 생긴다. 그 전체를 들어 기가 하나라고 말하면 리도 역시 하나이고 그 분수를 들어 기가 만 개라고 한다면 리 역시 만 개다.[5]

또한 혜강은 기의 운동을 도(道)라고도 하였는데, 인간이 그 운동을 인식한 것이 리라고 하였다.[6] 즉, 리를 눈에 보이고 공간 중에 존재하는 기에 의해서만 파악할 수 있는 것으로 보았으며 기의 자연, 조리가 곧 리라는 것이다.

> 리는 기보다 앞선 적도 없고 뒤선 적도 없는데, 이것이 천지의 유행지리(流行之理)다. 사람의 심(心)에는 원래 추측(推測)의 능력이 있으므로 이미 지나간 것을 헤아리고 또 아직 생기지 않은 것을 헤아릴 수 있는데, 이것이 바로 사람 마음의 추측지리(推測之理)다.[7]

즉, '유행지리' 란 자연의 법칙성을 의미하고, '추측지리' 는 인간의 신기의 법칙성을 뜻하는 것으로, 유행지리는 자연법칙으로서 인간의 사유에 따라 변화할 수 없는 것이지만, 추측지리는 사유법칙으로서 인간 개개인의 습성에 따라 얼마든지 서로 달라질 수

5) 『추측록』 권2, 「추기측리」, 大象一氣.

6) 『추측록』 권1, 「추측제강」, 有本學.

7) 『추측록』 권2, 「추기측리」, 流行理推測理.

있다고 보았다. 그러면서 혜강은 유행지리와 추측지리의 상관성에 대해서 다음과 같이 설명하였다.

> 기질의 리는 유행지리이며 추측지리는 자득한 리다. 경험이 있기 이전 처음에는 유행지리만 있었고 경험이 있은 뒤에야 추측지리가 있다. 그러므로 만약 추측지리가 유행지리에서 나왔다고 하면 옳지만 추측지리가 곧 유행지리라고 말하면 안 된다.[8)]

즉, 기의 운동법칙인 리를 인식하는 것은 경험에 의한 것이고 이것은 주관적인 추측지리라고 설명하며, 추측지리는 대기운화의 리인 유행지리에 일치하여야 함을 말한 것이다. 또한 추측, 즉 인식은 경험에 의해서 형성되는 것이며, 이러한 경험의 주체를 신기라고 보았다. 이렇게 볼 때, 신기는 기의 활동, 즉 작용적 특성을 강조하는 개념이라고 할 수 있는데, 그는 이러한 신기의 작용현상을 '운화(運化)'와 '추측(推測)'이라는 개념으로 표현하였다. 즉, 모든 개별 존재를 형성하는 기는 기 자체의 본래적 존재 양상에 따라 운화한다는 것이다. 그리고 추측이라는 말은 '미루어 헤아림'이라는 뜻인데, 혜강은 추측이 마음의 능력으로 일어나는 일종의 인식작용으로서 감각기관을 통하여 경험한 바를 기초로 하여 아직도 경험하지 못한 것을 아는 방법이라고 하였다.[9)]

아울러 그는 헤아림과 경험의 관계에 대해 "미룸이 올바르면 헤아림에 방법이 생기고 미룸이 올바르지 못하면 헤아림도 올바르

8) 『추측록』 권2, 「추기측리」, 天人有分.
9) 『추측록』 권1, 「추측제강」 참조.

지 못하다."[10]라고 하여 올바른 헤아림을 위해서 올바른 경험이 있어야 함을 강조하였다. 아울러 혜강은 추(推)와 측(測)의 상관성에 대해서도 언급하였다. 즉, "미루기만 하고 헤아림이 없으면 동정(動靜)이 굳어져 막히고, 헤아리기만 하고 미루는 바가 없으면 어찌 허망한 일이 아니겠는가? 반드시 미루고 헤아리는 것이 서로 도와야 그 마땅함을 얻는다."[11]라고 하여 추와 측이 서로 보완되어야만 인식으로서 기능을 발휘할 수 있다고 보았다.

그리고 혜강은 추측은 경험을 통하여 인과관계에 따라 그 원인들을 캐는 것이며, 그러한 원인들을 캐내는 것을 토대로 아직 경험하지 않은 범위에까지 예측하는 것을 추측에 포함시켰다. 이렇게 본다면, 아직 경험하지 않은 것을 예측하는 것에서 추측의 의의를 찾을 수 있는데, 특히 그는 "집을 미루어서 나라를 헤아리고 나라를 미루어서 천하를 헤아리는데, 이를 대동(大同)이라 한다."[12]라고 하여 추측을 통하여 자신뿐 아니라 나라를 헤아리고 천하를 헤아리게 되는 것, 즉 더 넓은 범위까지 예측하게 되는 것을 대동이라는 개념으로 설명하였다.

따라서 혜강은 "신기가 지각의 주체이며 지각은 신기의 경험이다. 신기가 그대로 신기일 수도 없다. 경험이 없으면 한갓 신기만 있을 뿐이요, 경험이 있으면 신기가 스스로 지각을 가지게 된다."[13] 라고 하여 신기가 지각을 습득함에 있어 경험이 중요하다고 강조

10) 『추측록』, 「추측록」 序.
11) 『추측록』 권1, 「추측제강」, 推測相參.
12) 『추측록』 권1, 「추측제강」, 所習名異.
13) 『신기통』 권1, 「체통」, 經驗乃知覺.

하였다. 이는 곧 지각의 습득이 자신의 경험에 의한 것이지 하늘이 처음부터 풍부(稟賦)한 것은 아니라는 것이다. 또한 이러한 신기의 경험에 의해 얻어진 지각도 사람마다 선악, 득실의 차이가 있으므로 "기와 질이 서로 통하여 처음부터 끝까지 언제나 어그러지지 않는 것을 몇 번이고 자주 시험하고 증명하여 악한 것과 잘못된 것은 앞서 통하였던 것을 변경하여 고치고 선한 것과 올바른 것은 더욱더 통하였던 것을 넓혀 나가야 바야흐로 증험(證驗)하였다고 이를 수 있다."[14]라고 하였다. 즉, 그는 기질을 변개하여 확충하여 천인(天人)의 신기가 상통하는 올바른 지각을 얻어야 하며, 이것을 증험이라고 하였다.

이러한 내용들을 요약하여 보면, 경험의 주체가 신기이고 신기는 경험에 따라 추측하고 지각함으로써 대상세계와 관계를 맺고 소통하게 된다. 그리고 추측은 경험하는 주체인 신기가 견문(見聞)하고 두루 거치는 객체와 감각기관의 상호작용에서 성립되는 것이다. 인간의 추측, 즉 인식은 인간의 감각기관을 통한 지속적인 축적 속에서 비로소 생성되고 확장되는 것이다.

결국 혜강은 신기의 보편성에 의해 근본적으로 평등하게 태어난 인간은 신기에 의한 지각을 통하여 견문의 확장과 지식의 확대를 가져올 뿐 아니라 선(善)의 추구와 같은 윤리적 이상에의 도달도 가능해진다는 것이다. 여기에 바로 혜강의 교육 가능성과 목적성이 내포되어 있다.

14) 『신기통』 권1, 「체통」, 物我證驗.

경험적 인간관

혜강은 인간을 포함한 천지만물이 모두 신기를 매개로 이루어졌다고 보았다. 따라서 하늘과 인간이 모두 천지운화(天地運化)의 기가 운동하는 과정에서 이루어졌다는 것이다. 즉, "하늘의 신기와 사람의 신기는 본래 하나다. 같은 기가 사람에게 부여되면 자연히 사람의 신기가 되고, 사물에 부여되면 자연히 사물의 신기가 된다."[15]라고 하여 사물과 사람의 근원이 같음을 말하였다. 인간과 세계의 모든 다양성이 이러한 근원적 동일성을 근거로 궁극적으로 통일성을 지향하도록 정립된 존재라는 것이다. 그의 인간에 대한 관점은 다음의 글에서 좀 더 분명해진다.

> 마음이 사물을 대할 때도 이와 같이 단지 일을 경험하여 헤아리는 것이지, 만물의 이치가 본래 마음에 갖추어져 있는 것은 아니다.[16]

즉, 마음에 선천적으로 주어지는 것이란 없고 모든 마음이 태어날 때는 순수한 상태이나 후천적인 경험을 거듭하면서 감정과 판단력을 익혀 나간다는 것이다. 즉, 지각의 생성이 후천적이고 경험적으로 이루어진다고 인정함으로써 인간을 태어나면서부터 그의 운명이나 능력이 결정되어 있는 존재로서가 아니라 후천적인 성장과 변화의 가능성을 지닌 존재로 보고 있다.

성리학에서는 주리론의 입장에서 인간관을 전개한다. 주리론의

15) 『신기통』 권1, 「체통」, 氣質名異.
16) 『추측록』 권1, 「추측제강」, 如鏡如水.

경우, 리(理)가 모든 존재의 보편적 근원이지만 기는 개체적 차별 현상의 원인이 된다. 그러나 주기론의 경우에는 리가 단순히 기의 법칙으로서 조리의 뜻으로 이해되는 반면, 기는 모든 존재에 전반적으로 침투되어 있으며 개별 존재들을 형성하는 공통의 기반을 이루는 것이 된다.

혜강 역시 리는 기의 조리요, 조리는 곧 기라 하여 리를 기 속에 흡수시켰으며, 이러한 기는 우주를 완전히 충만하게 하는 것으로 파악하여 기 외의 어떠한 존재도 배제함으로써 기의 편재성과 근원성을 함께 강조하였다. 또한 우주와 인간이 공통의 기로 이루어졌음을 다음과 같이 말하였다.

> 내가 태어나기 이전에는 천지의 기만이 있었고, 내가 처음 생길 때 비로소 형체의 기가 생기며 내가 죽은 뒤에는 도로 천지의 기가 된다.[17)]

여기서는 유가철학의 고전적 관념인 천인합일설(天人合一說)을 유기론적(唯氣論的) 입장에서 밝히고 있다. 즉, 혜강은 우주의 전체를 이루는 궁극적이고 포괄적인 실재를 기라고 보고 우주와 인간의 동일한 근거성을 밝히고자 한 것이다. 또한 현상세계의 다양성에 대해서도 다음과 같이 설명하였다.

> 물은 하나이지만 바다, 강, 시내, 우물의 명칭이 다르고, 사람도 하나이지만 주인, 객, 농부로 불리듯이 본원적인 기가 그것의 위치작용에

17) 『신기통』 권1, 「체통」, 天人之氣.

따라 온갖 다양성을 나타내고 있다.[18)]

즉, 혜강은 하나의 기가 어떤 그릇에 담기느냐에 따라 다양성을 나타낸다고 하여 기를 중심으로 설명하였다. 결국 이러한 관점들을 바탕으로 인간과 세계에서 드러나는 다양성들은 모두 그 근원적 동일성을 가지고 있으며, 따라서 궁극적으로 통일을 지향하기 위하여 정립된 존재라는 주장을 한 것이다.

지금까지의 내용들을 정리해 보면, 최한기의 도덕규범에 관한 생각은 마음에 선험적으로 주어진 이치란 없으며, 기의 활동성에 따르는 인간은 운명이나 능력이 결정되어 있는 존재가 아니라 후천적인 성장과 변화의 가능성을 지닌 존재로, 도덕규범은 경험에 의하여 얻어지며 실천에 의하여 완성됨을 강조하고 있다. 이러한 혜강의 인간관은 오직 추측하고 경험하는 인간의 모습으로 그려진다. 이러한 맥락에서 혜강을 경험주의자로 부르는 것이다.

혜강 경험주의 교육사상의 함의

혜강은 교육이 일상적 세계와 분리된 이론적 지식의 체계에서 탈피하여 일상적 생활의 내용을 포함하는 것이어야 한다고 생각하였다. 이와 같이 생활 경험을 중시하는 것은 실학적 교육의 전제로서 전통적인 성리학과의 차이점을 분명하게 보여 준다. 즉, 성리학자들은 리(理)가 객관적으로 별개로 존재한다고 보았으며, 인간

18) 『추측록』 권2, 「추기측리」, 一氣二稱.

의 마음속에는 리가 선험적으로 주어져 있어 선비는 외물에 현혹되는 것을 막고 정(靜)한 몸가짐으로 진리를 깨칠 수 있다고 보았다. 그렇지만 혜강은 인간이 감각을 통하여 획득한 경험을 바탕으로 사고하며, 이를 행동하며 실천해서 진리에 접근하여야 한다는 입장이었다. 즉, 인간은 백지와 같은 상태로 태어나기 때문에 경험이 중요한 학문적 도구가 된다. 따라서 혜강의 교육관을 '경험주의 교육관' 이라 칭하게 된다.

교육의 목적

혜강에게서 교육은 평상의 일을 원활히 수행하는 것을 말한다. 그래서 혜강이 추구하는 교육의 목표는 인도(人道)를 구현하는 사무(事務) 중시의 실용인을 양성함에 있었다. 이를 좀 더 구체적으로 표현하면, 교육을 통한 인도의 구현과 사무를 통한 실용적인 인간을 양성하는 것이다. 이러한 맥락에서 양분하여 설명하면 다음과 같다.

인도(人道)의 구현

혜강에게서 교육의 근원적 목표는 교육을 통한 인도의 구현에 있었다. 여기서 혜강은 "인도란 하늘과 사람이 운화하는 기를 받들어 오륜(五倫)의 뜻한 일을 닦아 행하는 것이다." [19]라고 하여 인도란 인간이 운화하는 기를 본받아서 항상 행하여야 할 도리로서 오륜을 익히고 수행하는 것이야말로 참된 인도의 구현임을 강조

19) 『인정』 권6, 「측인문」, 人道家産成敗.

하였다. 또한 “인도란 하늘과 사람의 범위 가운데서 사람이 항상 행하여야 할 도리로, 위로도 통하고 아래로도 통하여 조금도 부족함이 없는 것이다.”[20]라고 하였다. 그리고 혜강은 인도(人道)에 대하여 다음과 같이 좀 더 구체적으로 설명하였다.

> 인도의 가르침은 임금이 임금답고, 신하가 신하답고, 아비가 아비답고, 아들이 아들답고, 남편이 남편답고, 아내가 아내답고, 어른이 어른답고, 아이가 아이답고, 친구가 친구답게 되어, 천하를 통틀어 각기 자기의 분수에 안주하게 하려는 것이다.[21]

즉, 인도란 운화하는 기의 원리에 부합하여 사람이 항상 행하여야 할 도리로서 서로 도우며 각자의 분수에 자족하는 도리를 깨우쳐서 자신과 다른 사람의 삶을 안락하게 하는 당연한 도리라고 강조하였다.

> 사람은 마땅히 인도를 다하여야 하는데, 인도를 다하려면 모든 사물과 관련되지 않는 것이 없게 된다. 그 가운데서도 사람을 섬기고 사람을 부리고 사람과 교제하고 사람과 응접하는 것이 인도의 대강이며, 자신을 수양하고 남을 다스리고 사람을 가르치고 사람을 선택하는 것이 인사(人事)의 중추다.[22]

여기서 혜강이 말하는 인도는 천(天)과 인(人)이 서로 통하고 인

---

20) 『인정』 권6, 「측인문」, 通察人道.
21) 『인정』 권11, 「교인문」, 三等一通.
22) 『인정』 권6, 「인도」, 人道貴賤.

(人)과 인(人), 또는 인(人)과 물(物)이 교접함으로써 실현되는 것으로서, 그저 인간의 도가 아니라 천인운화(天人運化)의 도로서, 개인의 미세한 일에서 국가의 정치에 이르기까지 나아가서는 천지의 유행지리(流行之理)에 부합하게 되는 것을 의미한다.

이렇게 인도의 리(理)는 천도의 리를 따라야 한다고 강조하면서도 정작 그는 천도에 부합하는 인도의 내용, 즉 대기운화(大氣運化)에 부합하고 통민운화(統民運化)의 유행지리에 맞는 참된 인도의 내용이 무엇인가에 대해서는 전통적인 유가윤리의 회복 및 강화를 말하고 있다. 즉, 군신유의, 부자유친, 부부유별, 장유유서, 붕우유신으로 인도의 조목을 삼고, 인의(仁義)와 예악(禮樂)으로 교화하는 방법을 삼아야 한다고 하여, 인도의 중심 내용으로 오륜을 강조하였다. 따라서 그는 오륜의 중요성을 다음과 같이 말하였다.

> 오륜은 하늘이 낸 인도(人道)이고 정교(正教)는 오륜을 수행하여 백성에게 전달하는 것이니, 풍속이 화순하게 되는 것은 윗사람의 소원일 뿐 아니라 역시 백성의 소원이기도 하다. 그러므로 오륜의 가르침은 폐지하려 해도 되지 않는 것이다.[23)]

이와 같이 혜강은 인도 구현의 중심 내용으로 오륜을 수행하여 백성에게 전달할 것을 강조하였다. 또한 혜강은 인도 구현의 방법에 대해 "내 몸에 행하고 다른 사람을 바르게 하여 인민의 대도(大道)에 오륜과 정교가 없어서는 안 된다는 것을 알게 함으로써 옛 성현의 고전이나 역대의 제도와 문물을 따져 보는 방법과 옛 성현

23) 『인정』 권8, 「교인문」, 人道.

의 고전이나 연대의 제도와 문물의 이동(異同)과 연혁을 참고하여 취사(取捨)를 절충하는 방법이 있다."[24]라고 하였다. 즉, 인도의 실현을 스스로 행하고 다른 사람을 바르게 하며 성현의 가르침과 옛 제도나 문물의 장단점을 밝히고, 그중에서 취사선택하고 절충하는 데 있다는 것이다.

사무(事務)를 통한 실용인의 양성

혜강 이전의 교육이 무형(無形)의 것을 가지고 허(虛)하고 무용(無用)한 것을 추구하였다면, 혜강의 교육은 유형의 것을 바탕으로 실(實)을 추구하는 것이었다.

그는 사무라는 개념의 실용적 교육사상을 형성하였는데, 그의 실용적 교육관은 학문을 바라보는 관점에도 그대로 적용되어 사무를 진실한 학문이라고 주장하였다. 그래서 "여러 가지 사무가 모두 참되고 진실한 학문이다. 사무를 버리고 학문을 구하는 것은 허공에 달아 놓은 학문이다."[25]라고 하여 사무, 곧 인간의 일상생활에 필요한 여러 가지를 떠나서는 학문이 있을 수 없다는 입장을 취하였다.

혜강에게서 경험은 학생이 배워야 할 내용으로서 지식의 성립 근거일 뿐만 아니라 그의 교육사상 전반을 지탱해 주는 중요한 기준이다. 경험이란 인간의 일상생활을 통하여 얻게 되는 것이지만 일상생활의 모든 경험이 교육적으로 가치 있는 것은 아니다. 따라서 혜강은 '사무'를 교육적으로 가치 있는 경험으로 보고 가르치

24) 『인정』 권8, 「교인문」, 人道.
25) 『인정』 권12, 「교인문」, 事務進學問.

고 배워야 한다고 강조하였다.

> 사무로서 격물(格物)을 삼고, 사무로서 치지(致知)를 삼으며, 사무로서 존양(存養)을 삼고, 사무로서 단련을 삼으며, 사무로서 후생(厚生)을 가르치는 것이다.[26)]

이는 실제적인 사실에 바탕을 두고 학문을 터득하여야 하며 사무를 버린 형식적인 학문은 가공적인 학문임을 강조한 것이다. 즉, 가르치고 배우는 과정에서 사무를 가장 중요한 교육 내용으로 삼아야 한다는 것이다.

> 만약에 배우는 것이 세상의 사무와 무관한 것이라면 이는 허무하고 괴탄(怪嘆)한 학문이다. 일의 귀천을 막론하고 그 일 가운데서 도리를 얻어야 가르침이 될 수 있다. 이러한 까닭으로 사무에 따라 보익(補益)됨이 있는 가르침을 즐거이 따르고 사무를 떠나는 가르침을 베푼다면 사람이 즐겨 배우지 않을 것이다.[27)]

즉, 사무를 내용으로 하는 교육을 통하여 자신이 처한 상황을 인식하고 자신의 상황에 맞게 변통하는 실용인을 양성하여야 함을 강조한 것이다. 이러한 인간을 육성하는 것이 바로 혜강의 교육 목표였다.

---

26) 『인정』 권8, 「교인문」, 運化事務.
27) 『인정』 권9, 「교인문」, 教通事務.

교육의 내용

혜강이 추구한 교육의 목적은 인도(人道)의 구현과 사무(事務)를 통한 실용인을 양성하는 것이었다. 이러한 교육 목적을 달성하기 위해서는 그에 합당한 구체적 교육 내용 또한 필요하다. 따라서 혜강은 학습자의 수준에 따라 인도와 실무를 포괄시키는 교육 내용을 제시하였다. 그것이 바로 인간의 삶 속에서 계속적으로 성취해 가야 할 배움의 내용인 삼층교(三層教)다. 즉, 인사교(人事教), 인도교(人道教), 인천교(人天教)가 그것이다. 인사교는 개인의 일상적 생활양식, 즉 일신운화(一身運化)를 0~20세에 배울 교육 내용으로 제시한 것이고, 인도교는 20~40세에 배울 내용으로 개인을 넘어서는 사회적 통합의 원리와 방법, 즉 일통운화(一統運化)의 교육을 말하고, 인천교는 40세 이후에 배울 내용으로 우주와 인간의 생성과 운행에 관한 원리, 즉 천인운화(天人運化)의 내용을 말한다. 그런 가운데 혜강은 특히 현실 중심의 실용적 학문으로 수학교육을 주장하였고 아동교육의 중요성 또한 강조하였다. 이러한 내용들을 중심으로 혜강의 교육 내용[28]을 살펴보면 다음과 같다.

28) 혜강의 교육 내용에 대한 범주는 연구자의 관점에 따라 또는 분류방법에 따라 다를 수 있다. 크게 강조된 수학교육, 유아교육 정도로 살펴보는 경우도 있지만, 이를 좀 더 확대하여 문자교육, 유아교육, 수학교육, 특수교육, 직업교육, 과학교육, 여성교육 등으로까지 확대하여 설명되기도 한다. 본 글에서는 글의 특성(분량)상 전자의 입장에 따라 서술한다.

삼층교(三層敎)

① 인사교(人事敎)

인사교는 감각기관을 통해 배우는 단계로서 가장 기본이 되는 교육의 내용들이다. 혜강은 인사교에서 가르쳐야 할 내용으로, "기품(氣稟)과 재기(才器)를 헤아려 이끌어 주고 억제하여 고금(古今)의 차이를 참작하여 가감하여야 한다. 지나치게 속박 말고 기를 북돋워 주어야 한다. 방자하지 않게 하고 기를 고양시켜 주며 노인을 공경하고 윗사람에게 공손하게 하고 기의 거스름을 억제하고 친구에게 믿음이 있게 하여 기의 보익(補益)을 기르게 한다."[29]라고 하여 인사교에서 인간의 기품과 재기를 배양하여야 함을 강조하였다. 또한 "쇄소(刷掃), 응대(應待)·문필(文筆)·산수(算數)와 사람을 사귀고 사물을 대하는 절차로부터 사농공상(士農工商)에 이르기까지 일찍 학습에 종사하여 신기운화와 함께 성취되는 것은 인사교다."[30]라고 하여 물 뿌리고 손님 접대하는 것부터 사농공상의 직업에 관한 내용, 또한 인간사의 사무에 관한 내용 등이 인사교에서 다루어져야 한다고 강조하였다.

② 인도교(人道敎)

인도교는 20~40세에 배워야 할 내용으로 개인을 넘어 남과의 사회적 관계에 대한 내용, 즉 일통운화(一統運化)와 관련된 내용들이다. 혜강은 이에 대하여 다음과 같이 말하였다.

29) 『인정』 권8, 「교인문」, 童子敎.
30) 『인정』 권8, 「교인문」, 三層敎.

부자간에 친함이 있고, 군신 간에 의리가 있고, 부부간에 분별이 있고, 장유 간에 차례가 있고, 붕우 간에 믿음이 있게 하는 가르침에서부터, 정교(正敎)와 학술 그리고 예율(禮律)과 전장(典章)에 관한 것을 지금에 비추어 시험하고 옛것에 비추어 증험(證驗)하여 우리 백성과 다른 나라의 백성에까지 이르러 일통운화(一統運化)가 천하에 이르도록 하게 하는 것이 인도교다.[31]

즉, 인도교의 교육 내용은 부자유친, 군신유의, 부부유별, 장유유서, 붕우유신으로부터 정교, 학술, 예율, 전장의 내용으로 증험을 통하여 가슴속에 형체를 이루고 실천하게 하여 사회적 통합을 이루고자 하는 것이다.

③ 인천교(人天敎)

인천교는 우주와 인간의 생성과 운행에 관한 원리, 즉 천인운화(天人運化)와 관련된 교육의 내용이다. 이에 혜강은 "천지의 회전(回轉)과 운화의 착종(錯綜), 인물의 생성원리에 따라 제어하여 옛날에 밝혀지지 않은 것을 지금 다시 발견하고 만사(萬事)의 조리와 근원을 추측하여 찾는 것이 인천교다."[32]라고 하였다. 즉, 인천교란 천지운화의 인물생성의 원리를 터득하고 만사조리의 근원을 추구하는 가르침이다. 즉, 세상을 깨우칠 수 있는 사람이 배워야 하며 과거의 잘못을 바로잡고 학습자의 나아갈 길을 하나로 통일시켜 주는 가르침인 것이다.

혜강은 인천교의 완성 시기를 말하면서, "뿌리를 말할 것 같으

31) 『인정』 권8, 「교인문」, 三層敎.

32) 『인정』 권8, 「교인문」, 三層敎.

면 사람의 생명이 시작되면서부터 천인운화의 기가 완비되어 평생 사용하여도 모자람이 없지만 얻은 것을 미루어서 세상에, 밖에 가르치는 것으로 말하면 말년에 이르러서야 도덕과 문장이 성취된다."[33]라고 하여 인천교는 만년에 이르러서야 완성된다고 보았다.

그런데 혜강은 인천교의 근본을 인사교와 인도교로 보고, 인천교는 인사교와 인도교의 바탕 위에서 교육되어야 한다고 주장하였다. 그리고 그는 운화 교육단계를 3단계로 나누었는데, 이는 전혀 별개의 상이한 내용이 아니라 인사교, 인도교가 인천교의 기반이 되고 인도교는 인천교로 가는 길이 되는 등 상호 관련된 것임을 강조하였다.

수학(數學)교육

혜강은 사무를 통한 실용인을 양성하는 것에서 수학을 강조하였다. 즉, 수학은 모든 실용적인 것을 파악하는 데 필수불가결한 것으로 생각하였기 때문이다. 그런데 혜강은 교양이나 생활의 현장에서 업무를 처리하기 위한 단순한 산수의 개념이 아니라 모든 사물의 이치를 궁극(窮極)하는 학문의 기초로서 수학교육의 필요성을 강조한 것이다.

> 수(數)는 상(象)의 가멸승제(加減乘除)에서 생기고 상(象)은 리(理)의 형용곡절(形容曲節)에서 생기며 리는 기(氣)의 전후추측(前後推測)에서 생기는 것이니, 기는 수(數)의 체(體)이고 수(數)는 기의 용(用)이

33) 『인정』 권8, 「교인문」, 氣化人道教.

다.[34)]

> 기의 적분(積分)은 수(數)가 아니면 그 상하(上下)를 소급하여 알 수 없고, 리(理)의 가멸(加減)도 수가 아니면 승제(乘除)까지 미루어 나갈 수 없다. 더 나아가 사물을 비교하고 헤아리는 데 있어서도 모두 수에서 시작하게 된다.[35)]

이러한 글에서 알 수 있듯이, 만물의 근원적 이해는 반드시 수학을 통하여야만 가능하게 된다. 곧, 수학은 모든 학문의 시작이자 끝이라는 것이 혜강의 생각이었다. 또한 다음과 같이 좀 더 구체적으로 수학의 중요성을 주장하였다.

> 수학은 신기(神氣)를 단련하는 용광로요, 사물을 마름질하는 창고이며, 사람의 평생 공부 가운데서 조리(條理)를 분개하는 능력을 기르고 계교량도(計較量度)를 익히는 데는 수학보다 나은 것이 없다. 그러므로 기의 이치를 통달하고자 하는 사람이 산수의 학문에 통하지 못하는 것은 도와주는 사람이 없는 소경과 같다.[36)]

즉, 수학을 학문 수용의 바탕이 되는 신기를 연마하는 원천으로 이해하였고, 또 수학은 매우 논리적이고 분석적이며 응용력을 신장시키는 학문이기 때문에 학문의 이치를 연구하는 가장 기초적인 교과로서 수학을 이해하지 못하면 어떠한 학문도 이룰 수 없음

---

34) 『습산율벌』, 序.
35) 『추측록』 권2, 數理.
36) 『인정』 권8, 數學.

을 강조한 것이다. 그러므로 혜강에게서 수학은 수리만이 갖는 논리구조로 말미암아 사물을 분석하고 재량(裁量)하는 준거가 될 뿐만 아니라, 정신을 도야하는 도구가 되어 기의 이치를 통달하고 신기를 단련하는 능력을 갖춘 학문으로 파악된 것이다.

결국 혜강에게서 수학교육은 단지 수치 계산으로서 수학의 필요성이 아니라 인성교육의 척도로서 규정하는 데까지 그의 주장을 전개하였던 것이다. 당시 유교교육 일색의 상황 속에서 실로 선각자적 식견이 아닐 수 없다.

유아교육

혜강은 삼층교에서도 언급되었듯이, 조기교육의 중요성을 매우 강조하였다. 따라서 그는 유아교육에 대해서 깊은 관심을 가지고 그 중요성과 기본 방향을 다음과 같이 말하였다.

> 어려서 배워 장성하여 실행하고 늙어서 학문을 이루어 후학을 개도하는 것은 학문의 운화(運化)고, 봄에 씨 뿌려 여름에 김매고 가을에 거두어 겨울에 보관하는 것은 농업의 운화며, 백성을 가르쳐 어진 이를 뽑고 일을 맡겨서 성취를 책임지게 하는 것은 정사(政事)의 운화다. 어려서 배우지 않는 것은 곧 봄에 씨를 뿌리지 않거나 국가에서 백성을 가르치지 않는 것이다.[37)]

여기서 혜강은 농사의 파종을 백성을 교화하는 정사(政事)의 운화에 비유함으로써 어릴 때 배우지 않으면 성년이 되어도 실천하

37) 『인정』 권8, 學政次序.

지 못하고, 노년이 되어도 성취가 없으므로 유아기의 교육이 모든 교육의 기초가 됨을 역설하였다. 다시 말해서 인간의 관습이나 성격의 형성은 유년 시절의 경험이 누적되어 이루어지고, 또 체득된 경험은 이후의 지식이나 사고 형성에 영향을 주기 때문에 유아기의 경험은 평생교육에서 대단히 중요한 교육적 의의를 지니는 것으로 인식하고 중시하였던 것이다. 따라서 혜강은 유아교육의 구체적 내용에 대해서도 다음과 같이 제시하였다.

> 소년 · 소녀를 가르치는 데 그 표준을 소학(小學) 강습에 두어야 하되, 그 기품(氣稟)과 재기(才器)를 헤아려 이끌어 주고 억제하여 고금(古今)의 차이를 참작하여 가멸(加滅)하여야 한다. 노인을 공경하고 윗사람을 공손하도록 하여 기의 거스름을 억제하며 친구에게 진실하게 하여 기의 보익(補益)을 기르게 하여야 한다.[38)]

즉, 혜강은 유아교육의 표준을 소학의 가르침에 두고, 기품과 재기의 올바른 지도가 있어야 하며, 예의범절 교육을 중시하였으며, 그들의 자질 개발에 노력하여야 한다고 하였다.

이와 같이 인간의 발달과정에서 유아교육의 중요성을 인식한 혜강은 이들에 대한 교육에서 효과적인 지도가 이루어지기 위해서는 부형(父兄)과 사장(師長)의 책임하에 좋은 경험을 근거로 가르치며, 유아의 재질과 능력을 고려하되 예습과 복습을 철저히 하여 문자교육을 통한 의사소통 능력과 수학교육으로 논리적인 사고력을 신장시켜야 한다고 주장하였다.

38) 『인정』 권8, 童子教.

교육의 방법

개별화 학습

혜강은 세상의 모든 사람은 천지운화의 신기를 가지고 태어나기 때문에 이들을 개인의 특성에 맞게 교육하면 모두가 인격적으로 균형 잡힌 지성인으로 키워 낼 수 있다고 생각하였다. 그래서 그는 "사람들을 이해하지 않고 교육을 실시한다면 교육이 진행될 수 없다."[39]라고 하여 개인의 개성을 이해한 다음에 개별적으로 교육이 이루어져야 함을 강조하였다. 또한 "순정한 자는 눈과 마음에 즐겁고 순하고 상쾌하게 가르쳐 곧바로 덕행을 이루도록 하고, 실(實)에 지나친 자는 물러나게 하여 그를 가르치고, 실에 미치지 못하는 자는 진취시켜 가르쳐야 한다."[40]라고 하여 개인의 기질적 특성에 따라 개인차 교육을 시켜야 함을 강조하였다.

따라서 혜강은 교육하기 전 학습자의 상태를 파악하는 것이 무엇보다 중요하다고 하였다.

> 사람을 가르치는 방법은 마땅히 먼저 그를 헤아린 다음에 교육을 하여야 한다. 그에 대한 헤아림이 완전하면 교육이 쉽게 시행되고, 헤아림이 적당하지 못하면 교육은 헛수고요 실효를 거두기 어렵다. 또 깨우쳐 설명하는 기술이 배우는 사람으로 하여금 학습하기에 어렵고 쉬움이 있으니, 이것은 오직 내가 아는 바의 우열에 달려 있는 것이다.[41]

39) 『인정』 권13, 「교인문」, 測人後敎.
40) 『인정』 권11, 「교인문」, 順逆進退敎.
41) 『인정』 권13, 「교인문」, 測人後敎.

즉, 교육하기 전에 반드시 학습자의 상태를 먼저 파악하여야 하며, 학습자의 수준을 완전히 이해하여야만이 교육의 실효를 거둘 수 있다는 것이다. 또한 그 수준에 맞는 설명 기술, 즉 교수방법이 필요하다고 강조하였다. 혜강의 개별화 교육에 대한 강조는 다음과 같이 계속 이어진다.

> 사람의 기품(氣稟)은 서로 달라 그 맑고 탁함, 강하고 약함이 이미 그 자질을 형성하면, 그 언행도 그 때문에 청탁(淸濁), 강약(强弱)이 있게 된다. 그러므로 자질이 맑은 사람은 청명한 일로써 가르치고, 혼탁한 자는 질실(質實)한 일로써 가르치며, 강한 자는 어렵고 큰일로써 가르치고, 약한 자는 쉽고 조용한 일로써 가르친다. 이것이 바로 바탕에 따라 행동을 가르치는 것이니, 이와 같이 하면 가르친 이외의 것에도 저절로 능할 수 있게 된다.[42]

혜강은 이 글에서처럼 사람은 각기 기품이 달라서 여러 가지 자질을 형성하는데, 자질이 맑은 사람과 혼탁한 사람, 강한 사람과 약한 사람에게 어울리는 방법과 내용으로 교육을 하여야 하므로 학습자의 상태를 파악하는 것이 무엇보다 중요하다고 주장하고 있다. 또한 그는 학습자의 연령적 특성이나 인식 수준, 기질, 성장 환경 등에 따른 학습자 개개인의 능력에 따라 단계별로 학습해 나가야 함을 다음과 같이 강조하였다.

> 얕은 곳에서 깊은 곳으로 들어가고, 가까운 곳에서 먼 곳에 이르고,

42) 『인정』 권8, 「교인문」, 因質施敎.

> 희미함에서 시작하여 뚜렷함에 이르고, 작은 것이 쌓여서 큰 것을 이루는 것은 신기의 본성이요, 공부의 당연한 길이다. 거기에는 단계적으로 지나는 순서가 있고 두루 진전하여 들어가는 동부가 있다.[43]

이러한 그의 학습방법은 쉬운 것에서 어려운 것으로, 구체적인 것에서 추상적인 개념으로 확장해 나갈 것을 제시한 것이며, 이는 사실(事實)을 먼저 제시하고 점진적으로 고도의 추상적 수준에 이르도록 하는 계열성에 따른 교육이다.

동기부여와 문답학습

혜강은 학습자의 능력에 따른 개별화 학습도 중요하지만, 그에 못지않게 가르치는 방법 또한 매우 중시하였다. 즉, 가르치는 방법에 따라서 학습 효과에 현저한 차이가 난다는 것이다. 그래서 그는 학습의 효율을 높이기 위한 교수법으로 동기부여와 문답학습을 제시하였다.

그는 "의욕이 없는 사람은 가르칠 수 없으며, 이러한 사람은 먼저 그 의욕을 유발시킨 뒤에야 가르칠 수 있다."[44]라고 하여 학습자의 동기부여가 필요함을 강조하였다. 또한 그는 "마음속에 보존되고 있는 것에 따라서 운화의 단서를 밝힌다면 가르치는 말이 쉽게 받아들여진다."[45]라고 하여 학습자 개인에게 맞는 동기부여를 한다면 교육 효과를 높일 수 있음을 주장하였다.

43) 『신기통』 권2, 耳通.
44) 『인정』 권8, 「교인문」, 勸懲其欲.
45) 『인정』 권12, 「교인문」, 教之難易.

그리고 혜강은 개인차에 따른 단계별 학습과정에서 학습의 효과를 증대하기 위해서는 학생들에게 자주 발문하고 대답하는 문답학습이 필요하다고 하였다.

> 가르침을 받는 사람이 이른바 알았다고 하는 것에도 혼미함과 밝음, 깊음과 얕음의 구분이 있으니, 가르쳐 주는 사람이 조목조목 질문하면, 그가 알아들은 것의 대소장단(大小長短)과 피상적으로 안 것인지 제대로 안 것인지의 여부를 모조리 자기의 입으로 실토하게 된다. 그뿐 아니라, 자신이 막혀서 통괄하기 어려운 대목까지 말할 수 있게 되니, 이것이 곧 가르침의 징후를 마련하는 것이다.[46]

즉, 이러한 문답학습을 통하여 교육자는 발문을 계속하여 학습자의 인식 상태를 확인하고 학습자는 대답을 하면서 자신이 막혀서 알지 못하던 부분까지 말하게 됨으로써 학습의 효과를 극대화할 수 있다는 것이다. 아울러 그는 "사우(師友)들의 교도(教導)가 옆에서 경각(警覺)이 되어 주면 전에는 모르던 것을 알게 되고, 오늘 안 것이 내일에 가서 또한 모르는 단서가 생기게 된다."[47]라고 하여 학습자는 끊임없는 문답의 훈련을 통하여 모르는 것을 아는 것으로 바꿔야 하며, 거기서 멈추지 않고 그다음 문답을 통하여 모르고 있던 것들을 계속해서 알아 가야 함을 강조하였다.

46) 『인정』 권9, 「교인문」, 教人知不知.

47) 『인정』 권10, 「교인문」, 教人知不知.

감각-기억-추리의 학습

혜강의 교육사상에서 경험적 성격은 그가 강조하는 교육방법 중 가장 기본이 되는 것이라 할 수 있다. 그래서 그는 인간의 지각은 경험을 통해서 형성되는 것이고, 삶의 과정에서 경험하는 일들이 누적되어 있으면 학습자의 배움이 그만큼 수월해진다는 입장이었다. 그는 경험의 중요성을 다음과 같이 강조하였다.

> 초학(初學)을 가르치는 데는 의당 추측(推測)으로 발동과 제동을 하여야 한다. 한 가지 일을 겪어 그 정요(精要)를 얻으면, 이로써 두 가지, 세 가지, 나아가서는 천백의 일을 이루게 된다. 그래서 그 추(推)가 신기에 누적되면 저절로 그 측(測)이 생겨 앞뒤가 서로 증험(證驗)되고 피차가 서로 발전한다.[48]

즉, 교육이란 감각기관의 주체인 신기의 경험을 풍부하게 하여 사물의 이치를 잘 기억시켜 필요할 때 효과적으로 사용하게 하는 것이다. 이러한 혜강의 학습과정을 감각-기억-추리의 단계라고 할 수 있을 것이다. 이러한 그의 주장은 다음의 내용에서 더욱 구체화된다.

> 보는 바를 가지고 듣는 바를 증험(證驗)하면 보는 바가 더욱 밝아지고, 듣는 바를 가지고 보는 바를 증험하면 듣는 바가 더욱 밝아지는 것이니, 더욱 밝아지게 된 것은 귀와 눈이 더욱 밝아진 때문이 아니라 신기가 더욱 밝아지기 때문이다. 이에 더욱 밝아진 신기를 가지고 다시

48) 『인정』 권11, 「교인문」, 教推測.

보거나 듣는다면 보다 통달한 것이 생긴다.[49)]

경험을 하되 청각적 · 시각적 경험들을 모두 경험함으로써 더욱 자세하게 알 수 있는 것처럼, 처음 경험한 것들이 기억으로 남아 다른 경험들과 서로 간에 영향을 미치게 됨으로써 신기가 더욱 밝아져 사물의 이치를 추측할 수 있는 단계에 이른다는 것이다.

이러한 내용들을 통해 볼 때, 혜강은 인간의 지각, 즉 감각을 통한 경험과 여러 가지 경험들의 기억들을 통한 추측작용에 의하여 사물의 이치를 이해할 수 있다는 경험적 교육방법을 강조하고 있음을 알 수 있다.

혜강 경험주의 교육사상의 현대적 의의

혜강의 교육사상을 통하여 우리는 경험주의와 진보주의를 발견하게 된다. 종래의 성리학이 인간 중심의 심성론 중심으로 연구된 것이라면, 혜강은 인간의 내부세계보다는 외부 경험을 중심으로 인간의 발전을 설명하고자 하였다. 즉, 그는 현실에 부합하는 교육을 하고자 하였다. 이러한 그의 교육 이론은 다분히 진보적 성격을 지닌다. 교육 목적은 현실을 떠난 공허한 곳에 두지 않고 자신이 국가사회를 위한 인도(人道)의 구현과 실용적 인간 양성에 두었다. 그러한 목적 아래 수학교육과 유아교육을 강조하고 성장과 이해 단계에 따라 개인차 중심의 교육방법을 강조한 점 등을 볼 때, 그

49) 『신기통』 권1, 「체통」, 諸竅互通神氣益明.

는 분명 근대교육의 선구자였던 것이다. 이러한 혜강의 경험주의 교육사상은 오늘날 현대교육에 다음과 같은 몇 가지 시사점을 제공한다.

첫째, 전통교육에 대한 새로운 시각을 갖게 한다. 즉, 전통적인 것을 부정만 할 것이 아니라 현실에 맞게 적용하도록 노력하여야 할 것이다. 오늘날 우리는 대체로 전통적인 옛것에 대한 부정적인 입장이 강하다. 시대적으로 현대교육에 맞지 않는다는 생각으로 이를 멀리하는 경우가 많다. 특히 컴퓨터 문명에 의한 새로운 지식의 폭발에 따라 점점 옛것에 대한 가치 인식이 희박해져 가고 있다. 이러한 때에 혜강의 교육적 지혜를 배워야 할 것이다. 즉, 그는 전통적인 것에 대해 무분별한 부정이 아니라 현실에 비추어 취사선택을 하도록 유도하였고, 한편 과거의 것에만 매달리기보다는 현실의 상황에 비추어 보다 나은 교육을 지향하였던 것이다. 이러한 맥락에서 혜강이 오늘날의 교육에 주는 시사점은 매우 크다.

둘째, 그가 제시한 교육 내용이나 교육방법은 오늘날 우리가 수용하기에도 전혀 손색이 없다. 경험이 새로운 지식을 계발할 수 있는 요소가 되며, 어린 시절부터 감각기관을 통한 직접적인 경험의 축적이 필요하며, 이러한 축적된 경험이 학습자의 학습 성취도에 도움이 된다는 교육 내용, 그리고 그가 제시하는 교육방법들, 즉 개별화 교육, 동기부여와 문답식 교육 등의 주장은 실로 현대교육에서 강조되는 그대로다. 이를 좀 더 적극적으로 연구 · 검토하여 교육 현장에 적용할 수 있는 방안을 찾아야 할 것이다.

셋째, 오늘날 우리의 교육이 어떠해야 하는지에 대한 답을 제시하고 있다. 현대교육은 여러 면에서 많은 문제점을 보여 주고 있다. 단순한 지식 전달 위주의 교육, 경쟁을 통한 비인간화 교육 등 실로 많은 문제점을 갖고 있다. 이러한 문제들을 직시할 때 혜강이 강조하였던 도덕적 삶을 지향하는 합리적이고 실용적인 인간 양성의 교육은 분명 오늘날의 교육 문제를 치유하고 새로운 방향을 정립하는 데 큰 교훈이 될 것이다. 지금이라도 우리는 교육의 방향을 바로잡아야 한다. 상급 학교 진학을 위한 기계론적 인간 양성이 아니라 참된 인간의 모습을 지향하는 교육을 하여야 한다. 이는 교육 종사자들의 절대적인 각성이 요구되는 문제다.

Part 3

동양의 응용윤리 교육사상

13. 노자의 자연철학과 환경윤리교육　14. 왕양명의 생명윤리교육사상

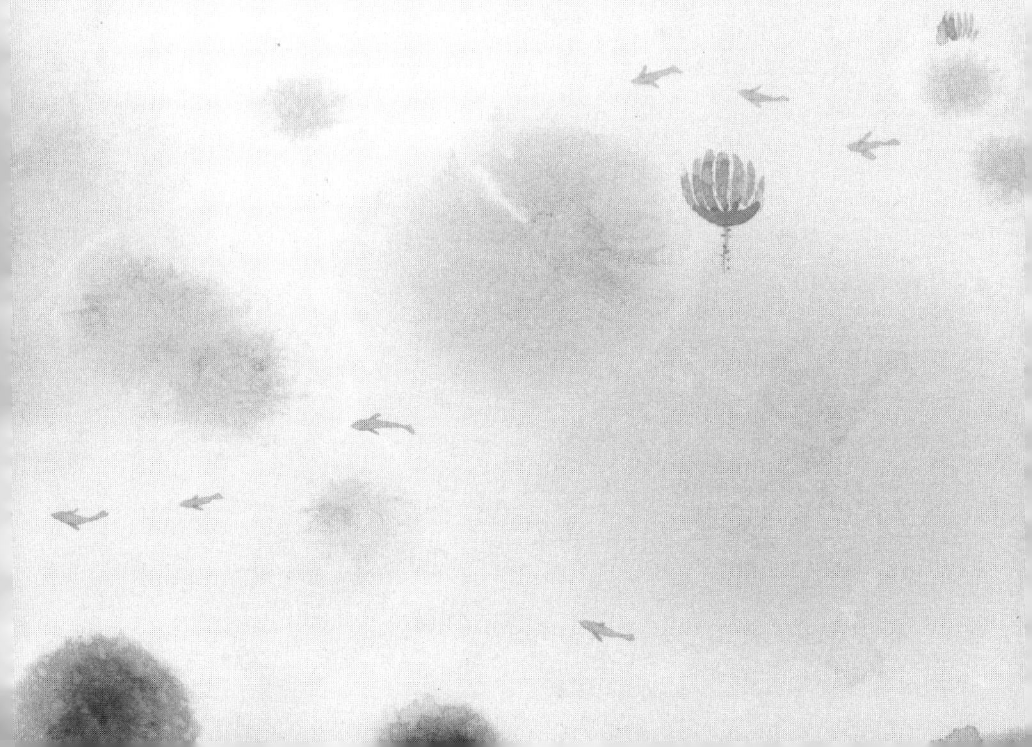

13 노자의 자연철학과 환경윤리 교육

자연철학적 환경 담론의 필요성

오늘날 환경문제는 어느 한 개인이나 국가의 문제가 아니라 지구촌의 문제로 인식되고 있다. 그러므로 환경문제는 개인이나 집단, 또는 특정 국가의 노력만으로는 해결이 안 되며, 국제적인 협력을 통하여 전 인류가 함께 노력하여야만 해결이 가능할 것이다. 이제 우리에게 중요한 것은 '지구는 단 하나밖에 없다.' 라는 사실을 깊이 인식하는 것이다.

환경문제의 밑바탕에는 자연을 정복의 대상으로만 보는 인간의 잘못된 자연관이 자리 잡고 있다고 하겠다. 즉, 자연이 인간의 목적 달성을 위한 도구로서의 가치만을 갖는다고 여겨서 자연은 인간의 손길이 미칠 때에만 비로소 가치를 갖게 된다고 보는 도구적 자연관이 문제다. 이러한 도구적 자연관은 과학기술과 결합하여 자연 착취를 극대화하게 된다. 물론 이러한 서구적 사유체계가 현대 과학 문명을 가져와 고도의 물질적 성장과 자연 개조 능력을 극대화했다는 점에서 인류의 다른 어떤 사유도 할 수 없는 일을 해낸 것은 분명하다. 그리하여 도구적 자연관의 입장에서도 자연을 무조건적으로 착취만 하는 것이 아니라, 과학기술의 힘을 빌려 환경문제를 해결하자는 환경공학적 방안을 제시하기도 하였다. 그리고 이러한 공학적 발상은 경제 성장에 힘입어 환경문제에 대처할 수 있는 경제력과 환경 파괴를 가져오지 않는 기술의 발전을 해결의 실마리로 제시하기도 한다. 즉, 기술의 발전은 경제 성장을 도모하며, 경제 성장은 또한 환경문제의 해결을 가져올 수 있다는 논지를 펴는 것이다.

이러한 논리적 구조에 따른다면, 도구적 자연관이 어느 정도 환경 위기를 지연시키는 역할은 할 수 있을 것이다. 그러나 도구적 자연관은 환경 위기를 부른 기존의 기계론적이고 인간 중심적인 가치관, 그리고 사회제도를 그대로 존속시키고 있기 때문에 환경 위기를 어느 정도 지연시킬 수는 있겠지만 근본적인 해결책이 될 수는 없다. 즉, 기술 개발만으로는 자연 보존의 문제를 근본적으로 해결할 수가 없다는 것이다. 그렇다면 어떻게 해야 할 것인가? 인류 전체가 자연에 대한 도덕적인 인식을 가져야 할 것이다. 그러기 위해서는 자연은 그 자체로서 존재 이유를 가지고 있음을 모든 사람이 올바로 깨닫는 것이 필요하다. 그리하여 자연은 항상 인간의 필요와 행복을 위해서 필요한 수단으로 인식하는 그릇된 생각을 버리고, 겸허하게 자연을 대하고 자연과 조화를 이루는 합자연적 생활 태도를 함양하여야 할 것이다. 이러한 의미에서 동양의 자연철학은 오늘날의 환경 위기를 극복하는 데 귀중한 가르침이 됨에 틀림없다.

동양의 자연관은 서구의 도구적 자연관, 즉 이원적 사유체계에 비하여 자연과 인간의 유기체적 또는 일원적 사유체계를 가지고 있다는 특징이 있다. 이러한 동양적 자연관의 대두는 인간이 하나의 생명체로서 고유한 영역을 지니듯 자연도 그 자체로 생명을 가진 하나의 고유한 영역으로서 인정되어야 마땅하며, 만약 그렇지 못한 경우 거기에 근거하는 하나의 작은 자연인 인간도 결국 그 스스로에 의하여 소외되는 불행을 초래하게 된다는 인식에 근거한다. 그리하여 자연의 이법(理法)과 인간의 존재 이법이 근원적으로 동일한 것이라는 자연과 인간의 일체성의 자각이야말로 자연의 소생은 인간의 소생이라는 관계를 가능케 하는 중요한 토대로 보고 있다(최재목, 1995: 4).

그러나 환경 위기 문제에 대하여 이와 같은 동양적 자연관의 타당성을 인정한다 하더라도, 현실적으로는 다음과 같은 접근이 팽배하여 있는 것이 사실이다. 즉, 동도서기적(東道西器的) 사유구조와 응용의 원리로서, 산업 개발은 서양의 근대 과학주의적 사유를, 자연 보존은 동양적 사유를 원용하여, 양자의 장점만을 수용하자는 절충적 사고다. 그러나 이러한 결합적 사고는 애매모호하여, 강력한 서구 근대 과학주의적 사고로부터 나오는 물질적 개발 능력 앞에서는 그 역할을 다하지 못하는 것 또한 사실이다.

따라서 동양적 자연관이 현대 환경 위기를 해결할 수 있는 하나의 대안적 사고가 되기 위해서는, 이러한 서양의 과학기술주의적 사고의 힘을 업은 자본주의적 경제체제와 생산구조에 의한 압도적인 '인위(人爲)의 문명' 에 대하여 '무위(無爲)의 자연' 이 균형을 찾을 수 있는 방향을 모색하여야 할 것이다. 다시 말해서 동양적 생태윤리학이 가지고 있어야 할 우선적 과제는 윤리의 영역을 인간 중심의 인간 상호 간의 관계에서 인간과 자연의 관계까지 포함하는 범위 속에 새롭게 정립하여야 하는 것이 절대적으로 필요하다(이진우 역, 1994: 33-36).

자연에 비하여 압도적인 우위에 있는 인간의 인위의 문명이 '자연-생명' 의 환경을 파괴하는 것을 막고, 나아가 이를 되살리고자 할 때 가장 먼저 요구되는 것이 자연과 생명에 대한 사랑을 회복하는 것이다. 인간의 필요에 의해 환경을 이용하였고, 이제 다시 인간의 필요에 따라서 환경을 복구시키면 된다는 생각만으로는 환경 위기를 극복하기 어렵다. 근본적으로 우리 인간의 자연관이 바뀌어야 할 것이다. 이를 위하여 글쓴이는 특히 노자의 자연관에 주목하는 것이다.

본래 동양적 우주 자연 인식의 틀은 오늘날의 삶의 질을 담지(擔持)하면서도 자연환경을 극심하게 파괴하지 않을 수 있는 데서 보다 유리한 사유방식이 될 수 있다는 평가를 받고 있다. 그것은 동양적 인식체계가 우주자연과 인간의 삶을 유리된 관계로 보지 않고, 양자(兩者) 간의 일치 내지는 조화의 관계로 보기 때문이다. 특히 노자의 자연관은 인간이 자연의 한 부분으로서 자연의 섭리에 순응하고 자연과 조화를 이루어야 한다고 강조한다. 노자가 말하는 자연은 자발적이고 근원적인 무위이며, 또한 '스스로 그러함'을 의미한다. 즉, 자연의 섭리에 인간의 욕망이 무리하게 개입하여서는 안 된다는 것이다.

오늘날은 자연보호에 대한 사유구조, 패러다임의 변화를 절실히 요구하고 있다. 극심한 환경 파괴가 자연과 인간을 분리하여 자연을 언제나 인간이 지배할 수 있는 대상으로 보아 인간의 이익과 욕망을 충족시키는 데 그 원인이 있었다면, 이제 인간은 자연의 지배자가 아니라 자연의 한 구성원에 불과하다는 소위 자연친화적 인식으로 전환할 필요가 있는 것이다. 또한 위기적 상태에 놓인 자연과 균형을 유지한다는 차원에서 인간의 경쟁적 이익 추구와 욕망 충족에 대하여 반성하고, 절제할 수 있는 가치관과 그러한 가치관을 배양할 수 있는 환경윤리 교육적 노력이 절실히 필요하다.

따라서 노자 자연철학적 사유는 오늘날에 절실히 요청되는 자연과 인간의 조화적 관점과 그 조화를 담지할 수 있는 무위의 문제를 다루고 있다는 점에서 다른 어떤 사유체계보다도 새로운 환경윤리적 사고로 중요시하지 않을 수 없다. 그러나 이러한 노자 자연철학적 인식의 틀은 오늘날 사회구조적 환경과는 다른 약 2,500년 전의 것이며, 또한 오늘날처럼 극심한 환경 위기를 의식하여 전개된 사상도 아니다. 그렇기 때문에 이러한 노자의 자연철학적 인식을 오늘날의 환경문제 해결의 대안적 인식으로 승화시키기 위해서는 현대의 체계적 이론을 바탕으로 분석 비판하고 보완하는 과정이 분명 필요할 것이다.

노자의 자연철학

노자는 자연철학자인 까닭에 그의 사상 속에는 동양적 자연관이 그대로 반영되어 있다. 특히 『도덕경』은 우주 자연현상에 대한 그의 자연철학적 해석이 탁월하게 드러나고 있다고 평가된다. 우선 노자는 사람의 욕심이나 욕망 추구를 위한 인위적인 작위를 부정하고 도(道)로 복귀하여 자연에 순응하는 삶을 권하였다. 따라서 그의 자연관에 대한 이해는 바로 그의 도에 대한 이해가 선행되어야 한다. 노자에게 도란 무엇인가?

첫째, 도는 천지만물을 발생하게 하고 변화시키는 것이다.

> 어떤 물건이 혼동이 이루어져 있었는데, 그것은 하늘과 땅의 생성보다 앞서 있었다. 아무 소리도 없고 아무 형체도 없지만 홀로 존재하며 변화하지 않고, 모든 것에 두루 행하여지면서도 위태롭지 않으니 천하의 모체라 할 만한 것이다. 나는 그것의 이름을 알지 못하므로 그것을 도(道)라 이름 지었고 억지로 그것을 대(大)라고 부르기로 하였다.[1)]

1) 有物混成 先天地生 寂兮廖兮 獨立而不改 周行而不殆 可而爲天下母 吾不知其名 字之曰道 强爲之名曰大(『도덕경』, 25장).

이와 같이 노자는 현상적(現象的)으로 보이는 사물 외에도 사물의 존재를 가능하게 하는 어떤 실재(實在)가 존재한다고 보았고, 이렇게 눈에 보이지 않는 사물의 근거를 도라고 표현하면서 도를 형이상학적 개념으로 생각하였다. 그러므로 노자의 도는 천지만물을 생기게 한 근원으로 천하 만물의 어머니라 할 수 있으며, 끊임없이 존재하면서 발생하게 하고 변화시킨다.

또한 노자는 "도는 텅 비어 있지만 거기에 작용을 가해서는 절대로 차지 않는다. 심원(深遠)하기 만물의 조종(祖宗)인 듯하다. …… 나는 그것이 어디에서 나온 것인지 알지 못하지만 상제(上帝)보다 앞서 있었던 것 같다."[2]라고 하여 천지만물의 근원인 도를 텅 비어 있다고 보았다. 그러나 도를 비어 있는 것, 즉 무(無)로 표현하면서도 절대 차지 않는 만물의 근원으로 보고 있다.

둘째, 도는 사람의 지각으로 인지할 수 없다. 도가 천지만물을 발생시키고 양육하는 근원이지만, 이것은 인간의 감각작용으로는 감지되지 않는다. 그래서 노자는 도를 "보아도 보이지 않는 것이어서 형체도 없는 것, 즉 이(夷)라고 부른다. 그것은 들어도 들리지 않는 것이어서 소리도 없는 것, 곧 희(希)라 부른다. 또한 그것은 만지려 하여도 만져지지 않는 것이어서 은미(隱微)한 것, 곧 미(微)라 부른다. 이 세 가지 것들은 감각으로써 하나씩 구명할 수가 없는 것이며 본시 이것들은 뒤섞이어 하나가 되는 것이다."[3]라고 하였다. 즉, 도가 천지만물의 존재, 변화 및 모든 것을 지배하고 있지

2) 道沖而用之 或不盈 淵乎 似萬物之宗……吾不知誰之子 象帝之先(『도덕경』, 4장).

3) 視之不見 名曰夷 聽之不聞 名曰希 搏之不得 名曰微 此三者 不可致詰 故混而爲一(『도덕경』, 14장).

만, 사람의 감각기관으로는 보아도 보이지 않고 들어도 들리지 않으며 쥐어도 잡히지 않는 것이다. 도는 인간의 상대적인 지식이나 언어로서는 이해될 수 없는 근원적 자존(自存)의 존재이기에 감각할 수도 없고, 인지할 수도 없는 것이다.

셋째, 도는 규정되고 이름 지어질 수 없다. 도는 천지(天地)보다 먼저 생성된 것이므로, "도라고 할 수 있는 도라면 그것은 절대 불변하는 도는 아니다. 명칭으로서 표현될 수 있는 명칭이라면 그것은 절대 불변하는 명칭은 아니다."[4] 즉, 노자에게서 도란 어떤 이름 붙지 않은 근원으로 흔히 산, 바다, 돌, 물이라고 이름 붙여지거나 흐르다, 그르다, 빠르다 등과 같이 서술되기 이전의 존재다. 그래서 노자는 "도는 항상 이름이 없다."[5]라고 하면서 도가 변하지 않는 까닭은 이름이 없기 때문이며 이름이 있는 것은 변한다고 보았던 것이다.

이러한 천지만물의 근원으로서의 의미를 지닌 도는 자연과는 어떠한 관계를 지니고 있는 것인가? 노자는 도가 변화하며 나타내는 천지만물의 발생 원리를 자연이라고 한다. 도가 아무런 작위를 가하지 않고 천지만물을 발생하게 하는데, 노자는 이것을 '저절로 그러한 것'이라는 말로 표현한다. 도에서 만물이 저마다 있는 현상계로 저절로 그러한 듯이 있는 현상계의 모습을 가지고 볼 때, 도는 바로 '스스로 있는 것'이라 할 수 있을 것이다. 즉, 명사로서의 'nature'가 아니라 도가 아무런 작위를 가하지 않고 천지만물을 발생하는 상태를 '자연'이라 부르는 것이다.

4) 道可道 非常道 名可名 非常名(『도덕경』, 1장).

5) 道常無名(『도덕경』, 32장).

우리가 흔히 자연이라고 하면 산, 바다, 들, 바람 등을 떠올리지만 노자에게서 이러한 것들은 '자연' 이라기보다는 '천지(天地)' 가 더 적절한 표현일 것이다. 여기서 천지란 경험세계인 만유(萬有)의 총체를 가리키는 것이므로 천지와 만물은 같은 의미로 이해할 수 있다. 이에 반해 자연은 천지만물을 표현하는 존재의 의미라기보다는 근원으로서의 도가 움직이며 천지만물을 발생하는 원리 또는 상황을 말하는 것이라 할 수 있다. 다시 말하면, 노자에게서 도와 천지만물과의 관계는 사람에 비유하면 혼(魂)과 몸(身)의 관계로 볼 수 있는데, 이에 맞추어 인간의 혼에 해당하는 도가 변화하며 나타내는 천지만물의 발생 원리를 자연이라고 한다.

이러한 노자의 자연은 바로 도의 상태이며, 도의 상태는 또한 무(無)의 상태인 것이다. 그러므로 궁극적 존재로부터 생(生)한 만물은 그 내재적 생(生)에 의하여 자생자화(自生自化)하는 자연으로 존재케 되는 것이다. 그리고 학문이라고 하는 인위는 나날이 대상적 세계에 대한 지식을 증가시키지만, 그것에 반하여 자연의 도는 인위를 나날이 덜어내어 마침내는 완전한 무위에 도달한다는 것이다. 여기에서 무위는 인위가 제거된 자연 상태를 의미하고, 완전한 자연 상태에 이르도록 하며, 만물이 자생자화하도록 하여 안정되고 자성(自成)하지 못함이 없음이다. 따라서 노자는 굳이 무엇을 하여야만 한다는 목적의식, 즉 인위를 버리고 스스로 그러한 자연의 이치에 맞길 때 일을 이룰 수 있다고 보았다. 노자의 이러한 목적의식의 부정은 바로 도의 자연적 실천성, 즉 무위로 나타난다. 자연은 궁극적 존재의 무주재성(無主宰性)을 의미할 뿐만 아니라 다른 것에 의지하지 않는 자기 그대로의 활동이다. 그러므로 노자의 도의 특징은 바로 자연의 특징인 것이다(최승달, 1997: 40). 이러한 맥락에서 본다면 노자의 자연은 곧 무위다.

또한 무위는 도의 궁극적 운동방식으로서 무위에 의하여 무불위(無不爲)의 결과가 있게 된다. 즉, 도의 생성과 복귀 운동은 그 자신의 자연함을 따르는 무위에 의한다. 노자는 이렇게 자연을 따르는 무위를 존재론적 영역에서 궁극적 실천의 영역으로 전개한다. 다시 말하면, 근원적 존재의 순수한 운동양식에 대한 관심을 구체적 인간의 행동양식으로 제시하는 것이다. 이는 현상세계의 인간 역시 근원적 존재의 나타난 모습이며, 우주 만물의 일부분이라 보기 때문이다. 그러므로 무위는 근원적 존재의 운동양식인 동시에 인간의 순수한 행위에 대한 개념으로 볼 수 있다.

따라서 통상 인위 혹은 유위에 대립되는 개념으로 이해되는 무위는 자연스러운 행위이며, 도에 따라 있는 그대로 살아가는 행위다. 특히 『도덕경』에 자주 등장하는 무위에 대한 용례(用例)는 대부분 성인의 행위나 치민(治民)의 내용인 만큼 실천윤리로서 중요한 의미를 지닌다고 볼 수 있다. 여기서 성인은 자연성을 회복하여 도를 자각한 사람으로서 그의 행동은 자연한 도의 법칙에 따르므로 억지로 작위하지 않았다. 그래서 그의 행동은 질박(質朴)하고 허정(虛靜)하였던 것이다. 그러므로 백성은 감화되고 스스로 변화하여 소박한 모습으로 돌아가게 되었다. 다시 말하면, 성인의 행위는 지식인이 작위하여 일을 꾀하게 하지 못하는 것에 맞추어져 있으며, 백성으로 하여금 무지 무욕하게 하여 허정(虛靜)한 상태에 이르도록 하는 것이다.

이와 같이 노자는 무지무욕으로서 근원적 존재의 자연한 모습을 보고 인간 사회 역시 그러한 상태에 이르러야 한다고 주장하였으며, 천하가 자정(自正)할 수 있는 구체적 방안으로서 무위를 제시한 것이다. 이렇게 볼 때, 노자의 자연은 순수존재와 만물의 운동에 대한 논의였다면, 무위는 자연이라는 개념의 상태를 묘사하는 것으로 이해할 수 있다. 그러므로 실천윤리적 측면에서 보면 자연과 무위는 둘이면서도 하나의 개념으로 이해된다. 이는 자연이 도의 운동 및 변화에 대한 개념이라면 그에 따르는 자연한 행위가 바로 무위이기 때문이며, 그 모두가 자화자정(自化自正)한 상태를 지향하기 때문이다.

그런데 여기서 우리가 좀더 눈여겨보아야 할 것은 노자에게서 천(天), 즉 천도(天道)와 자연과의 관계다. 노자는 여러 곳에서 천도를 자연의 의미로 사용하고 있는데, 노자가 천지도(天之道)라 할 때의 천은 인간의 정의(情意)가 반영되기 이전의 자연한 경계를 의미하며 도는 법칙의 의미를 갖는다. 따라서 천지도(天之道)는 자연의 법칙을 가리키는 말이다(이규상, 1985: 30).

노자는 천지만물을 움직이게 하는 영원불변의 법칙인 자연의 상도(常道)를 하늘의 도가 상도(常道)를 행함으로 천지도(天之道)라고 하였다. 그래서 천도는 편애하는 바가 없이 모든 사물을 넓게 포용하는 아량이 있으며, 천도를 따르는 몸이 다하도록 위태로움이 없을 것이라고 말하고 있다. 천도는 작위함이 없이 자연법칙에 따라 움직이므로 항상 공평무사하다. 다음의 글은 이를 잘 증명한다.

> 하늘의 도는 마치 활줄을 당긴 활과도 같은 것으로 높은 것은 억누르고 낮은 것은 들어올린다. 남음이 있는 것은 덜어 주고 부족한 것은 보충해 준다. ……그러나 사람의 도는 그렇지 않다.[6)]

6) 天之道 其猶張弓乎 高者抑之 下者擧之 有餘者損之 不足者補之 ……人之道則不然(『도덕경』, 77장).

천도는 공평무사해서 높은 것을 누르고 낮은 것은 올리며 남음이 있는 곳은 덜어 내어 지나치게 넘치지 않게 하고 부족한 부분에는 보충해서 모자라지 않게 한다. 그러나 사람의 도는 오히려 이와 반대로 부족한 것을 더 들어 냄으로써 남음이 있는 편을 받들어 준다고 한다. 예를 들면, 부자는 더욱 부유해지기 위하여 가난한 사람의 재산을 노리고 빼앗으며 자신의 욕망을 채운다는 것이다. 인간과 생태계와의 관계에서도 강자의 위치에 있는 인간은 그 자신의 즐거움과 만족을 위하여 약자의 위치인 생태계를 이용하고 파괴하는 것이다.

그리고 "천도는 친한 사람이 없이 언제나 선한 사람 편을 든다."[7] 고 하여 사사로움이 없고 공평무사하여 항상 자연법칙에 따라 행위하는 선한 사람과 함께하는데, 이때 선인(善人)은 작위함이 없이 무위자연의 도를 따르는 사람을 말한다. 즉, 천도는 편애하는 바가 없는 자연한 존재로서 만물에 대해 조작(造作)하고 작위(作爲)하는 감정이 없이 자연의 법칙에 만물을 맡길 뿐이다.

지금까지 노자의 자연관에 대해서 살펴보았는데, 노자가 말하는 자연이란 천지만물을 표현하는 존재의 의미라기보다는 근원으로서의 도가 운동하는 상황을 말하는 것임을 알 수 있다. 그리고 이것은 인위적 조작은 없지만 천지만물을 생산하는 것으로, 단지 아무것도 없이 텅 비어 있는 무(無)가 아니라 살아 있는 것이라 할 수 있다. 즉, 노자에게서 자연은 천지만물을 대립 없이 생산해 내는 순수 활동인 것이다.

7) 天道無親 常與善人(『도덕경』, 79장).

자연철학과 환경문제

도(道)의 운동법칙

자연은 도가 자존(自存)하는 상태, 즉 운동하는 상황을 의미한다. 그리고 노자는 도의 변화를 '스스로 그러하다.' 라고 하였는데, 여기에는 어떤 법칙이 존재한다. 이를 "반자도지동(反者道之動; 되돌아가는 것은 도의 움직임이다.)"[8]라고 하는데, 여기서의 반(反)은 되돌아옴(返)과 상반하면서 상생(相生)한다는 것을 의미한다. 이는 두 가지의 좀 더 구체적인 의미로 분석해 볼 수 있다.

첫째, 대립전화(對立轉化)의 법칙이다. 노자는 "대(大)라고 하는 것은 끊임없이 변화하여 간다. 끊임없이 변화하는 것은 멀리 극도(極度)에까지 이른다. 멀리 극도에 다다르면 제자리로 되돌아간다."[9]라고 하였다. 또한 "만물이란 혹시 거기에서 덜어 버리더라도 더해지게 되고 혹시 거기에 더한다 하더라도 덜어지게 되는 것이다."[10]라고 하며, "비뚤어진 것은 온전히 되고 만다. 구부러진 것은 곧게 되고 움푹한 곳은 가득 차게 되고 낡은 것은 새롭게 된다. 적은 것은 더 보태어지고 많은 것은 미혹되어 잃게 되고 만다."[11]라고 하면서 어떤 것이 발전하여 그 극에 이르면 그 반대쪽으로 다시 움직인다고 하였다.

8) 『도덕경』, 40장.

9) 大曰逝 逝曰遠 遠曰反(『도덕경』, 25장).

10) 物或損之而益 或益之而損(『도덕경』, 42장).

11) 曲則全 枉則直 窪則盈 敝則新 少則得 多則惑(『도덕경』, 22장).

인간의 행위 또한 천지만물의 일부로서 자연의 법칙을 벗어날 수 없다. 따라서 인간 자신의 욕망을 채우기 위하여 인위적인 작위로 진보와 개발을 계속할 경우 도의 대립전화의 법칙에 따라 진보와 개발이 어느 한계를 지나면 그것은 퇴보와 파괴라는 개념으로 인간에게 되돌아올 것이다.

둘째, 도의 운동은 일직선상으로 운행하는 것이 아니라 반복·순환한다는 것이다. 도는 천지만물을 생성한다. 바꾸어 말하면, 천지만물은 도의 운동결과인 것이며, 결국 도로 복귀하게 된다는 것이다. "마음을 텅 비게 하는 것을 극도로 하고 고요함을 지키는 일을 독실히 하면 만물이 아울러 생겨나지만 우리는 그것이 그 근원으로 되돌아감을 본다. 만물이 번성하고 있지만 제각기 그 근원으로 되돌아가고 있는 것이다."[12] 천지만물은 끊임없이 운행하나 어느 한도에 이르면 되돌아오고 또 시작된다. 즉, 도는 반복 순환하면서 천지만물을 발생하게 하였다가 다시 극에 이르면 도로 복귀하는 것이다. 인간은 도의 체(體)를 인식할 수 없지만 도의 작용으로 생기게 된 형이하학적인 천지만물을 인식할 수 있다. 형이하학적인 천지만물이 성장, 쇠퇴를 거듭하다 다시 도로 복귀하는 것, 이것이 바로 자연의 상도(常道)라 할 수 있다. 인간 또한 자연이 만들어 낸 천지만물의 일부분으로 예외일 수는 없다. 자연한 현상이 언제나 고정된 상태로 있을 수 없고 그 반대되는 현상으로 반복, 전환하는 것과 같이 인간의 화복(禍福)도 마찬가지다. 절대적으로 하나만을 취하고 다른 것을 버리려 한다는 것은 어리석은 것이며,

---

12) 致虛極 守靜篤 萬物竝作 吾以觀其復 夫物芸芸 各復歸其根 歸根曰靜 靜曰復命(『도덕경』, 16장).

대립 · 모순되는 사물도 실제로는 상호조화를 이룰 수 있는 것이다. 이에 자연을 본받은 성인은 자연의 이치에 밝고 화복의 원인을 알아서 그 이익되는 바를 얻으면 반드시 그 해로운 바를 근심하고, 그 해로운 것을 좋아하면 반드시 그 패할 것을 돌아다볼 줄을 안다고 한다.

이와 같이 도의 운동, 즉 자연은 반복하고 순환하며 모든 현상 활동은 반대되는 것을 향하여 움직이면서도 이 반대되는 현상은 서로 대립되고 모순되는 것이 아니라 서로 간에 조화되고 있음을 노자는 강조한 것이다.

자연과 환경문제의 접목

노자의 자연은 단순히 영어의 'nature'의 의미, 즉 인공(人工)에 대한 산천(山川) 그대로의 상태를 의미하는 것이 아니라 천지만물을 움직이게 하는 법칙으로, 이것은 인간 또한 이 법칙을 거스릴 수 없다. 자연의 이법에는 모든 사물이 대립, 의존하여 있으며, 그 어떤 천지만물도 영원불변한 것이 없다고 한다. 이것은 인간의 경우에도 마찬가지다.

그래서 노자는 "희언(希言)은 자연이다. 그러므로 회오리바람은 하루아침을 넘기지 못하고 소낙비는 하루도 계속되지 못한다. 누가 이런 현상을 일어나게 하는가? 천지(天地)다. 천지조차도 그런 것을 오래 가게 하지 못하거늘 하물며 사람이야 어떠하겠는가?"[13)]

13) 希言自然 故飄風不終朝 驟雨不終日 孰爲此者 天地 天地尙不能久而況於人乎 (『도덕경』, 23장).

라고 하였다. 그럼에도 불구하고 우리 인간은 인간의 풍요로움이 환경의 끝없는 이용과 개발에 따라 영원할 것으로 믿고 있다. 그러나 인간의 끝없는 인위적인 작위와 달리 자연 이법은 항상 무위(無爲)로써 무불위(無不爲)한다. 그래서 노자는 "천하를 탈취하여 그것을 인위로 다스리려 하는 것은 불가능한 일이라고 나는 알고 있다. 천하란 신묘한 그릇과 같은 것이어서 인위로 다스리려는 사람은 천하를 망치고 거기에 집착하는 사람은 천하를 잃을 것이다."[14] 라고 하여, 인간의 사사로운 욕심에 의한 인위적인 행위는 자연 이법을 어긴 것이므로 원하는 것을 얻을 수 없을 뿐 아니라 그와는 상반되는 결과를 얻게 된다고 하였다. 오늘날 현대인은 지족(知足)할 줄 모르며, 더 나아가 자신의 사사로운 욕심을 채우기 위해 남의 것을 빼앗기까지 한다.

이러한 약육강식의 사고는 인간과 생태계의 관계에도 그대로 적용되어 생태계에 비해 강자의 위치에 있는 인간은 자신의 편익과 이기적인 욕심을 채우기 위하여 환경을 조작하고 이용한다. 그러나 지족(知足)할 줄 모르는 인간이 끝없는 욕심을 가지면서 환경문제를 해결하기는 어려우며, 지금의 심각한 환경의 파괴는 바로 우리 인간들의 생존 위기로 연결되는 것이다. 그리고 인간의 자신만의 욕구를 위하여 억지로 작위를 일삼는다면, 인간은 결국 환경 파괴로 인한 벌을 환경으로부터 받을 것이다. 이는 노자가 천지만물은 반복하고 순환한다는 말에서 잘 알 수 있다.

노자가 말한 자연 이법을 보면, 화(禍)에는 복(福)이 숨어 있고 복

14) 將欲取天下而爲之者 吾見其不得已 天下神器 不可爲也 爲者敗之 執者失之 (『도덕경』, 29장).

속에는 화가 숨어 있다. 이는 인간의 물질적 편리함 안에는 인간의 생존자체를 위협하는 화(禍)가 숨어 있다고 하는 유추를 가능케 하는 대목이다. 즉, 자동차의 편리함 속에는 배기가스에 따른 대기의 오염으로 인체의 호흡기에 치명타를 줄 수 있는 위험이 있고, 에어컨이나 냉장고의 시원함에는 오존층 파괴에 따른 피부암의 위험이 있으며, 핵 발전에 의한 전기의 편리함 속에는 기형아, 유산, 정신장애 등 수많은 화가 숨어 있다. 따라서 인간은 이제 과학이 주는 편리함만을 볼 것이 아니라 그 속에 담긴 화(禍)도 함께 보아야만 한다.

그러나 우리 인간은 여전히 자신의 즐거움과 이익을 위해서 끊임없이 생태계를 파괴하고 있다. 우리나라의 경우를 보면, 손쉬운 관광을 위해서 지리산 노고단까지 도로를 건설하더니, 이제는 북한산을 관통하는 도로를 건설한다고 한다. 그리고 많은 굴을 먹기 위해서 굴 양식을 하는데, 양식 후의 바다 밑은 몇 년 동안 아무 것도 살 수 없을 정도가 된다고 하니 인간의 욕망이 얼마나 무서운 것인가를 알 수 있다.

또한 인간은 식물들의 종을 다른 종끼리 교배시키기도 하고 사자와 호랑이를 교미시켜 '라이거' 라는 동물을 창조(?)해 내기도 하였다. 심지어는 복제동물은 물론 복제인간까지 만들 수 있다고 한다. 이 얼마나 인간 중심적 사고인가! 인간이 자연의 일부인 한 그 영향은 반드시 우리 인간에게 되돌아올 것이다. 두렵지 않을 수 없다. 자연의 일부인 인간은 영원할 수 없다. 영원하지 않은 생명을 위하여 눈앞의 작은 이익을 차지하면서까지 자연의 이법을 거스르는 일은 결코 하지 말아야 한다. 또한 인간은 천지만물을 자연 이법 속에서 살아 있는 하나의 전체로 통찰하여야 할 것이다. 그래서 노자 자연철학의 목표 또한 자연 이법에 순응하고 자연의 도리에 일치하는 것이 가장 바람직한 삶이라고 하였다.

이러한 노자의 사상이 오늘날 기술 문명에 대한 상당한 비판적 요소를 담고는 있지만 그렇다고 하여 '원시상태로 되돌아가라.'는 극단적 사유체계는 더더욱 아니다. 노자는 "천하에 도가 행하여지면 전장(戰場)에서 달리던 말을 돌려보내어 농사일에 쓰게 된다."[15] "훌륭한 목수를 대신하여 나무를 깎는 것"[16]이라는 말에서 알 수 있듯이 농사의 편리를 위하여 말을 사용하고 목수가 나무를 깎아 유용한 물건을 만들어 사용하는 것을 부정하지 않았다. 즉, 기술 사용 그 자체를 부정한 것은 아니다. 만약 노자가 현시대를 산다면 비행기를 타지 않고 컴퓨터 사용을 하지 않겠는가? 그것은 아니라고 생각한다. 단지 노자는 인간이 기술의 노예가 되어 인간성 자체를 잃지 않기를 바랄 것이다.

여기서 우리가 주목하여야 할 것은, 노자가 추구하였던 이상사회는 물질문명을 이용하는 것이 편리를 추구하기 위해서가 아니라 편안함을 추구하기 위해서이며, 이것은 인간과 자연의 대치가 아니라 이 둘의 적절한 조화로 보아야 할 것이다. 즉, 노자의 이상사회는 자연으로 사는 나라로 자연은 단순한 산천이 아니라 모든 것을 사랑하고 소중히 여기는 마음이며, 어린아이와 같은 마음가짐으로 문명과의 조화를 추구하는 사회인 것이다.

15) 天下有道 却走馬以糞(『도덕경』, 46장).

16) 夫代大匠斲(『도덕경』, 74장).

노자 자연철학의 환경윤리 교육적 의미

환경문제 또는 생태학적 위기의 극복은 본질적으로 지식보다는 인식의 전환을 통한 행동의 변화에 의해서 가능하기 때문에, 교육적인 접근이 무엇보다 중요할 것이다. 다시 말하면, 환경문제의 근원은 사람의 의식 속에 자리 잡은 성장 위주의 가치관이나 과학기술에 대한 맹신에서 비롯된 경우가 많으므로, 그러한 잘못된 태도나 인식을 바꾸기 위해서는 환경교육이 절실히 필요하다. 특히 환경교육은 지속적인 경제적 · 사회적 개발로 환경문제가 더욱 심화되는 고도 산업사회에서 국민의 쾌적한 환경에 대한 욕구를 충족시켜 줄 수 있는 '생존을 위한 교육' 또는 '삶의 질을 향상시키기 위한 교육' 이며, 현재의 환경문제와 미래에 도래할 환경문제의 해결 방안을 모색하는 미래지향적, 목표지향적, 가치지향적, 행동지향적인 전인교육의 일환인 것이다(홍용희, 2001: 236).

이러한 환경윤리 교육의 중요성을 인식할 때, 앞에서 논의한 노자 자연철학의 환경윤리적 의미는 실로 대단한 것이었다. 특히 그의 자연철학적 통찰이 오늘날의 환경 담론과 환경윤리 교육적 측면에 주는 시사점은 매우 소중한 가치가 있는 것이다. 이를 정리하여 보면 다음과 같다.

첫째, 자연환경에 대하여 삼가고 공경(恭敬)하는 사고의 전환을 가져오게 한다. 우리가 사는 이 우주 자연은 만물을 주재하는 하늘의 이치가 존재하는 곳으로, 사람으로서 삼가고 공경하지 않을 수 없는 대상이다. 그러나 오늘날 이러한 소위 경천(敬天)의 전통은 서양 근대 도구적 자연관의 사조에 밀려 거의 그 의미를 잃어 가고 있다(오석종, 2001: 81). 그 결과 아무런 두려움 없이 자연을 파괴하기에 이르렀다.

악 10여 년 선반 해도 우산이 있어도 낭만적으로 비를 맞으며 즐거워하는 사람들이 있었는데, 지금은 도저히 그럴 수가 없다. 왜냐하면 전 세계적으로 지구 환경을 오염시키고 생태계를 파괴하며 인간 생존에도 위협을 가하고 있는 산성비 때문이다. 또한 지구촌 곳곳에서는 이상기온 현상이 일어나며, 인간이 버린 쓰레기는 인간이 사는 땅까지 넘볼 정도로 그 범위가 넓어지고 있다. 그런데도 우리 인간은 매일같이 자동차를 운행하면서 오존층 파괴를 걱정하고, 물의 오염을 걱정하면서 많은 세제를 쓰며, 쓰레기 처리가 문제라고 하면서도 분리수거에는 동참하지 않는 식이기 때문에 우리의 환경은 더욱 나빠지고 있다.

지구 자체를 위협하는 환경오염이라는 큰 문제의 해결을 위해서 우리의 삶 자체를 원시 상태로 돌릴 수는 없다. 또한 인간 자신의 위대성만을 믿고 자연으로부터 벗어나서는 더더욱 곤란하다. 오직 환경을 지배할 수 있고 인간을 위해서 이를 이용하고, 파괴할 수 있다는 기존의 가치관에서 인간은 자연의 일부분으로 인간 또한 자연이법에 따를 수밖에 없다는 사고의 전환이 이루어져야 한다. 그리고 이러한 사고의 전환은 노자 자연철학적 사고의 틀을 빌리면, '자연으로의 회귀' 라 표현할 수 있다. 이러한 회귀를 통하여만이 우리는 진정 자연환경에 대하여 삼가고 공경하는 태도를 갖게 되는 것이다.

둘째, 무위자연적 사유체계는 인간의 사욕(私欲)을 억제하게 한다. 노자의 자연은 사욕 없이 있는 그 자체를 볼 때 질박(質朴)하고 온전하며 아름답다. 지금의 경쟁지향적 패러다임 속에서 인간은 자신의 욕망을 채우기 위해 끝없이 개발하면서 환경을 파괴할 것이다. 이러한 상황은 자신의 쾌락이나 욕망 추구를 위하여 강자가 약자를 지배하는 것이나 다를 것이 없다. 인간은 지금까지 자연에 대한 지배자, 관리자라는 생각으로 자연 위에 군림하면서 인간의 편리를 위한 기술문명의 발전만을 생각하였다. 그럼으로써 인간에 반대되어 약자의 위치에 놓인 자연에 대한 배려 없이 이들을 파괴하고 이용하였다. 인류가 당면한 환경 위기는 전 지구적인 것으로 모든 사람이 환경 위기를 직시하고 공동 대응을 하여야 할 것이며, 가장 중요한 것은 인간의 생태계에 대한 생각 자체를 변화시키지 않으면 안 된다. 이러한 맥락에서 볼 때, 노자의 무위자연사상은 지금의 환경 위기가 인간의 편익과 욕구 충족을 위한 인위적 작위에서 비롯되었음을 인지할 수 있게 하고, 삶 속에서 무위를 실천할 수 있게 하는 소중한 사상적 틀임에 틀림없다.

셋째, 오늘날 환경윤리 교육의 바람직한 방향을 제시하여 준다. 노자의 자연철학은 인간과 자연의 상보적(相補的) 관계를 강조하고 있다. 특히 인간과 자연을 서구 근대 자연관과 달리 이원적(二元的)으로 보지 않고 일원적(一元的) 관점에서 그들을 보고 있다는 점을 눈여겨볼 필요가 있다.

노자의 인간과 자연의 상호 연관적 자연관은 바로 인간과 자연의 조화를 모색하는 방향으로서 인간의 도덕적 실천과 내적인 수련을 상정하고 있다. 그리고 이러한 노자의 자연관은 오늘날 자연과 인간을 분리시켜서 사고하는 것에 대한 재고를 의미한다고 볼 수 있다. 인간의 편리와 이익만 존중되어야 할 것이 아니라, 그것이 인간 자신을 감싸고 있는 자연환경에 어떤 유기적 관계에 의한 결과가 도출될 것인가에 대한 고려가 있어야 할 것이다.

따라서 노자 자연철학의 자연과 인간의 유기적 상관론은 오늘날 생태계 위기를 벗어나기 위하여 새롭게 정립되어야 할 자연관임이 분명하다. 뿐만 아니라 여기에는 조화로운 상관관계를 유지하는 데 인간의 친환경적 덕성을 배양하는 자기 교육적 수양이 반드시 전제되어야 한다. 그리고 이것은 도의 실천이 억지로 하는 의식에서 나오는 것이 아니라 마음 가운데서 넘쳐 나와 몸에 자연스럽게 표현되는 정도로 이루어져야 하는 경지를 목표로 하고 있다. 이는 자연현상에 대한 지식적 차원에서 인식하는 데 그쳐서는 안 되고 그것을 실천하는 도덕적 품성을 기르는 것이 보다 근본적임을 시사하는 것이다.

14 왕양명의 생명윤리교육사상

생명윤리교육의 필요성

우리는 생명의 존엄성에 대해서 얼마나 알고 있는가? 알고 있다면 어떻게 가르쳐야 하는 것인가? 우리나라에서는 매년 대학 입학시험을 전후하여 성적에 대한 부담을 이기지 못하여 스스로 목숨을 끊는 사례가 종종 있다. 이것은 한 예에 불과하지만 우리 사회에 만연한 생명경시 풍조의 심각성을 잘 말해 준다. 이러한 사건은 현대를 사는 우리의 청소년들이 생명의 존엄성을 상실해 가는 현실태를 극명하게 보여 주는 것으로서 그 충격은 더욱 크다. 그리고 최근 경제 불황에 따라 가족 동반 자살이 빈번하고, 무분별한 낙태의 급증 등 생명 경시 풍조가 만연하고 있다. 뿐만 아니라 자연 생태계를 파괴함으로써 우주 생명의 가치를 상실해 가고 있다.

이러한 '생명 경시'를 불러온 까닭은 다양한 각도에서 분석이 가능하겠으나, 크게 두 가지 차원에서 분석해 볼 수 있을 것 같다. 첫째 사회적 차원으로서, 오늘날의 현대사회는 과학기술의 발전을 바탕으로 물질적 부를 증대시켜 나가는 과정에서 자연을 정복 파괴함으로써 생태계의 파괴에 따른 지구의 생명력 약화와 인간 생명의 가치 상실을 초래하고 말았다. 이러한 문제는 결코 한시적이거나 국지적인 문제가 아니라 바로 인류사회 전반에 걸친 전 세계적 문제다. 둘째 학교 차원으로서, 획일적 교육의 폐단 때문이다. 오늘날의 학교교육은 입시 위주의 획일적 교육문화와 오직 일등만을 추구하려는 부모 · 사회 일반의 잘못된 교육관이 팽배해져 있다. 그러다 보니 상대적으로 윤리교육 및 인성교육에 대해서는 등한시할 수밖에 없었고 용이한 지식 위주의 교육에만 치중하게 되었다.

이러한 문제의식에서 볼 때, 생명 중시의 윤리교육은 아무리 강조하여도 지나침이 없다. 학교뿐만 아니라 사회 전체가 생명의 존엄성을 지켜 나가는 분위기가 확립되어야 할 것이다. 즉, 생명의 위기에 처한 현실의 문제를 해결하기 위해서는 우선 학교에서의 교육의 정상화가 이루어져야 한다. 그리고 이러한 교육의 정상화는 생명존중에 대한 사회의 합의와 실천으로 확대되어야 한다.

생명윤리교육의 실효성을 높이려면 우선 학습자에게 '실천의 장'을 마련해 주어야 한다. 또한 '실천의 장' 안에서 학습자에게 생명에 대한 감수성을 높이고, 자신이 지금의 생명의 위기를 극복하여야만 하는 책임자라는 것을 일깨워 줄 필요가 있다. 그리고 그 안에서 외부적 규범에 의해 타율적 행위를 하는 것이 아니라, 내부적 규범에 의해서 자율적인 교육이 이루어져야 한다.

이러한 관점에서 왕양명(1472~1528)의 생명사상은 존중된다. 그의 생명사상은 우주의 모든 생명이 한 몸이라는 인식하에, 인간은 누구나 선천적으로 윤리적 자각을 하게 된다고 주장한다. 따라서 인간은 우주 생명에 대하여 총체적 책임자가 되는 것이다. 그리고 그의 생명사상에 기초한 교육관은 학습자 각자가 처한 위치에서 스스로 '양지(良知; 마음)'의 발휘를 통해서 적극적 · 자율적으로 개성을 실현하는 것이다. 그러므로 왕양명의 생명사상을 생명윤리적 관점에서 조명해 보는 것은 당연한 일일 것이다.

왕양명 생명사상에서의 인간관

우주 생명 주체로서의 인간

왕양명은 우주를 하나의 유기적 생명체로 보면서 인간을 천지만물의 마음으로 규정하였다.[1] 이에 대하여 최영진(1996: 213)은 자연계의 변화는 맹목적인 기계적 운동이 아니라 일정한 목적과 뜻을 가지고 진행되며, 이것을 '천지만물의 마음'이라고 표현한 것이라고 하였다. 이러한 주장을 통하여 볼 때, 인간이 천지만물의 마음이라는 왕양명의 말은 인간이 우주 생명 창출의 주체임을 의미한다고 할 수 있다.

인간이 우주 생명 창출의 주체라면, 우주 생명을 창생하고 양육하는 인간의 내면의 실질적인 주체는 곧 인간의 마음이다. 이러한 인간의 마음은 끊임없이 스스로 조직하고 스스로 창출하는 우주의 생명 본질을 자신의 생명 본질로 한다. 그리고 인간의 마음은 우주 생명의 여타 부분들, 즉 우주의 다른 구성원들과 분리되어 단독적으로 작용하는 것이 아니라 유기적인 관계 속에서 자연한 생명현상에 따라 작용한다.[2] 따라서 우주 생명의 주체로서의 인간은 자신의 마음을 통하여 자신을 포함한 우주가 하나의 유기적인 생명체임을 자각하고, 자신의 마음을 통하여 우주의 다른 구성원과 관계를 맺고 실천하는 가운데 우주 생명을 온전하게 창생하고 양

1) 人者 天地萬物之心(『왕양명전집』 권6, 「답이명덕」).

2) 『전습록』 하, 「황성증록」, 270조목 참조.

육시켜 나가는 것이다.

이러한 맥락에서 왕양명은 천지만물과 사람은 본래 한 몸이라고 보았으며, 발동하는 감각기관 가운데 가장 정묘한 곳은 바로 인간 마음의 한 점인 영명[3]함이라고 강조하였다. 바람과 비, 이슬과 우레, 해와 달, 새와 짐승, 풀과 나무, 흙과 돌 등은 모두 사람과 본래 한 몸이며, 동식물은 물론 무생물을 포함하는 총체적 우주자연은 본원적으로 인간과 한 몸이라는 것이다.

> 사람의 양지는 곧 풀 · 나무 · 기와 · 돌의 양지다. 만약 풀 · 나무 · 기와 · 돌에 사람의 양지가 없으면 풀 · 나무 · 기와 · 돌이 될 수 없다. 어찌 풀 · 나무 · 기와 · 돌만이 그렇겠는가? 천지도 사람의 양지가 없다면 역시 천지가 될 수 없다. 천지만물은 사람과 본래 일체이며, 그것이 발하는 가장 정밀한 통로가 바로 사람 마음의 한 점인 영명함이다. 바람과 비, 이슬과 우레, 일월성신과 금수초목, 산천토석은 사람과 본래 일체다. 그러므로 오곡과 금수의 종류가 모두 사람을 기를 수 있고, 약과 침의 종류가 모두 질병을 치료할 수 있다. 단지 이 하나의 기운을 공유하기 때문에 서로 통할 수 있다.[4]

3) '영명(靈明)' 은 총(聰) · 명(明) · 지(智), 즉 지금 여기에 살아 움직이는 인간의 앎과 생각, 느낌의 총체적인 능력, 다시 말해서 지각과 감각, 인식과 사유와 같은 심신(心身)의 전 능력을 의미한다(최재목, "양명학과 환경윤리", 『동아시아 문화와 사상』 제1호, 175쪽 참조).

4) 人的良知 就是草木瓦石的良知 若草木瓦石無人的良知 不何以爲草木瓦石矣 豈惟草木瓦石爲然 天地無人的良知 亦不可爲天地矣 蓋天地萬物與人原是一體 其發竅之最精處 是人心一點靈明 風雨露雷 日月星辰 禽獸草木 山川土石 與人原只一體 故五穀禽獸之類 皆可以養人 只爲同此一氣 故能相通耳(『전습록』 하, 「황성증록」, 274조목).

이와 같이 천지만물은 본래 사람과 일체이며, 사람의 양지에 근거하여 각각 자신의 모습을 드러내게 된다. 그리고 천지는 물리적 실체가 아니라 '삶의 장'을 의미하며, 만물은 '삶의 장' 안에 존재하는 모든 구성물을 포함한다. 따라서 천지만물은 우주와 자연을 동시적으로 내포하는 것이 된다. 결국 천지만물은 인간을 제외한 자연계만을 의미하는 것이 아니라 인간까지 포함한다. 그러므로 천지만물은 인간을 포함한 자연계 전체를 통합하여 부르는 총체적 우주 개념이다.

우주 생명은 유기적인 생명체로서 끊임없는 생성·변화의 과정을 통해서 자기 조직성과 자기 창조성을 지닌다. 그리고 서로 개별적인 것이 아니라 상호 유기적이고 상보적인 생명의 관계망 속에서 우주 생명을 창생하고 양육해 간다. 이러한 우주 생명을 온전하게 창생·양육할 수 있는 능동적 실천력의 통합체가 바로 '양지'인데, 왕양명은 인간의 마음의 인(仁)이 본래 그러한 것이라고 하였다. 그는 이를 바탕으로 천지만물 일체의 세계는 단순히 형이상학적 관념의 세계가 아니라 인간의 마음을 통하여 사실적으로 자각하고 느낄 수 있는 세계라고 하였다. 이러한 물아일체(物我一體)의 세계, 즉 자연과 내가 합일이 가능한 경지는 '성인(聖人)'의 완성된 인격체에서나 가능한 것이라고 한다.

이처럼 인간을 주체로 하여 우주 생명을 조망한 왕양명은 우주 생명의 생명현상이자 생명 창출의 근거로서 구성원 간의 감응[5]을

5) '감응'이라 할 때의 '감(感)'은 받아들임으로 바깥에서 안쪽을 움직이는 것을 말하고, '응(應)'은 대답함으로 안쪽에서 바깥에 대응하는 것을 말한다. 즉, 감응은 자기를 상대에게 자연현상 혹은 인사(人事)의 어디에나 있는, 천지만물

제시하였다. 감응에 대해서는 크게 우주 생명의 '일기유통(一氣流通)'과 인간의 '영명성(靈明性)'으로 나누어 살펴볼 수 있으나, 사실 이 둘은 서로 밀접한 연관성을 지닌다.

'하나의 기운(一氣)을 공유하기 때문에 서로 통한다.'라고 하는 일기유통은 개체들 상호 간에 유기적인 관계성을 바탕으로 하나의 전체 생명을 구성하고 있을 때 가능하며, 반면에 전체 생명의 부분으로서의 개체 생명들은 서로 간에 자유에너지로의 일기의 유통을 전제로 하여 자신의 생명을 존속시켜 나간다. 결국 일기(一氣)임을 자각할 때, 나를 비롯한 전 우주 생명의 온전성을 실현시킬 수 있는 것이다.

그리고 왕양명은 일기유통을 유기적인 우주 생명의 실제적인 생명 체제로 보면서, 기로부터 인간 마음의 '영명성'을 다음과 같이 도출하였다.

> 기가 약간 정미하면 해 · 달 · 별 · 바람 · 비 · 산 · 강이 되고, 이보다 약간 더 정미하면 우레 · 번개 · 도깨비 · 풀 · 나무 · 꽃이 되고, 한층 더 정미하면 새 · 짐승 · 물고기 · 자라 · 곤충의 무리가 된다. 지극히 정미하면 사람이 되고, 지극히 영묘하고 지극히 밝은 것은 마음이 된다.[6]

자타(自他) 간의 부단하고 긴밀한 관계 맺음의 원리인 감응을 잘 실현함으로써 자연과 인간의 상호 간에 공감대를 형성 · 확대할 수 있게 된다(최재목, 자연과 인간의 생명적 연대는 어떻게 가능한가? 『철학논총』 8집, 영남철학회, 1992, 483쪽 참조).

6) 稍精則爲日月星風雨山川 又稍精則爲雷電鬼怪草木化 蘤 又精而爲鳥獸魚鼈昆蟲之屬 至精而爲人 至靈至明而爲心(『명유학안』 권25, 「남중왕문학안일」).

천지만물은 기로부터 형성되며 기의 정미함의 정도에 따라 '무생물, 식물, 동물, 인간, 영명한 마음'의 다층구조를 지닌다. 따라서 영명한 인간의 마음은 기에 의하여 형성되는 것임과 동시에 기에 의하여 구성된 천지만물의 최고 정점에 위치한다. 이러한 왕양명의 주장을 통해 볼 때, 일기는 단지 자유에너지로서의 질료적 측면만이 아니라 영명성으로 표현되는 정신적 측면까지를 함축하는 것이 된다. 이에 왕양명은 마음의 영명성과 일기유통을 또한 다음과 같이 연결하였다.

> 너는 다만 감응하는 기미에서 보아야 한다. 어찌 다만 새·짐승과 풀·나무뿐이겠는가? 비록 천지(天地)라 할지라도 또한 나와 동체이고, 귀신 또한 나와 동체다. ……가득찬 천지의 중간에는 단지 이 영명함만이 있음을 알 수 있다. 사람은 다만 형체 때문에 스스로 격리되어 있다. 나의 영명함은 곧 천지와 귀신의 주재자다. ……천지와 귀신과 만물은 나의 영명함을 떠나서는 있을 수 없다. 나의 영명함 역시 천지와 귀신 만물을 떠나서 있을 수 없다. 이렇게 되면 곧 일기가 유행하는 것이니 어떻게 그것들과 격리될 수 있겠는가![7]

인간이 우주의 모든 존재물들과 감응한다고 하는 사실적 측면에서 본다면, 결국 인간은 우주의 모든 존재물과 한 몸일 수밖에 없

7) 你只在感應之幾上看 豈但禽獸草木 雖天地也與我同體的 鬼神也與我同體的 ……可知充天塞地中間 只有這箇靈明 人只爲形體自間隔了 我的靈明 便是天地鬼神的主宰 ……天地鬼神萬物離 卻我的靈明 便沒有天地鬼神萬物了 我的靈明 卻了天地鬼神萬物 亦沒有我的靈明 如此 便是一氣流通的 如何與他間隔得(『전습록』하, 「황이방록」, 336조목).

다. 이러한 감응은 바로 인간 자신의 영명한 자각에 의해 이루어지는 바, 이를 통하여 결국 우주 생명 안에서는 일기가 유통한다는 사실을 알 수 있게 된다. 다만 인간이 발동하는 감각기관 중에 제일 정묘한 마음의 영명함을 통하여 우주만물과 자신이 하나의 우주 생명체를 구성하고 있다는 사실을 자각할 수 있다. 그러므로 유기적인 우주 생명의 한 부분으로서의 인간은 우주의 다른 구성원들과 분리된 채 단독적으로는 자신의 생명은 물론 우주 생명을 온전하게 존속시킬 수가 없다.

따라서 왕양명은 천지 · 귀신 · 만물은 인간의 영명함을 떠나서는 존재할 수 없으며, 인간의 영명함 또한 이들을 떠나서는 존재할 수 없다고 하였다. 즉, 인간의 영명함은 인간 자신과 천지만물로 표현되는 우주 구성원들을 연결시켜 주는 연결고리이며, 동시에 인간의 영명함은 이들과의 유기적인 관계성을 전제로 해서만이 존재할 수 있게 된다. 이러한 바탕 위에 왕양명은 결론적으로 인간은 우주 구성원들과 자신의 영명성을 통한 감응, 즉 일기유통을 하기 때문에 이들과 격리될 수 없다고 하였다. 이러한 주장에 근거할 때 일기는 곧 영명성으로서 '의식화된 에너지'[8]로 볼 수 있다. 결국 인간은 의식화된 에너지로서의 '일기'와 '영명성'을 통하여 우주만물과 상호 감응할 수 있으며, 이를 통하여 우주의 다른 구성원들과 유기적인 생명의 관계망을 구성하고 우주 생명을 온전하게

8) '기는 의식화된 에너지'라고 하는 것은 다음의 내용에 근거한 것이다. ① 기(氣)는 지(知)-정(情)-의(意)의 원천이다. ② 기(氣)는 물질이 되기도 하고, 정신적 작용이 되기도 하는 일종의 에너지다. ③ 기(氣)는 공간에 충만해 있는 비물질적인 에테르다(김재은, 『기의 심리학』, 이화여자대학교출판부, 1996, 31쪽 참조).

존속시켜 나가는 것이다.

그런데 왕양명의 유기체적 우주 생명관은 비록 인간을 중추로 하긴 하지만 서구에서 말하는 '인간 중심주의'와는 근본적으로 다르다. 서구의 인간 중심주의는 자연과 인간을 이분법적으로 구분하여 인간과 자연의 관계를 지배와 피지배, 정복과 피정복의 관계로 보아 자연을 인간의 욕구 충족을 위한 하나의 도구로 파악한다. 그러나 왕양명은 인간과 자연의 관계를 각기 개별적으로 존재하면서 대립하는 관계로 파악하지 않는다. 인간과 자연은 우주라는 하나의 생명체 안에서 모두 동일한 생명 의지와 생명 가치를 내재하고 상호 유기적인 상보적 관계망을 형상하고 있는 일원적 관계로 파악한다. 이러한 토대 위에 자연은 인간의 욕구 충족을 위한 도구로서가 아니라 오히려 인간이 창생 · 양육을 도와주면서 함께 공존 · 공생하여야 할 동반자가 된다(김세정, 1998: 40).

결국 인간은 자연생태계를 자신의 욕망 충족을 위한 도구나 수단으로서가 아니라 자신의 전체 생명으로서 자신이 보살피고 건강하게 살려 나가야 하는 책임의 주체임을 자각하여야 한다. 생명윤리교육은 바로 이러한 자연관과 생명관을 가지고 선천적인 도덕적 자각력이자 직관력인 양지를 잘 성찰하여 계발시켜 주는 것에 관심을 쏟아야 할 것이다.

도덕 주체로서의 인간

도덕 주체 근거로서의 '양지(良知)'

왕양명은 인간의 영명성을 양지로 규정하고, 우주 생명은 인간의 양지로부터 창출된다고 하였다. 그래서 그는 인간사회와 자연생태계의 구성원에 대한 친애(親愛) 역시 양지를 미루어 감응하는 것이라고 보았다. 이는 서양의 생명윤리학에서처럼 대상물의 고유한 가치나 권리에 있는 것도 아니고 도덕적 감정을 동기화하여 모든 생명과 공생(共生)할 수 있는 감정을 키워 나가는 것도 아니다. 왕양명에게서의 인간은 자신의 가족에 대하여 느끼는 사랑과 아픔 같은 도덕적 자각력과 도덕적 원리를 이미 내면적 · 본원적 마음에 갖추고 있으며, 이것을 바탕으로 내면적 자각과 실천을 통해서 모든 생명을 사랑하게 된다.

그런데 '양지는 바로 ~이다.' 라고 한마디로 단정 짓기는 어렵다. 『전습록』에 나오는 92개 조목의 내용들만 분석해 보더라도 양지는 다양한 관계성 속에서 언급되고 있는데, 특히 양지가 언급되는 상황에 따라 각기 다양한 용어와 방식으로 설명되고 있다. 따라서 송하경(1986: 220)은 '양명학에서의 양지는 워낙 포괄적이고 혼일(混一)적인 것이어서 시간 · 장소 · 정황 · 대상 등에 따라 각기 다른 개념으로 표현되었다.' 라고 전제하면서, 양지를 특성에 따라 '존재의 리(理)' '생성의 리' '인식의 리' '도덕의 리' 로 각각 나누어 설명하였다(송하경, 1986: 221-224). 또한 송재윤(1991: 122)은 『전습록』에 의거하여 양지의 특성을 '천리(天理)' '조화의 정령(精靈)' 등 27가지로 제시하면서, 양지는 인간의 단순한 지식이나 인식 능력만을 뜻하는 것이 아니고 존재원리와 실천원리 전체를 함유하는 실로 폭넓은 개념이라고 하였다.

우리 인간은 양지를 통하여 비로소 자신의 신체를 매개로 자신과 우주 생명의 타구성원을 내외로 구분하지 않고 일체화할 수 있다. 이러한 양지는 크게 다음과 같은 특성을 포괄적으로 함축한다. 첫째, 양지는 영명한 감응력이다. 인간은 생생불식(生生不息), 즉 끊임없이 스스로 조직하고 창출하는 우주 생명의 생명 본질을 자신의 생명 본질로 한다. 이 생명 본질은 바로 영명한 생명의 감응력으로 발현되어 우주의 다른 구성원들의 생명 파괴를 감지하여 이를 자신의 아픔으로 자각하게 된다. 이 영명한 감응력이 바로 양지다. 이 양지는 바로 우주 생명의 다른 구성원들과 자신을 하나의 생명체로 연결시켜 주는 실제적인 생명의 메커니즘이 된다.

둘째, 양지는 생명의 온전성 및 자신의 의념(意念)에 대한 시비준칙이자 영명한 자각적 판단력이다. 양지는 인간 자신에 내재화되어 있는 시비판단의 준칙이라 할 수 있는데, 여기서의 시비준칙은 외재적 규범에 의거하는 것이 아니라 생명 본질에 근원하여 인간 내면의 본심으로부터 창출된다. 그러나 양지는 단지 시비판단의 준칙이라는 단계에 머물지는 않는다. 즉, 시비 · 진위를 가리는 판단력까지 포함한다. 따라서 양지는 '시비준칙'과 '시비판단력'이라는 두 가지 의미를 모두 함축하며, 이러한 양지는 시비판단에서 완전성을 지닌다.

셋째, 양지는 수시 변이성을 지니고, 항동성(恒動性) 또한 지닌다. 왕양명은 양지를 태양에 비유하며, 양지는 본래 "아는 것도 없고 모르는 것도 없다."[9]라고 규정하였다. '아는 것이 없다.'라는 것은 양지가 어떠한 대상이나 상황에 직면하기 전에 미리 일정한 규범이나 격식에 의거하여 시비판단의 고정된 틀을 설정하고 있지 않다는 의미다. 그리고 '모르는 것도 없다.'라는 것은 양지가 비록 공정된 틀을 미리 설정하고 있지는 않지만 어떠한 대상이나 상황에 직면하게 되면 시비를 온전하게 판단하는 능력이 있다는 의미다. 또한 양지는 대상 생명의 온정성에 대한 시비판단은 물론 자신의 의념이 개체 욕구에서 말미암은 사의(私意)인지, 생명 본질

9) 無知無不知(『전습록』 하, 「황성증록」, 282조목).

에서 말미암은 성의(誠意)인지를 자각적으로 판단하여 주어진 대상과 상호 간에 인간 자신의 실천 방향성을 끊임없이 설정하는 항동성을 지닌다.

넷째, 양지는 신체와의 유기적 일체화를 통하여 자신의 판단을 실제적인 실천으로 이행하는 생명력이다. 인간의 신체와 마음은 동적 과정에서 일원적 체계를 지닌다. 따라서 마음의 생명력으로서의 양지는 신체의 생명활동과 분리된 상태에서는 아무런 의미도 지니지 못하고 아무런 기능도 할 수 없다. 반드시 신체와의 일체화를 통해서만 자신의 판단 내용을 실천으로 이행할 수 있으며, 이 실천을 수반함으로써만 비로소 인간은 우주 생명의 다른 구성원들을 온전하게 창생·양육시켜 줄 수 있다. 이는 곧 우주 생명의 구현이자 동시에 인간 자신의 생명 본질의 구현이 된다.

도덕성 계발로서의 '치양지(致良知)'

인간은 누구나 자신의 생명 본질을 구현할 수 있는 유기적 생명력인 양지를 지니고 있음에도 불구하고 개체 욕구에 의해 양지가 기능을 다하지 못할 가능성이 있기 때문에, 왕양명은 더 나아가 치양지를 강조하였다.

치양지의 의미는 '마음 본체의 회복' 또는 '마음의 본체인 양지의 확충' 등으로 정의할 수 있다. 따라서 왕양명은 마음의 본체는 본래 갖추어지지 않은 것이 없는 하나의 천리지만 사욕에 의하여 그 본체를 잃게 되므로 치양지를 통하여 그 사욕의 장애를 완전히 제거함으로써 그 마음 본체를 회복하여야 한다고 주장하였다.[10)]

10) 『전습록』 하, 「황직록」, 222조목 참조.

그리하여 마음의 본질로서의 우주 생명성과 이를 실현할 수 있는 유기적인 생명력으로서의 양지를 온전하게 회복하게 되는 것이다. 그리고 치양지를 '양지를 확충한다.' 라는 의미로 이해한다면, 이는 단지 양지의 자각적 판단 또는 실천 방향성 제시에 그치는 것이 아니라 실제적인 실천 행위를 통하여 양지에 의하여 이루어진 판단과 방향성을 부족함 없이 실현함으로써 양지의 총체적 생명력을 실현한다는 의미를 지닌다. 그런데 이러한 양지의 실현은 어느 일순간에 완성되는 것이 아니라 하루하루의 생활 속에서 끊임없이 실현시켜 나가는 점진성 또한 지닌다. 이러한 맥락에서 보면, 치양지를 '양지의 실현' 이라고 정의할 수 있다. 왕양명 또한 치양지를 다음과 같이 말하였다.

> 내 마음의 양지는 천리다. 내 마음의 양지를 사사물물에 치(致)하면, 사사물물은 모두 그 리를 얻을 것이다. 내 마음의 양지를 치(致)하는 것이 곧 치지(致知)다.[11]

이와 같이 왕양명은 치양지를 두고 인간의 생명 본질로서의 우주 생명성을 구현하는 것임과 동시에 우주 생명의 구성원들로 하여금 온전한 생명을 구현하도록 하는 것이라고 밝히고 있다. 따라서 '양지실현' 이란 개체 욕구를 제거하고 우주 생명성과 양지의 유기적인 생명력을 회복함으로써 양지를 통한 다른 구성원의 생명의 온전성을 보존하고, 인간 자신의 자각적 시비판단과 실천 방

11) 吾心之良知 卽所謂天理也 致吾心之良知之天理於事事物物 卽事事物物皆得基理矣 致吾心之良知者致知也(『전습록』 중, 「답고동교서」, 135조목).

향성의 제시는 물론, 신체의 생명활동과의 일체화를 통한 실제적인 실천 행위까지를 포함하는 것으로, 우주 생명은 물론 자신의 개체 생명을 온전하게 창생하고 양육하는 전 과정을 의미한다고 볼 수 있다(송하경, 1995: 4).

그런데 만약 우리가 마음의 본질로서의 천리를 온전히 체인(體認)한다면 마음에 사의(私意)가 생기지 않을 것이다. 그리고 사의로써 사색하지 않으면 어떠한 대상이나 상황에서도 공심(公心)으로 대응할 수 있을 것이다. 이러한 사의와 관련하여 왕양명은 양지실현의 필요성을 다음과 같이 역설하였다.

> 만약 양지가 발함에 사의(私意)의 장애가 없으면, 즉 측은지심을 채운다면 인(仁)을 다 쓰지 못할 것이다. 그러나 일반인에게서는 사의(私意)의 장애가 없을 수 없으니, 그래서 모름지기 격물치지의 노력을 통하여 사(私)를 극복하고 리를 회복하면 마음의 양지는 장애가 없어져서, 두루두루 유행할 수 있을 것이니, 이것이 곧 그 양지를 실현하는 것이요, 양지가 실현되는 의(意)가 성실해진다.[12]

여기서 왕양명은 양지를 '측은지심'과 '인'으로 규정하면서, 양지의 발용은 자각적 판단의 단계를 넘어 생명 본질을 구현하는 실천 행위의 단계를 함축함을 강조하고 있다. 그러나 양지가 실천 행위로 이행되는 과정에서도 개체 욕구의 장애를 받을 수 있으므로

12) 若良知之發 更無私意障礙 卽所謂基惻隱之心 而仁不可勝用矣 然在常人 不能無私意障礙 所以須用致知格物之功 勝私復理 卽心之良知更無障礙 得以充塞流行 便是致氣知 知致則意誠(『전습록』 상, 「서애록」, 8조목).

격물치지를 통하여 개체 욕구를 제거하고 생명 본질을 회복하여야만 비로소 양지가 온전히 실현될 수 있게 된다.

그런데 문제는 우리에게 주어진 양지를 어떻게 계발하고 실현할 것인가에 있다. 앞서 언급하였듯이, 양지실현은 판단 자체에 문제가 있는 것이 아니라 실천함이 어렵기 때문에 실제적인 삶 속에서 양지의 자각적 판단을 실천화하려는 노력이 있어야 한다. 여기서 양지실현을 위한 몇 가지 방안을 정리해 보면 다음과 같다.

첫째, 지행합일(知行合一)을 통하여 양지실현을 할 수 있다. 성의(誠意)·치지(致知)·격물(格物)은 각기 분리된 개별적 단계나 과정이 아니라 실제적인 실천 행위를 통하여 앎과 행함이 합일되는 과정에서 이루어지는 양지실현의 통합된 하나의 과정이다. 여기서 왕양명이 말하는 앎이란 인식론적인 지식이 아니라 동기와 욕망이 포함된 의지의 범주에 속한다. 따라서 앎은 무엇을 대상화하여 아는 지식이 아니라 그 안에 행위까지 포함된 무엇을 행할 줄 아는 앎이며, 이것이 바로 양지다.

인간이 비록 학습 또는 양지의 자각적 판단을 통해서 자신의 실천 방향성을 알았다고 하더라도, 이를 실제적인 실천으로 이행하지 않으면 생명의 올바른 창생과 양육을 할 수 없기 때문에 반드시 자신의 앎을 실천으로 이행하여 지(知)와 행(行)을 합일시켜야만 비로소 앎이 공허한 관념으로 머물지 않고 살아 있는 앎이 될 수 있다. 따라서 왕양명은 "앎은 행위의 주된 의도이며, 행위란 앎의 공부다."[13]라고 하여 지행합일을 강조하였는데, 여기서의 '주된 의도'라는 것은 인간의 의식 중에 미리 설정한 활동에 관련된 목

13) 知是行之主意 行是知之工夫(『전습록』 하, 「황이방록」, 317조목).

표와 방식을 가리키며, '행위는 앎의 공부' 라는 것은 실천 활동이 앎을 현실화하는 방식이라는 말이다.

둘째, 수신(修身) · 정심(正心) · 성의(誠意) · 치지(致知) · 격물(格物)의 일원적 통일과정 속에서 양지실현이 이루어진다. 인간은 대상과의 관계성 속에서 이루어지는 위선거악(爲善去惡)하는 격물을 통하여 양지가 실현되고 의념이 성실해지며 마음이 바르게 되고 몸이 닦여진다. 물론 이는 자칫 격물-치지-성의-정심-수신의 시간적 선후를 지니고 있는 것처럼 보일 수도 있다. 그러나 이들은 결코 시간적 선후로 이루어지는 것이 아니라 대상과의 관계 속에서 인간생명 본질로서의 우주 생명성을 구현하는 한 가지 일로서, 단지 심(心) · 신(身) · 의(意) · 지(知) · 물(物) 가운데 어느 곳에 초점을 두고 바라보느냐에 따른 표현상의 차이일 뿐이다.[14]

이에 왕양명은 「답고동교서(答顧東橋書)」에서 부모에 대한 봉양의 예를 통하여 부모에게 봉양하고자 하는 의념이 생겼을 때, 이 의념을 실제적인 실천으로 이행하여 조그만 부끄러움도 없어야 비로소 '성의' 라 할 수 있고, 어떻게 봉양할 것인가를 알고 이 앎이 실천으로 이행되어야만 '치지' 라고 할 수 있으며, 실천하여 조그만 미진함도 없어야 '격물' 이라고 할 수 있다고 전제하고, 봉양하는 일이 실천을 통하여 완전히 실현된 이후에 봉양할 것을 아는 양지가 비로소 실현되고, 이 양지가 실현되어야 비로소 봉양하고자 하는 의념이 성실해졌다고 할 수 있다[15]고 하였다. 결국 격물 · 치지 · 성의는 모두 하나의 실천 행위를 의미한다고 밝히고 있다.

14) 『왕양명전집』 권26, 속편1, 「대학문」 참조.

15) 『전습록』 중, 138조목 참조.

셋째, 집의(集義)와 필유사언(必有事焉)도 일종의 양지실현의 방법이다. 왕양명이 말하는 '집의' 란 '부동(不動)한 마음의 본체를 회복하는 것' 으로 정의될 수 있다. 그러나 그 마음은 한순간도 쉬지 않는 감응의 과정에 놓여 있다고 볼 수 있으므로 작용하지 않는 상태의 마음은 존재하지 않는다. 따라서 집의를 통하여 이루어지는 부동한 마음은 개체 욕구에 이끌리지 않고 인간생명 본질을 구현시켜 나가는 상태를 말한다. 이러한 관점에서 왕양명은 '집의' 를 '양지실현' 이라고 주장하였다.

그리고 왕양명은 "필유사언은 다만 집의다. 집의는 다만 치양지다."[16]라고 하여, 필유사언을 '집의' 와 '치양지' 로 규정하였다. 그는 솔개가 날고 물고기가 뛰어오르는 것과 같은 자연의 요동치는 현상뿐만 아니라 인간의 필유사언 역시 활발한 생명현상으로 규정하는데, 이러한 활발한 생명현상은 천리의 전개이자 양지의 끊임없는 유행이라 전제하고, 이에 양지의 실현은 다름 아닌 '필유사(必有事)의 공부' 라고 하였다.[17]

왕양명 생명윤리교육사상의 함의

교육의 목적

왕양명에게서 궁극적으로 도달하여야 할 인간상은 '성인(聖人)'

16) 夫必有事焉 只是集義 集義只是致良知(『전습록』 중, 187조목).
17) 『전습록』 중, 170조목 참조.

인데, 이는 '천리를 보존하고 사욕을 제거한 자', 혹은 '양지를 실현한 자'를 뜻한다. 다시 말하면, 성인은 '마음이 순수한 천리로서 인욕의 잡됨이 없는 자'로 규정할 수 있으며, 성인이 되는 방법은 '인욕을 제거하고 천리를 보존하는 것'이라 할 수 있다. 그렇다면 왕양명이 말하는 '천리'는 과연 무엇인가? 왕양명은 천리를 다음과 같이 규정하였다.

> 이 마음에 사욕의 가림이 없으면 곧 천리다.[18] 마음의 본체가 천리이므로 천리를 체인(體認)하는 요체는 마음에 사욕이 없도록 하는 것이다.[19]

이러한 전제하에 왕양명은 인간의 마음은 본래 '천연(天然)의 리'로서 이는 다만 자신에 대한 집착이 없는 무아(無我)의 상태일 뿐이며, 무아의 상태일 때 인간은 겸손할 수 있고, 겸손은 바로 모든 선(善)의 기초가 된다고 보았다.[20] 이러한 관점에서 볼 때, 천리는 하나의 개체 생명으로서의 인간이 형체를 기준으로 자신의 개체 생명에 집착하지 않고 사의(私意)에 얽매이지 않는 순수한 마음의 상태를 말한다.

이러한 순수한 마음의 상태로서의 천리는 또한 그의 우주 생명관과 연결 지어 볼 수 있다. 우주가 하나의 유기적인 생명체이고 인간이 우주 생명의 의식을 담당하는 생명 중추라고 한다면 인간

---

18) 此心無私欲之蔽 卽是天理(『전습록』 상, 「서애록」, 3조목).

19) 心之本體卽是天理 體認天理之要自心地無私意(『전습록』 상, 96조목).

20) 『전습록』 상, 「황이방록」, 339조목 참조.

은 다른 우주 생명들과 분리되지 않는다. 따라서 천리는 우주 생명의 입장에서 보았을 때 역동적으로 끊임없이 전개되는 우주 생명의 창출과정에서 나타나고 구현되는 우주 생명의 본질인 것이다.

가령 천리를 법칙이나 규범으로 전제한다 하더라도, 이는 단일한 규구(規矩)나 일정한 격식과 같이 상황과 무관하게 고정불변하는 것이 아니라 주어진 상황에 따라 항상 마음으로부터 새롭게 제정될 수 있는 변이성(變異性)을 지닌 것으로, 천리는 곧 '명덕(明德)' 이며 '양지' 라고 할 수 있다.

따라서 왕양명은 인간 마음의 양지가 천리이며, 천리가 밝게 빛나고 영명하게 자각하는 곳이 양지로서, 양지는 곧 천리라고 주장하여 우주 생명성이 구체적인 생명현상으로 발현되는 영명한 자각성을 양지로 규정하였다. 이를 전제로 성인의 공부는 이 양지를 실현하는 것으로서 성인은 자연스럽게 '양지를 실현하는 자' 라고 정의된다.

결국 왕양명이 말하는 성인이란 우주 생명의 한 부분이자 하나의 개체생명으로서, 인간이 자신의 개체생명에 대한 극단적 욕구와 집착에 따라 우주 생명의 관계망을 단절하는 개체 욕구를 극복하고, 우주의 생명 본질에 바탕을 둔 자신의 생명 본질 즉 우주 생명성을 우주 생명의 관계망 안에서 발현시켜 나가는 과정에서 대상과 상황에 따라 실천조리를 창출하고 이를 실제적 실천을 통하여 실현함으로써 우주 생명을 온전하게 창생하고 양육해 가는 인간을 말한다(김세정, 1998: 69).

그런데 왕양명은 인간을 다양한 층차로 구분한다. 즉, 성인(聖人), 현인(賢人), 범인(凡人), 우인(愚人)이 그것인데, 이러한 다양한 층차의 구분의 근거는 양지와 관련이 있다. 양지의 내재성은 어리석은 사람이나 성인 모두가 동일한 것이나, 양자가 구분되는 것은 양지를 실현할 수 있는가에 달려 있다는 것이다. 즉, 성인은 양지를 실현할 수 있는 반면, 어리석은 사람은 양지를 실현할 수 없기 때문에 서로 구분되는 것이다.

이와 같이 인간이 다양한 층차로 구분되는 근거는 선천적 측면과 후천적 측면이 있다고 한다. 첫째 선천적 측면으로서, 인간은 누구나 동일하게 선천적으로 완벽한 양지를 내재하지만 개체 욕구에서 강도의 차이가 있기 때문에 인간이 다양한 층차로 나뉜다. 둘째 후천적 측면으로서, 인간은 누구나 완벽한 양지를 선천적으로 내재하고 있지만 양지를 실현하고자 하는 후천적인 노력 여하에 따라 다양한 층차로 나뉜다는 것이다. 이러한 두 측면에 의거할 때, 성인은 선천적으로 개체 욕구의 차폐가 전무하며, 이에 후천적으로 끊임없는 실천을 통하여 양지를 실현해 나가는 인간이다. 반면에 어리석은 사람은 선천적인 개체 욕구에 따라 후천적으로 반성하고 자각하며 배우는 노력을 통하여 양지를 확충해 나가는 인간이다. 그러나 어리석은 사람은 개체 욕구가 심하기 때문에 양지에 의거하여 무엇인가를 실행하려 하여도 능히 할 수 없는 사람이기 때문에 수많은 노력을 통해야만 양지를 실현할 수 있게 된다. 여기서 중요한 사실은 이러한 층차가 영원히 극복될 수 없는 고정된 등급이 아니라 자신의 개체 욕구를 제거하고 양지를 실현하고자 하는 후천적인 노력 여하에 따라 누구나 성인이 될 수 있는 가변적인 것이라는 데 있다.

여기에 바로 윤리교육의 필요성이 있고 왕양명이 추구하는 교육의 목적이 있는 것이다. 왕양명에게서 교육의 목적은 바로 만물일체의 인을 실현할 수 있는 '성인'이 되는 것이고, 그것은 다름 아닌 우리 안에 내재되어 있는 양지의 발현이다. 그리고 만물에 대한 사랑은 만물의 아픔과 슬픔을 느낄 수 있는 깊고 넓은 지성(知性)

과 예민한 감수성이 요구된다.

만물과 일체되는 인을 지닌 인간은 인간뿐만 아니라 모든 우주 생명에로 인이 확대된다. 왕양명이 주장하는 궁극적인 인간상은 만물이 공생하는 원리인 양지를 확충하는 사람이다. 인간이 양지를 실현할 때, 즉 구체적인 만물에 대해 아픔과 슬픔을 나눌 수 있음을 알 때, 그것은 자신의 삶의 의미와 가치가 확대되고 확장된다는 것이고, 이것은 나와 다른 구성원이 분리된 것이 아니라 한 몸으로서 자신의 삶의 의미를 회복하게 되는 것이다. 나와 우주 생명과 한 몸이라는 마음을 가진, 즉 양지를 가진 열린 마음의 성인은 왕양명이 생각하는 이상적 인간상이다.

이러한 성인은 사물에 대한 깊고도 섬세한 느낌과 미적 감각, 감수성, 아량을 가진 인간이고, 전 우주 생명에 대한 책임감을 가진 사람이다. 그리고 누구나 이러한 이상적 인간이 될 수 있는 여지가 있고, 그것을 잘 계발하는 것이 생명윤리교육의 목적이 되어야 할 것이다.

교육의 방법

자유 · 자율 · 주체를 중시

왕양명의 사상은 주자의 이학(理學)에서 양명의 심학(心學)으로의 전환이었고, 이를 교육적 측면에서 보면 '신민(新民)', 즉 백성을 계몽시켜 나가는 입장에서 '친민(親民)', 즉 백성을 있는 그대로 길러준다는 방식으로의 전환이었다고 할 수 있다. 결국 외재적 규범을 습득하는 것이 아니라 내재적 규범을 자각하고 계발하는 측면을 강조한 것이다. 이것은 지식 공급자 위주의 계몽적 교육의 틀에서 학습자 중심의 능동적 참여의 교육틀로 전환된 것이다.

왕양명은 학문의 선행조건으로서 '입지(立地)'를 들었다. 즉, 입지의 상태에 따라서 학문의 성패가 결정된다는 것이다. 입지는 외부로부터의 강요나 외재적인 기준에 의하여 이루어지는 것이 아니라 학습자 스스로가 주체적 자각과 판단에 따라 학문의 목적과 방향성을 설정하고 스스로 설정한 입지에 따라 학문을 성취시켜 나가는 것이다. 다시 말해서 입지는 학습자의 학문적 뿌리다. 그러므로 학습자로 하여금 자신이 주체적으로 설정한 입지를 스스로 성취시켜 나갈 수 있도록 좋은 환경을 만들어 주는 것이 무엇보다 중요하다. 이에 왕양명은 다음과 같이 말하였다.

> 무릇 배우고 묻는 공부는 다만 주된 뜻의 핵심이 마땅하여야 한다. 만약 주된 뜻의 핵심이 오로지 양지의 실현을 (행해야 하는) 일로 간주한다면, 무릇 많이 듣고 보는 것이 치양지의 공부가 아닌 것이 없을 것이다. 생각건대, 일상생활에서 보고 듣고 응수하는 것이 비록 수천 가지 실마리라 하더라도 양지가 작용을 하여 유행하는 것이 아님이 없다. 보고 듣고 응수하는 것을 제외한다면 또한 실현할 수 있는 양지가 없다. 그러므로 양지와 견문은 다만 하나의 일이다.[21]

사실 왕양명의 교육적 관점의 근간은 '인격교육'이라 할 수 있는데, 이는 '사람다운 사람'을 길러 내는 것을 의미한다. 이러한 사람다운 사람은 주체적이고 능동적이며 자발적인 인식과 참여가

21) 大抵學問功夫 只要主意頭腦是當 若主意頭腦專以致良知爲事 則凡多聞多見 莫非致良知之功 蓋日用之間 見聞酬酢 雖千頭萬緖 莫非良知之發用流行 除却見聞酬酢 亦無良知可致矣 故只是一事(『전습록』 하, 「황직록」, 228조목).

가능한 인간을 말한다. 즉, 우주 생명에 대하여 애정을 가지고 보존하고 양육하고 창출하는 폭넓은 성인의 덕성을 갖춘 인간을 의미한다. 그리고 인간과 우주만물에 대하여 정감적이고 미적인 관계망이 가능한 주변성 있는 인간, 즉 모든 생명에 대해서 깊고도 섬세한 느낌과 미적 감각, 감수성, 아량을 가진 덕이 있는 인간을 길러 내는 것이 바로 인격교육인 것이다.

이러한 교육은 내재된 양지를 실현하는 데 초점을 맞추게 되고 자율적이고 주체적인 교육으로의 지향이 되어야 한다. 결국 궁극 목적으로서의 양지실현은 일상생활과 괴리된 고원한 수양이나 이론학습을 통해서 성취되는 것이 아니라 일상생활 가운데서 실제적인 실천을 통하여 성취되어야 한다. 즉, 학습자로 하여금 청소하고 어른을 대하는 등과 같은 일상적인 생활 속에서 이들이 주체적으로 양지를 실현할 수 있어야 하는 것이다.

양지가 인간의 유기적인 생명력인 이상, 양지실현을 위한 교육은 사실상 수동적이고 강제적인 학습을 통하여 이루어질 수도 없으며, 또한 현실과 동떨어진 고상한 수련이나 형이상학적인 탐구를 통하여 이루어질 수도 없다. 학습자 스스로가 일상적인 삶 속에서 자신이 직면하는 상황에 따라 자신의 양지에 의거하여 사태를 자각적으로 판단하고 실천 방향성을 설정하여 신체와의 유기적 일체화를 통하여 이를 실제적인 실천으로 이행해 나감으로써만 가능하다. 다시 말해서 학습자 스스로가 양지에 의거하여 자신에게 항상 새롭게 전개되는 사태를 자각적으로 판단하고 자각적으로 실천방안을 강구해 나가야 하는 것이다.

그러므로 교육은 외재적 기준에 맞춘 획일적이고 강압적인 방법이 아니라 그들의 생기발랄한 정서에 따라 그들이 약동하는 생명력을 마음껏 펼칠 수 있는 환경을 조성해 줌으로써 그들이 자발적이고 자율적으로 학습에 연마할 수 있는 계기를 설정해 주어야 한다.

특히 왕양명은 덕성교육에 바탕을 두고 정감(情感)·태도·정신이 세 가지를 고루 계발시켜 주는 유기적 인간 창출에 주안점을 두고 있다. 그리하여 의지를 순조롭게 이끌어 주고 성정(性情)을 조절해 주며 비루함과 인색함을 제거함은 물론 거칢과 우둔함을 교화시켜서 스스로 양지를 실현해 나가는 유기적인 사회구성원을 만들어 나가고자 한다.

결국 왕양명이 가장 중시하는 것은 양지의 자각이며, 우리 각자의 삶의 경험 속에서 자각되고 실천을 통하여 확인된 체험적 진리를 깨닫도록 하는 데 있다. 그리고 인지적 발달만이 아니라 덕성함양을 바탕으로 한 교육을 강조하였다. 이러한 맥락에서 본다면 학습자를 실천으로 이끌 수 있는 주체적이고 자율적인 환경을 마련해 주는 것이 무엇보다 필요하다.

'사상마련(事上磨鍊)'의 방법론적 적용

왕양명은 양지실현의 방법 중 하나로 특히 '사상마련'을 강조하였다. 그것은 당시의 학문하는 방법에 많은 문제점이 있었기 때문이다. 당시에는 공리적인 풍조에 물들지 않고 오로지 구도(求道)에만 힘쓰도록 하기 위하여 조용히 앉아서 마음을 맑게 하는 공부를 권하는 풍토였다. 이러한 풍토 속에서 사람은 형이상학적 해석이나 묘한 깨달음 등에 빠지게 되었다. 왕양명은 이러한 폐단을 보고서 그것은 생기가 없고 병폐에 빠지기 쉽다고 지적하면서 현실생활 속에서 양지를 실현할 수 있는 방법인 '사상마련'을 주장하였던 것이다. 이것은 스스로 주체가 되어 구체적이고 복잡한 행동과 실천 가운데 자기 마음의 대응 능력을 단련시킨다는 의미를 담고 있다. 이에 왕양명은 다음과 같이 말하였다.

> 학문에는 다른 사람들의 지도나 가르침은 필요하지만, 자신이 이해하여 깨닫는 것만 못하다. 스스로 한 가지를 분명하게 안다면 백 가지가 마땅하게 된다. 그렇지 않으면 지도하고 가르쳐 주는 것이 많을지라도 얻지 못할 것이다.[22]

왕양명은 앎(知)와 행함(行)은 결코 별개의 활동으로 분리될 수 없다고 한다. 따라서 학문의 궁극적 목적은 지식 추구에 있는 것이 아니라 양지실현에 있다. 그렇다고 지식 자체가 부정되는 것은 아니다. 다만 지식 추구는 양지실현과 무관하게 진행되어서는 안 되며, 양지실현이라는 학문의 궁극적 목적 안에서 진행되어야 하며, 학문을 통하여 획득된 지식은 양지실현 과정을 통하여 실제적인 실천으로 이행될 수 있어야 한다.

그리고 학습자 자신이 스스로 깨닫고 이해하는 것이 중요하며, 학습자의 직접적인 체험이 있어야 한다. 우리가 교육하는 데서 합리적인 설명과 분석 등의 가르침도 자신의 직접적 체험 없이는 생명력이 없다. 그러므로 학교에서의 윤리교육은 사회활동과 연계하여 실천과 경험의 기회를 부여하여 직접적인 삶의 체험을 통해서 깨닫고 이해되도록 하여야 할 것이다. 그렇다면 재능을 신장시키고 동시에 덕성을 함양시킬 수 있도록 학습자 스스로 주체적이고 능동적으로 학문을 연마할 수 있는 '실천의 장' 이 마련되어야

22) 學問也要點化 但不如自家解化者 自一了百當 不然 亦點化許多不得(『전습록』 중, 「답고동교서」, 138조목).

한다.

왕양명이 말하는 '사상마련'은 바로 그러한 의미를 담고 있다. 즉, 일상생활에서 동정(動靜)을 초월하여 수행하는 것으로 언제나 스스로 주체가 되어서 모든 기회를 실천하는 장소로 변화시키는 것을 뜻한다. 그리고 이를 통해서 학습자의 온전한 생명력과 능동성·자율성·창의성을 신장시킬 수 있게 된다. 이러한 관점에서 왕양명은 다음과 같이 말하였다.

> 한 하급 관리가 오랫동안 선생의 학문을 듣고 다음과 같이 말하였다. 이 학문은 매우 좋으나 공문서를 관리하고 소송을 관장하는 일이 번잡하여 학문을 할 수가 없습니다. 선생께서 말씀하였다. 내가 언제 그대에게 공문서를 관리하고 소송을 관장하는 일을 떠나 허공에 매달려 강학하라고 가르친 적이 있던가? 그대에게는 이미 소송을 관장하는 일이 주어졌으니 그 소송을 관장하는 일부터 학문을 하여야 할 것이다. …… 공문서를 관리하고 소송을 관장하는 일들은 실학이 아닌 것이 없다.[23]

마음의 사욕을 제거하고 양지를 실현하는 공부는 일상적인 삶의 과정에서 접하는 구체적인 일을 떠나지 않는다. 또한 각 개인이 접하는 일체의 일들은 이미 그 마음과 연관되어 있다. 그러므로 왕양명이 말하는 '사상마련'은 구체적인 일에서 자기 마음의 사욕을 제거하고 양지를 실현하는 공부가 된다.

23) 有一屬宮 因久聽講先生之學曰 此學甚好 只是簿書訟獄雜 不得爲學 先生聞之曰 我何嘗教 爾離了簿書訟獄 懸空去講學 爾旣有官司之事 便從官司的事上爲學 纔是眞格物 ……簿書訟獄之間 無非實學(『전습록』 하, 「황이방록」, 218조목).

왕양명에 따르면, 학습자는 이미 마음 안에 도덕적 자각력을 갖추고 있으며, 그것은 모든 우주 생명을 실현하는 것이다. 그러므로 그러한 마음을 계발시켜 주기 위해서는 외재적인 규범을 주입할 것이 아니라 스스로 구체적인 삶의 현장에서 일을 통하여 모든 생명의 아픔을 나의 아픔으로 느끼고 자각하게 하여야 한다. 그러려면 교육 현장에서 체험의 기회가 마련되어야 한다. 이러한 방법은 개성의 실현과 동시에 역동적인 생명윤리교육에 대한 논의가 될 수 있다.

학습자 개개인이 삶의 체험 기회를 통해서 주체적 자각을 유도하고, 학습자 스스로 사태의 구체적인 특수성을 고려하여 그에 적합한 대응방안을 찾을 수 있어야 한다. 결국 생명의 위기가 나의 사건으로 받아들여지고 다른 구성원과 우주 생명이 나와 하나라는 선천적 양지의 자각을 통해서 생명의 온정성을 유지하려는 주체적이고 도덕적인 자각이 이루어져야 한다.

왕양명에 따르면, 인간은 우주만물과 교감 소통하는 도덕적 자각력인 만물과 하나라는 총체적 앎을 선험적으로 가지고 있다. 그렇기 때문에 자신 내부에 살아 움직이는 양지로써, 바로 지금 여기서 사사물물(事事物物)과 감응하고 교감해 가며, 그 감응과 교감의 폭넓고 섬세한 방식을 통하여 사물에 다가서게 된다. 따라서 왕양명은 학습을 함에는 타율적이거나 수동적이어서는 안 되며 학습자 스스로가 처한 위치에서 자신의 마음의 양지 발휘를 통하여 적극적 · 능동적 · 주체적 · 자율적으로 자신의 존재 문제를 해결하고 삶의 방향을 결정하며 개성을 실현하여야 한다고 하였다.

결국 이러한 것은 지적 이론위주의 추상적 교육을 하거나 덕목을 주입하는 식의 교육이 이루어져서는 안 되며, 바로 지금 여기서 학습자 스스로가 참여하여 자신의 순수한 새로운 체험으로 진리를 학습해 가는 실천적 체험위주의 교육이 되어야 한다는 것이다. 이것이 바로 왕양명이 말하는 '사상마련' 이며 '치양지' 가 되는 것이다.

왕양명 생명윤리교육사상의 현대적 의의

오늘날 우리의 교육은 수업의 질 개선을 위한 노력에도 불구하고 사회적 변화에 적응하지 못하였고 특히 생명윤리교육을 제대로 하지 못하였다. 결국 현재의 생명 위기를 직감하고 학교와 사회에서 인식을 하지 않으면 이러한 생명 위기를 극복할 수 없을 것이다. 그러기 위해서 우리는 무엇보다 적극적으로 생명윤리교육을 통해서 학습자에게 생명에 대한 감수성을 길러 주고 생명에 대한 책임감을 북돋아 주어야 할 것이다.

왕양명의 생명사상은 우리와 우주 생명이 이분법적인 것이 아니라 한 몸 체계이며, 이러한 한 몸 체계의 구도 속에서 우리는 다른 구성원의 아픔을 내 것으로 느낄 수 있는 마음을 가질 수밖에 없게 되고, 이것은 생명의 위기를 극복하는 근본이 된다. 이러한 생명사상에 기초한 그의 교육적 관점은 학습자 스스로 각자가 처한 위치에서 스스로 양지를 발휘하여 주체적 · 자율적으로 자신의 존재 문제를 해결하고 삶의 방향을 결정하며 개성을 실현하는 낙관적인 교육이었다. 그리고 이러한 교육은 바로 덕성교육이었으며, 생명윤리교육이었다.

이러한 왕양명 생명사상의 윤리교육적 의미는 오늘날 현대교육에, 특히 생명윤리교육적 측면에 많은 시사점을 주고 있다.

첫째, 왕양명은 궁극적으로 '성인' 이 되기 위한 덕성교육이 선행되어야 한다고 하였다. 과거 위주의 교육이나 출세지향적인 교육이 아니라 양지의 발휘를 통하여 우주 생명의 가치를 인정하고 그에 내한 책임감을 느끼도록 하는 것이었다. 오늘날 생명을 가볍게 여기고 지금의 위기를 불러온 것을 감안하면 우리에게 주는 교훈은 실로 크다.

둘째, 왕양명은 획일적인 강제교육이 아니라 자발적으로 교육에 참여하게 해야 한다고 하였다. 이것은 개인의 자율과 개성, 개개인의 능력을 중시하는 관점이지만 여기서도 자율과 개성이 자유방임적이 되지 않도록 공동체 속에서 조화가 이루어져야 한다. 즉, 나와 더불어 다른 사람에 대한 인식을 확대하고, 나의 생명과 우주 생명과의 관계성을 가지고 있는 인간으로의 육성은 외부로부터 주어지는 것이 아니라 학습자가 스스로 체인하고 체득하는 것이다. 아직까지도 우리의 교육현실이 권위적이고 획일적인 교육의 단면을 볼 때 반드시 응용이 되어야 할 것이다.

셋째, 왕양명은 배움은 머리가 아니라 온몸으로 체득하여야 하는 것이므로 이론 위주가 아니라 체험하여 스스로 분명해지는 교육이 취해져야 한다고 강조하였다. 그는 책을 읽을 때도 '많이' '빨리' 가 아니라 조금씩 천천히 스스로 충분히 소화해 낼 양만큼만 해 나가서, 그 내용을 머리가 아니라 몸으로 체득하여야 한다는 것이다. 그리고 그는 구체적인 일에서 연마하는 학문을 참된 학문으로 보았다. 결국 생명윤리의 방향도 이러한 실천의 장을 마련해 주고, 구체적 삶 속에서 깨닫게 해야 한다는 것이다.

참고문헌

1.

『논어』/『맹자』/『시경』/『서경』/『역경』/『효경』/『춘추』/『사기』

高明(1983). 孔子思想硏究論集(一). 黎明文化事業公司.

郭齊家(1990). 中國敎育思想史. 五南圖書出版公司.

공병민(2008). 공자의 인과 도덕교육사상. 고려대학교 석사논문.

김익수(1982). 유가사상과 교육철학. 형설출판사.

김학주(1997). 공자의 생애와 사상. 명문당.

오이환 역(1994). 중국철학사. 을유문화사.

이기동(1996). 논어강설. 성균관대학교출판부.

임병덕 역(1982). 중국사상사. 온누리.

전명용 외(1990). 중국고대윤리학. 이론과 실천.

정홍기(1997). 공자의 도덕교육론 연구. 한국교원대학교 박사논문.

천병돈 역(2000).공자의 철학. 예문서원.

H. K. 크릴/이성규 역(2001). 공자. 지식산업사.

2.

『논어』/『맹자』/『사기』

郭齊家(1990). 中國敎育思想史. 五南圖書出版公司.

林永喜(1986). 孔孟荀敎育哲學思想比較分析硏究. 文景出版社.

歐陽教(1986). 德育原理. 文景出版社.
魏元珪(1987). 孟荀道德哲學. 谷風出版社.
김익수(1982). 유가사상과 교육철학. 형설출판사.
맹민재(1992). 맹자의 교육사상에 관한 연구. 충남대학교 석사논문.
오이환 역(1994). 중국철학사. 을유문화사.
이기동(1997). 맹자강설. 성균관대학교출판부.
이문주(1991). 중국 선진시대 유가의 예설에 대한 연구. 성균관대학교 석사논문.
임병덕 역(1982). 중국사상사. 온누리.
전명용 외(1990). 중국고대윤리학. 이론과 실천.
차주환(1979). 맹자의 생애와 사상. 태양문화사.
천병돈 역(2000). 맹자의 철학. 예문서원.

3.
『고자』/『순자』/『순자집해』
伍振 鷟 (1978). 先秦諸子教育思想. 偉文圖書公司.
陳飛龍(1979). 荀子禮學之硏究. 文史哲出版社.
牟宗三(1983). 中國哲學的特質. 同和出版公司.
林永喜(1986). 孔孟荀教育哲學思想比較分析硏究. 文景出版社.
魏元珪(1987). 孟荀道德哲學. 谷風出版社.
郭齊家(1990). 中國教育思想史. 五南圖書出版公司.
금희경(2004). 순자 철학에서 도덕의 근거와 천론에 관한 연구. 서울대학교 석사논문.
김익수(1982). 유가사상과 교육철학. 형설출판사.
성균관대학교 유학과(1983). 유학원론. 성균관대학교 출판부.
송영배(1986). 중국사회사상사. 한길사.
신동준(2007). 순자론. 인간사랑.

오이환 역(1994). 중국철학사. 을유문화사.
이경희(2006). 순자 사상의 도덕교육적 의미. 고려대학교 석사논문.
임병덕 역(1982). 중국사상사. 온누리.
전명용 외(1990). 중국고대윤리학. 이론과 실천.
천병돈 역(2000). 순자의 철학. 예문서원.

4.
『묵자』/『사기』/『예기』/『순자』/『장자』
王冬珍(1981). 墨學新探. 世界書局.
孫廣德(1963). 墨子政治思想之硏究. 中華書局.
方援楚(1978). 墨子源流(下卷). 中華書局.
周長耀(1982). 墨子思想之硏究. 正中書局.
梁啓超(1975). 中國學案. 中華書局.
蔡仁厚(1978). 墨家哲學. 正中書局.
孫詒讓(1980). 墨子閒. 世界書局.
陳問梅(1988). 墨子之省察. 學生書局.
김학주(2002). 묵자, 그 생애 · 사상과 묵가. 명문당.
박문현 외(2008). 묵자. 자유문고.
윤철희(1999). 묵자의 교육사상 연구. 한국교원대학교 석사논문.
윤무학(1989). 묵가의 명학에 관한 연구. 성균관대학교 박사논문.
윤준원(1994). 성서에서 말하는 이웃사랑과 묵자의 겸애사상에 관한 고찰. 광주가톨릭대 석사논문.
정인재 역(1977). 중국철학사. 형설출판사.

5.
『도덕경』
권광호 역(2007). 노자의 지혜. 소강.

김충렬(2001). 노장철학강의. 예문서원.
김학주(2007). 노자와 도가사상. 명문당.
남종진 역(2006). 도덕경에서 배우는 인생경영. 다산출판사.
이강수(2007). 노자. 길.
조현규(2004). 노자의 풍경소리 왕필이 울리다. 새문사.
최원주(2007). 『노자』에 나타난 교육사상 및 그 의의. 경희대학교 석사논문.
최재목(2008). 노자. 영남대출판부.
한병학(2008). 노자철학의 기본 이해. 광주카톨릭대학교 석사논문.
황병국 역(2008). 노자 도덕경. 범우사.

6.

『장자』

강철홍(1993). 장자사상의 교육철학적 연구. 한양대학교 박사논문.
고의정(2007). 장자의 도와 덕에 기초한 교육사상 연구. 인천대학교 석사논문.
기세춘 역(2007). 장자. 바이북스.
김학주 역(2000). 장자(상, 하). 을유문화사.
류성욱(2003). "장자의 인성교육론", 교육사상연구(12집). 한국교육사상연구회.
박정도(1999). "장자의 교육사상 소고", 손인수 박사 정년기념 논문집.
박종호(1985). 장자철학. 일지사.
변상욱(2005). 장자의 평등사상에 관한 연구. 한국교원대학교 석사논문.
송지영 역(2006). 장자. 신원문화사.
장석권(1992). 장자의 유가문명에 대한 비판 연구. 서울대학교 석사논문.
정세근(2002). 노장철학. 철학과현실사.
정인선(1998). 장자의 수양론과 이상적 인간상. 건국대학교 석사논문.

조미숙(2000). 장자의 교육사상 연구. 한국교원대학교 석사논문.
조현규(2002). 동양윤리사상의 이해. 새문사.
조현규(2006). 동양윤리의 담론. 새문사.
최정용(1997). 장자의 자연관과 인간관. 세종출판사.

7.

『논어』/『맹자』/『소학』/『대학』/『사서역주』/『논어집주』/『주자어류』/『주자대전』/『주자문집』/『주문공문집』/『주자사서집주전거고』
權相赫(1983). 朱子人格教育思想體系. 臺灣師範大學教育研究所博士論文.
韓鐘文(1987). 朱熹教育思想研究. 江西教育出版社.
趙顯圭(1998). 朱熹人文教育思想研究. 文津出版社.
曾春海(1993). “朱熹的教育哲學及其教育事業”, 政治大學學報(67期). 江西教育出版社.
손정호(2001). 주자의 교육사상에 관한 연구. 경상대학교 박사논문.
신동은(1997). 주자의 소학 교육관 연구. 연세대학교 석사논문.
이광률(1998). 주자철학연구. 중문출판사.
이종란 외 역(2002). 주희의 철학. 예문서원.
조현규(2002). 동양윤리사상의 이해. 새문사.
조현규(2006). 동양윤리의 담론. 새문사.

8.

『왕양명전집』/『전습록』
김길락(2004). 한국의 상산학과 양명학. 청계.
김길락 외(2001). 왕양명 철학연구. 청계.
김석근 역(2001). 주자학과 양명학. 까치.
문관용(1987). 왕양명의 인격교육사상. 국립대만사범대학 박사논문.
유명종(2002). 왕양명과 양명학. 청계.

이계학(1995). "양명학파의 인격교육론", 한국의 교육과 윤리(제5집). 한국정신문화연구원.
장성모(1993). 교육이론으로서의 주자학과 양명학. 서울대학교 박사논문.
전병욱 역(2003). 양명철학. 예문서원.
조현규(2004). "왕양명의 생명사상과 그 윤리교육적 의미", 교육철학(25집). 한국교육철학회.
최완근(2007). 왕양명의 도덕교육론 연구. 서울교육대학교 석사논문.

9.

『논어』/『맹자』/『퇴계전서』/『국역퇴계집』/『주자어류』
금장태(1998). 퇴계의 삶과 철학. 서울대학교출판부.
김익수(1994). "율곡도덕교육의 구조", 율곡학(8). 율곡사상연구원.
성균관대 유학과 교재편찬위원회(1996). 유학사상. 성균관대학교출판부.
신오현(1984). "유가의 교학 이념", 인간의 본질. 형설출판사.
유명종(2000). 퇴계의 일생과 철학 체계. 현대미학사.
윤사순(2002). 퇴계 이황. 예문서원.
이영경(2000). "율곡의 도덕교육론", 국민윤리연구(46). 한국국민윤리연구회.
장세근(2007). 퇴계 교학사상의 현대교육적 고찰. 성신여자대학교 박사논문.
조수익 역(1998). 조선유교연원. 솔출판사.
정순목(1989). 퇴계평전. 지식산업사.
정순목(1990). 퇴계의 교육철학. 지식산업사.
조현규(2001). 한국의 윤리사상. 중문출판사.
채무송(1995). 퇴계 · 율곡철학의 비교연구. 성균관대학교출판부.
최영진(2007). 퇴계 이황. 살림출판사.
추병완(1999). 도덕교육의 이해. 백의.

何懷宏(1998). "중국의 유학전통과 태학", 동아시아의 유학전통과 대학. 성균관대학교대동문화연구원.

張立文(1993). 退溪哲學入門. 퇴계학연구원.

10.

『논어』/『격몽요결』/『성학집요』/『만언봉사』

김익수(1997). 율곡 선생의 교육철학. 한국사상문화학회.

남궁용권(2000). 율곡의 교육사상과 현대적 의의. 율곡학회.

문제술(2001). 율곡의 『격몽요결』에 나타난 도덕교육 방법 연구. 한국교원대학교 석사논문.

손인수(1995). 율곡사상의 이해. 교육과학사.

손인수(1997). 율곡사상의 교육이념. 문음사.

유명동(2002). 율곡 교육사상의 현대적 의미. 한국교원대학교 석사논문.

유영선(2002). 율곡 율곡의 수양공부론. 국학자료원.

유영선(2008). 율곡 철학의 이해. 강원대학교출판부.

이영경(2005). 율곡의 윤리사상. 철학과 현실사.

이선희(1999). 율곡의 윤리교육에 관한 연구. 율곡학회.

장선희(1997). 율곡의 주기철학에 나타난 교육사상. 이화여자대학교 박사논문.

최혜경(2007). 『격몽요결』에 나타난 율곡의 도덕교육사상. 인하대학교 석사논문.

황의동(1998). 율곡사상의 체계적 이해(상, 하). 서광사.

11.

『논어』/『맹자』/『대학』/『중용』/『주자어류』/『주자대전』/『목민심서』/『여유당전서』

금장태(1993). 한국실학사상연구. 집문당.

금장태(1999). 다산 정약용의 실학의 세계. 성균관대학교출판부.
금장태(2005). 다산 정약용. 살림출판사.
김명호(2008). 다산의 이상적 인간을 위한 교육사상. 경상대학교 석사논문.
박형성(1989). 다산 정약용의 교육사상. 한마당.
방호범(2004). 다산 실천윤리사상. 샘물출판사.
백문철(2007). 다산의 도덕교육사상에 관한 연구. 부산교육대학교 석사논문.
이용형(1999). 다산 정약용의 교육사상 연구. 동국대학교 박사논문.
임재윤(2002). 정약용의 교육개혁사상. 전남대학교출판부.
장복동(2002). 다산의 실학적 인간학. 전남대학교출판부.
장승구(2002). 정약용과 실천의 철학. 서광사.
장승희(1998). 다산 정약용의 도덕적 자율성에 관한 연구. 서울대학교 박사논문.
장승희(2005). 다산 윤리사상 연구. 경인문화사.
주칠성(1996). 실학파의 실학사상. 예문서원.
한국철학사연구회(2002). 한국실학사상사. 다운샘

12.

『신기통』/『추측록』/『인정』/『기측예의』/『기학』/『명남루전집』
박희병(2003). 운화와 근대. 돌베개.
유은상(2003). 혜강 최한기의 교육사상에 관한 연구. 동국대학교 석사논문.
윤의식(2004). 혜강 최한기의 교육사상에 관한 연구. 대구대학교 석사논문.
이현구(2000). 최한기의 기철학과 서양과학. 성균관대학교출판부.
장미애(2005). 혜강 최한기의 교육사상. 부산교육대학교 석사논문.
조현규(2006). 동양윤리의 담론. 새문사.

최영진 외(2000). 최한기의 철학과 사상. 철학과 현실사.
홍원식 외(1998). 살학사상과 근대성. 예문서원.

13.

『노자』/『장자』
권광호 역(2007). 노자의 지혜. 소강.
김대평(2006). 노자의 자연관에 기초한 환경윤리 교육 연구. 원광대학교 석사논문.
김용옥(1992). 노자철학 이것이다. 통나무.
김용옥(1999). 노자와 21세기(상). 통나무.
김학주(2007). 노자와 도가사상. 명문당.
문민정(2008). 노자사상과 환경윤리적 의미. 인제대학교 석사논문.
오석종(2001). "율곡 성리학의 환경윤리 교육적 재음미", 도덕윤리과교육(11집).
이규상(1985). 노자철학에 있어서 자연의 문제. 충북대학교 석사학위논문.
이강수(2007). 노자. 길.
이진우 역(1994). 기술시대의 생태학적 윤리. 서광사.
진교훈(1987). "환경윤리학과 그리스도교 윤리학의 만남", 현대사회와 종교. 서광사.
진교훈(1989). "생태학적 위기와 윤리학의 상관성에 관한 연구", 사회와 사상(10집).
진교훈(1999). 환경윤리-동서양의 자연보전과 생명존중. 민음사.
천병돈 역(2007). 노자: 생명의 철학. 작은 이야기.
최승달(1997). 노자의 무위에 대한 철학적 성찰. 성균관대학교 석사논문.
최재목(1995). "환경윤리의 이론적 근거", 현대와 종교(18).
최재목(2008). 노자. 영남대출판부.
황병국 역(2008). 노자 도덕경. 범우사.

홍용희(2001). “생태학적 위기의 극복을 위한 환경윤리학의 정립방안”, 국민윤리연구(46).

14.

『왕양명전집』/『전습록』/『명유학안』

강정희(2002). 왕양명의 생명사상에 기초한 윤리교육 방법 연구. 성균관대학교 석사논문.

김세정(1998). 왕양명의 생명철학에 관한 연구. 성균관대학교 박사논문.

김세정(2001). “생태철학과 한몸철학의 공조”, 생명윤리(제2권). 한국생명윤리학회.

김세정(2006). 왕양명의 생명철학. 청계.

송하경(1995). “치양지의 경계”, 유학연구(3집). 충남대유학연구소.

송하경(1986). “왕양명 양지설에 관한 연구”, 유교사상연구. 한국유교학회.

송재윤(1991). 양명철학의 연구. 사사연.

유명종(2002). 왕양명과 양명학. 청계.

이계학(1995). “양명학파의 인격교육론”, 한국의 교육과 윤리(제5집). 한국정신문화연구원.

장성모(1993). 교육이론으로서의 주자학과 양명학. 서울대학교 박사논문.

전병욱 역(2003). 양명철학. 예문서원.

진교훈(1998). 환경윤리-동서양의 자연보전과 생명존중. 민음사.

최영진(1996). 동양사상과 환경문제. 모색.

최재목(1992). “자연과 인간의 생명적 연대는 어떻게 가능한가”, 철학논총(8집). 영남철학회.

최재목(1998). “양명학과 환경윤리”, 동아시아 문화와 사상(제1호). 열화당.

한예원(1998). “만물일체에서 본 왕양명의 생명윤리”, 유교사상연구(10집). 한국유교학회.

찾아보기

인 명

내 용

저자 소개

조현규(趙顯主)

부산대학교에서 정치외교학을, 안동대학교에서 윤리교육학을 공부했고, 대만 국립정치대학(國立政治大學)에서 석사 및 철학박사 학위를 취득했다. 주요 관심사는 동양윤리의 본질 규명과 그 교육적 적용이며, 대안교육에도 많은 관심을 가지고 있다. 강원관광대학 교수를 거쳐, 안동대학교, 대구한의대학교, 대구교육대학교, 상명대학교에서 강의하였으며, 지금은 충남대학교에서 객원교수로 교육철학을 가르친다.

주요 저서

『失熹人文教育思想研究』(중국판, 1998)
『동양의 윤리사상』(1998)
『동양윤리사상의 이해』(2002)
『한국 전통윤리사상의 이해』(2002)
『중국문화풍경』(2004)
『노자의 풍경소리 왕필이 울리다』(2005)
『동양윤리의 담론』(2006)

동양교육사상

2009년 9월 25일 1판 1쇄 인쇄
2009년 9월 30일 1판 1쇄 발행

지은이 • 조현규
펴낸이 • 김진환
펴낸곳 • (주) 학지사
121-837 서울특별시 마포구 서교동 352-29 마인드월드빌딩 5층
대표전화 • 02) 330-5114 팩스 • 02) 324-2345
등록번호 • 제313-2006-000265호

홈페이지 • http://www.hakjisa.co.kr
커뮤니티 • http://cafe.naver.com/hakjisa

ISBN 978-89-6330-223-2 93370

정가 15,000원